21世纪高等院校工商管理硕士教学用书

企业伦理与社会责任

第三版

黄少英　王璟珉　主　编
刘　侠　张　晴　副主编

Business Ethics and Corporate Social Responsibility

3rd Edition

东北财经大学出版社　大　连
Dongbei University of Finance & Economics Press

图书在版编目（CIP）数据

企业伦理与社会责任 / 黄少英，王璟珉主编. —3 版. —大连：东北财经大学出版社，2025.1

（21世纪高等院校工商管理硕士教学用书）

ISBN 978-7-5654-4927-7

Ⅰ.企⋯　Ⅱ.①黄⋯ ②王⋯　Ⅲ.①企业伦理-研究生-教材 ②企业责任-社会责任-研究生-教材　Ⅳ.F270

中国国家版本馆 CIP 数据核字（2023）第 149442 号

东北财经大学出版社出版

（大连市黑石礁尖山街217号　邮政编码　116025）

网　　址：http：//www.dufep.cn

读者信箱：dufep@dufe.edu.cn

大连图腾彩色印刷有限公司印刷　东北财经大学出版社发行

幅面尺寸：185mm×260mm　　字数：550千字　　印张：26.5

2025年1月第3版　　　　　2025年1月第1次印刷

责任编辑：石真珍　　　　　　　　责任校对：何　群

封面设计：张智波　　　　　　　　版式设计：原　皓

定价：59.00元

教学支持　售后服务　　联系电话：（0411）84710309

版权所有　侵权必究　　举报电话：（0411）84710523

如有印装质量问题，请联系营销部：（0411）84710711

3rd EDITION

PREFACE

第三版

前 言

　　领导伦理是一个古老的问题，但具体到企业领导伦理就是一个新的问题。

　　本教材为什么要从领导伦理谈起呢？因为本教材的主要对象（MBA学员）基本上已经是管理者或身居高位的领导，或者说是未来的领导者。

　　《论语·子路》记载："其身正，不令而行；其身不正，虽令不从""苟正其身矣，于从政乎何有？不能正其身，如正人何？"

　　《孟子·离娄上》记载："君仁莫不仁，君义莫不义，君正莫不正。一正君而国定矣""惟仁者宜在高位。不仁而在高位，是播其恶于众也"。

　　《荀子·君道》记载："君者，仪也；民者，景也。仪正而景正。"

　　西方一位著名的管理专家说："16世纪时，人们把所有他们不可理解的事件归因上帝……而现在，我们对所有问题的解释都是，领导。"[①]

　　可见，领导对于一个国家、一个组织来说是多么重要。

　　弗里德里希·哈耶克认为，市场经济最重要的道德基础就是责任感，这种责任感源自每个人对自己行为的一切后果的道德感。没有基于道德感的责任感，任何职业都将失去它的社会价值。领导者的社会责任感越强，行动越自律，就越有创造性。

　　亨利·法约尔认为，领导者在道德品质方面必须具有深思熟虑的、坚决完成任务的决心，具有毅力，必要时很勇敢，而且勇于负责、有责任感、关心集体利益。

　　领导伦理的重要性或许可以用下面这句话来说明：人们能够原谅在管理中迷失方向的领导者，能够原谅在时间运用上效率低下的领导者，能够原谅无法实现良好人际关系的领导者，但是很难原谅不道德或者没有原则的领导者。

　　本教材的教学目的就是要为企业培养大批有道德和负责任的管理者和领导者，

---

　　① 罗宾斯. 组织行为学［M］. 孙健敏，李原，译. 10版. 北京：中国人民大学出版社，2005：382.

希望接受过 MBA 教育的学员都能成为造福人类的儒商。本教材以"儒家经营伦理思想与现代儒商精神"开篇，充分体现伦理教学的区域化特色。我们应该继承和弘扬传统文化，但绝对不能拘泥于传统文化。

本教材分上、中、下 3 篇，即企业伦理篇、企业社会责任篇、企业伦理和社会责任实践篇，共 11 章。企业伦理篇共 3 章，包括"儒家经营伦理思想与现代儒商精神""西方经营伦理思想及东西方比较""现代企业伦理的几个基本问题"；企业社会责任篇共 3 章，包括"社会责任概述""社会责任战略理论与企业实践""企业社会责任报告"；企业伦理和社会责任实践篇共 5 章，包括"人力资源管理中的伦理问题""市场营销中的伦理问题""跨国经营中的伦理问题""企业环境责任与可持续发展""互联网时代的企业伦理问题"。每章都按照学习目标、引例、主体内容、本章小结、复习思考题、案例分析的内容构架进行编写。

本教材的编写特色可以概括为"理论简化不简单，案例充实不烦琐"，既可以作为 MBA 教学用书，也可以作为企业经营管理人员的培训教材，以及管理类专业本科学生的教学参考书目。

MBA 学员一般都有较扎实的理论基础，有比较丰富的工作经验，但是来自各行各业，专业基础迥异，年龄参差不齐，所以他们不适合纯粹的理论教学，更注重对现实问题的思考和解决。

在编写本教材第一版的过程中，编者除了将引例和案例分析充分展开之外，还在正文中穿插"知识链接""小案例"等栏目，对理论部分进行有力的补充。从第二版开始，各章中都增加了"拓展阅读"资料，并以二维码的形式呈现，读者扫码即可阅读。这种编写方式一方面为 MBA 主讲教师提供了比较丰富的教学案例，可以节约很多备课的时间和精力；另一方面对于 MBA 学员来说可以方便地用理论来分析案例，用案例来强化理论。案例分析的后面都配有讨论题，方便老师与学员进行充分互动。

本次修订结合党的二十大精神和时代背景，以更新内容为主，同时"润物细无声"地融入思政元素，力争做到知识传授、能力培养与价值引领的有机统一。第 1 章"儒家经营伦理思想与现代儒商精神"的编写初心就是要弘扬中国传统文化，坚定"文化自信"，而探讨儒家经营伦理思想的目的是相对准确地把握现代新儒商的实质，为"中国商人树立品牌"。此外，在论述"美德论"时，融入"孝、悌、忠、信、礼、义、廉、耻"传统"八德"，以及社会主义核心价值观；在论述企业承担社会责任的未来发展趋势时，引用党的二十大报告所提出的"推动能源清洁低碳高效利用"来激励企业家；在论述人力资源管理伦理时，引入《"十四五"就业促进规划》中关于加快重大安全风险领域"机器换人"的内容，充分体现"坚持以人民为中心的发展思想"和"人民对美好生活的向往，就是我们的奋斗目标"等。

本教材第一版由山东财经大学黄少英教授任主编，王璟珉教授、刘侠教授任副主编，白立洋、夏兆敏、姜曾、居岩岩、肖珂参与部分写作或资料整理工作。具体分工为：黄少英、王璟珉共同完成全书的结构设计，并由黄少英总纂、定稿；黄少英撰写第1章、第2章、第6章、第7章；白立洋撰写第3章；王璟珉撰写第4章、第10章；夏兆敏撰写第5章；刘侠撰写第8章、第9章；刘侠、姜曾撰写第11章。第二版的修订工作主要由主编黄少英教授完成，副主编王璟珉教授、刘侠教授提供了部分素材和资料。第三版由黄少英教授、王璟珉教授担任主编，刘侠教授、张晴副教授担任副主编，具体修订分工如下：第1章、第7章、第11章由黄少英教授修订，第4章、第10章由王璟珉教授修订，第8章、第9章由刘侠教授修订，第2章、第3章、第6章由张晴副教授修订，第5章由夏兆敏副教授修订。

在写作过程中，我们参考了同行们的大量书籍和论文，绝大多数都载记于书后的主要参考文献中，在此对所有作者表示深深的谢意！

在教育部明确指定"商业伦理与社会责任"这门课程为全国MBA教育的核心课程的背景下，山东财经大学MBA学院、工商管理学院的领导对"企业伦理与社会责任"这门课程给予高度重视，明确指定为本校MBA核心基础课程，这是我们用心完成本教材第二版和第三版修订工作的最大动力，在此对他们表示衷心的谢意！本教材能够继续修订再版也是读者和同仁们给予支持和鼓励的结果，在此对大家表示最为诚挚的谢意！

感谢东北财经大学出版社的支持！

由于编者水平有限，书中不足之处在所难免，敬请各位读者批评指正。

黄少英
2024年10月

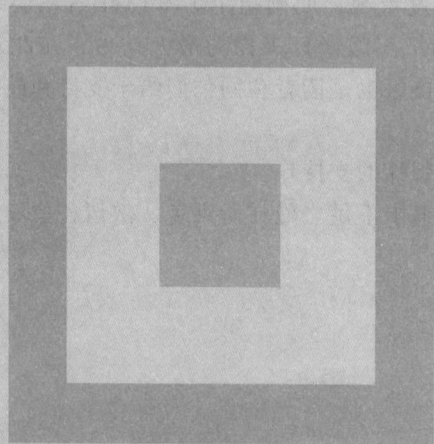

Contents
目录

中篇　企业社会责任篇

下篇　企业伦理和社会责任实践篇

第7章　人力资源管理中的伦理问题　/ 244

第8章　市场营销中的伦理问题　/ 282

第9章　跨国经营中的伦理问题　/ 320

第10章   企业环境责任与可持续发展 / 347

第11章   互联网时代的企业伦理问题 / 369

上篇 企业伦理篇

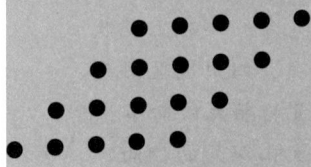

第1章　儒家经营伦理思想与现代儒商精神

▶ 学习目标

- 掌握儒家经营伦理思想
- 了解儒商的由来和新儒商的分类
- 了解儒贾在明朝出现和流行的原因
- 掌握儒商伦理战略分析方法

▶ 引例

"傻"书生巧念生意经

清朝末年，重庆有个年轻的书生，叫刘继陶。他苦读诗书十几年，却碰上腐败没落的朝廷，他只好投笔从商，跟着父亲学做生意。这年春夏之交，四川地区阴雨连绵，川江、岷江大河溪流水急浪高，过往船只损坏严重。眼看船舶大修时节来临，而重庆市面上桐油告缺。父亲年事已高，就派刘继陶到川北大山深处的桐油产区收购桐油。

刘继陶带着几个伙计，赶着一溜胶轮大车，日夜兼程地向川北赶去。这是他第一次单独出门做生意，心里有一点忐忑不安，生怕去迟了，买不到桐油。可等他来到川北的南充一看，心里的石头就放下了。

由于这一年雨水充沛，川北地区桐籽大丰收，只见各处桐油榨户院子里桐籽堆积如山。此时桐油还没有开榨，离收购桐油还早着呢！于是，刘继陶就找到一家客栈住了下来。闲着无事，生性喜好山水的书生气就上来了，他独自一人跑到南充的大山中探幽访古去了。

几天后，刘继陶回到客栈，只见满街的客栈里已经住满了南来北往的客商。刘继陶连忙带着伙计，拿着银票，去收购桐油。可情况大变，那些榨户一个个高昂着脖子，理都不理他；碰到好说话的，才硬邦邦地回一句：没有，一滴也没有，全部被人订走了。

一连几天四处碰壁，他竟然病急乱投医，吩咐伙计将南充大街小巷的油篓收购一空。他还带领伙计守住四处路口，进来多少油篓，就收购多少。伙计们心里直叫苦，桐油没买着，他却跑到这里买油篓，重庆城里多的是。不到几天时间，收购来的油篓就堆满了客栈的前院后院。

几天过后，客栈里突然变得热闹起来。原来，那些榨户和客商等到桐油出榨了，才发现满大街没有一只油篓卖。一打听，是一个叫刘继陶的年轻书生全部买走了。这一下他们就慌了起来，桐油一榨出来，如果不及时装篓封存，很快就会胶化长菇子。他们只好纷纷找上门来，愿意出高价购买油篓。这时，刘继陶的伙计们才明白过来，心里不由得感叹说，这真是龙生龙、凤生凤，老板的儿子天生就是会赚钱的料。这一次可得狠狠地宰一把，好好地赚一笔。这些榨户和客商把价钱抬到平常的三四倍，刘继陶竟然放着白花花的银子不赚，就是不卖！

接下来发生的事情，更让伙计们大跌眼镜。他把这些心急火燎的客户请进客栈，好酒好菜地招待。饮酒正酣时，刘继陶端起酒杯，对着满堂客商说："各位都是生意场上的前辈，晚辈是初来乍到，日后还要各位提携。我刚才说不卖，是指高价不卖，而是要原价卖给你们。"听刘继陶这么一说，全场都静了下来，一个个面面相觑，不知道他葫芦里卖的是啥药。刘继陶接着说："晚辈有一个不情之请，各位能否把订购的桐油匀三成给在下。"

刘继陶的话音刚落，下面就议论开来，他们一致认为，这个年轻人不趁火打劫，而且今年桐油本来就多，让他三成又何妨！于是，大家纷纷表示同意。这些榨户和客商的棘手问题，一下子迎刃而解，一个个喝得兴高采烈，临走时都留下商号的名称和地址，说日后生意上多来往，与他打交道信得过！

刘继陶带着伙计，赶着十几驾马车，满载而归。一回到重庆，伙计们就把一路的经历告诉了他的父亲。父亲就把他叫到跟前，问道："俗话说无商不奸，唯利是图。你这趟生意本来可以一本万利，可你却舍多取少，你给我说说，为什么要这么做？"

刘继陶看着父亲，笑着说："我这是第一次出门做生意，不懂生意经，但书中古语说得好，'得道多助，失道寡助'。我想，做生意也是一样，也要广结朋友，细水长流。这次我完全可以狠狠地赚一把，但这样做是涸泽而渔、焚林而猎，成为同行的众矢之的，将来还有谁敢与我们做生意。这次虽然少赚了一点，但从长远上看，我们还是赚大了。"

父亲听了，哈哈大笑起来。从此以后，父亲就放心地回到家里颐养天年，将生意全部交给刘继陶打理。他果然不负众望，不仅生意越做越大，成为重庆首屈一指的大商家，还广结善缘、扶危济困、兴学助教。至今，他的美名还在重庆的大街小巷流传。

资料来源　房子. 傻书生巧念生意经［EB/OL］.［2023-01-05］. https://www.fx361.com/page/2009/0924/5717159.shtml.

思考：你从刘继陶的故事中悟出了哪些"儒商之道"？

拓展阅读 1-1

豪华宴会取消，酒店拒不退钱

>> 1.1　儒家基本经营伦理思想

儒家的基本经营伦理思想大致可以从八个方面进行概括：修身、诚信、以义制利、贵和、举贤任能、人本管理、以天下为己任、天人合一。

●● 1.1.1　"修身"是成就一切事业的根本

《大学》曰："自天子以至于庶人，壹是皆以修身为本。"意思就是"上自国家元首，下至平民百姓，人人都要以修养品性为根本"。

修身以及修身与事业之间的关系可以用图 1-1 表示。

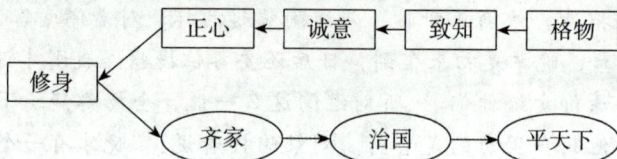

图 1-1　修身以及修身与事业之间的关系

●● 1.1.2　"诚信"是做人和成就事业的基本要求

诚信就是诚实不欺。要实事求是，不要欺骗自己，也不要欺骗别人。儒家经典中有很多关于诚信的经典观点：

第一，做人要讲"信"。"言必信，行必果。"（《论语·子路》）

第二，管理要讲"信"。"道千乘之国，敬事而信。"（《论语·学而》）

第三，"不信"的危害。"人而无信，不知其可。"（《论语·为政》）

第四，"信"是教育的主要内容。"子以四教：文、行、忠、信。"（《论语·述而》）

第五，"信"才会得到别人的任用。"信则人任焉。"（《论语·阳货》）

第六，对别人是否讲"信"的态度。"不逆诈，不亿不信，抑亦先觉者，是贤乎！"（《论语·宪问》）

第七，偏激的诚信行为。一种是在战场上讲"诚信"；另一种是不知道变通的"诚信"。例如，从知识链接 1-1 可知，宋襄公在军事上的"诚信"行为是相当偏激且不可取的。再如，《庄子·盗跖》记载了一个关于尾生为情而死的故事："尾生与女子期于梁下，女子不来，水至不去，抱梁柱而死。"据考察，尾生是中国历史上第一个有记载的为情而死的青年。

■■ 知识链接 1-1

宋襄公"不鼓不成列"

楚人伐宋以救郑。宋公将战。大司马固谏曰："天之弃商久矣，君将兴之，弗可赦也已。"弗听。冬十一月己巳朔，宋公及楚人战于泓。宋人既成列，楚人未既济。司马（子鱼）曰："彼众我寡，及其未既济也，请击之。"公曰："不可。"既济而未成列，又以告。公曰："未可。"既陈而后击之，宋师败绩。公伤股，门官

第1章 儒家经营伦理思想与现代儒商精神 | 005

歼焉。

国人皆咎公。公曰:"君子不重伤,不禽二毛。古之为军也,不以阻隘也。寡人虽亡国之余,不鼓不成列。"

子鱼曰:"君未知战。勍(qíng)敌之人,隘而不列,天赞我也。阻而鼓之,不亦可乎?犹有惧焉!且今之勍者,皆我敌也。虽及胡耇(gǒu),获则取之,何有于二毛!明耻教战,求杀敌也。伤未及死,如何勿重?若爱重伤,则如勿伤;爱其二毛,则如服焉。三军以利用也,金鼓以声气也。利而用之,阻隘可也;声盛致志,鼓儳(chán)可也。"

资料来源 《左传·子鱼论战》.

拓展阅读1-2

《子鱼论战》译文

第八,儒家合理的"不"诚信行为。叶公语孔子曰:"吾党有直躬者,其父攘羊,而子证之。"孔子曰:"吾党之直者异于是,父为子隐,子为父隐,直在其中矣。"(《论语·子路》)孔子把正直的道德纳入"孝"与"慈"的范畴之中,一切都要服从"礼"的规定,这在当今社会未免失之偏颇。

■■ 小案例1-1

一张被遗忘30多年的汇票

清朝末年,山西平遥城内有个讨吃要饭几十年的老太太,一天她拿着一张1 200两的汇票,到日升昌要求兑付白银。这张汇票历时三十余年,日升昌经查验无误后,立即将本息全额兑付。原来,这个老太太年轻时,丈夫在张家口做皮货生意,赚钱后办成汇票,并将汇票藏在身上,但在回家途中他不幸染病身亡。几十年后老太太无意间在丈夫唯一的遗物——夹袄——中摸到这张汇票。通过这件事,日升昌诚信为本、童叟无欺的声名大振,业务愈加红火,事业如日中天。

资料来源 刘军,黄少英. 儒家伦理思想与现代企业管理伦理[M]. 北京:科学出版社,2010.

● 1.1.3 "义以生利,以义制利"的义利思想

"义利之争"是中国传统伦理中一个重要的话题,现在也时常引发争论,并且影响经营者的伦理决策。在中国特色社会主义市场经济条件下,宋明理学家"以义灭利"的思想是不可取的,而荀子的义利观与社会需要是最吻合的。

荀子认为:"先义而后利者荣,先利而后义者辱。荣者常通,辱者常穷。"(《荀子·荣辱》)义与利虽然为人之所共有,但二者有轻重、先后之别:义重于利,义先于利。重义轻利,社会就能治理好;重利轻义,社会就会发生混乱。

■■ 小案例1-2

不取不义之财的中国传统商人

徽商在经商活动中历来看重"财自道生,利缘义取""以儒术饰贾事"。徽商吴

南坡表示，"宁奉法而折阅，不饰智以求赢""人宁贸诈，吾宁贸信，终不以五尺童子饰价为欺"。主张诚信为本，坚守以义取利，是徽商一以贯之的儒商品格，这也使其获得了良好的市场信誉。从根本意义上说，将诚信作为经商从贾的道德规范，正是徽商获得成功的要诀所在。

明朝徽商胡仁之在江西南丰做粮食生意，即使在天灾大饥之年"斗米千钱"的情形下，也决不在粮谷中掺假害人。

明朝一徽商在江苏溧水经商，低息借贷便民，从不居中敲剥。明嘉靖二十二年（1543年），谷贱伤民，他平价囤积，次年灾荒，谷价踊贵，他售谷仍"价如往年平"，深得百姓信佩。

休宁商人刘淮在嘉湖一带购囤粮谷，一年大灾，有人劝他"乘时获得"，他却说，能让百姓度过灾荒，才是大利。于是，他将囤聚之粮减价售出，还设粥棚"以食饥民"，赢得了一方百姓的赞誉和信任，生意自然也日渐兴隆。

清末胡开文墨店有批墨锭不符质量要求，老板胡余德发现后立即令所属各店停止制售此墨锭，并将流向市场的部分墨锭高价收回，倒入池塘销毁。为保证商品质量，维护客户利益，决不掺杂使假，甚至不惜血本，毁掉重来。

徽屯老街"同德仁"是制售中药材的百年老店，为保证药材货真价实，维护商号声名信誉，店主每年专派经验丰富的老职工前往名贵药材原产地收购原料。在加工炮制方面，更是遵守操作程序，严格把关，从不马虎。例如：在炮制特色名药"百补全鹿丸"时，该店每临秋末冬初都要举行"虔修仙鹿"仪式，即在抬鹿披彩游街之后，让众人现场监督鹿丸制作的全过程。

在各行各业，徽商正因为坚持以真取信，以诚待人，秉德为商，重义取利，才赢得了广阔的市场和经久不衰的声名。

徽商在张弛万变、风云诡谲的商海中，之所以能立足稳健，贾道通达，声名远播，皆因"智巧机利悉屏不用，惟以至诚待人"之所致。

资料来源　刘军，黄少英. 儒家伦理思想与现代企业管理伦理［M］. 北京：科学出版社，2010.

●● 1.1.4　"和为贵"的人际交往思想

"和为贵"是儒家交往观的总原则和总目标，具体表现为："诚信"是交往的基本要求；树立"与人为善"的交往态度；保持"和而不同"的独立性；实际交往中以"礼"为规范。"和为贵"的交往思想要求当今世界企业之间树立在竞争中合作（竞合）的理念。

■■ 小案例1-3

花匠的种子

在一个小镇子上，每年都举办兰花品种大赛。有一个花匠成绩优异，经常是首奖及优等奖的得主。然而奇怪的是，他得奖之后，反而在街坊邻居之间分送得奖的种子，毫不吝惜。

有一位邻居就很惊异地问他："你的奖项得来不易，每季都看到你投入大量的时间和精力来做品种改良，为什么还这么慷慨地将种子送给我们呢？难道你不怕我们的兰花品种因此而超越你的吗？"

这位花匠回答："我将种子分送给大家，帮助大家，其实也就是帮助自己！"

原来，这位花匠所居住的小镇是典型的农村形态，家家户户的田地都比邻相连。如果花匠将得奖的种子分送给邻居，邻居们就能改良他们兰花的品种，也可以避免蜜蜂在传递花粉的过程中，将邻近的较差的品种的花粉带过来而"污染"自己的花，这样这位花匠才能够专心致力于品种的改良。如果花匠将得奖的种子私藏，邻居们在兰花品种的改良方面势必无法跟上，蜜蜂就容易将那些较差的品种的花粉带过来"污染"自己的花，他反而必须在防范外来花粉方面大费周折。

这则故事告诉我们一个道理，花匠与自己比邻的其他花匠固然存在竞争关系，但他们还必须合作，花匠把自己培育出来的优良种子分送给其他的花匠，才能避免蜜蜂传粉时让那些较差的品种"污染"自己的优良品种，从而保证自己的品种始终处于优质状态。这个道理在管理学上就是企业之间的竞争合作理论，又称竞合理论。

资料来源　朱雁琳，杨梅. 101个影响职业发展的经典寓言［M］. 上海：学林出版社，2005.

1.1.5　举贤任能，重视人才

儒家十分重视人才的作用。孔子说，"其人存，则其政举；其人亡，则其政息""故为政在人"（《礼记·中庸》）。荀子认为，"得其人，则存；失其人，则亡"（《荀子·君道》）。

"十室之邑，必有忠信"，人才到处都有，那么人才的标准是什么？孔子认为"志于道，据于德，依于仁，游于艺"的人才能被称为人才。这可以用图1-2表示。

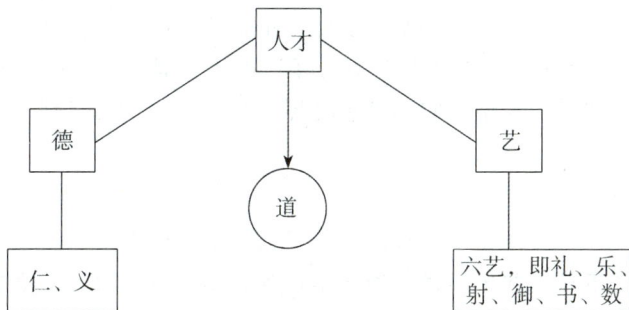

图1-2　人才的标准

可见，儒家的人才标准有三个方面，即道、德、艺。有德、有艺的人，同时从事符合"道"的事业才能称得上"人才"。这种人才标准体现了儒家的积极进取精神。具体来说，"德"指讲仁修义的修身标准；"艺"指知识和能力，具体指六艺，即礼、乐、射、御、书、数。同时，儒家的人才标准还具有灵活性。这种灵活性正是中国传统文化魅力永存的主要原因。

儒家在具体选才时提出"举贤才"需"赦小过"（《论语·子路》）、"既往不咎"（《论语·八佾》），并"无求备于一人"（《论语·微子》），要以宽广、无私的胸怀去做人力资源的获取工作，对人不可求全责备，要看主流、看大节，任何人都有优势与劣势，即使是才能突出的人，也不会永远没有失误，小过小节在所难免，以完美之标准去寻求人才，人才将非常难觅。

●● 1.1.6　人本管理原则

简单地说，儒家的人本管理就是"爱人"的管理，即管理者要关爱被管理者。

樊迟问仁。子曰："爱人。"（《论语·颜渊》）

孟子说："仁者爱人……爱人者，人恒爱之。"（《孟子·离娄下》）

孔孟之所以主张以仁爱来对待管理对象，是因为他们认为只有"爱"才有利于缓和管理者和被管理者之间的矛盾，有利于二者之间建立和保持比较和谐的关系，在组织内部各成员间形成亲密的情感联系，产生强大的内聚力和整体力量。

以人为本的思想强调企业必须实行"以人为中心"的管理。企业的管理活动必须顺乎人性、合乎人道，要对人的价值和人格予以切实尊重，强调对人生理和心理多层次积极需求的合理满足，这比传统的命令、监督、控制、惩罚的力量更彻底，更有凝聚力、约束力和推动力，也更有活力。

企业是人的第二家庭，大多数人一生中大约有三分之一的时间是在工作中度过的。企业人道地对待员工是企业的伦理责任，而不是对员工的恩赐。

●● 1.1.7　"以天下为己任"的社会责任观

儒家的社会责任观，要求对己、对人、对家庭、对社会、对国家都要负责任。它具体体现为"内圣外王""以天下为己任"的士人精神，"修己济世""兼善天下""弘毅力行"的君子人格。它的理想境界就是"以天下为己任"的社会责任感。

■ 知识链接1-2

"以天下为己任"的社会责任观

孔子："德之不修，学之不讲，闻义不能徙，不善不能改，是吾忧也。"

——《论语·述而》

曾子："士不可以不弘毅，任重而道远。仁以为己任，不亦重乎？死而后已，不亦远乎？"

——《论语·泰伯》

"修身、齐家、治国、平天下。"

——《礼记·大学》

孟子："如欲平治天下，当今之世，舍我其谁也。"

——《孟子·公孙丑下》

范仲淹："居庙堂之高则忧其民，处江湖之远则忧其君""先天下之忧而忧，后天下之乐而乐"。

——《岳阳楼记》

黄宗羲："盖天下之治乱，不在一姓之兴亡，而在万民之忧乐。"

——《明夷待访录·原臣》

顾炎武："天下兴亡，匹夫有责。"

——《日知录·正始》

1.1.8　"天人合一"的生态观

有关人与环境之间关系的问题是中国传统哲学的基本问题，其中儒家的思想具有很强的代表性。儒家的生态管理观念主要有以下几个方面：

1）"天人合一"思想

儒家认为，人是大自然的一部分，是自然环境中的一部分，而自然本身也是一个生命体，所有的存在相互依赖而成为一个系统的整体。儒家把人类社会放在整个大生态环境中，强调人与自然环境是息息相通的，这就是"天人合一"的生态伦理思想。

儒家既主张"天人合一"，也反对"天人不分"。儒家认为"天"是具有独立不倚的运行规律的自然界。人类在为了自身的生存而对自然进行改造和利用的过程中，必须把这种改造和利用限定在对自然规律的认识与遵循上，即"制天命"须以"应天时"为前提；否则，就会破坏和危及人类的生存基础。

近代以来，随着经济的快速发展，物质技术的不断提高，"人类中心主义"也随之逐步膨胀起来。人类把自己看作自然的所有者，对自然资源随意开发，对自然环境随意处置，对自然进行了大大超出其承受范围的大规模"征伐"，这给生态环境造成了严重的损害，但这事实上是对人类自身的生存与发展造成巨大伤害。面对严酷的现实，人类必须彻底反省以往的思维、行为方式，重新认识人类自身，修正人与自然之间的关系。儒家主张"天人合一"，共生共荣，二者和谐统一，既反对"人类中心主义"，也反对"自然中心主义"。人与自然的关系不是相互对抗，而应该是相互依存。"致中和，天地位焉，万物育焉"（《礼记·中庸》），人与自然必须改善相互对立的关系，按照"中和"的思想处理相互之间的关系，既要保证人类的生存与发展，也要保证自然环境的平衡与生机。

2)"仁"的思想

"知者乐水,仁者乐山"(《论语·雍也》),世间的山山水水与人类的喜好息息相关。人类的道德情感不仅需要"爱人",还应该"爱物"。

西汉哲学家董仲舒直接将爱护鸟兽昆虫等生物当作"仁"的基本内容。他说:"质于爱民,以下至于鸟兽昆虫莫不爱。不爱,奚足以为仁?"(《春秋繁露·仁义法》)其含义不仅包括人际道德,还包含生态道德,强调"仁"不仅要爱护人类自身,还要爱护鸟兽昆虫等自然万物。

3)"节约"和"时令"的思想

虽然儒家提出了"天人合一"、既要爱人也要爱物的思想,但是儒家在利用生物和非生物来满足自己的生存需要的时候,并没有陷于原则和现实冲突的境地,而且能够比较合乎情理地处理好吃饭、吃肉、杀生、放生等环境道德问题。其中一个重要的思想就是要节约资源(节约),遵循自然规律(时令)。儒家主张节制欲望,反对滥用资源,以便合理地开发利用自然资源,使自然资源的生产和消费进入良性循环状态,使人类持续发展。

■■ 知识链接1-3

"节约"和"时令"的思想

"节用而爱人,使民以时。"

——《论语·学而》

"钓而不纲,弋不射宿。"

——《论语·述而》

曾子曰:"树木以时伐焉,禽兽以时杀焉。"夫子曰:"断一树、杀一兽不以其时,非孝也。"

——《礼记·祭义》

孔子曰:"启蛰不杀,则顺人道;方长不折,则恕仁也。"

——《孔子家语·弟子行》

"万物各得其和以生,各得其养以成。"

——《荀子·天论》

"草木荣华滋硕之时,则斧斤不入山林,不夭其生,不绝其长也。"

——《荀子·王制》

4)"监管保护"思想

儒家的经典著作《尚书》《周易》《礼记》《荀子》等都强调了对生态资源的立法监管保护,禁止人们随意砍伐树木、捕捉鱼鳖,目的是使生物有所养,以免匮

乏。儒家爱护自然和保护环境的和合生态思想，不仅是一种道德要求，而且成为
"圣王之制"和"王者之法"，从制度上加以监管、规范，用以保护自然环境。

■ 知识链接1-4

"监管保护"思想

"春三月，山林不登斧，以成草木之长。夏三月，川泽不入网罟（gǔ），以成鱼
鳖之长。"

——《逸周书·大聚解》

"禁止伐木，毋覆巢，毋杀孩虫，胎夭飞鸟，毋麛（mí）毋卵，毋聚大众，毋
置城郭，掩骼埋胔（zì）。"

——《礼记·月令》

"五谷不时，果实未熟，不粥于市。木不中伐，不粥于市。禽兽鱼鳖不中杀，
不粥于市。"

——《礼记·王制》

"不违农时，谷不可胜食也。数罟不入洿（wū）池，鱼鳖不可胜食也。斧斤以
时入山林，材木不可胜用也。"

——《孟子·梁惠王上》

"修火宪，养山林。"

——《荀子·王制》

》》1.2 儒商渊源与现代新儒商

探讨儒家经营伦理思想的目的是相对准确地把握现代新儒商的实质，为中国商
人树立品牌，以便成功走向国际化。

●● 1.2.1 儒商的缘起

1）儒商和儒贾的由来

一般认为，儒商的历史可以追溯到春秋战国时期孔子的弟子子贡，但"儒商"
这一名词在文献资料中最早大约出现于清康熙年间杜浚所撰的《汪时甫家传》中，
其时在1671年至1687年之间。相关资料表明，与"儒商"意义基本一致的"儒
贾"一词，大约是在明朝嘉靖年间出现并迅速流行的。

■ 知识链接1-5

"儒贾"的出现

范长君戒其二子，"第为儒贾，毋为贾儒"。（汪道昆（1525—1593）《范长君传》）

程长公（1500—1563）去世前戒其三子，"与其为贾儒，宁为儒贾"。（汪道昆《明处士休宁程长公墓表》）

耿定向为程豪作《儒贾传》（作于1598年之前）。

"翁少习儒，已为儒贾。"（张鼐《寿汪雨翁太年伯八十序》）

邹迪光《榆村程居士传》云"儒贾之利十"。

叶向高为程汝彦（1536—1608）作《封文林郎兰溪县知县程公墓志铭》，称其为"儒而贾"，并云"昔闻廉贾，未闻儒贾"。

资料来源　周生春，杨缨. 历史上的儒商与儒商精神［J］. 中国经济史研究，2010（4）.

2）儒贾和贾儒的联系与区别

春秋战国时期的《管子》一书将人分为"士、农、工、商"四类，并且这四类人是有等级之分的。"士"就是读书人，汉朝"独尊儒术"之后，所有的读书人都被称为"儒生"。"儒生"的奋斗目标就是"学而优则仕"。"儒"从汉朝开始就被称为"一等公民"。"农"是农耕社会的主业，所以农民位居"二等公民"。工业在农耕社会尽管不可或缺，但不如农业重要，所以位居"第三"。"商"位居"第四"。商业是经济发展的产物，互通有无，有利于改善人们的生活，但由于统治者害怕人们争先恐后去经商，从而影响农工的发展，为了限制和约束从商人员，将"商人"的地位排在了"第四"。其实，商人能够挤进排名说明商人已经具有相当大的规模，已经成为一个阶层。当时还有很多人如武士、家仆、奴隶等是不能当作"民"来对待的。通常情况下，"儒"是"一等公民"从事的行业，"贾"是"四等公民"从事的行业，两个等级悬殊的行业的结合所形成的"儒贾"或"贾儒"的新兴行业或阶层自然成为人们关注的话题。

儒贾和贾儒之间的联系主要是儒和贾的结合：读儒家书的人做起了买卖，并且用儒家的经营智慧来做买卖，用儒家的经营伦理来约束自己做买卖；做买卖的人读起了儒家的书，并且在做买卖的时候也遵循儒家的经营伦理，运用儒家的经营智慧。

儒贾和贾儒之间的区别主要是儒和贾结合的先后顺序不同：儒贾是先读书，因为各种原因放弃追逐仕途，改为从事商业工作的人；贾儒是先学做买卖，从事商业工作，在商业上有所成就之后才去读书的人。

人们对儒贾和贾儒的褒贬并没有统一的说法，二者有褒有贬，也同样都有不褒不贬的中性含义。

■ 知识链接1-6

"儒贾"和"贾儒"的褒贬含义

不贬不褒的儒商、儒贾是指以儒和贾为业和名的儒和商。

贬义的儒商、儒贾是指以儒为业和名的贾行、市心者，即儒中之商贾。

褒义的儒商、儒贾是指以商贾为业和名的儒行、儒心者，即儒者一样的商贾。

贬义的贾儒指以儒为业和名的贾行、市心者，即商贾一样的儒者。

褒义的贾儒指以商贾为业和名的儒行、儒心者，即商贾中之儒者。

资料来源 周生春，杨缨. 历史上的儒商与儒商精神［J］. 中国经济史研究，2010（4）.

3）儒贾在明朝出现和流行的原因

明朝中叶开始出现中国历史上的资本主义萌芽，这是社会经济发展到一定条件时产生的一种新型的生产关系，这足以证明到明朝的时候中国的经济有了显著增长。儒贾在明朝出现和流行的主要原因有三个方面：

第一，明朝经济的显著增长导致了人口的迅速增长。明朝嘉靖年间的人口有1.6亿多。元代的人口峰值为1.3亿多，清朝的人口峰值则达到4亿多。

第二，明朝经济增长对从商者的需求缺口越来越大。

第三，明朝科举取士的名额并没有增加。

隋朝38年，只举行了四五次科考，总共取秀才、进士12人；唐朝289年，科举取士约10 000人；宋朝320年，总共开科118次，取进士39 711人；元朝共举办过16次科考，取进士1 139人，国子学积分及格生员参加廷试录取正副榜284人，总计为1 423人；明朝277年，开科89次，取进士24 536人；清朝267年，开科112次，取进士26 000人。①

明朝理学盛行，人口剧增的情况必然导致读书人越来越多；明朝经济快速发展，对从商者的需求缺口也越来越大。然而，科举取士的名额并没有增加。明朝的科举取士的名额比元朝有所增加，但与宋朝相比减少了。清朝的科举取士的名额相对人口总量而言更少。这样就导致了越来越多的读书人难以"从政"。读了书没法从政，但还得成家、养家，而此时最容易找的工作也就是从商，于是儒贾诞生并逐渐流行。

■ 小案例1-4

徽商的"贾而好儒"

明清时期，徽商的活动范围"几遍宇内"，所谓"山陬（zōu）海涯无所不至"，尤其是在江南各地，向有"无徽不成镇"之说。徽商的一个重要特点是"贾而好儒"，他们或是"先儒后贾"，或是"先贾后儒"，或是"亦贾亦儒"。徽商这种

---

① 佚名. 中国科举制度［EB/OL］.［2023-02-01］. http://www.zwbk2009.com/index.php? title=中国科举史.

"贾"与"儒"的结合，便是徽商为"儒商"的内在根据。

许多徽商在从商之前皆是儒生，他们从小熟读经史，有较高的儒学修养。只因"士而成功者十之一"，所以，在科举之途上碰壁的读书人只好"弃儒从贾"，即"先儒后贾""以儒服贾"。这些儒生虽然改换"贾"服，但对儒学仍情有独钟。他们从表面上看忙碌于商务，但其本质是"儒"，以"儒"作为内在素质来经商，以儒学的哲学与伦理思想来指导经商。

徽商中的"先贾后儒"现象也层出不穷。如清代徽商江春，身任盐业总商长达40年，然"老而归儒""雅好诗书"。他在客居地扬州建起"秋声馆"，广交天下儒士名流，并成为乾隆皇帝的文友，留下了"布衣交天子"的佳话。徽商汪廷榜年轻时从贾，远抵汉江，为汉江波澜壮阔的气势所震撼，于是"归而读书，学文词"，最后中举人。盐商程鱼门，经商致富，但始终心向儒业，到40岁中进士。产生"先贾后儒"现象的原因是多方面的，而其主要原因也许是"儒"与官场有内在联系，能够保护切身利益。所以，许多徽商不惜重金混迹儒场以及官场，以谋求政治庇护。

既然徽商对儒学者有剪不断的情结，那么他们在从事商务活动中就会自觉或不自觉地以儒家思想为指导。儒家思想博大精深，对从商有直接指导意义的主要有两点：

其一是以"仁"为本的思想。孔夫子的"仁者爱人"，孟子的"人性善"，可以说是儒家伦理中的核心概念，是对个人德行的最高要求。把"仁""善"的要领贯彻到经商实践中，就必须坚持方法与手段的合理性与合德性，使经商能达到"至善"的目的。清代歙（shè）县商人吴彦先，"平生仁心为质，视人之急如己，力所可为即默任其劳，事成而人不知其德。其或有形格势阻，辄食为之不宁"。他经常告诫儿子说："我祖宗七世温饱，惟食此心田之报。今遗汝十二字：存好心、行好事、说好话、做好人。"又常说："人生学与年俱进，我觉'厚'之一字，一生学不尽亦做不尽也。"教导其子孙在经商中要存仁爱之心、宽厚之德，这是经商成功的奥妙之所在。

其二是以义统利的思想。儒家的义利观是把义和利看作既对立又统一的整体。儒家在处理义和利的关系时，主张义、利并举，所谓"礼以行义，义而生利，利以平民，政之大节"，就是将义和利统一起来。清代黟县商人舒遵刚对义、利关系进行了淋漓尽致的阐述。他说，"生财有大道，以义为利，不以利为利"，并说，"钱，泉也，如流泉然，有源斯有流。今之以狡诈生财者，自塞其源也；今之吝惜而不肯用财者，与夫奢侈而滥于财者，皆自竭其流也。……圣人言'以义为利'，又言'见义不为，无勇'。则因义而用财，岂徒不竭其流而已，抑且有以裕其源，即所谓大道也"。就是说，"因义用财"才能开辟财源，使之流而不竭，既收到经济效益，又收到社会效益。可见，徽商的义利观来源于儒家思想，见利思义、以义为利，正是儒家所要求的。

资料来源　解光宇. 徽商的"贾而好儒"［N］. 光明日报，2000-08-25.

🔹 1.2.2　新儒商的探讨

儒商、贾儒都是历史概念，理想的儒商、贾儒都是指褒义的形象。儒商即儒者一样的商贾；贾儒即商贾中之儒者。他们都是以商贾为业和名的儒行、儒心者。之所以说儒商、贾儒都是历史概念，是因为当时所有读书人主要是读儒家学派的书，科举考试规定要考的书就是儒家的四书五经等。其他的书很少，且都不是主流。

新儒商还是一个需要继续探索的现实问题，既要对儒家的经营伦理和经营智慧进行继承和发扬，还要考虑当前的客观实际和未来发展的需要。新儒商不仅是一个在国内崛起的问题，还要面向世界。

前面已经对儒家的经营伦理进行了比较充分的论述，也对当时的教育内容进行了陈述。那么，现在的客观实际是什么呢？当今整个教育的内容都朝着与世界接轨的方向发展，中国商人不仅要在国内成为行业的领跑者，还要到国际舞台上与世界各国的商人一决雌雄。

学术界对新儒商的研究也取得了一定的成果，还出版了著作，如苗泽华的《新儒商理论与实践研究》（2011）、王建宝的《儒商与儒商精神》（2017）等。

一些有影响力的儒商论坛和儒商大会的兴起，将儒商研究推上了一个新的高度。北京大学高等人文研究院与世界伦理中心于 2013 年创办"儒商论域"，至 2022年已经成功举办了九届。博鳌儒商论坛经琼海市民政局批准于 2017 年成立，具有非营利性质，定期、定址举行，是以企业家为主体的政商学界开展交流的互动平台与高端智库。其宗旨是"道创财富，德济天下"；其使命是"以儒促商，以商报国"；其任务是弘扬儒家商道精神，创建当代商业文明，帮助企业成长，为中华民族振兴和人类社会的发展做出贡献。中共山东省委、山东省人民政府于 2018 年举办首届儒商大会，大会秉承"大儒商道，至诚天下"的宗旨，至 2022 年已经举办三届。

有学者认为，新儒商就是志存高远，讲诚信，重道义，义利结合，注重休闲养生之道，勇于竞争和善于竞争，具有全球化视野和创新精神，把中国国学智慧和西方现代管理理论融会贯通，追求和谐发展的新一代儒商企业家。也有学者认为，新儒商就是秉持中国文化精神的国际化商人。北京大学王建宝教授认为儒商是在此岸（this-worldly）用商业实践之成功来实现圣贤人格的商人，此定义可谓独具一格。但是，对新儒商的界定仍然是一个棘手的问题。

我们认为新儒商有狭义和广义之分。狭义的新儒商是笃信传统儒家经营伦理及价值观，广泛吸收现代中西商业文明，活跃于国内外商业舞台，文化程度较高的优秀的合法依法经营者。广义的新儒商是秉承中国传统文化与智慧，广泛吸收现代中西商业文明，活跃于国内外商业舞台，文化程度较高的优秀的合法依法经营者。

新儒商必须秉承社会主义核心价值观。2013 年 12 月，中共中央办公厅印发了《关于培育和践行社会主义核心价值观的意见》，要求各地区各部门结合实际认真贯彻执行。该意见说：富强、民主、文明、和谐是国家层面的价值目标，自由、平等、公正、法治是社会层面的价值取向，爱国、敬业、诚信、友善是公民个人层面的价值准则，这24个字是社会主义核心价值观的基本内容。

■■ 知识链接1-7

儒商的定义

学术界对什么是儒商的问题，一直存在不同的说法。中国孔子网根据学者们的各种观点，归纳出以下11种说法：

（1）儒商是以儒家理念为指导的、从事商品经营活动的商人。

（2）儒商是把"儒"和"商"结合起来即把"商"的职业和"儒"的伦理品德结合起来的市场经济活动的主体。

（3）儒商与一般商人最本质的区别就是前者非常重视商业道德，不取不义之财。

（4）儒商有广义和狭义之分：从狭义说，儒商是指以儒家学说作为行为准则的商人；从广义说，儒商是指具有中国传统文化兼收儒、道、墨、法、兵家之长的商人。

（5）儒商是指有较高文化素养的、有儒家道德观和价值取向的、有自强不息和勇于创新精神的企业家。

（6）儒商分为古代儒商和现代儒商。现代儒商是把"内圣"和"外王"有机结合起来，把传统美德和由市场经济滋生的新的道德观念有机结合起来，尊重人的价值，实行人格化管理的商人。

（7）儒商是把儒家的价值理想与市场运行本身的法则结合起来，并能遵循指导市场活动行为法则的商人。

（8）儒商是以儒家思想为核心价值观念的企业经营管理者。现代儒商应该是既具有科技专长，又具有儒家价值理想的，即具有"士魂商才"的经营管理者。

（9）儒商就是以孔子倡导的儒家道德来规范自己的商业行为，并进行内部管理的商人或经营者。

（10）儒商是指有文化的、讲道德、善理财、会管理、创效益，并且能发现问题、解决问题，具有综合创新能力的商人或企业家。现代儒商还具有现代意识、区域意识、全球意识，还应该懂外语（最好是英语），会使用电脑。

（11）儒商是有道德、有文化、有国家社稷理想的商人。

资料来源　佚名. 儒商是什么［N］. 人力资源报，2009-07-27（E02）.

■■ 知识链接1-8

博鳌儒商评价标准

（1）德以治企：践行儒学"道之以德，齐之以礼"的理念，德启善根，教化员工；礼定规矩，制度严明；法服人心，赏罚得当。

（2）义以生利：践行儒学"义以生利，利以平民"的理念，生财有道，依法经营；按章纳税，提供就业；满足需求，导人向善。

（3）信以立世：践行儒学"内诚于心，外信于人"的理念，言行一致，表里合一；口碑营销，树立品牌；合作发展，共生共赢。

（4）智以创业：践行儒学"智者不惑"的理念，善抓商机，与时俱进；崇尚智慧，学习成长；基业长青，永续经营。

（5）仁以爱人：践行儒学"仁者不忧"的理念，关爱员工，共享财富；关爱顾客，服务大众；公益慈善，绿色环保。

（6）勇以担当：践行儒学"勇者不惧"的理念，严于律己，以身作则；努力拼搏，自强不息；承担责任，传播文明。

资料来源　马慧娟. 博鳌儒商榜评估系统正式发布　用优秀传统文化涵养当代企业家［EB/OL］.［2023-05-08］. http://news.youth.cn/gn/201709/t20170928_10800644.htm.

拓展阅读 1-3

博鳌儒商榜
评估体系及
评审办法

>> 1.3　儒商伦理战略决策

为什么伦理决策经常会陷入两难困境呢？因为伦理判断的标准是因时、因地、因人而异的，即使是同一个伦理标准在不同的情况下也是变通的。比如，用功利主义的标准和道义标准来决定一个行为的时候，就会有完全不同的后果。又比如，"男女授受不亲"这一做人的伦理标准，在中国古代是被普遍认可的，但是如果一个"小叔子"的"嫂子"不小心落到水里，"嫂子"又不会游泳，如果"小叔子"用手拖"嫂子"一把她就得救了，则违背了"男女授受不亲"的伦理戒律，如果严格遵循这一戒律，"嫂子"就会被淹死。儒家伦理并不是僵化的，而是充满了灵活性，在这种情况下，儒家伦理会升华到"救人一命胜造七级浮屠"这样一种生命关怀高于一般伦理的标准来帮助人们迅速做出伦理决策。

● 1.3.1　定位儒商，走出伦理决策困境

为什么定位儒商就可以走出伦理决策的困境呢？因为儒家的经营伦理是一个融个人、社会、国家和自然环境于一体的相对完善的有机系统，儒商的伦理决策具有易操作性和有效性。

在 20 世纪 60 年代，大多数东西方学者都认为儒家思想与现代化无法兼容。他们的主要依据是，儒家强调和谐、协作、集体和社会稳定，与西方基于个人主义的经济伦理不符。到了 70 年代末期，日本、韩国、中国台湾、中国香港和新加坡等国家和地区经济飞跃发展，人们不得不质疑早期的假定。越来越多的人感到，其间必有另一种伦理在起作用。

杜维明先生是新儒家第三代领军人物，被誉为中华文明对世界的"扬声器"。自20世纪70年代以来，杜维明始终关注东亚经济发展模式，发表了《工业东亚与儒家伦理》《儒家发展与现代化》等诸多著述，探讨儒家伦理与经济伦理之间的关系。他在研究日韩现代化的过程中发现，东亚有可能探索出新的经济发展模式。在日韩经济发展过程中，儒家文化发挥了导引和调节的作用。

1997年，杜维明认为世界宗教大会（1993）提出的"恕道原则""人道原则"与中国儒家的"恕道""忠道"原则是可以配合的。儒家这两个原则即"己所不欲，勿施于人"和"己欲立而立人，己欲达而达人"，代表儒家传统的基本原则。在2001年人类文明对话年峰会上，时任联合国秘书长安南组织的由世界知名人士组成的小组提出将儒家的"己所不欲，勿施于人""己欲立而立人，己欲达而达人"思想作为全球伦理的基本原理。

成中英先生在《创造21世纪的人类命运：全球化经济发展与儒学及儒商的定位》一文中指出，21世纪的人类命运有赖于经济全球化的制度合理化与个人合德化的发展与实现，儒家与儒学既提供了经济伦理的价值，又提供了社会伦理的基石，不但有平衡经济与伦理的作用，也有促进经济导向人类社会与人类文化和谐发展的力量，更能带动人之为人的品质上的提升，儒家与儒学在经济伦理、社会伦理与文化伦理上的发展正是21世纪的人类所急迫需要的。

孙君恒先生在《外国人士对儒家伦理的赞美》一文中，敬录了近、现代世界文化界、经济界、政治界等领域的人士对儒家伦理的高度评价，共计50条。如，1988年全世界的诺贝尔奖获得者在法国巴黎开会时发表宣言："如果人类要在21世纪生存下去，必须回头2 500年，去汲取孔子的智慧。"澳大利亚两位汉学家雷吉·利特尔和沃伦·里德合著的《儒学的复兴》预言，儒学必将复兴，并且将带领世界进入21世纪，成为21世纪的管理主流，等等。

北京大学的赵靖教授指出，社会主义市场经济呼唤儒商，培养大批儒商是发展社会主义市场经济的当务之急。

由此可见，儒家伦理已经成为世界各界关注的热点问题。人们不仅需要从理论上阐述儒家伦理作为普世伦理的作用，而且需要从实践上实现儒家伦理的这种作用。

●● 1.3.2　儒商伦理战略决策模型设计

儒商伦理战略决策模型是以"道义伦理"为核心，分别从儒家经营伦理的各个维度进行分析与权衡的动态模型。具体设计如图1-3所示。

儒商伦理战略决策模型要求企业在做伦理决策分析时，要从模型中的8个维度逐一进行分析，要求每个方面都要符合儒家伦理之道，任何一方面的缺失都可能给企业造成伦理危机。

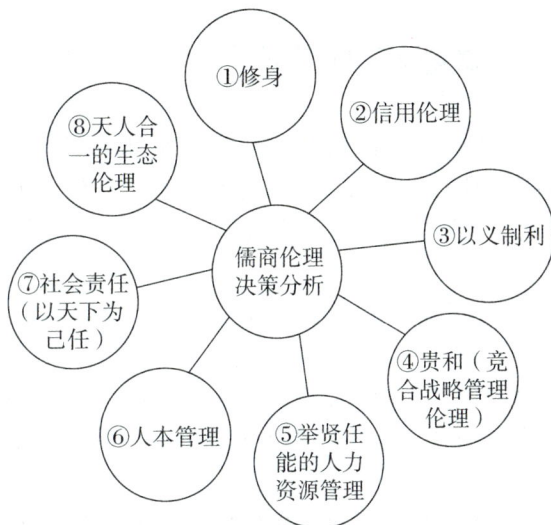

图 1-3　儒商伦理战略决策模型

■■ 小案例 1-5

即发集团的决策符合什么伦理

与即发集团合作的一家日本大客商在某年 7 月份以前就把 70 多万件秋冬服装的订单交给即发集团的一家分公司来制作。到了 9 月份，我国市场的棉纱价格开始大幅度上涨。如果完成这 70 多万件产品，仅原材料涨价因素将使即发集团损失 100 多万元。考虑到当时接订单的时候仅制作了合同，双方并没有签字，还没有形成正式合同，所以有关业务人员提出，为了企业的利益，想找这家客商提出产品提价的问题。时任董事长陈玉兰知道此事后，找来有关人员谈话，她说："客商 7 月份就已经下达了订单，尽管没有签订正式合同，但是我们也要说话算话。做企业关键的一条就是一诺千金。原材料涨价不是人家客商的问题，我们可以通过采取其他措施自己消化涨价因素，决不能转嫁给客商，即发决不能失信于每一个客商。"后来，陈玉兰还特地请来日方客商说明了情况，并且亲自指派相关人员按原定协议的条款签订了正式合同。此举再一次感动了日本客商，他们看到了即发做人做事的诚实守信态度。在签订第二批订单的时候，客商根据中国市场原料涨价的事实主动提出提高产品单价的主张，并且把每年 1 000 多万美元的订单都交给即发来做。他们说，之所以这样做，就是要与即发共同承担一点损失，是对陈玉兰董事长诚信胸怀的佩服。

资料来源　吴毅斐．即发：诚信经营　以人为本　勇担社会责任［EB/OL］．［2023-02-01］. http://www.dzwww.com/finance/zt/sdqyfzxl/qdjfjt/fzzd/200811/t20081117_4107223.html.

》》 1.4   现代新儒商行为讨论

当今社会，在不完全掌握企业经营者经营信息的情况下，我们难以将某一个企业界人士标上"儒商"的标签，但是，我们绝对可以将现代一些企业家的经营行为称为"儒商行为"。我们仅选择几个经典案例进行讨论。

●● 1.4.1   "逸夫楼"现象的儒商行为①

邵逸夫（1907—2014），原名邵仁楞，生于浙江省宁波市镇海区，祖籍浙江宁波。香港电视广播有限公司荣誉主席，邵氏兄弟电影公司创办人之一，香港著名的电影制作者。

逸夫楼即逸夫教学楼，是由邵逸夫先生捐款建造的建筑物。从1985年开始，邵逸夫在内地持续捐资办学。至今，逸夫教学楼遍及中国大江南北的大中小学。

邵逸夫平均每年都拿出1亿多元用于支持内地的各项社会公益事业，对于中国教育事业更是情有独钟。正如他所说："国家振兴靠人才，人才培养靠教育，培养人才是民族根本利益的要求。"邵逸夫视教育为立国之本，为此多年来他尽心尽责，不遗余力。

据不完全统计，截止到2014年1月，邵逸夫捐助内地科教文卫事业的资金达25亿元，捐助项目超过3 000个，其中80%以上为教育项目。如今以"逸夫"两字命名的教学楼、图书馆、科技馆及其他文化艺术、医疗设施遍布全国各地。邵逸夫在耄耋之年时，仍多次亲临大江南北、长城内外，视察捐赠项目。此外，邵逸夫在英国、美国、新加坡及中国香港等国家和地区都有巨额捐赠，合计金额早已超过30亿元。在古今中外捐资助学史上，邵逸夫当之无愧可称为第一人。

讨论：如何看待企业界人士的公益行为？所有的公益行为都是儒商行为吗？

●● 1.4.2   史玉柱身上的儒商行为②

史玉柱曾经是负债2.5亿元的"中国首穷""中国最著名的失败者"，后来成为拥有数百亿元资产的商业"巨人"，他的财富故事与人生传奇值得每一个人仔细品味。"脑白金""黄金搭档""征途"，这一个个响亮的名字也都出自他的手。

1989年，史玉柱以4 000元起家，短短6年时间便位居福布斯"中国富豪排行榜"第八位。然而，巨人大厦的失败却使他的财富顷刻间灰飞烟灭。

当巨人大厦"倒塌"时，讨债人蜂拥而至，他承诺："欠老百姓的钱一定要还。"也正是出于这种"还债"的动力，史玉柱终于东山再起，赚钱后的第一件事

① 佚名. 逸夫楼［EB/OL］.［2023-02-01］. https://baike.baidu.com/item/逸夫楼.
② 杨连柱. 史玉柱如是说：中国顶级CEO的商道真经［M］. 北京：中国经济出版社，2008.

情就是还债，这一行动让他赢得了信任，使他有机会再次走到前台，从此他可以坦坦荡荡。

史玉柱身上体现了一种勇于面对失败的精神，一种敢于承担责任的精神，一种顽强拼搏的精神。中央电视台《赢在中国》总制片人王利芬这样评价他："如果说有人告诉我史玉柱为人不错，我就会认为说这话的人为人不错，其实在我心里，对史玉柱的认可与否，成了我判断人的一个重要因素。"

联想集团创始人柳传志曾这样评价史玉柱："他做脑白金赚了第一桶金以后，忙着要还账。当时对这点我真的很是认同，而且觉得也很不容易。摔了跟头的人，甚至饿了肚子，知道钱有多金贵，拿到了这个钱以后，还想到先把该还的账还清，然后再重新起步。我觉得他就有做大事的这种潜质。"

没有人能打破史玉柱的原则，如果他要坚持。2007年11月1日，史玉柱穿着一套白色运动服，被"特批"进入纽交所敲钟。这一天，他创办3年的巨人网络成功上市。在纽约证交所历史上，还从没允许哪个不着正装的人进来敲钟。

"我认为史玉柱是少有的几个能挑起所有中国人情绪的企业家，大家爱他，恨他，厌恶他，模仿他，崇拜他，有各种各样的情绪。一个人能够挑起那么多人的情绪，这样的人一般是政治家。"《中国企业家》杂志主编牛文文如此评价史玉柱。

有人说史玉柱是赌徒。史玉柱坦然承认："我就是赌徒，这无所谓。什么叫赌？无法预知结果，只能凭借自我感觉做的事情都属于赌博。"

史玉柱在经历失败之后，愿意改变的心态是其能够东山再起的重要原因之一。他说："当巨人一步步成长壮大的时候，我最喜欢看的是有关成功者的书；在巨人跌倒之后，我看的全是有关失败者的书，希望能从中寻找到爬起来的力量。"

作为一个曾经的失败者，史玉柱也更加努力。他说："一个人倒下去之后，这个人的价值应该是增加的，因为教训能够使一个人成熟，成功能够使一个人头脑发昏，失败能够使一个人更有价值，因为我知道这个社会对我的要求比对陈天桥和丁磊的要求要高。"

自从"三大战役"失败后，史玉柱就养成了一个习惯，谁消费他的产品，史玉柱就要把他研究透。史玉柱始终坚信："营销是没有专家的，不能迷信专家。我认为大学里有关营销的教材80%的内容都是错的。如果要说有专家，我认为唯一的专家（就）是消费者。"

"今年过节不收礼，收礼只收脑白金！""孝敬爸妈，脑白金！"虽然这个广告令很多人厌恶，并引来无数叫骂声，然而，史玉柱认为这个广告在商业上是成功的。他说："很奇怪，这个广告播出后没几天，脑白金的销售量就上去了，后来我们研究后得出的结论是：观众因为讨厌才印象深刻，脑白金真正打开市场和这个广告密不可分。"

史玉柱从来就是一个具有争议和容易受指责的商人。做脑白金时，广告手法连续遭到舆论恶评；做网游时，他更被人指责"毒害青少年"。对此，他说："我是一个商人，做的事情就是在不危害社会的前提下为企业赚取更多利润。要一个商人又要赚钱又要宣扬道德，那不是商人，而是慈善家。"

对于"征途"后来者居上的原因，史玉柱总结为打破行规，不断创新。"我的特点是不按常理出牌，按照自己的思考去做。"

对于"征途"的盈利模式，史玉柱曾说："我们是赚有钱人的钱，对消费能力低的玩家实行免费。可能在我们的游戏中，有一半的人不花钱，但他们同样起到关键作用，因为玩游戏的人多，才能让有钱的玩家更愿意出钱。"

无论是当初珠海巨人集团成功的时候，还是中间失败的时候，到后来再次成功的时候，他身边总有一些人不计利益始终追随他创业。史玉柱认为："我觉得还是大家志同道合，大家还是觉得，我们这些人凑在一起能干一番大的事业。另外一个，我对他们还算真诚，就是不骗他们。"

史玉柱给了我们太多的感悟，他曾说过，对自己最满意的地方就是"坚强"。史玉柱正是用他的实际行动和辉煌成绩诠释了"坚强"的真正含义，成为当代中国"凤凰涅槃"式的样板。在史玉柱的身上突显出了"执着与毅力"的魅力与价值，而"坚韧"也正是对史玉柱的最好注脚。

曾有一些企业家说："如果现在把我归零，我可以再来一次。"然而，史玉柱是在资产归为负数，甚至负得还很多的时候还能够再起来。因此，他给我们以启示：人生成功的机会不止一次，跌倒了还可以重新站起来。

如果一个人具备了史玉柱身上所表现出的远大的抱负、过人的胆识、坚韧的毅力和奋斗的精神，那么在中国这样既高速发展又不完全成熟的经济社会中，他也同样可以获得成功。

讨论：

（1）请结合史玉柱的成才背景和经历，再根据上述资料，将史玉柱的言行进行归纳分类，并进行是否属于"儒商行为"的辨析、讨论。

（2）你赞同史玉柱"要一个商人又要赚钱又要宣扬道德，那不是商人，而是慈善家"的观点吗？

● 1.4.3　亿利资源集团生态治沙的儒商行为①

库布其沙漠位于内蒙古鄂尔多斯高原北部，总面积为1.86万平方千米，是中国的第七大沙漠，也是北京沙尘暴的三大源头之一。

据史料记载，商朝时期，库布其是一片草木繁盛、土地富饶的良田，我国俨犹、戎狄、匈奴等古代少数民族都曾在这里游牧狩猎，商朝还在这里建设了朔方城。汉朝时期，汉武帝打败匈奴，在这里设立了朔方郡，修葺了朔方城，使得库布

---

① ［1］佚名. 沙变库布其［EB/OL］.［2023-05-08］. http://news.cntv.cn/china/20110708/112278.shtml.
［2］沙望. 第54个世界地球日，亿利携手公益伙伴启动库布其ESG实践创新基地［EB/OL］.［2023-05-08］. https://baijiahao.baidu.com/s? id=1763947275419938605&wfr=spider&for=pc.

其成为当时我国北方少数民族与中原民族联系和交融的重要通道和地点。随着历朝历代不断在此发动战争，并实施大规模的移民戍边，当地民不聊生，大片草地逐渐荒漠化、沙漠化。直到中华人民共和国成立，这里已经彻底变成了沙漠，成为"死亡之海""不毛之地"。

改革开放以来，中央、内蒙古自治区、鄂尔多斯市等各级党委、政府一直十分重视荒漠化防治工作，相继出台了一系列法律法规和政策，比如禁牧休牧、划区轮牧等政策，使荒漠化得到了有效遏制。同时，政府还鼓励企业积极参与荒漠化防治，"谁治理、谁所有、谁受益"政策的实施，调动了广大企业治沙的积极性，荒漠化防治工作迈上了新台阶。进入21世纪以来，内蒙古自治区又提出了"用发展的办法保护生态，建设生态文明"的发展战略，鄂尔多斯提出了"用生态文明促进工业文明"的发展战略，这十分符合新时期内蒙古自治区防沙绿化事业的需要。过去，鄂尔多斯地区90%的土地是沙漠和丘陵，如今在政府、企业、当地百姓的参与下，鄂尔多斯已旧貌换新颜，绿化面积达到了90%。

亿利资源是沙漠经济型企业，在沙漠经济领域，无论是在中国，还是在世界，都是具有领先水平的。企业创业30多年来主要做了两件事：一是绿化了大半个库布其沙漠；二是发展了沙漠经济产业。

1）绿化沙漠，改善环境

企业创立以来，在发展沙漠新经济主导产业的同时，30多年如一日，以沙漠产业化的方式绿化库布其沙漠6 000多平方千米，控制荒漠化面积11 000平方千米，有效改善了当地及周边的生态环境，保障了北京等周边地区的生态安全，并创造了大量的碳汇载体。

在绿化沙漠的过程中，亿利资源企业一是采取"以路划区、分块治理"的治沙方略，在飞鸟难越的库布其沙漠修建了多条纵横交错的穿沙公路，用公路分割沙漠，化整为零，分而治之。他们沿着公路通水、通电、通信，在公路两侧人工扎网障固沙，再用飞机进行大面积飞播牧草，进行同步绿化，然后才大规模种树、种草、种药材，让一块块沙漠被绿色的路网包围起来、延伸开来。这种"路、电、水、信、网、绿"六位一体的防沙绿化技术极大地提高了治沙的效率，降低了绿化的成本，而且实现了防沙绿化的机械化和规模化作业，让一条条绿色大通道在沙漠中四通八达。二是在路网绿化的基础上，又大胆构筑了"锁住四周、渗透腹部"和"南封、北堵、中切割"的防沙治沙新举措。他们在库布其沙漠北缘、黄河南岸建设了防沙护河锁边林带，大大减缓了泥沙向黄河倾泻，保卫了母亲河的安全。特别是在库布其沙漠深处实施的2 000平方千米的大漠腹地生态工程，为中国的北方构筑了一道雄厚的绿色屏障，为减弱沙尘暴对华北地区的侵袭做出了重要贡献。

2013年以来，亿利资源库布其治沙实现了三方面的重大突破：一是绿化规模扩大，这10年是前20年的2.4倍；二是治沙科技研发，这10年研发成果约300项，是前20年的20倍；三是产业治沙升级，亿利从2010年开始探索光伏治沙，为国家沙戈荒治理走出一条新路,通过立体化综合治理同时实现发电、治沙、经济效益多赢。

科技治沙成为亿利资源向荒漠进军的利器。库布其沙漠植被覆盖度从30年前不足3%增长到了53%以上,在亿利资源的核心治理区达到了65%。动植物种类由100多种恢复增长到1 026种。干涸的湖泊重新涌出了清泉,仙鹤、天鹅、野兔、狐狸等重现库布其。

2)大力发展沙漠经济产业

从防沙绿化开始,亿利资源就以创新的思维埋下了产业化治沙的种子,而且始终坚持技术创新,发掘沙漠经济价值和生态价值的最大化。这是亿利资源治沙模式的核心和关键之所在。企业把库布其沙漠作为生态绿化、发展沙漠经济的一盘大棋,主要发展了三块沙漠产业。

一是利用广袤的沙漠空间,大规模种植了既能防风固沙又能产业化应用的甘草、肉苁蓉、藻类等沙旱生中药材,构筑了产值40亿元的甘草现代化产业,同时也构建了有益健康、关爱生命的"天然药圃"。

二是利用沙漠独特的自然景观,并加以巧夺天工的点缀,发展了库布其沙漠七星湖低碳旅游产业,构建人类与沙漠和谐相处的生命乐园。

三是依托广袤的土地空间和多年的生态建设成果,发展了清洁能源、生物质能源、太阳能光伏产业。在变沙漠劣势为优势,大规模防沙绿化的同时,实施了清洁能源生产与沙漠碳汇林建设有机结合的"1+2"工程,即2013年,清洁能源总投资达到1 000亿元,并在目前5 000平方千米绿化面积的基础上,新增2 000平方千米的碳汇经济林面积。

2011年年初,亿利资源联合中国七大民营企业,采取发展清洁能源和沙漠生态碳汇相结合的举措,在库布其沙漠建设了"库布其清洁能源基地",主要发展煤制乙二醇、化肥、天然气、甲醇制烯烃(MTO)、生物能源、太阳能电站电池组件的生产。260万吨/年生物炭基复混肥、60万吨/年乙二醇、20万吨/年甲醇项目于2014年建设完成,2015年2月试车成功,并产出合格产品,每年可实现销售收入过百亿元。亿利资源在2013年也就是公司成立25周年之际,制订了实现"两个一"目标的计划:清洁能源总投资1 000亿元,绿化库布其沙漠10 000平方千米。

随着亿利资源治沙科技与库布其模式的推广,10.2万人在亿利资源科技治沙产业带动下脱贫致富。库布其治沙被巴黎气候大会树立为治沙样本,先后获得全国脱贫攻坚奖、联合国联合国地球卫士终身成就奖、全球治沙领导者奖等荣誉。

"十四五"时期亿利资源要实现立体生态光伏治沙产业链领先和科技治沙世界领先。依托库布其年均日照超过3 180小时的风光新能源土地资源和自建自有的绿色工业园区,亿利资源探索实践光伏治沙,逐步构建了光伏制绿电、绿电制绿氢、氢装备智造、储能、光伏组件及新能源相关新材料产业链技术体系,总规模达到3GW。预计"十四五"期间达到10GW,治沙面积50万亩以上,创造新型就业机会超过 3 000 个。

　　除了自身通过治沙生态与科技治沙产业扶贫，亿利资源集团和创始人王文彪个人共同出资捐资 2 000 万元人民币于 2011 年正式在民政部注册成立亿利公益基金会。迄今，亿利公益基金会捐赠收入超过 1.4 亿元，公益支出超过 1.2 亿元，实施公益项目 50 多个，地域跨越内蒙古库布其、西藏山南等多个少数民族聚居区。此外，亿利资源与亿利公益基金会多次援助受灾地区群众，先后向台湾台风灾害、西南五省特大旱情、青海玉树地震灾害、云南大关台风灾害、四川雅安地震灾害等累计捐款捐物 5 000 万元。新冠肺炎疫情期间，亿利资源第一时间连夜安排向疫情重灾区湖北、天津、内蒙古等地捐赠医疗生活物资，一个月内行程超过 6 000 千米，计有 1 亿片复方甘草片、80 万斤土豆、200 多吨防疫物资等。

　　讨论：请根据上述资料分析亿利资源集团的儒商行为，兼顾讨论环保、社会责任与企业经济效益的关系。

● 1.4.4　自己掏钱给农民盖别墅的儒商行为[①]

　　梁希森，山东希森集团董事长，1955 年生于山东省乐陵市黄夹镇梁锥村，从小家境贫寒，10 岁讨饭，13 岁打铁，17 岁离家谋生，从 20 世纪 80 年代开始创业。

　　1983 年，梁希森拿出积攒下的 1 万多元钱，和朋友在老家开面粉厂，当年便获得纯收入三四万元。当别人见他赚了钱，争着建面粉厂时，他马上关闭面粉厂，先后办起了调料厂、毛巾厂、五金加工厂，最后组成装修工程队，进入建筑和房地产领域。

　　1996 年，梁希森进军北京房地产行业，垫资 7 000 万元，分包号称国内最大的利达玫瑰园 40 套别墅的建筑装饰工程和部分基础设施建设，并于当年 7 月完工。然而此时玫瑰园已根本无力支付工程款。梁希森却做出了一个也许是他一生中最重大的抉择：继续加大对玫瑰园的投资，直至其资不抵债，然后首先申请财产保全，继而申请玫瑰园破产，在条件允许的情况下，参与竞买，直接由建筑商转变为开发商。就在他拍下了这个北京市最大的别墅群烂摊子之后不久，北京市宣布不再审批别墅项目，玫瑰园成为当时北京最后一个别墅群，加之 2000 年后房地产市场回暖，砸到梁希森手里的烂尾盘一下子奇货可居，玫瑰园再次生机盎然，梁希森一战成名。

　　房地产大亨梁希森的"情义"主要体现在自己富裕后，首先想到的是家乡的父老乡亲，想帮助父老乡亲改变命运。在北京玫瑰园大赚一笔之后，梁希森的脑子里有了一个更大胆、更疯狂的想法——投资 10 亿元，把家乡乐陵市黄夹镇所有农民改造成工人。

　　2001 年，梁希森在梁锥村附近辟出 100 亩地，投资 4 200 万元，盖起了多幢二

　　① 张跃伟. 梁希森：自己掏钱给农民盖别墅 [EB/OL]. [2023-05-08]. http://www.dzwww.com/08/sdxxds/xgwd/200810/t20081005_3992728.htm.

层别墅和四层小楼，将房屋几乎免费送给村民。2005年11月，他又拿出7 000万元给邻近的许家村盖了216套联排别墅。2004年，梁希森成立鲁西农牧发展集团，进军鲁西黄牛产业。村里的农民以土地入股，进入梁希森的企业，不但可以挣工资，年终还可分红。黄牛产业的发展带动了繁殖、培育乳牛，青贮、精饲料加工等多个产业，构建了一个完整的循环产业链。

梁希森的每个举动都引来了人们不小的议论，有的人不理解，有的人猜测背后隐藏的目的，有的人干脆说他是"傻子"。人们不明白他为什么要自己掏钱给农民盖别墅。

讨论：梁希森为什么自己掏钱给父老乡亲盖别墅？

●● 1.4.5　山东京博"仁孝治企"，给员工父母发"工资"[①]

"孝工资"是山东京博控股集团有限公司（简称山东京博）按照一定标准给员工的父母发放的工资，是代替员工尽孝道的一种企业行为，该部分资金完全由公司独立承担，与员工工资待遇完全分开。"孝工资"是山东京博定义的，于2007年开始试行，2010年对员工全面实施。山东京博的新员工入职的时候，需要在线填写"孝工资卡"，包括关系、享受人、开户行、银行卡号、电话号码五项内容。其中，"关系"项目的填写内容是有选择性的，包括"父亲、母亲、岳父、岳母、配偶、儿子、其他"。

山东京博的"孝工资"不仅包含"孝"也包含"仁爱"。之所以称为"孝工资"，一方面是因为享受人主体多为"父亲、母亲、岳父、岳母"，另一方面是因为从企业管理上来说，这是践行"仁孝"文化的一种方式。可以说，"孝工资"整体上体现了山东京博"仁孝"文化中"慈对员工、仁对客户、孝对社会"的理念。

讨论：中国传统文化如何与现代企业管理有机结合？

▶▶ 本章小结

儒家经营伦理思想是一个融个人、社会和国家于一体的比较完整的体系，主要包括八个方面：修身、诚信、以义制利、贵和、举贤任能、人本管理、以天下为己任、天人合一。其中，天人合一又包括仁、节约、时令和监管保护等伦理思想。坚定不移地走儒商之道，根据儒商的经营伦理要求来检测企业的战略决策是否符合道德，为企业的可持续发展排除不应该有的障碍。

儒商的历史一般认为可以追溯到春秋战国时期，子贡被认为是儒商的鼻祖。儒贾和儒商的含义基本一致，最早在明朝的嘉靖年间出现和流行，儒商则在清朝的康熙年间才出现和传播。

新儒商可以分为狭义新儒商和广义新儒商。狭义新儒商是笃信传统儒家经营伦

---

① 黄少英，黄羽仪. 试论企业"孝工资"制度——以山东京博控股集团有限公司为例 [J]. 名汇，2021（5）：49-51.

理及价值观，广泛吸收现代中西商业文明，活跃于国内外商业舞台，文化程度较高的优秀的合法依法经营者。广义新儒商是秉承中国传统文化与智慧，广泛吸收现代中西商业文明，活跃于国内外商业舞台的文化程度较高的优秀的合法依法经营者。

相信儒商可以成为国际舞台上的生力军。

▶ 复习思考题

（1）儒贾经营伦理包括哪些内容？

（2）辨析儒贾、贾儒、儒商、新儒商等概念。

（3）儒贾在明朝嘉靖年间开始出现和流行的原因有哪些？

（4）请列举当今企业界出现的儒商行为。

▶ 案例分析

子贡"存鲁，乱齐，破吴，强晋而霸越"战略中的商道

鲁哀公十一年，也就是公元前484年，子贡跟随孔子周游列国14年之后回到鲁国的那一年。此时的鲁国已经变得很弱小了，并且即将面临强大的齐国的大举进攻，孔子深为鲁国的前途担忧。为此，孔门师徒之间进行了激烈的讨论，最后，孔子认可了子贡的"一揽子救援计划"。这个计划在历史上简称"子贡存鲁"，司马迁的《史记》记载为"子贡一出，存鲁，乱齐，破吴，强晋而霸越"。

乱齐：游说田常停止攻打相邻而弱小的鲁国，改为进攻南方比较强大的吴国

子贡出使兵临鲁国的齐军大营，与田常一起饮酒和纵论天下，子贡有目的地帮助田常分析他率军攻打鲁国不是为了美女，也不是为了金钱，而是想立战功，打击政敌。进而分析说，攻打弱小的国家起不到攻打政敌的作用，因为不管谁出兵都可能打胜仗，只有攻打像吴国一样比较强大的国家胜利了，才能起到攻击政敌的效果。尽管田常对进攻鲁国产生了犹豫，但也不能不打，否则无法向齐王和其他大臣交代。子贡继续反问说："如果这个时候吴国能够主动攻打齐国，问题不就解决了吗？"子贡向田常承诺：游说夫差，攻打齐国。田常自然暂缓攻打鲁国。

破吴：游说吴越攻打齐国

此时正值卧薪尝胆的越王勾践向吴王夫差屈辱求和的历史阶段。夫差大败勾践之后，吴国进入鼎盛时期。吴越貌似和平共处，但各怀心思。夫差随时可以攻打越国的会稽一举消灭越国，勾践则等待时机发动报复战争。夫差是一个励精图治但又好穷兵黩武的国王，曾经多次北上发动与齐晋之间的争霸战争。子贡不请自来，夫差压根儿没想到他会给自己带来亡国的厄运。

子贡对夫差说："一个王者，不会允许一个诸侯国轻易被别人兼并；一个霸主更不会对一个诸侯国即将被人吞并的事不闻不问，否则现有的列国格局就会被打破。现在齐国即将攻打弱小的鲁国，不知道大王有什么打算？"子贡继续说，吴国救援鲁国至少有三大好处：第一，提高国际威望，体现大义凛然、主持公道的强国

风度；第二，挫败齐军，名义上是救鲁，实际上是削弱齐国；第三，敲山震虎，震慑晋国。子贡的这番游说让夫差当场表态，对齐国攻打鲁国之事不会坐视不管，但同时提出要等他灭了越国之后才能出兵齐国。夫差对越国的担心是符合用兵之道的，但是子贡帮助老师一起拯救自己祖国的愿望更加迫切，根本没有时间等待，于是又许诺去游说越王勾践跟随夫差的军队一起攻打齐国，这自然又打消了夫差对勾践的后顾之忧。

子贡来到会稽面见越王勾践，告诉勾践说夫差想先灭了越国再去攻打齐国以消除后顾之忧，是自己游说夫差让勾践亲自带着军队跟随他一起去攻打齐国，才使越国免受灭顶之灾。同时，他帮勾践分析，勾践报仇的时机到来了。这样勾践自然就对子贡寄予厚望。子贡说："如果夫差输了，你就可以兴风作浪；就算他赢了，也将大伤元气。夫差还很可能乘胜北上中原，逼近晋国，到时候再去晋国煽风点火。这样吴国在对付齐国军队时肯定要消耗大量实力，还要受到来自晋国军队的牵制。到那时你就可以坐收渔利。"勾践满口答应依计行事，并厚礼相送。子贡又迅速回到吴国汇报出访越国的情况，并耐心等待勾践的行动。

勾践派大臣文种带着厚礼向夫差请安，坚决支持攻打齐国的军事行动，并且愿意倾全国之力，派遣三千精兵协助大王作战。夫差自然得意忘形，子贡却义正词严地说："大王把人家的国库搬空，带走了所有的士兵，又让人家的国君为你堵枪眼，这是很不道德的。依我看，你收下献礼、带走士兵就可以了。让勾践自己孤孤单单地留守会稽，给他留一点点作为国君的面子吧！"夫差接受了子贡的意见，于是点将出征齐国。子贡存鲁的目标基本达成。

强晋：游说晋国做好战争准备，牵制齐国，防备吴国

子贡风风火火来到晋国，面见晋定公。子贡游说晋定公的理由为："听说吴王夫差决定攻打齐国。吴国输了，越国必然会乘机攻打吴国，你自然可以作壁上观；吴国赢了，根据夫差的个性，肯定会顺手牵羊骚扰晋国。"子贡劝晋定公"厉兵秣马，有备无患"。"夫差如果没有非分之想，晋国也没有什么损失，权且当成正常的军事训练；如果夫差真想骚扰晋国，大王就可以逸待劳，提前行动。"晋定公也接受了子贡的建议。一场恶战已经箭在弦上。

霸越：成就越国就是保存了鲁国

战争的结果是，吴国大败齐国，夫差趁机主持了一场"黄池会盟"的闹剧。夫差会同鲁哀公、晋定公一起站在封禅台上检阅三军，尽显吴国威风。夫差还没过上几天霸主的好日子，勾践已经趁机将吴国的老巢"吴都"占领，吴国太子成了阶下囚，夫差只好跪地求饶。后来又经过几次伐吴战争，夫差多次请降，勾践不答应，最后夫差自杀。越国称霸东方，成为春秋时期最后一个霸主。

子贡的商道

正当夫差的军队准备出发时，军需官向吴王禀报，吴国地处南方，要到北方去打仗，应该准备御寒的衣被物资，但由于时间紧迫难以筹备。子贡又趁机向夫差和军需官暗示，他有办法能够很快买到大量的过冬物资，但是由于战争连绵，交通阻

断，价格可能太贵。夫差凭着自己的强大和富饶，为了达到自己称霸的目的，已经顾不上价格这样的末节之事了，满口答应高价收购子贡的货物。子贡立即鸿雁传书，送到留守在齐国和吴国的随从手中。他们迅速将早已经收购到的丝绵从各处运到夫差军中。夫差看到子贡在这么短的时间内买到这么多丝绵，更加觉得子贡真是一个了不起的人物，于是不但以高价收购了子贡的丝绵，还赏赐给子贡一大笔钱，以褒奖子贡四处联络的功劳。

　　子贡身边的侍从惊奇地问他：“为什么在齐国的时候就能够预见吴国需要丝绵呢？”子贡说：“我在齐国劝说宰相田常进攻吴国时，就预测到吴国与齐国之间必将发生一场战争，而田常只给了半年的时间游说吴国，这样基本可以判断不管怎样战争都要经过冬天。吴国地处南方，在冬季远征北方肯定需要大量御寒物资，因此就吩咐大家预先在夏季以低廉的价格收购丝绵，等夫差紧急需要的时候，就可以高价卖给他。”

资料来源　袁峰. 儒商鼻祖子贡全传［M］. 武汉：华中科技大学出版社，2011.

　　讨论题：

　　（1）你认为子贡在本次“丝绵”经营中成功的最关键因素是什么？

　　（2）如何理解子贡本次“丝绵”经营中的儒商之道？

第2章　西方经营伦理思想及东西方比较

▶ 学习目标

- 掌握西方主要经营伦理思想的演变
- 了解资本主义精神的演化
- 理解东西方经营伦理思想的区别

▶ 引例

在iPhone上建立"后门"——道德困境

2015年12月2日，一对夫妇——28岁的赛义德·里知旺·法鲁克（Syed Riz-wan Farook）和29岁的塔许芬·马里克（Tashfeen Malik），在加利福尼亚州圣贝纳迪诺的一个名叫"内陆"的区域中心枪杀了14人，并造成22人受伤。警方随即对两名嫌疑犯进行追捕，双方展开枪战，两名嫌疑犯被击毙。极端组织"伊斯兰国"（ISIS）声称，这两名嫌疑犯是其支持者。联邦调查局（FBI）将该袭击视为一种恐怖主义行为进行了调查。

FBI调查的一个关键点是检查这对夫妇的电话、旅行、计算机和其他记录，以确定袭击背后的动机，并确定在他们的租屋中发现的临时炸弹实验室的来源。FBI在调查中发现了一部由法鲁克的雇主提供给他的iPhone手机。

调查人员担心，在尝试解锁手机的过程中会遇到困难，因为在通常情况下，如果10次解锁尝试都不成功的话，原来的安全系统会把iPhone里的数据全部清除。因此，FBI在袭击发生几天之后寻求苹果公司的帮助，要求苹果公司为恐怖分子的iPhone建一个"后门"——本质上是一个新版本的苹果操作系统（iOS）软件——可以帮助FBI解锁手机，并且一次解锁就能获取这部手机过去的所有信息。然而，苹果公司首席执行官库克出于公司对用户数字隐私和安全的承诺拒绝了政府的这项要求。

一方面是苹果公司和数字版权组织倡导保护用户数字隐私，另一方面是美国政府和FBI在保护国家安全方面寻求苹果公司和其他技术公司的支持。

美国政府和科技公司之间关于加密实践的争执已经有10多年了。2010年，奥巴马政府提出立法草案，迫使像谷歌和苹果这样的技术公司向政府提供未加密的数据。该草案类似于克林顿政府期间强制电话公司必须建立政府机构可以监听的数字网络的立法。如果新的立法草案被接受，将对用户隐私支持者产生极大的打击。然而，斯诺登2013年对政府绝密电子监听计划的揭露导致了舆论对美国政府的大规模批评，奥巴马政府决定不再继续推进其所提议的法案。

圣贝纳迪诺案发生后，一场争执又开始了。

美国政府表示，它将"不放过案件中的每一条调查线索"，因为它欠受害者及其家属一个解释和交代。因此，当政府律师和苹果公司之间的会谈失败时，美国司法部向加利福尼亚州中部地区联邦法院提出申请，要"了解一切可能跟圣贝纳迪诺攻击有关的信息"。

联邦检察官在其初次提交申请时表示：

政府要求苹果公司帮助访问……设备来确定法鲁克和马里克可能与谁通信来计划和实施枪击，二者在事件之前和之后可能前往和返回的地方，以及其他关于他们和他人参与致命枪击的更多信息。

检察官进一步声称，法鲁克的设备可以加密到使其内容"永久无法访问的程度"，而"苹果公司拥有帮助政府完成搜索的专门的技术手段"。

根据这一请求，美国联邦法院法官通过了一项命令，指示苹果公司向联邦调查局提供"合理的技术援助"——通过操控软件的方式让苹果手机的安全系统瘫痪。如果安全功能被禁用，调查员可以尝试尽可能多的方案以解锁电话。美国民众聚集在华盛顿联邦调查局总部外示威，抗议法院法官要求苹果公司协助FBI解锁加州枪击案凶犯的苹果手机。

苹果公司针对用户隐私的立场主要是由库克推动的。库克在1998年作为高级管理人员加入苹果公司，并在很大程度上担任幕后的执行官。苹果公司以一封库克写给苹果手机用户的1 100字的公开信对联邦法院的命令做出了回应，这封信概述了苹果公司为什么拒绝政府的要求。

库克在信中警告说，政府令人恐惧的破坏隐私的要求"从根本上破坏了我们政府旨在保护的自由和解放"。库克将政府的要求描述为"美国政府过度"的情况。他所表达的苹果公司的立场包括以下内容：

美国政府要求苹果公司创造一些"（过去）没有"和"被（苹果公司）认为太危险的东西"（即iPhone的后门）。

FBI希望苹果公司为一个iPhone（圣贝纳迪诺恐怖分子的手机）创建的软件（iOS的一个版本）"有可能解锁任何人物理占有的任何iPhone"。这种软件当时苹果公司也还没有。

任何人都不能保证这个后门的使用仅限于特定情况。"一旦被创建，该技术可以在任何数量的设备上反复使用。"苹果公司指出，这个"后门"相当于物理世界中一把万能钥匙，"能够打开数亿把锁"。

后门的建立将打破加密的每一个目的。"一旦用于解锁加密数据的信息（被）知道了，或者绕过该代码的方式被揭露了，那么设备的加密能被任何知道的人破解。"

苹果公司努力把用户数据远置，"甚至（超越）我们能触及的范围，因为我们相信你的iPhone中的内容与我们无关"。

苹果公司面临一个道德困境，"政府要求它破解自己的用户，破坏其数十年来在保护用户免受黑客和网络犯罪分子干扰方面的安全性的进步。具有讽刺意味的是，为iPhone建立了强大的加密功能以保护苹果用户的工程师，将被命令削弱这些保护，使（其）用户变得不安全"。

库克和苹果公司的管理团队（那些既有权力又要承担复杂责任的人）面临的困境可以被描述为"脏手（dirty-hand）问题"。哈佛大学伦理学教授巴达拉科（Badaracco）用这种表达方式，来描述管理层所面临的"权利与责任"困境下的艰难的道德选择。正如巴达拉科所说，"说到底，管理上的道德困境是在不同的道德之间、在不同的责任领域之间的冲突"。

联邦法院给苹果公司5天时间来回应其命令。

2016年2月17日，库克在致苹果用户的公开信中称，苹果公司已经向FBI提供了相关信息，但请用户放心，苹果公司不会按照FBI的要求，为苹果软件预留一个"后门"。

资料来源　刘素，包铭心. 公司治理迷局：毅伟商学院的16堂经典案例课［M］. 北京：北京大学出版社，2018.

思考：库克面临的道德困境是什么？如果你是库克，你将做出怎样的选择？是支持用户隐私，还是支持国家安全，让人们有权生活在一个不因数字技术发展而让国际恐怖主义威胁跨越国境的世界里？应该如何处理这个"权利与责任"的问题？这是身为最有价值公司首席执行官人生中的关键时刻吗？

≫ 2.1　西方经营伦理思想的演变

西方管理思想与伦理思想均萌芽于古希腊时期，洗礼于中世纪，融合于近代资本主义时期。因此，研究西方经营伦理思想的真正历史起点，应从1640年英国资产阶级革命开始。自此之后的近400年间，资本主义社会开始了一场轰轰烈烈的经济社会运动，西方经营伦理思想也大体经历了一场史诗般的演变。

从核心特质的变化角度来看，西方经营伦理思想的发展主要体现在管理本质、管理目标、管理控制和管理价值标准上。

● 2.1.1　"以物为本"向"以人为本"发展

随着西方近代管理思想的演变，关于如何看待员工在企业中的作用以及如何管理员工这一管理过程中的核心要素，经历了一个转变的过程。

1）彻底的"以物为本"

19世纪以前的西方经营场所被称为"手工工场"，工场主拥有绝大部分的生产资料，员工也只是提供劳动力的一种生产资料。生产、设计、培训和管理等工作主要依靠工场主的个人经验。在这种经验管理阶段，管理者的地位是至高无上的，被管理者只是实现管理目标的手段和工具。管理过程中，管理者完全不顾及员工的要求。这一阶段是彻底的"以物为本"的管理阶段。

■■ 知识链接2-1

英国资本主义初期的毛纺织业

毛纺织业兴起之初，其生产组织在城市是行会作坊，在农村是家庭手工业。农村中没有行会的控制，手工业者的分化比较迅速。手工业者大多参与劳作并拥有简单生产资料。商人以各种方式控制分散的生产者，简单协作很快过渡到手工工场。

到15世纪，分散的手工工场在英国农村出现。商人先到市场上购买羊毛，交给各家纺工纺成毛线，之后，商人再收取毛线，分给各家织工织成毛呢。商人收取成品出售，付给纺工、织工以工资。这时生产分散进行，纺工、织工多为农家妇女，她们还保有自己的一点生产资料，资本家的资金还不雄厚，没有集中的厂房设备。

到16世纪，集中的手工工场如雨后春笋般出现了。伦敦西部纽伯里一个名叫约翰·温彻康布的纺织业商人，在16世纪初就拥有一个约千人的手工工场，其中男女织工、纺工和助手600人，梳毛、理毛工人250人，修整工50人，染工40人，研工20人。此时工场里的工人已经失去了所有的生产资料，他们只能靠出卖劳动力受雇于工场主才能勉强度日。

资料来源　曹大为，赵世瑜. 历史：必修（Ⅱ）[M]. 长沙：岳麓书社，2004.

2）"以物为本"向"以人为本"的发展倾向

（1）古典管理时期

经过早期原始资本的积累，19世纪以后的资本家大多建立起大型的工厂，安装先进的设备，雇用大批工人进行生产。在扩大生产规模的同时，如何管理庞大的组织、提高工人的生产效率成为管理者面临的最棘手的经营问题。

■■ 知识链接2-2

"磨洋工"现象

当一个美国工人在玩棒球时，他肯定会全力以赴去为他所在的队伍争取胜利，如果他不这样做的话，就会被冠上"懦夫"的标签，并且遭到周围人的鄙视。

当他回到工作单位后，他通常不会竭尽全力地干活，大多干不完超过正常程度三分之一到二分之一的活。如果他真的尽最大努力了，反而会遭到同事们的指责和辱骂，甚至比在运动场上被骂"懦夫"的次数还多。

这种故意放慢工作以避免完全做完一天工作的做法，就称为"磨洋工"，这种现象在工业企业中非常普遍。

资料来源　泰勒. 科学管理原理 [M]. 黄榛，译. 北京：北京理工大学出版社，2012.

这一时期，管理者或者研究者开始将工作重心放在工人身上，研究影响工人生产效率的各种因素，提出了一些提高工人生产效率的管理方法和理论。人本管理思想萌芽了。

第一，泰勒的人本思想。泰勒在多年的管理实践的基础上提出了科学管理理论。科学管理的核心思想是通过设计一套最佳的标准作业方式和差别工资制度，使员工愿意以最佳的工作方法从事生产，从而创造出最大的产出。

■■知识链接2-3

管理者的四项新任务

（1）研发出一套工人操作中每一环节的科学方法，以替代过去单凭经验行事的方法。

（2）科学地挑选工人，并进行培训教育，使其成长。

（3）与工人们密切合作，以确保一切事务都是按照已形成的科学原则进行。

（4）管理层与工人在工作和职责的划分上应是大体同等的。

资料来源　泰勒. 科学管理原理［M］. 黄榛，译. 北京：北京理工大学出版社，2012.

与经验管理阶段"以物为本"的管理相比，科学管理理论蕴含了朴素的人本管理思想，但在管理实践中过于注重经济刺激，没有从真正意义上对人的心理因素和社会因素给予重视并进行研究，体现的仍然是"以物为本"的本质特点。

第二，法约尔的人本思想。法约尔提出了组织管理的十四项原则。

■■知识链接2-4

法约尔管理原则摘录

纪律（discipline）：纪律是领导人造就的。无论哪个社会组织，其纪律状况都主要取决于其领导人的道德状况。

报酬（remuneration）：取决于不受雇主的意愿和所属人员的才能影响的一些情况，如生活费用的高低、可雇人员的多少、业务的一般状况、企业的经济地位等，然后再看人员的才能，最后看采用的报酬方式。

公平（equity）：公道是实现已订立的协定，但这些协定不能什么都预测到，要经常地说明它，补充其不足之处。为了鼓励所属人员能全心全意和无限忠诚地执行他们的职责，应该以善意来对待他们。公平就是由善意与公道产生的。

人员的稳定（stability of tenure of personnel）：一个人要适应他的新职位，并做到能很好地完成他的工作，这需要时间。

首创精神（initiative）：想出一个计划并保证其成功是人类活动最有力的刺激物之一。这种发明与执行的可能性就是人们所说的首创精神。建议与执行的自主性也都属于首创精神。

资料来源　法约尔. 工业管理与一般管理［M］. 迟力耕，等译. 北京：机械工业出版社，2013.

这些原则在很大程度上体现了法约尔的人本思想：管理者应该重视员工的心理需求，加强对员工实际能力的培养，创立一种公平协商的工作环境。

第三，巴纳德的人本思想。巴纳德在《经理人员的职能》一书中，把自己对人际关系的认识、社会学的要领融入组织结构的逻辑分析中，创立了新的组织观和人际观，第一次把以人为本的思想纳入了管理学的框架当中，揭示了人在管理中不可替代的主体作用，并运用系统论的方法对管理理论进行综合。"巴纳德革命"对后来人本管理的逐步发展具有极大的推动作用。

（2）行为科学时期

以梅奥为代表的行为科学学派主要围绕"个人行为的种种差异和工作团队对个人的影响以及个人对工作团队的影响"来展开，就人际关系对组织的作用和活动开展的影响进行了开创性研究，强调了人性在管理中的作用。

■■ 知识链接2-5

访谈试验

此计划的最初想法是要工人就管理当局的规划和政策、工头的态度和工作条件等问题做出回答，但这种规定好的访谈计划在进行过程中得到了意想不到的效果。

工人想就工作提纲以外的事情进行交谈，工人认为重要的事情并不是公司或调查者认为意义重大的那些事。访谈者了解到这一点后，及时把访谈计划改为事先未规定的内容，每次访谈的平均时间从30分钟延长到1~1.5个小时，多听少说，详细记录工人的不满和意见。

访谈计划持续了两年多，工人的产量大幅提高。

资料来源 梅奥. 工业文明的人类问题［M］. 陆小斌，译. 北京：电子工业出版社，2013.

在行为科学阶段，管理者从以技术和物质为中心的研究转向了以人为中心的研究，发现了个人的社会性需要和非正式组织的重要作用。

■■ 知识链接2-6

人际关系学说

（1）工人是"社会人"而不是"经济人"

人们的行为并不单纯出自追求金钱的动机，还有社会方面的、心理方面的需要，即追求人与人之间的友情、安全感、归属感和受人尊敬等，而后者更为重要。

（2）企业中存在非正式组织

非正式组织与正式组织有重大差别。在正式组织中，以效率逻辑为其行为规范；在非正式组织中，则以感情逻辑为其行为规范。如果管理人员只是根据效率逻辑来管理，而忽略工人的感情逻辑，必然会引起冲突，影响企业生产率的提高和目标的实现。

（3）新的领导能力在于提高工人的满意度

在决定劳动生产率的诸因素中，置于首位的因素是工人的满意度，而生产条件、工资报酬只是第二位的。高的满意度来源于工人个人需求的有效满足，不仅包括物质需求，还包括精神需求。

资料来源　梅奥. 工业文明的人类问题［M］. 陆小斌，译. 北京：电子工业出版社，2013.

与古典管理相比，在行为科学阶段，被管理者的地位有所提高，但这并不等于是"以人为本"，因为企业依然将人视为手段而不是目的，在如何利用人进一步提高劳动生产率上费尽心机。

（3）现代管理理论

现代管理理论既是对古典管理理论与行为科学的综合，又是顺应时代需求而发展起来的。科学管理与行为科学的结合不过是使管理理论更加全面，行为科学理论本身固有的不足没有改变。"工人仍旧被看作提高工业生产率这一目标的一种手段。社会技能是新的手段，目标仍然是对工人进行操纵。人际关系并没有恢复做人的骄傲和减轻无目的性，只是代之以工人的精神发泄，并没有从根本上解决问题，即改变工作本身的性质。"[1]

3）"以人为本"思想真正确立

真正确立"以人为本"思想是在后现代管理时期。这一时期，把人当作本身，"人是目的"，赋予工作以意义。

■ 知识链接2-7

西方人本管理思想的确立

明天的公司将是一个共同出谋划策的集体企业。在这一新的观念中，它强调经济业绩和总体竞争实力的人的方面，一个公司的成功与其成员的技能及个人素质的发展息息相关。为什么要促进雇员的自我实现呢？

不妨引用彼得·圣吉的一段话：具有高度个人优势的人们更能做出承诺。他们能更多地表现出主动性……想在商界占有一席之地的公司，必须将组织结构从控制的工具转变为服务于为公司工作的人们的手段。

资料来源　德鲁克. 后资本主义社会［M］. 张星岩，译. 上海：上海译文出版社，2003.

由此可见，后现代管理将是一种真正"以人为本"的管理，而且，西方管理伦理以人为本的管理本质是"个人不再仅被视为达成目标的工具，而是创造成功价值的主要来源"，企业在员工价值体现过程中得到发展。

---

[1]　雷恩. 管理思想的演变［M］. 赵睿，等译. 北京：中国社会科学出版社，2002.

2.1.2　"个体卓越"向"整体和谐"融合

西方近代经营伦理思想中，关于企业经营目标的认识也经历了由追求企业自身卓越到寻求整体和谐的发展历程。

罗伯特·海和爱德·格雷通过研究企业管理目标的历史变化，总结出企业管理目标演变的三个阶段，即最大限度地追求利润的个体卓越阶段，在企业利润与社会影响因素之间寻求平衡的阶段，追求人、组织、环境等的整体和谐阶段。

知识链接 2-8

企业管理目标的演变三段论

第一阶段：从20世纪初到50年代末。当时企业管理的主要目标是最大限度地追求利润，实现企业个体的卓越管理，其依据的原则有：（1）让买主自己审慎从事；（2）技术极为重要；（3）工人是可以买卖的商品；（4）工人不得将家庭问题带到工作岗位；（5）审美价值无足轻重；（6）自然环境决定社会命运等。

第二阶段：从20世纪60年代初到70年代末。管理者被视为企业资源的受托管理人，他试图在企业利润及社会影响因素之间寻求平衡。通常情况下，企业追求的是达到一定水平的利润。企业管理所依据的原则有：（1）金钱和技术是重要的，但人也同样重要；（2）消费者不应被欺骗；（3）工人拥有被尊敬的权利，其需求超出了经济需求范围；（4）人们可以控制环境；（5）审美价值是好的，但不适应西方管理。

第三阶段：进入20世纪80年代以后，企业管理的目标是追求人们的生活质量，为社会利益做贡献，实现人、组织、环境等的整体和谐。企业管理所遵循的原则是：（1）供应者或生产者应审慎从事；（2）人远比金钱和技术重要；（3）雇员的尊严应得到保护；（4）人们必须关心环境；（5）审美价值观应受到保护等。

资料来源　文章代，侯书森. 立体管理［M］. 东营：中国石油大学出版社，1999.

整个20世纪西方管理理论发展的进程，充分体现了上述管理目标的变化。

1）追求个体卓越阶段

在管理理论产生之初，管理的对象主要是企业内部的各种要素，其目的均是提高工人在工厂的作业效率，研究目标均是工厂对生产过程的管理，也就是对工人劳动的管理。

从巴贝奇对工作方法和报酬制度的研究、尤尔对工厂秩序的研究到泰勒的科学管理原理的诞生，都是把企业内部的管理作为研究对象，他们的管理目标主要指向企业内部各种要素及其相互关系。

法国的法约尔、德国的韦伯等古典管理学派的重要代表人物也未能把管理的目标延伸到管理对象与其环境的关系之中，没有用整体的观点来进行管理，他们的管理思想均是以"经济人"为人性假设，目标实质上以提高效率来实现利润的最大化，均是从企业自身出发，追求的是企业个体卓越。

2）寻求个体利润与社会因素平衡阶段

企业是在社会中生存和发展的，它不可能不受社会环境的影响。第二次世界大战以后，以美国巴纳德为首的社会系统学派认为，与其他社会组织一样，企业是一个协作系统，这个系统有三个要素：协作的意愿、共同的目标、信息的联系。虽然巴纳德的管理系统理论主要局限在企业内部，但它对人、组织、社会协同发展的思想提供了思想准备和理论准备。

行为科学学派正是在巴纳德的组织系统理论之上，对影响企业利润的社会因素进行了诸多的研究，取得了很大的成果。企业运用行为科学的理论，开始寻求个体利润与社会因素之间的平衡。

3）追求整体和谐阶段

进入 20 世纪 80 年代以后，随着科学技术的进步和社会经济的发展，人们的生活质量得到极大提高。人们对产品不再单纯追求数量上的满足、质量上的可靠性，而是具有多样化的需求；人们对自身发展的要求也不再仅仅是低层次需求的满足，而是要实现更高层次需求的满足；人们对改善企业的道德标准越来越重视。[①]这些变化要求企业管理目标必须由追求个体卓越向追求整体和谐发展。

20 世纪 90 年代产生并流行的企业重造理论、可持续发展理论以及绿色管理方法等无不体现了这一发展趋势。彼得·圣吉在《第五项修炼》中反复强调，企业的真谛是"活出生命的意义"。[②]企业要活出生命的意义就在于追求人、组织、社会、环境的和谐发展。

进入 21 世纪，共享价值式企业社会责任范式试图破解企业与社会关系中商业利益与社会利益相互冲突的难题，"Benefit Corporation"（共益企业）认证体系提出了一个关于"好"公司的新的实践路径——从一开始就坚守财务、社会、环境三重底线。"共益"代表 benefit for all，股东利益最大化不再是唯一目标，企业的社会影响、环境影响同等重要。社会责任投资（socially responsible investing, SRI）是一种特别的投资理念，即在选择投资的企业时不仅关注其财务、业绩方面的表现，而且关注企业社会责任的履行情况，在传统的选股模式上增加了企业环境保护、社会道德以及公共利益等方面的考量，是一种更全面的考察企业的投资方式。责任投资所涵盖的内容不断演化，沿着社会责任、环境保护、公司治理的大致顺序，发展形成责任投资理念的三大价值支柱，即 ESG 投资概念——环境（environmental）、社

---

① COUGHLAN R. An analysis of professional codes of ethics in the hospitality industry [J]. Hospitality Management, 2001, 20（2）：147-162.

② 圣吉. 第五项修炼——学习型组织的艺术与实务 [M]. 郭进隆，译. 上海：上海三联书店，1994.

会责任（social responsibility）和公司治理（governance）。

■ 知识链接2-9

绿色管理的5R原则

（1）研究（research）。将环保纳入企业的决策要素中，重视研究企业的环境对策。

（2）减量化（reduce）。采用新技术、新工艺，减少或消除有害废弃物的排放。

（3）再利用（reuse）。变传统产品为环保产品，积极采用"绿色标志"。

（4）再生循环（recycle）。对废旧产品进行回收处理，循环利用。

（5）保护（rescue）。积极参与社区内的环境整治活动，对员工和公众进行绿色宣传，树立绿色企业形象。

资料来源　高广阔. 跨国公司绿色管理 ［M］. 北京：经济管理出版社，2007.

2.1.3　"刚性管理"向"柔性管理"过渡

刚性管理与柔性管理是企业管理控制的两种极端方式。刚性管理是根据成文的规章制度，依靠组织职权进行的程序化管理；柔性管理是依据组织的共同价值观和文化、精神氛围进行的人格化管理。显然，这两种经营方式各自的伦理思想有着巨大的差异。

■ 知识链接2-10

刚性管理与柔性管理的区别

（1）驱动力：刚性管理依靠严格的规章制度和奖惩机制来约束工作；柔性管理依赖每个员工内心深处激发的主动性、内在潜力和创造精神。

（2）组织形式：刚性管理实行严格的官僚制，组织结构呈现纺锤化；柔性管理实行员工参与机制，组织结构呈现扁平化。

（3）领导方式：刚性管理实行专制型领导方式；柔性管理实行民主型领导方式。

资料来源　汤正华. 中西管理伦理比较研究 ［D］. 南京：南京理工大学，2005.

纵观西方管理发展的历史，企业控制的伦理思想经历了由刚性管理向柔性管理的转变。

1）刚性管理的演变

（1）数理化的刚性管理

古典管理理论的思想基础，除了功利主义经济学的经济效益动机和新教伦理的责任观，还有一个很重要的方面，即对能够精确描述宇宙规律的经典物理学等自然科学所具有的心理性分析功能的崇拜。

出于对科学方法的迷恋和对缺乏优良方法的不满，泰勒建立了科学管理理论。泰勒提出必须用科学知识来代替个人的见解或个人的经验知识，体现出管理方式的绝对刚性。

■ 知识链接2-11

泰勒的标准化试验

在搬运生铁的试验中，泰勒得出"一个适合做搬运工作的工人，在正常情况下，一天至少可搬47.5吨铁块"的结论；在铲具试验中，他得出"铁锹每次铲物在重21磅时，劳动效率最高"的结论；在长达26年的金属切削试验中，他得出影响切削速度的12个变数及反映它们之间相关关系的数学公式等。这些结论为工作标准、工具标准和操作标准的制定提供了科学的依据。

资料来源　泰勒. 科学管理原理［M］. 黄榛，译. 北京：北京理工大学出版社，2012.

韦伯则追求行政组织的精确性、稳定性、纪律性和可靠性。其科层主义的基本信条是：一个企业或组织的理性化、格式化、标准化和中心化程度越高，它就越有效率。他的理性设计、组织的构成理论是现代科学和理性原则的产物。

（2）生物化的管理方式

行为科学理论主张通过满足员工的社会欲望、提高员工士气来提高劳动生产率，具有人本主义倾向。显然，它不属于刚性管理的范畴之列。但是，行为科学只是把人作为条件-反射机器来研究，属于科学主义在研究人方面的应用，不具备柔性管理的特征。不可否认的是，行为科学理论为柔性管理提供了一定的理论依据。

（3）刚性为主，柔性为辅

管理丛林时期，各管理学派更多地注重对管理的全面控制。孔茨在《管理学》一书中写道："控制工作中的一个特殊领域，就是把握人事因素这一重要变量。人们已经正确而广泛地认识到，在任何企业中人事组织都会左右该企业的最后成果。"这在很大程度上说明管理控制手段应向柔性化发展，但是孔茨认为考察一个经理的业绩时应主要关注其业务活动与成果，所以其控制思想为刚性为主，柔性为辅。

松下幸之助秉持的是刚柔并济的控制思想，他认为："如果你因诚实而犯了一个错误，公司是非常宽容的，把这个错误当作一笔学费来对待并从中吸取教训，但是如果你背离了公司的基本原则，你将受到严厉的处置。"①

2）"刚性管理"向"柔性管理"过渡

20世纪80年代以后，后现代管理思潮向现代管理的基本理念发出挑战：否定理性主义作为管理理论的基石，否定传统管理学人性的基本假设，否定传统管理理论的研究方法，反对用单一的、固定不变的逻辑和公式来阐述和衡量现实世界。

① PASCALE R T，ATHOS A G. The art of Japanese management［M］. New York：Simon and Schuster，1981.

后现代管理思潮进入管理理论，动摇了人们曾经深信不疑的那些现代管理中的刚性内容，而出现了向柔性化管理的发展趋势。后现代管理理论认为，组织不能是道德虚无的，必须有一种精神力量。詹姆斯·钱皮（James Champy）在其《企业再造》一书中写道："资深的管理者正充满热情地进行重造经营工作，扬弃那些不再对组织起支持作用的企业结构。"

■ 知识链接2-12

企业再造的指导思想

（1）以顾客为中心。传统的分工理论将完整的流程分解为若干任务，并把每个任务交给专门的人员去完成，在这种思想的影响下，工作的重点往往会落在任务上，从而忽视了最终的目标——满足顾客的需要。

（2）以员工为中心。企业再造将直接导致组织结构发生变化，扁平化成为替代传统的金字塔形结构的新模式，企业中主要以流程小组为主，小组中的成员必须是复合型的人才，具备全面知识、综合观念和敬业精神，这一客观要求推动员工不断学习，实现具有挑战性的目标。

（3）以效率和效益为中心。重组流程推动了企业生产效率和效益的提高。

资料来源 CHAMPY J. Reengineering management［M］. New York：Harper Business，1995.

因而，后现代管理理论在其研究对象的选择上，始终把建立和塑造新的组织价值观系统作为一个侧重点，在管理控制手段上，呈现柔性管理的特征。

■ 小案例2-1

海尔的企业再造

1）海尔面对的挑战

1998年，海尔已经实现了销售收入超100亿元的目标。海尔开始考虑实施国际化战略，但是，海尔同国际大公司之间还存在很大的差距。这种差距集中表现在海尔的客户满意度、速度和差错率等指标表现不优秀，企业员工对市场压力的感知程度不高。

2）海尔的再造方案

在企业再造前，海尔是传统的事业本部制结构，集团下设六个产品本部，每个本部下设若干产品事业部，各事业部独立负责相关的采购、研发、人力资源、财务、销售等工作。1999年，海尔在全集团范围内对原来的业务流程进行了重新设计和再造，并以"市场链"为纽带对再造后的业务流程进行整合。

（1）同步业务流程结构："三个大圈、六个小圈、两块基石"。海尔的再造方案，将原来各事业部的财务、采购、销售业务分离出来，实行全集团统一采购、营销和结算。将集团原来的职能管理部门整合为创新订单支持流程"3R"（R&D——

研发、HR——人力资源开发、CR——客户关系管理）和保证订单实施完成的基础支持流程"3T"（TCM——全面成本管理、TPM——全面生产管理、TQM——全面质量管理）。

（2）流程运转的主动力："市场链"。推动整体业务流程运转的主动力不再是过去的行政指令，而是把市场经济中的利益调节机制引入企业内部，将业务关系转变为平等的买卖关系、服务关系和契约关系，将外部市场订单转变为一系列的内部市场订单。

（3）流程运作的平台：海尔文化和OEC（日事日毕，日清日高）管理模式。

3）海尔再造的成效

交货时间缩短了32%，到货及时率从95%提高到98%，出口创汇增长103%，利税增长25.9%，应付账款周转天数减少54.79%，直接效益为3.45亿元。

资料来源　佚名. 企业再造［EB/OL］.［2024-12-08］. https：//wiki.mbalib.com/wiki/企业再造.

2.1.4　"单纯追求利润"向"兼顾利益相关者"转变

纵观西方经营伦理思想，大致可以发现，20世纪80年代以前的管理理论大多是以经济指标的最大、最高为最终目标，80年代以后则提出了利益相关者理论，在管理伦理价值上，经历了从"单纯追求利润"向"兼顾利益相关者"转变的过程。

1）利润最大化

（1）古典管理时期

泰勒曾认为，管理的主要目的应该是使雇主实现最大限度的富裕，同时使每个雇员实现最大限度的富裕。他把劳资两利看作衡量一切管理的价值标准。

知识链接2-13

泰勒的利益相关者思想萌芽

泰勒：一种管理制度或方案，如果从长远来看，不能使劳资双方都满意，如果不能表明他们的最高利益是一致的，如果不能给双方带来彻底而诚挚的合作，使他们同心协力而不是分道扬镳，那么，这种管理制度就不值一提。

泰勒所说的最高利益指的就是经济利益。

资料来源　泰勒. 科学管理原理［M］. 黄榛，译. 北京：北京理工大学出版社，2012.

（2）行为科学理论

其核心同样是提高劳动生产率，只不过其侧重点不再是单纯的物质刺激，而是强调满足人的多种需求。

（3）管理理论丛林

它们将现代科学技术引入管理之中，使管理理论更具科学色彩，将管理的重点从作业部分转移到决策部分，提出了系统的观点、权变的观点等，但其追求利润最大化的目标没有变。

在这些理论的指导下，多数企业始终以追求经济指标作为管理的价值判断，把获得投资的最高回报率、产品或服务的最高销售额、市场的最大占有率，最终实现利润的最大化作为企业成功的最高标准。

2）兼顾利益相关者

20 世纪 80 年代以后，后现代管理理论，尤其是利益相关者理论，在管理伦理价值标准上带来了巨大影响。以往的管理理论更多地强调企业如何盈利或自身利益最大化的问题，而利益相关者理论超越了这种企业特征，将范围扩大到企业外部，包括产业与宏观层面。

■■ 知识链接 2-14

利益相关者理论的提出

"利益相关者"这一概念由斯坦福研究所于 1963 年首先提出。该理论认为任何一个企业的发展都离不开各种利益相关者的投入或参与，企业追求的是利益相关者的整体利益，而不仅仅是某个主体的利益。

这些利益相关者包括企业的股东、债权人、雇员、消费者、供应商等交易伙伴，也包括政府部门、本地居民、当地社会、媒体、环境保护主义者等，还包括自然环境和人类后代以及非人物种等受到企业经营直接或间接影响的客体。

资料来源　弗里曼. 战略管理——利益相关者方法 [M]. 王彦华，梁豪，译. 上海：上海译文出版社，2006.

这些利益相关者，或是为企业的生存和发展注入了一定的投资，或是分担了企业一定的风险，或是为企业活动付出了代价。因此，企业经营决策必须考虑他们的利益，并给予相应的报酬或补偿。然而，利益相关者理论一开始就受到了主流企业理论的猛烈抨击。

20 世纪 80 年代以后，企业承担的社会项目范围不断扩大，同时涌现了一批因积极承担社会责任、主动关心利益相关者而令人尊敬的企业，如免费发放药品而维护和挽救上百万人的健康和生命的美国新泽西州制药企业默克（Merck）公司、花巨资种植树木来弥补因生产冰淇淋使用雪糕棍而消耗的树木的本杰瑞（Ben & Jerry's）公司等。

■■ 小案例 2-2

关于重视利益相关者的例子

（1）惠普公司创始人戴维·帕尔德在公司创立之际就强调："我们公司追求的真正目标是向公众提供某种独特的、有用的东西，从而为社会做出贡献，利润只是实现这一目标的工具。"在惠普公司里，经营管理者具有共同的价值观念，他们认为照顾员工是企业不容推卸的责任，几乎所有的经理人员都充分重视对企业拥有权利者——顾客、员工、股东、供应商等。

（2）美国《财富》杂志每年都邀请8 000余名高级管理者、非执行董事及金融分析家对年销售额在5亿美元以上的300家企业做企业信用和企业业绩相关度的评估和研究。评估的内容包括管理质量、产品或服务的质量、创新能力、希望长期投资的价值、金融状况的可靠性、吸引开发并留住人才的能力、对社区和环境的责任、企业商誉和企业信用带来的企业形象状况。

资料来源　汤正华. 中西管理伦理比较研究［D］. 南京：南京理工大学，2005.

从西方优秀企业的实践来看，西方企业走过了从片面追求利润（利己不损人）逐步向兼顾社会责任（利己又利人）转变的历程，企业责任的范围也正在拓展。

综上所述，西方经营伦理思想的演变可以用表2-1中的内容总结。

表2-1　　　　　　　　　　　西方经营伦理思想的演变①

项目	倾向	发展轨迹
管理本质	"以物为本"向"以人为本"发展	经验管理→古典管理理论→行为科学学派→现代管理理论→后现代管理理论→……
管理目标	"个体卓越"向"整体和谐"过渡	古典管理理论及以前的理论注重企业内部要素→社会系统学派→企业再造、可持续发展、绿色管理→追求人、组织、社会、环境的和谐发展
管理控制	"刚性管理"向"柔性管理"融合	古典管理理论强调管理的科学性→行为科学理论的人本主义倾向→丛林时期管理理论强调刚性为主、柔性为辅→后现代管理思潮对理性的否定→理性与非理性的融合
管理伦理价值	"单纯追求利润"向"兼顾利益相关者"转变	1963年以前管理追求利润最大化→1963年利益相关者管理理论提出→20世纪80年代后企业社会责任得到广泛的重视→管理伦理学兴起

▶▶ 2.2　西方资本主义精神的演化

探讨西方经营伦理思想的演变，是为了更好地了解"资本主义精神"这一高度抽象的概念的本质。"资本主义精神"一词最早是由德国社会学家马克斯·韦伯（Max Weber）在《新教伦理与资本主义精神》一书中提出的。他认为，资本主义精神对于西方近代资本主义发展起到了重要的作用。"近代资本主义扩张的动力，并不是用于资本主义活动的资本额的来源问题，更重要的是资本主义精神的发展

---

① 汤正华. 中西管理伦理比较研究［D］. 南京：南京理工大学，2005.

问题。"

自此以后，"资本主义精神"成为研究西方经济社会发展的一个内在维度。尤其是韦伯将"资本主义精神"中的"伦理因子"通过一种独特方式描述出来：新教的禁欲主义与经济获利行为相结合形成了近代资本主义精神。这样，韦伯便指明了资本主义精神正是西方经营伦理理念的精华。

然而，随着资本主义的进一步发展，资本主义精神逐渐发生衰变、裂变，最终在当代失落，引发了资本主义普遍的精神危机，危及了资本主义。资本主义精神裂变的实质是人类理性内部的冲突，冲突的展开导致了资本主义精神的失落。对此，西方学者发出了"重建资本主义精神"的呼唤，认为道德伦理教育是当今资本主义精神重建的主要途径。

● 2.2.1　西方资本主义精神的兴盛

近代资本主义精神的实质是一种理性地追求利润的态度。新教的禁欲主义灌注于经济活动中，使之在世俗之中将这种行为理性化。

■ 知识链接2-15

资本主义经济活动中的禁欲主义

新教的禁欲主义把世俗的劳作与神圣的"天职"结合起来，认为：为了信仰而劳动，即使报酬很低也是最能博得上帝欢心的。

劳动是一种天职，是最善的，归根到底是获得上帝恩宠确实性的唯一手段。

雇主的商业活动也是一种天职，并且只能通过完成神圣的"天职"去寻求上帝之国。

资料来源　韦伯. 新教伦理与资本主义精神［M］. 于晓，陈维刚，等译. 北京：生活·读书·新知三联书店，1987.

禁欲主义认为，理性禁欲及勤勉劳作可"增益上帝的荣耀"。这种禁欲主义与职业观通过教育灌注于资本主义经济获利活动中，使人们养成自愿劳动、勤奋节俭的习惯，资本主义精神由此产生。勤俭必然带来财富，从而促进了原始积累时期资本主义的发展。

在韦伯看来，新教伦理即新教禁欲主义，是一种抑制自己的欲望、勤奋工作、为社会服务的伦理。他很形象地把近代资本主义精神概括为"一手拿《圣经》，一手拿算盘"。这里的"圣经"就是"新教伦理"，"算盘"就是经济获利行为。这句话的意思是指资本主义经济获利活动要有新教伦理限制。早期资本主义的经济活动正是具有了这样一种限制，才发展出了近代资本主义精神，从而推动了资本主义发展。

●● 2.2.2　西方资本主义精神的衰落

随着资本主义的发展，宗教伦理限制渐渐衰落，让位于世俗的功利主义。资本主义把获利当成了自身的目的，两只手拿着的都是"算盘"，是双手捧着算盘的资本主义。赚钱本身就是目的，赚钱没有任何抑制，普遍的赚钱哲学——"能赚就好"——成了支配今天资本主义社会人们生活的规范。"双手失衡了"，宗教伦理消失了，资本主义精神失落了。韦伯和贝尔分别从不同的角度分析了资本主义精神失落的原因。

1）韦伯的解释

首先，从经济上看，在资本主义发展初期，由于生产力发展水平低下，禁欲成了经济发展的一种主要手段。人们只有克制自己的欲望，养成勤奋节俭的习惯，才能积聚更多的财富。然而，科学技术的进步，特别是机器的发明和使用，推动了生产力的大发展，财富的增长不是源自禁欲、节制，而是机器技术。经济发展了，物质财富增长了，物质产品逐渐成为人们生活中的一种控制力量。

人们生活在由自己的理性铸造的"铁牢笼"中。人们已无须为"神示"而劳动，在借助机器技术不断征服自然的过程中，他们看到了自己的力量，意识到了不是为了"增益上帝的荣耀"而劳动，而是为了发挥自己的潜能，满足自己的欲望。天职观念已转化为纯粹的经济冲动，在对财富的追求中，原有的宗教伦理含义被剥离了，而日益趋于与直接的纯粹世俗情欲相关联。人们已无任何宗教伦理感受了。

其次，从管理上看，随着科学技术的进步、经济的发展，制度管理日益为人们所重视。国家制定了各种规章制度，实施对经济生活的干预与控制。资本主义制度迫切需要人们投身于赚钱的事业，人们对待物质财富的态度要完全适应这一制度，并且与在经济斗争中求得生存的状况密切相关，因此没有必要求助于任何宗教力量的支持。宗教伦理对于经济活动的"软性"管理已失去效力，被制度的"刚性"管理形式取代。

2）贝尔的解释

美国当代著名的批判社会学家、未来学家丹尼尔·贝尔（Daniel Bell）在《资本主义文化矛盾》一书中从文化层面对资本主义精神衰变的原因和过程做了深刻的分析。贝尔认为，近代资本主义精神是由两个要素构成的：一个是宗教冲动力，即韦伯所谓的"禁欲苦行主义"；另一个是经济冲动力，就是维尔纳·桑巴特（Werner Sombart）在《现代资本主义》一书中所提出的"贪婪攫取性"。

在资本主义上升时期，宗教冲动力抑制着经济冲动力，这两股力量之间是平衡的。苦行的宗教冲动力使资产者精打细算、兢兢业业，贪婪攫取的经济冲动力培育了他们激进的冒险精神。然而，随着资本主义制度的巩固与进一步发展，尤其是科学技术与经济的迅速发展，这两股力量之间的平衡被打破了，经济冲动力逐渐摆脱宗教冲动力的制衡，直至今天完全摆脱。西方资本主义失去了禁欲苦行主义的束缚，经济冲动力成了社会前进的唯一主宰，社会完全被世俗化了。

2.2.3　西方资本主义精神的重建

西方一些有识之士对于资本主义的现状忧心忡忡，内心充满焦虑，渴望有朝一日能改变这种状况，使人们早日从"铁牢笼"中解脱出来，使人性得以正常发展，使资本主义能顺利、健康地发展。

1）现代主义文艺思潮

伴随着资本主义宗教伦理约束的逐渐衰竭，在西方文化领域掀起了一场现代主义文艺思潮。西方人出于本能或潜意识，试图建立一种新的"精神崇拜"，以现代主义文艺来填补宗教冲动力耗散、宗教伦理丧失所遗留的巨大的精神空白。现代主义文艺思潮使西方人看到了希望。

事实上，现代主义文艺并没有起到宗教伦理所具有的对获利行为的约束作用，反而由于其表现形式的个体化、表面化而被"商品化"和"物化"。现代主义文艺实质上是现代人在上升到"神"的位置之后由于难以把握自我所造成的迷乱困惑的表达和宣泄。

现代主义文艺思潮的补救失败说明了靠文艺找不回失落的资本主义精神，文艺无力促成新的资本主义精神的建立，想利用文艺来对资本主义获利行为实现约束限制，只是一种浪漫主义的幻想。

2）宗教伦理回归

当今西方一些冷静的学者意识到了这一点，出于挽救资本主义的良好愿望，他们把希望寄托于宗教伦理"回归"，以此来重塑资本主义精神。美国和日本学者最为强烈地表达了这一愿望。美国资本主义和日本资本主义是两种较为典型的资本主义。它们在发展初期所孕育的精神表现形式虽然不同，但实质上是一致的，它们都包含伦理的内涵。美国资本主义精神就是韦伯所概括的"一手拿《圣经》，一手拿算盘"。日本资本主义是一种"儒教的资本主义"，其精神可概括为："一手拿《论语》，一手拿算盘"。这里的"论语"就是儒家伦理，说明日本资本主义经济活动也是有其伦理限制的。

众所周知，日本与美国是当今高度发达的资本主义国家，按贝尔的看法已进入"后工业社会"发展阶段。前面论述的资本主义精神衰变过程，它们都已经历，只不过它们当今所面临的精神危机更为严重。在世纪交替之际，美国与日本有强烈责任心与社会责任感的学者都曾反思各自的资本主义精神裂变过程和资本主义的发展状况，发出了"伦理回归""重建精神"的呼声。

（1）贝尔的观点

贝尔在《资本主义文化矛盾》一书的序言中呼吁整个社会"重新向某种宗教观念回归"，还为"后工业社会"设计出他称之为"公众家庭"理论的新宗教。他认为，资本主义前工业化阶段的主要任务是直接处理人与自然的关系，工业化阶段的中心任务是通过机器间接地处理人与自然的关系，到了"后工业社会"，面临的首要问题是人与人、人与自我之间的问题。因此，新宗教必须在人际关系和个人对社会的重新认识基础上求得，成为新的精神支柱。信奉新宗教的人是具有较强公民意识和社会公德意识的人，他有充分的民主权利，又不唯我独尊，他反对无节制地享受纵欲，而愿意为公民做出牺牲，与社会患难与共。

贝尔深信，当今资本主义如果获得了这种宗教的约束力，也就恢复了它赖以生存发展的道德正当性，资本主义也就找回了曾经失去的精神。

（2）梅原猛的观点

日本当代著名哲学家、思想家梅原猛在《回归哲学》一书中力图探求资本主义新精神。当今日本是世界上屈指可数的经济大国，日本人置身于富裕社会却不能实际感受到富裕。这说明日本人陷入了一种"不能实际感受到富裕"的贫穷的精神结构。梅原猛认为这种状况是由利己心造成的，日本的这种利己心也造成了国际舆论在日美贸易摩擦中对日本的指责。日本在这次贸易摩擦中虽然有"理"，却没有"情"。

■ ■ 小案例2-3

日美贸易摩擦

日本缺乏资源，发展经济必须依靠进口资源和能源，为此必须大量出口才能保持外汇收支平衡。第二次世界大战后初期日本经济竞争力十分微弱，对进口产品的大量需求成为制约其经济发展的最主要因素。为了解决这个难题，日本从国家角度研究、制定了出口导向型经济发展战略和一系列配套措施，并在实践中反复调整，最终演变成一种制度化、长效化机制，这就是第二次世界大战后著名的"日本经济发展模式"。

第二次世界大战后，日本为了推动出口，在国家最高行政级别组织——内阁——专门设置了"出口会议"机制，由首相主持，各有关大臣参加，每周召开一次，讨论解决扩大出口的各种问题。当时会议的口号是"勿出口，宁死亡"，说明能否扩大出口、实现顺差关系到日本经济的生死存亡。在日本举国上下共同努力下，20世纪50年代日本出口以轻纺织品为主，贸易收支逆差开始缩小，实现了经济复兴；60年代日本出口产业发展取得巨大成功，出口产品以钢铁、黑白电视机、收音机为主，贸易收支由逆差转为顺差，经济实现持续高速增长；70年代由于经受两次石油危机冲击，日本发起节能革命，出口产品节能特点突出，深受国际市场欢迎，贸易收支顺差持续扩大，日本经济甚至比拥有资源的美国还率先走出危机，实现复苏；80年代，日本出口开始呈现咄咄逼人之势，一大批具有代表性的出口产品质量达到世界一流水平，如钢铁、船舶、机械、化工、电器、汽车等。

出口不仅成为第二次世界大战后日本经济迅速发展、追赶美欧的"功臣"，更是日本的"光荣与骄傲"。但是，日本经济过度依赖出口和长期执行一种发展模式，不管环境如何改变，一味追求出口利益，在世界上"一花独放"，等于将自己变成众矢之的，违背了世界和谐发展的第一要义——共生共存的原则。出口从日本经济发展成功的"最大功臣"变成贸易摩擦战失败的"罪魁祸首"。1993年和1995年日本经济经过艰难调整，曾有两次走出谷底，而带动日本经济回升的动力仍然是出口，未曾想两次均遭到日元升值的"外部调控"，无功而返。第二次世界大战后至20世纪90年代，日本经济共经历了13次循环，平均一个周期50个月，1991年4月日本经济进入衰退期，开始了第12次循环，但两次经济复苏夭折，失去了整个90年代。

失衡的经济结构必然影响日本经济综合实力。1987年日本股市比美国股市更快走出阴影，国际流动资本大举进攻日本，对经济泡沫化推波助澜。据统计，1984年日本股市在1万点水平，至1989年12月29日达到3.89万点。当时日本经济规模大约只有美国的一半，东京证券交易所的市值总额却一度超过了纽约股市。1990年摩根士丹利指出日本股市已经达到危险的程度，应该卖出。于是国际流动资本率先离去，引起日本股市最初暴跌，但日本四大证券公司几乎没有反应。日本政府甚至以道义的概念指责外国投资者离场有悖信义，但事实完全出乎他们的意料，日本股市从此一路下跌，直至1995年日本金融机构才认识到自身存在的缺陷。

资料来源　金柏松. 日美贸易摩擦战的教训与启示［N］. 中国经济时报，2007-08-13.

梅原猛通过这两个事实说明当今日本人缺乏道德伦理，精神贫乏。他认为日本在梅岩时代即日本商业勃兴的时代就有比现在更强烈的伦理观，但这种伦理观已经丧失了。因此，梅原猛认为应回归到资本主义原点，建立伦理道德的资本主义，其中心应该是恢复利他精神，即为他人、为社会、为人类服务的伦理精神。

贝尔、梅原猛所呼唤的宗教、道德伦理，所要建立的资本主义精神，其实质是一致的。美国与日本作为两个发达的资本主义国家，面临同样的精神迷乱与困惑，又共同面对日益恶化的生存环境。生活在这两个国家的人们对未来充满忧虑，对资本主义前途失望，甚至绝望。贝尔、梅原猛的呼吁和设计点燃了西方资本主义国家人们心中的希望之火。

如何重建资本主义精神呢？西方学者从近代资本主义精神形成过程中获取灵感。西方近代资本主义精神是通过教育把宗教伦理灌注于人们的经济活动中而形成的。因此，他们认为道德伦理教育是当今重建资本主义精神的主要途径，这种教育应该从小抓起，在小学、中学、大学应加强道德伦理教育，以培养学生的强烈的伦理道德感受。

●● 2.2.4　西方资本主义精神的反思

资本主义精神从形成、裂变到失落经历了一个漫长的过程。从人类理性角度去透视资本主义精神的演变过程，可看到资本主义精神裂变的实质在于人类理性内部的冲突，冲突的展开导致了资本主义精神的失落。人类理性包括科学理性、道德理性、审美理性这三个基本部分，人类理性是由这三种理性构成的一个统一整体，通过它人类创造了真、善、美相统一的理想世界与现实世界。

构成资本主义精神的两个要素——"宗教冲动力"和"经济冲动力"，实质上是道德理性与科学理性的外在表现形式。资本主义精神是人类理性的客观化、现实化。科学理性无限膨胀，挤压道德理性，逐渐摆脱道德理性对它的约束力，膨胀到极点，最终把道德理性挤出，在经济活动中独断专行，资本主义精神因此而失落。科学理性充斥资本主义社会各个方面并逐渐占主导地位，挤压着人类道德理性、审美理性，使人性发生扭曲、变形。科学理性无限膨胀，导致道德理性丧失，审美理性枯萎，人们已经没有任何道德感受了，也没有任何审美情趣了。

现代主义文艺思潮无意识地感觉到道德理性的丧失，企图以日益枯萎的审美理性去替补道德理性的缺失，扮演道德理性的角色，但未能起到约束疯狂发展的科学理性的作用，没能找回已失落的资本主义精神。事实上，只有道德理性才能制衡科学理性，审美理性浪漫而理想化，不能充当此任，但这并不意味着审美理性无任何作用，审美理性可保证道德理性、科学理性的审美价值，使它们趋于完美。

因此，西方学者呼唤"伦理回归"就是呼唤丧失的道德理性重新回到经济活动中来，重新回到社会生活中来，重新回到这个世界上来。道德理性的复归是人性发展的需要、人类发展的需要，也是社会发展的需要，因为完美的人性就是科学理性、道德理性、审美理性三者之间的平衡发展，完美的社会就是这种完美的人性的现实展开。

拓展阅读2-1

比较马克思·韦伯与汤因比的观点

拓展阅读2-2

史蒂夫·乔布斯的遗言

》 2.3　东西方经营伦理思想比较

西方管理思想的建立，大都是由本身具有实践经验的企业家完成的，如泰勒、福特、法约尔等，他们亲自组织或参与企业的管理，从大量的实践中找出规律，加以整理、归纳和提高，从而形成具有实践指导意义的管理理论，具有理性、实证、逻辑等特点。

与西方管理理论的这种产生方式不同，中国的管理思想基本上是一种经验的产物，它的创立者是一些本身没有实践经验的哲学家、思想家，管理思想是在进行行政管理、经济管理、军事管理、文化管理时附带出来的。因此，中国管理思想缺乏系统性和规律性。虽然没有完整的系统，但作为解决中国传统社会现实生活中各种矛盾的中国管理思想，其内容是相当丰富的，而且表现出管理的伦理化倾向。

按照经营伦理的主要特征（管理本质、管理目标、管理控制和管理价值判断）进行分析，东西方经营伦理思想的区别如图 2-1 所示。

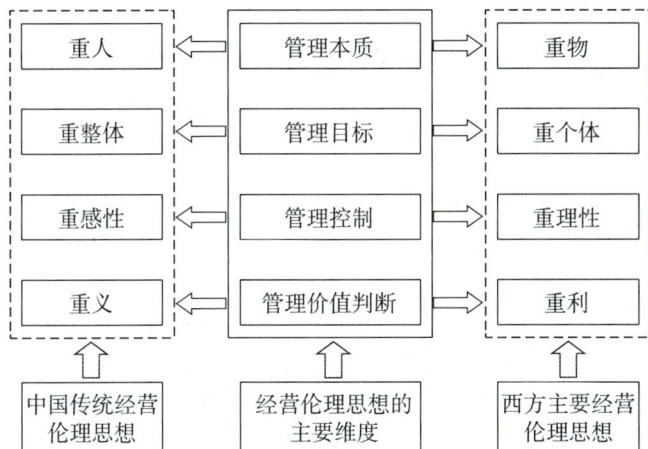

图 2-1　东西方经营伦理思想的区别

2.3.1　两种"以人为本"思想

1）中国的"以人为本"

中国传统管理伦理始终把人作为管理活动的第一对象和要素。在中国传统管理思想中，人是管理活动的主体和客体，人的管理既指对个体的管理，又指对群体的管理。个体的管理是管理活动运行的基础和管理对象的首要内容；群体的管理是建立在个体的管理基础上的，是对群体的组织管理。

因此，人的管理既包括管理者对于被管理者的管理，还包括管理者和被管理者对于自身的管理。儒家把管理者和被管理者对自身的管理称为修己，把管理者对被管理者的管理称为安人，亦即对人的群体的管理。

中国传统管理充分认识到人的管理在社会运行发展中的重要地位和作用，形成了以人为本的管理思想。无论是对个体的管理还是对群体的管理，都是建立在以人为本的管理思想基础之上的，其目的在于成就人存在的价值，达到社会的和谐运行。在实际管理过程中，中国传统管理以人为本中的"人"是注重整体的人，而不是个体的人。

2）西方的"以人为本"

西方管理理论与实践在相当长的时期有重物不重人的倾向，重经济利益而不重视人的道德教育。从泰勒的科学管理、福特的大规模生产流水作业管理方式到法约尔的功能主义管理哲学，都是物本主义的典型代表。即便是建立在社会人假设基础上的行为科学也是强调"标准化""制度化"的刚性管理，不过是物本主义的变种。

以物为中心的管理在处理人与人之间的关系时也是通过契约、市场来调节的，在衡量人的贡献时也是以目标达成度和工作绩效为依据的，一切以物化指标为标准。

虽然20世纪80年代后现代管理思潮对现代管理的理性精神发起了挑战，人本管理倾向在西方管理理论与实践中开始升温，但纵观西方管理理论与实践史，其明显具有重物轻人的管理伦理特征。

●● 2.3.2　重整体与重个体

中国传统管理伦理注重整体和谐、整体利益，在管理过程中体现为调节人际关系的管理特征，这种调整实际上是避免冲突的调整，包括避免人与人之间、人与物之间、物与物之间的冲突，避免冲突的目的则是求得经济的增长和社会的稳定。因此，中国传统管理注重调节人际关系，注重整体的和谐和整体的利益。

西方管理伦理重个体的倾向来源于新教的个人主义道德观。新教的个人主义道德观以及后来发展起来的西方个人主义伦理强调个人的自我利益、强烈的成就欲望、勤奋的工作态度，主张权利、义务清晰的抗衡制约关系，提倡竞争、适者生存和永无止境的进取精神。

●● 2.3.3　重感性与重理性

中国传统管理伦理重感性。中国传统管理思想中的人既不是经济人，也不是社会人，而是道德人，道德人成为厘定和塑造人性的基本法则。在中国传统管理主流思想看来，人是性善的，人与人之间的自我确定不是由自己张扬出来的，而是在特定的伦理中、在同他人的交往关系中被规定的。管理就是为了通过提高自我道德修养进而提高行善的能力，增强被管理者为善的能动性。

因此，中国传统管理伦理中的管理关系就是人伦关系，处理这种人伦关系必然是使用情感法则，在管理过程中就体现出人情控制的特征，管理过程是否有人情味对管理的效果产生直接影响。在中国传统管理思想史上虽然也不排斥严刑峻法，但以人道仁义为中心、以情感为纽带、以情理渗透相结合的"德治"与"心治"管理控制方式始终占主导地位。

注重理性是西方管理伦理的主要特征之一。从古典管理理论开始，这首先表现为方法意识上的突破，科学管理方法成为规范化、定量化、最优化的方法。在行为科学理论时期，这种操作化准则和方法意识并未偏离，只是在此主流之外，西方开始重视人际关系在管理中的作用，它是同西方人本主义思想兴起相适应的，是管理学理论的辅线。而管理科学比之科学管理，在科学与技术的严格决定论上走得更远。它试图以严密的科学定量方法去处理问题，是一种完全的方法决定论，其基本方法是技术主义的。从总体上说，管理科学发展了科学管理方法论意识和操作化倾向。故而，在现代西方管理理论丛林时期，所不同于以前的只是管理方法论的多元化，其实质仍然是管理方法论意义上的标准化、规范化。只是到了20世纪80年代，西方后现代管理理论的冲击使西方管理伦理中重理性、重制度的特征中开始带有柔性的一面。

总之，理性管理是西方管理伦理的一个显著特征。西方的管理控制是以数字和制度为准则的外在控制手段。[①]

● 2.3.4　重义与重利

中国传统管理思想重义而轻利，强调个人利益服从集体利益，集体利益服从国家利益，提倡个人对家庭、社会、国家的责任感。在中国传统企业运作过程中，这种重义轻利的价值判断引导企业管理以社会责任和社会福利为首要任务，淡化企业的经济效益，而更多地担当社会责任，承担一些应由政府承担的功能，维护社会稳定。这种企业管理价值观使得企业内部关系比较和谐，人与人之间比较协调，但经济效益比较差。

西方管理伦理重利，其在企业价值追求上表现为利润最大化目标以及股东利益至上原则。诺贝尔经济学奖获得者米尔顿·弗里德曼（Milton Friedman）在1970年发表的《企业的社会责任是增加利润》一文中指出："在企业自由和财产私有制度下，一个企业的经理是该企业老板的雇员。他对他的雇主直接负责，那就是按照雇主的愿望来经营企业，一般来说，就是在遵守社会基本规则的同时尽量多赚钱。"

随着时代的发展，西方企业界也逐步认识到，企业要想在明天继续生存，今天就必须关心非企业问题。他们意识到，如果整个社会四分五裂的话，任何人都不要指望谋求利润。彼得·德鲁克（(Peter F. Drucker)，则认为，企业管理主要有三项任务：一是取得经济效益，但不是越多越好，而是合理利润；二是使工作富有成效并使员工有成就感；三是处理对社会的影响和承担社会责任。也就是说，西方企业仍把利润目标置于首要的和决定性的位置。企业对人、社会的关注处于从属地位，在一定程度上将其作为实现利润目标的一种手段。

▶ 本章小结

从西方近代管理思想的发展脉络中，总结出西方主要经营伦理思想的变化历程："以物为本"向"以人为本"发展，"个体卓越"向"整体和谐"融合，"刚性管理"向"柔性管理"过渡，"单独追求利润"向"兼顾利益相关者"转变。

西方主要经营伦理思想变化历程的一个浓缩的精华所在，便是资本主义精神的变化——从兴到衰到重建，反映出资本主义精神在构建西方企业文化方面具有重要的作用。

中西经营伦理思想存在根本的区别，主要体现在重人与重物、重整体与重个

① COUGHLAN R. An analysis of professional codes of ethics in the hospitality industry [J]. Hospitality Management, 2001, 20 (2): 147-162.

体、重感性与重理性、重义与重利等四个方面。其中，西方管理伦理具有较为明显的动态发展趋势，这种发展趋势正是受东方文化影响的后现代管理思潮的冲击而发生的。因此，管理理论的发展呈现出中西管理思想的融合趋势，这种融合并不是中西方管理伦理的简单相加，而是二者互相补充、相辅相成的内在逻辑运动的结果。

▶▶ 复习思考题

(1) 西方主要经营伦理思想发生了哪些变化？
(2) 资本主义精神发生了哪些变化？
(3) 辨析中西经营伦理思想的差别。

▶▶ 案例分析

比尔·盖茨在2008年达沃斯论坛上的演讲

世界正变得越来越好，而且进步非常明显。在未来几十年里，人类还将拥有惊人的新力量，拥有更强大的软件、更精准的诊断手段、更有效的治疗药物、更好的教育以及更好的发展机会，而且会有越来越多的优秀的人才贡献出解决问题的创意、想法。这就是我眼中的世界。

我是一个非常乐观的人，但我是个急性子。诚然，世界越变越好，但在我看来，速度还是太慢，而且世界并非对所有人而言都是越变越好。伟大的进步总会加剧不平等现象。丰衣足食的人可以享受到技术进步带来的改善，而贫苦困顿的人却获益很少，特别是一天的生活支出还不足1美元的最贫困的那10亿人。

在全球范围内，差不多有10亿人缺乏足够的食物，喝不上清洁的饮用水，用不上电，而这些是我们已经习以为常的生活基本必需品。全世界每年有超过100万人死于疟疾，然而这类疾病得到的关注还比不上治疗脱发的药物。全世界最贫困的10亿人没有享受到全球化的好处，相反他们承受着经济发展带来的弊端。他们被撇在一边。气候变化的成因和他们无关，可气候变化偏偏对他们的生活影响最大。

为什么人们的需要总是和他们所能享受的经济发展成果成反比？原因就在于市场激励机制。

在资本主义体系中，如果一个人的财富增加了，为他服务的经济动力就相应增强；如果一个人的财富减少，为他服务的经济动力就相应减弱，直到完全消失。我们必须找到一个办法让资本主义的这种为有钱人打工的属性同样也能够帮扶穷人。

资本主义的奥秘就在于它有能力让自利服务于更广大社会群体的利益，它能通过财务回报来推动创新。自利所驱动的资本主义制度催生了许多令人难以置信的创新发明，这些创新改善了很多人的生活。

在我看来，我们需要一个新的制度体系来让自利的动力发挥作用，从而使每一个人都能从中受益。在人的本性中蕴藏着两股巨大的力量：一是自利；二是关爱他人。资本主义利用了人性中自利的力量，让它能持续不断地发挥有益的作用，但只是服务于那些有支付能力的人，而那些没钱买服务的人就只能靠政府援助和慈善。

创新型资本主义：如何通过市场力量为穷人服务

为了让穷人的生活能迅速改观，我们需要一个制度体系，它要比我们现在的更能够吸引创新者和企业参与。这个新制度有两个使命：一是赚钱盈利；二是让那些无法充分享受市场经济益处的人群生活得到改善。

为了让制度有持续性，我们必须用利润来进行激励。如果企业服务的对象非常贫困，那利润就不大可能产生，这时我们就需要另一种激励手段，那就是认可（recognition）。企业得到认可就意味着它的知名度提高了，知名度能吸引顾客，更为重要的是，它可以感召优秀的人才加盟。这种知名度能够让好的行为得到市场的嘉奖。如果企业在市场上无法盈利，知名度可以是一种替代；如果可以实现市场利润，则知名度又是额外的激励。

我们的挑战就是设计出一个新的制度体系，让利润和知名度这样的市场激励因素发挥作用，使企业更加倾向于为穷人服务。我把这种想法称为创新型资本主义（Creative Capitalism）。通过这种途径，政府、企业及非营利组织可以合作，让市场在更大的范围内发挥作用，从而使更多的人可以从中赚取利润，或是得到认可，最终改善全球不平等的现象。

也许有人会反对这种基于市场的社会变革，他们认为如果把感情和自利结合在一起，市场的作用范围不会扩大，反而会缩小。亚当·斯密，这位资本主义的鼻祖、《国富论》的作者，这位坚信自利对于社会的价值的思想家，在他的第一本著作（《道德情操论》）的开卷部分这么写道："无论把人看成多么自私，在人的本性中明显地存在某些根本原则：一个人对改善别人的命运产生兴趣，将别人的快乐当成自己的必需品，虽然从中他并不能获得什么，只是看见它就感到满足。"

创新型资本主义把这种对他人命运的兴趣与对自己命运的关心联系起来，既可以帮助他人，也可以提升自己。与单纯的自利行为相比，利己与利他相结合能够惠及更多的人。

金字塔底层的财富

创新型的资本主义将商业专长和发展中国家的需要结合，在发展中国家，市场一直存在，只是没有企业去开辟。有些时候，市场经济的做法在发展中国家行不通，并不是发展中国家不存在需求，或是它们缺钱，真正的原因是企业没有花足够的时间来研究该市场的需求。普拉哈拉德在他的著作《金字塔底层的财富》中对此有相当精彩的论述。此书对很多企业产生了巨大的影响，它帮助这些企业通过特殊的创新拓展了盈利空间。

在这里我可以举一个例子。世界卫生组织希望在非洲扩大脑膜炎疫苗的接种范围，但它没有直接去和生产疫苗的厂商接触，而是先到非洲了解人们的支付能力。该组织了解到如果要让非洲的母亲为她们的孩子接种脑膜炎疫苗，那疫苗的价格不能超过50美分。随后世界卫生组织要求合作厂商按这个价格标准组织生产。事实上，一家印度的制药企业找到了一种新的生产方法，将这种疫苗的售价降到了40

美分。世界卫生组织允许该企业在未来10年为公共卫生体系提供2.5亿支脑膜炎疫苗，同时允许它将产品卖给私营医疗机构。

另一个例子是有一家荷兰的制药企业拥有一种疫苗的产权。该企业对在发达国家生产该疫苗的企业收取专利费，而免除发展中国家生产该疫苗企业的专利费。结果在越南生产这种疫苗的成本还不到1美元，而且这1美元当中还包含了运费和免疫宣传费用。

今天许多重要产品的边际费用已经很低了，软件、医药、媒体作品等都是如此。这种分级定价的做法能够让没钱的人也买得起一些有价值的产品。这种定价方式其实可以在更大的范围内进行推广。

我所举的这些项目能够给我们一点启示。致力于满足发展中国家需要的人要和科学家一起合作，因为科学家知道可以在哪里实现突破，这一点在软件行业和医药行业都一样。两方面的人结合在一起就可以找到办法让好的想法在贫穷国家得到实施。

需要政府直接参与

另一个实现创新型资本主义的办法需要政府直接参与。当然政府在帮扶穷人方面已经做了大量的工作。这不仅仅是培育市场方面的努力，政府在援助、科研和医疗卫生方面投入了大量财力。这些工作都非常有意义，但我认为政府最能够调动资源的做法是出台政策，通过市场的方式鼓励企业为改善贫困人口的生活做出努力。

布什总统最近签署了一项法案，根据该法案，如果一家制药公司为疟疾或肺结核这样长期受到忽视的疾病开发出了一种新的治疗手段，则该公司高利润的产品，比如治疗胆固醇的药物就可以提早两年上市销售，这种优先权可能意味着上亿美元的市场。

这会是一项全球性运动

还有个实现创新型资本主义的办法，那就是帮助贫困国家的企业进入发达国家的市场。明天我会在此宣布一个合作计划，这个计划将帮助非洲农民进入上等咖啡市场。计划的目的是让这些农民种植咖啡的收入能够增加一倍。它帮助非洲农民种植优质咖啡，帮助他们与需要购买咖啡的企业建立联系。最终计划将使咖啡种植者和他们的家庭摆脱贫困。

最后，还有一种实现创新型资本主义的最有创意的方式。几年前的一个深夜，我和Bono（U2主唱）在达沃斯小镇上的一个酒吧里闲聊。在小酌了几杯后，Bono变得非常激动，他和我谈起我们要用什么方法让那些具备公益心的企业拿出销售收入的一小部分来帮助改变整个世界。那天晚上，他不停地打电话，把别人从睡梦中叫醒，然后把电话交给我，让我知道他们对此都很感兴趣。我们花了不少时间才启动这项工作。

Bono说得对，如果一个人意识到他在购买一件好产品的同时还有机会参与一项他非常重视的社会事业，那他一定会非常乐意购买。红色运动就是这样在达沃斯诞生的。盖璞、摩托罗拉、阿玛尼等公司的产品都参与了这项活动。

本周，这些公司的代表在微软相聚，商量下一步的发展。在过去的一年半时间里，我们通过这项运动筹集了1 500万美元，在全球范围内防治艾滋病、肺结核和疟疾。它的成果便是今天在非洲差不多有200万人得到了救命的药品。现在世界上越来越多的人认识到，如果有合适的激励方式，那么改变就可以持续进行，因为利润和认可是可以不断更新的资源。

更为重要的是，在这个基础上，全世界的企业家不论性别都可以把他们改善生活的想法转化为人们可以购买得起的产品和服务。克林顿总统作为非营利组织成员，曾帮助发达国家的生产商和贫困国家的消费者建立联系，他在当中发挥了独特的作用。有的企业还为它们所认为的社会资本主义专门设立了奖项。

我只是举了几个例子来说明世界上对这样的创新型制度体系有了越来越浓厚的兴趣。这会是一项全球性的运动，我们每一个人都有能力而且有责任来加速推动这个进程。在座诸位，无论你们是来自企业，还是政府，或是非营利机构，我想请你们在新的一年里一同从事创新型资本主义的活动举措。看看我们是否能够扩展市场经济的影响，我们要做成一些事，无论是国际援助，还是慈善捐赠，或是一种新产品。

各位能否应用这样一个创新型的制度体系，让市场的力量发挥作用来帮助穷人？我希望企业可以安排最有创新能力的研发人员拿出一部分时间来考虑这些问题，从而帮助人们一起来推动全球经济。这类贡献会比直接捐赠现金更有价值。你们或许可以给员工放假让他们从事志愿者工作，这样便是让企业集中发挥你们最擅长的优势。这也是创新型资本主义的一种形式，因为这种智慧在让有钱人生活得更好之后，又开始致力于改善所有人的生活。

目前已经有许多制药企业，像葛兰素史克公司等，它们让最有创造能力的研发人员开发帮助穷人的药物。日本的住友化工利用其专长建好蚊帐工厂后再捐赠出去。其实在食品、高科技、移动电话，以及银行业都有许多这样的例子。事实上我想说的是如果各行业的企业都可以做到像这些公司一样，那世界的不平等现象就会有极大的改观。

我们处在一个非同寻常的时代。如果我们能够在21世纪的前几十年探索到满足贫困人口需要的方式，找到为企业带来利润和认可的办法，那么我们减少世界贫困的努力就可以一直持续下去。这个任务永远都不会结束。能投身这项事业，我内心激动不已。

资料来源　盖茨. 新资本主义"用市场力量和制度创新服务穷人"[N]. 彭建辉，译. 南方周末，2008-02-28.

讨论题：

（1）盖茨提出的创新型资本主义与传统资本主义有何区别？

（2）创新型资本主义又与现代儒商主义有何联系？

（3）盖茨提出的创新型资本主义能否彻底消除世界不平等的现象？

第3章 现代企业伦理的几个基本问题

▶ 学习目标

- 掌握现代企业伦理的内涵
- 了解企业道德主体与伦理缄默
- 掌握企业伦理的评价理论和决策理论
- 掌握现代企业伦理教育的内容与方法
- 掌握企业伦理规范的基本内容

▶ 引例

英美烟草公司、诺丁汉大学和名誉教授

诺丁汉大学为建立国际性"社会责任中心",从世界第二大烟草公司（BAT）那里接受了380万英镑的资助。这份礼物当然绝无非法成分,但是许多个人和集团认为这是错误的。原因是,诺丁汉大学正致力于对癌症的研究,其部分资金是由医疗慈善机构提供的。人们认为诺丁汉大学同时接受一家其产品可能致癌的公司的资助,是很不恰当的。

理查德·史密斯（Richard Smith）是《英国医药杂志》（British Medical Journal）的一名编辑,也是诺丁汉大学医学新闻专业的不取报酬的荣誉教授。他认为诺丁汉大学接受烟草公司的钱是一个"严重错误"。在对《英国医药杂志》读者的调查中,他征求读者们对自己是否应该辞去诺丁汉大学职位的意见。在1 075张投票中,84%的人说该大学应该把钱退了,54%的人说如果该大学不退钱,史密斯教授则应该辞职。后者更接近半数,这是因为有人主张教授应该继续留在诺丁汉大学,在内部据理力争。教授真的辞职了,因为他说过他要遵守调查结果,也因为他坚信诺丁汉大学的行动是错误的。

资料来源 菲舍尔,洛维尔. 经济伦理与价值观——个人、公司和国际透视 [M]. 范宁,译. 北京:北京大学出版社,2009:58.

思考:教学、科研机构接受烟草公司的资金赞助道德吗?

≫ 3.1 现代企业伦理的内涵

● 3.1.1 伦理与伦理学

伦理（ethic）,就是人与人以及人与自然的关系和处理这些关系的规则。例如,

"天地君亲师"为五天伦，君臣、父子、兄弟、夫妻、朋友为五人伦，忠、孝、悌、忍、信为处理人伦的规则。从学术角度来看，人们往往把伦理看作对道德标准的寻求。

美国《韦氏大辞典》对于伦理的定义是：一门探讨什么是好什么是坏，以及讨论道德责任与义务的学科。英国《牛津现代高级英汉双解词典》对伦理的解释为"system of moral principles，rules of conduct"，即道德原则体系和行为准则。

伦理学（ethics）也称道德哲学或道德学，是一门十分古老的学问，起源于古老的史诗与神话。伦理学是对人类道德生活进行系统思考和研究的学科。它试图从理论层面建构一种指导行为的法则体系，即我们应该怎样处理此类处境，我们为什么或者说依据什么这样处理，并且对其进行严格的评判。伦理学是哲学的一个分支学科。

伦理学以道德现象为研究对象，不仅包括道德意识现象（如个人的道德情感等），还包括道德活动现象（如道德行为等）、道德规范现象等。伦理学将道德现象从人类活动中区分出来，探讨道德的本质、起源和发展，道德水平同物质生活水平之间的关系，道德的最高原则和道德评价的标准，道德规范体系，道德的教育和修养，人生的意义、人的价值和生活态度等问题。

●● 3.1.2　企业伦理与企业伦理学

1）企业伦理

企业伦理（enterprise ethics）也称商业伦理（business ethics），又称企业道德，是指任何商业团体或机构以合法手段经营时应遵循的伦理规则。企业伦理的内容依据主题可以分为对内和对外两部分：内部伦理，一般包括劳资伦理、工作伦理、经营伦理等；外部伦理，一般包括客户伦理、竞争者之间的伦理、社区伦理、社会伦理、社会公益等。

企业伦理一般具有以下特征[1]：

（1）企业伦理是关于企业及其成员行为的规范

虽然企业是由个人组成的，但企业的行为不能简单地表述为单个成员的行为之和，企业具有自己的目标、利益和行为方式。同时，企业经常被看成一个"道德角色"或"道德个人"，而企业的具体工作毕竟是由企业单个成员或团队来完成的。我们在讨论企业应该遵循的行为规范时，实际上也提出了单个成员，如管理人员、技术人员、营销人员、财务人员等，所应遵守的行为规范。

（2）企业伦理是关于企业经营活动的善与恶、应该与不应该的规范

企业规范有很多，如不准戴手套操作车床的技术规范，对来访者以礼相待的礼

---

[1]　周祖城. 企业伦理学［M］. 4 版. 北京：清华大学出版社，2020.

节规范。企业伦理则是关于企业经营活动善恶的规范，它告诉人们哪些经营行为是善的、应该的，哪些活动是恶的、不应该的。

一般而言，人们总是把那些有利于自己、他人及社会群体的行为和事件当成善的，而把那些有害于自己、他人及社会群体的行为和事件当成恶的。

（3）企业伦理是关于正确处理企业及其成员与社会、利益相关者、自然环境关系的规范

企业经营不是孤立存在的，它必然与其他企业以及社会上的其他组织和人进行联系，同时与自然环境产生不同程度的联系，在联系的过程中必然互相产生影响。这就要求企业在经营活动中必须考虑对自身生存与发展有影响的利益相关者的利益，因此，企业也需要建立起与利益相关者有关的行为规范。

（4）企业伦理是通过社会舆论、内心信念和内部规范来起调节作用的

法律是统治阶级依靠国家机器等强制手段来约束企业及其成员的重要手段，体现了强制性和外在性。道德则依靠社会评价和自我评价起作用，体现了自觉性和内在性。企业内部可以制定具体的行为守则，对模范遵守者予以表扬、加薪、评先进、晋升等，而对违反守则者予以批评、减薪、降级乃至开除。

2）企业伦理学

与古老的伦理学相比，企业伦理学是一门年轻的研究企业道德现象的学问。

20世纪50年代末60年代初，美国出现了一系列企业经营中的丑闻，包括受贿、价格垄断、欺诈交易、环境污染等，公众、政府都表达了对企业伦理问题的极大关注。当时，美国企业管理学院联合会发起关于开设企业伦理学课程必要性的调查，被调查者认为企业伦理学应该成为管理教育的一个重要部分，但大多数学校没有在这个领域开设专门的课程。

20世纪70年代，美国企业管理已达到道德沦丧的地步，学术界对此展开了激烈讨论，其中包括关于"利润先于伦理"与"伦理先于利润"的激烈争论。1974年11月，在美国堪萨斯大学召开了第一届企业伦理学研讨会，这标志着企业伦理学的正式确立。在这一时期，日本企业率先对传统家庭伦理如忠诚、仁义、感恩、爱等进行扩展，将其应用于企业管理中，并取得成功。美国开始借鉴日本进行企业伦理建设。

20世纪80年代，国外企业伦理学进入全面发展阶段。企业伦理学从美国、日本传到加拿大、澳大利亚，以及西欧和东南亚国家，企业伦理学进入大学课堂，出现企业伦理学刊物和专门研究机构。企业伦理规范在美国大企业中得到广泛应用，英国、加拿大和澳大利亚的企业也开始引入书面的企业伦理规范，少数企业开始设立伦理委员会和负责处理企业伦理问题的经理。企业伦理学理论研究进一步深化。

理查德·T.迪乔治于1988年提议成立国际企业、经济、伦理学会（the International Society of Business, Economics and Ethics, ISBEE），该学会是企业伦理领域的全球性学术组织，每四年举行一次大会，2016年的大会在中国上海举行。

1993 年，美国 90% 以上的管理学院开设了企业伦理学课程，并且该课程成为 9门核心课程之一。之后，美国一流商学院纷纷成立企业伦理研究中心（所），如全球道德经营研究所、企业责任国际研究中心、领导与伦理研究中心等。

我国企业伦理学起步于 20 世纪末，由于从计划经济向市场经济转轨的过程中出现了企业不断发展壮大但企业伦理向后倒退的现象，社会各界加强了对企业伦理问题的关注，促使企业伦理学逐渐成为一门显学。伴随着我国经济实力的增强、科学技术的进步和人们生活方式的转变，企业伦理学逐渐成为国家、社会、企业、高校研讨的热点。在社会主义核心价值观、"双碳"目标和可持续发展趋势的引领下，企业伦理学成为我国高校商学院开设的专业必修课程之一。

3.1.3　企业伦理的功能与作用

企业伦理的功能主要包括两个方面：

一是可以调节社会利益关系。对企业来说，经济效益涉及企业的集体利益；对个人来说，经济效益关系到个人的自身利益。无论是企业的、集体的、局部的利益，还是个人的利益，都有一个原动力，即对利益的追求。企业伦理通过道德教育以及个人道德修养，以内心信念、道德规范、传统习俗和社会舆论等方式，使企业家和经营者加强道德自律，提高自身的道德素质，合理调整个人利益、企业局部利益和社会整体利益的关系。

二是具有认识功能。伦理的认识功能主要包括道德主体对道德关系和道德现象的认识、道德主体对道德客体与现实世界的价值关系的认识。企业伦理可以引导人们树立正确的个人利益观、金钱观，培植人们追求卓越和创造业绩的成就感、荣誉感和社会使命感，从而使人们树立强烈的积极进取精神和创造精神，也使人们的经济行为具有更积极、更高尚的动机。

拓展阅读 3-1

企业伦理涵育
企业品牌成长

企业伦理的作用主要包括两个方面：从宏观角度来看，企业伦理一方面可以规范市场运行，另一方面可以弥补市场调节的缺陷。从微观角度来看，企业伦理可以减少企业间的交易费用，提升企业的声誉，促进企业的可持续发展。

3.1.4　企业道德行为主体之争

企业道德行为主体牵涉到可不可以对企业进行道德评价、企业要不要承担道德责任的问题。学术界存在两种基本对立的观点：彼得·弗兰切（Peter French）认为企业是道德行为主体，曼纽·G. 维拉斯奎（Manuel G. Velasquez）等学者认为企业不是道德行为主体。

1）企业不是道德行为主体论及评论

维拉斯奎认为，把道德责任归于某个主体，必须具备两个条件：①该主体制订了计划或形成了意愿；②该主体通过能受自身直接控制的行为实施了计划或意愿。

维拉斯奎指出，企业不具备这两个条件。首先，企业没有行为，而是其成员有行为。企业成员是自主的，其行为直接受个人而不是企业控制，因而企业成员应该对企业行为负责。其次，只有当行为者按自身的意愿行动时，才能说这种行为是故意的，由于企业没有行为，就算有意愿，也不能说企业从事某一行为是故意的。

他还指出，如果把企业看作人群集合体，那么"企业对错误行为负有道德责任"实际上意味着构成企业的所有成员对企业的错误行为负有道德责任。而企业中有些人可能根本不知道这一行为，可能什么也没有做，或可能无法制止它，他们是无辜的，让他们承担道德责任、谴责他们并惩罚他们是不应该的。

最后，他认为，把企业视为道德行为主体有两个危险：第一，我们会倾向满足于仅仅谴责或惩罚企业，而不去谴责或惩罚做出那些不道德行为的人；第二，把企业看作像一个巨人一样思考和行动会诱使我们把企业的目的和利益看得比其成员的更重要。

针对维拉斯奎提出的企业不是道德行为主体的观点，不少学者发表了评论。

（1）企业从事的许多行为只能归于企业，而不能归于任何一个成员

企业在提供产品或服务的过程中，研究开发、采购、生产、营销、财务、人事、后勤等部门无不参与其中。许多企业行为是整体行为而不是个人行为。这样的行为受企业的控制，而不是受某个成员的控制。正如理查德·乔治（Richard George）所说："在与其他企业、顾客、政府打交道时，企业总是以整体面目出现的……在大多数情况下，我们既不知道也不关心企业里的个人。"

（2）个体行为受企业的控制和指导

W.迈克尔·霍夫曼（W. Michael Hoffman）指出："说只有个人才有道德责任，就否认了像企业、军队、学校委员会所做的一些事情的确无法分解到个人或无法由单个人的行为总和来解释。集体超越个体之和，是因为个体是根据集体的目标、战略、使命、政策、章程等组织起来的，这些东西使一个集体与另一个集体区分开来，人们根据集体的指示、为了实现集体的目标而行事。"

（3）企业从事的行为是有意的，而这种意愿很多时候也只能归于企业，而不能归于企业中任何一个人

企业的一般意愿反映在企业的宗旨、使命、企业价值观、企业战略、企业目标之中。企业具体意愿（一项决策或一个计划）既受制于一般意愿，又往往是集体参与而形成的。以企业决定生产某种新产品为例，可能营销部门首先提供了市场信息，计划部门会同技术部门、财务部门做了可行性分析，而在决策时高层管理者可能都参与了讨论、表决。在整个酝酿过程中，企业对方案进行了多次修改，最终选定的方案可能与每个人原先的意愿不完全相同，这样的意愿怎么可能归于某个或某几个成员呢？

（4）个人意愿受到企业限制

个人扮演企业成员角色时，受到企业意愿的限制，受到所在岗位的任务、责

任、权力的限制，因而不可能拥有与独立的个人一样多的自由。换句话说，其意愿的自主性已受到一定的限制。尽管是否采取行动的最终决定权仍在个人手中，但不采取行动，意味着不履行企业赋予的职责，意味着可能失去工作，这么高的代价使个人对意愿的选择增加了难度。

（5）从企业外部看，是谁制定和执行了企业的决策并不重要

重要的是证实企业的某些行为是不道德的，从而引起公众的注意，把人们团结起来形成对企业的巨大道德压力，促使它们停止那种行为。

（6）既然我们可以要求企业承担法律责任，我们也可以要求企业承担道德责任

让企业承担道德责任，确实可能使一些无辜的人也承担了责任，但这不能成为企业不需要承担道德责任的理由。企业作为法人，承担法律责任时，如因污染环境而被处罚，不也使企业内一些并没有参与的所谓无辜的人承担责任了吗？法律责任可以由企业承担，道德责任为什么不能？至于说，有些人应对企业的错误行为负主要责任，有时甚至是全部责任，这是完全可以的。理查德·乔治把具体承担责任的方式划分为五种：①企业中每个成员对某一企业行为承担全部责任，企业不承担责任；②企业中每个成员对某一企业行为承担部分责任，企业不承担责任；③企业及企业中每个成员对某一企业行为承担全部责任；④企业对某一企业行为承担全部责任，企业中每个成员承担部分责任；⑤企业对某一企业行为承担全部责任，企业成员不承担责任。

（7）一般而言，企业和企业成员都应负责任

对企业成员的责任大小也应加以区分：决策者和执行者应负主要责任；高层管理者不管是否直接参与决策和执行，都应承担主要责任；一般参与者负次要责任；与该行为毫无关系的人可以不负责任。

（8）把企业视为道德行为主体会产生危害的说法缺乏说服力

第一，我们在视企业为道德行为主体的同时，丝毫也不否认企业成员应负的道德责任。维拉斯奎对"会倾向满足于仅仅谴责或惩罚企业，而不去谴责或惩罚那些做出不道德行为的人"的担心是多余的。第二，视企业为道德主体，恰恰是要企业审视自己的行为对利益相关者可能产生的影响，而不把自身的目的、利益看作最重要的。

相反，视企业为道德行为主体有两个优点：一是迫使企业认真对待自己的行为，注意自身的整体形象；二是谴责或惩罚企业时，企业内每个成员也会受到不同程度的触动，这促使他们站出来与不良经营行为做斗争，包括检举、抵制不道德行为，批评与企业道德行为不符的企业政策、制度、结构等，从而逐渐形成良好的企业道德风尚。

2）企业是道德行为主体论

企业是道德行为主体，是指企业能够而且应该讲究伦理，能够而且应该承担道德责任。

　　讲究伦理就是在行为过程中遵守伦理规范。企业有没有能力这样做呢？完全有能力。企业可以通过多种途径，把基本伦理规范融合到企业目的、企业文化、企业战略、企业结构、企业制度中，融合到计划、控制系统中，融合到日常活动中。事实上，任何有意识的人类行为，不管是个体的还是群体的，都可以而且应该进行道德评价，企业行为是人群集合体有意识的行为，当然也不例外。我们承认，企业与普通人还是有些区别的，"企业不是一个有感情、有良心的道德主体"（Richard George，1988）。尽管企业本身不会有耻辱感或良心的谴责，但是道德处罚对企业仍然起作用。社会舆论谴责的直接后果是企业形象受损，而企业形象受损必然导致企业绩效下降。舆论监督与经营业绩有如此密切的关系，企业对此不会等闲视之。而说到经济赔偿，企业比个人往往更有能力。可见，企业能够承担道德责任。当然，也要避免另一个极端：只看到企业的道德责任，而看不到企业内部人员的道德责任。

■ 小案例3-1
企业行为还是员工个人行为
事件1：蒙牛"未来星"恶攻伊利"QQ星"
　　一起在网络上"风起云涌"的"商战"、一起牵动无数人神经的奶品质量安全事件，经警方调查，居然是一起"雇用"网络"打手"用键盘和手指对竞争对手实施的商业诽谤案！

　　2010年10月20日下午，新华社"中国网事"记者从内蒙古呼和浩特市公安局经济技术开发区分局获悉：网上有关伊利"QQ星儿童奶"遭遇恶意攻击一事，经公安机关侦查，系一起有预谋的商业诽谤案，涉案犯罪嫌疑人已被警方控制。

祸起

　　10月19日起，网络上若干论坛及微博上开始流传伊利集团旗下的"QQ星儿童奶"遭到恶意声誉损害系网络公关公司受雇实施的行为一事，网民纷纷表示"震惊"，发帖"求真相"。而要找回真相，就必须回到事件发生的源头——2010年7月。

　　2010年7月16日，某报刊登了一篇关于"深海鱼油造假严重"的新闻，随即网上相继出现大量宣传"深海鱼油不如地沟油"的攻击性文章。

　　之后，网络攻击深海鱼油的行动有组织地向深层次发展，攻击添加深海鱼油的产品不能食用，最后矛头直指伊利集团生产的"QQ星儿童奶"，煽动消费者抵制加入了深海鱼油的伊利"QQ星儿童奶"。

　　随后，相关文章纷纷出现在我国大型门户网站论坛、个人博客和百度等主流网站的问答栏目里。

　　伊利集团迅速向呼和浩特市公安局经济技术开发区分局报案，呼和浩特市警方随即立案侦查。

警方经过为期两个多月的缜密侦查发现，这起看似商战的事件，确系"一网络公关公司受人雇用，有组织、有预谋、有目的、有计划，以牟利为目的实施的"损害企业商业信誉案。

警方证实：2010 年 7 月 14 日，蒙牛"未来星"品牌经理安某与北京博思智奇公关顾问有限公司共同商讨炒作打击竞争对手——伊利"QQ 星儿童奶"——的相关事宜，并制订网络攻击方案。

据警方介绍，这些网络攻击手段包括：寻找网络写手撰写攻击帖子，并在近百个论坛上发帖炒作，煽动网民情绪；联系点击量较高的个人博主撰写文章发表在博客上，并进行"推荐到门户网站首页""置顶""加精"等操作，以提高影响力；以儿童家长、孕妇等身份拟定问答稿件，"控诉"伊利集团，并发动大量网络新闻及草根博主进行转载和评述，总计涉及费用约 28 万元。

整个操作链由"蒙牛'未来星'品牌经理安某—北京博思智奇公关顾问有限公司（郝某平、赵某、马某等）—北京戴斯普瑞网络营销顾问有限公司（张某等）、博主（网络写手）—李某平（戴斯普瑞公司合伙人）"这样串联而成。

整个网络炒作历时一个月，其中点击量最高的一个帖子点击数达 20 余万人次。

警方表示，安某、郝某平、赵某等 3 名犯罪嫌疑人于 10 月 16 日被内蒙古检方正式批捕，另一名犯罪嫌疑人马某也被警方刑拘，张某、李某平等人在逃。

资料来源　佚名. 蒙牛"未来星"恶攻伊利"QQ 星"［N］. 通辽日报，2010-10-22（9）.

伊利集团就"竞争企业恶意攻击事件"的说明

我公司陆续接到媒体有关"伊利遭受竞争企业恶意攻击"事件的问询，在此感谢社会各界对我们的关注。经过核实，现对此情况说明如下：（1）2010 年 7 月中旬我们在部分网络媒体发现大量攻击我公司产品、品牌的言论、报道，我公司已于 7 月 30 日正式向呼和浩特市公安局经济技术开发区分局报案。（2）经警方缜密侦查，这起利用网络媒体恶意损害伊利集团商业信誉、商品声誉的案件已被侦破，此案涉及蒙牛乳业、北京博思智奇公关顾问有限公司（公开资料显示，蒙牛乳业总裁助理杨某飞还兼任该公司执行董事兼总经理，其副总经理赵某勇为蒙牛乳业首席顾问）、北京戴斯普瑞网络营销顾问有限公司相关人员。（3）蒙牛乳业儿童奶负责人安某，北京博思智奇公关顾问有限公司赵某、郝某平、马某等 4 人已于近日被检察机关正式批捕，李某平、张某 2 人网上追逃。我们对于此事件不做评价。特此说明。

伊利集团公共事务部
二〇一〇年十月二十日

资料来源　佚名. 伊利集团就"竞争企业恶意攻击事件"的说明［EB/OL］. 沈阳日报，2010-10-21（B05）.

蒙牛集团关于安某事件及诽谤与被诽谤的声明

近日，许多记者来电了解"安某事件"及"未来星事件"的细节，为了让社会各界及广大消费者进一步了解实情，同时促进中国乳业真正健康有序发展，现将我集团此前及最新掌握的情况公布如下：

公安机关调查表明，"安某事件"确系其个人行为，并非蒙牛集团的企业行为。

安某是蒙牛集团液态奶事业部的一个产品经理。在蒙牛，每个产品都有一个产品经理。每个产品的销售额是与产品经理的收入挂钩的。

根据目前相关情况，2010年7月，安某在未向任何上级请示的情况下，擅自与合作公司联系，发表了鱼油中含有的EPA成分对婴幼儿健康不利的言论。安某这种行为造成什么后果，就承担什么责任。公司负有教育不周、管理不力的责任。安某对相关方面及消费者造成的不良影响，我们深表歉意！

安某原是伊利集团的员工，2006年才来到蒙牛。他在做损害兄弟企业的事时，没有向任何人请示，擅自而为，其中缘由，我们也正在了解。目前，安某已被呼和浩特市公安机关批捕，并已被蒙牛集团除名。下一步，我们将痛定思痛，认真反思，对员工加强教育，严格管理，坚决杜绝此类事情的发生。

北京博思智奇公关顾问有限公司总经理杨某飞，既不是蒙牛的员工，更不是蒙牛的总裁助理。该公司只是我集团的业务合作单位。

资料来源　佚名. 蒙牛集团关于安勇事件及诽谤与被诽谤的声明［EB/OL］.［2024-11-10］. http://finance.sina.com.cn/chanjing/cyxw/20101022/07528824194.shtml.

事件2：蒙牛经理篡改生产日期　归结"个人行为"难获认同

据媒体报道，蒙牛公司驻义乌市经理王某富以半价购买3 000箱生产日期为2011年12月的蒙牛临期纯牛奶，并将生产日期分别涂改为2012年5月19日和6月1日，按正常牛奶价格销往浙江浦江、义乌等地。该案已移送公安部门处理。

蒙牛总裁孙伊萍对此表示，这是经销商个人行为，并不是公司体系内发生的行为。

2012年8月23日凌晨，蒙牛官方微博称："切实地改造奶源牧场，改进管理办法，提高食品安全。"

问题不断的蒙牛牛奶再一次成为关注焦点，而蒙牛总裁将此事归结于个人行为的说法也遭到广泛质疑。很多网民表示，对这类篡改食品生产日期的行为应加大监管及查处力度。

资料来源　曾德金. 蒙牛地区经理篡改生产日期　归结"个人行为"难获认同［N］. 经济参考报，2012-08-24（A02）.

3.1.5　伦理缄默

1）什么是伦理缄默现象

伦理缄默现象是指许多管理者即使出于伦理的考虑从事某些行为，也不情愿用伦理术语来描述它们，哪怕事实上他们尊重由法律、行业惯例、社会准则所规定的伦理标准，但给人的感觉是，他们的行为只是受组织利益的左右。他们通常从组织的长远经济目标的角度来为诸如顾客服务、人与人之间的有效合作、充分利用技能和资源等道德目标做辩护，将合乎伦理地对待同事、顾客和供应者视为"经营之道"。

■■ 知识链接3-1

伦理缄默现象

150 多年前，亚历克西斯·德托奎维拉（Alexis de Tocqueville）就提到美国企业人员不愿承认无私的行为，即使他们的确那样做了。

查尔斯·麦科（Charles McCoy）发现，管理者要不停地做伦理选择，私下里奉行伦理准则，但用企业利益为其道德行为辩护。

伦纳德·斯尔克（Leonard Silk）和戴维·沃格（David Vogel）注意到，许多管理者想当然地认为，经营与伦理，除了明显的违法行为如行贿和规定垄断价格外，没有什么联系。

罗伯特·C.所罗门（Robert C. Solomon）和克里斯汀·R.汉森（Kristine R. Hanson）观察到，虽然管理者经常意识到道德问题，但很少从伦理角度公开讨论这些问题。

詹姆斯·A.沃特斯（James A. Waters）和弗雷德里克·B.伯德（Frederick B. Bird）的研究也表明，管理者很少与同事讨论在工作中碰到的伦理问题。单个的管理者会考虑道德问题，但在管理者之间道德便不再是个讨论的话题。

从行为是否遵循伦理规范与是否从伦理角度交谈两个维度可以划分四种基于伦理的情形，见表3-1。

表3-1　　　　　　　　　基于伦理的四种情形

	行为遵循伦理规范	行为不遵循伦理规范
从伦理角度交谈	一致的道德行为	虚伪或道德无能
不从伦理角度交谈	伦理缄默	一致的不道德或非道德行为

弗雷德里克·B.伯德和詹姆斯·A.沃特斯把行为遵循伦理规范但语言上不从伦理角度交谈的现象称为管理者的伦理缄默（the moral muteness of managers）现象，即管理者在交谈中回避伦理，但他们的实际行动是遵循伦理规范的，他们也要求其他人遵循伦理规范，或者说在私下里他们承认伦理规范对其决策和行为有影响。

资料来源　周祖城. 企业伦理学 [M]. 北京：清华大学出版社，2009：12-13.

伦理缄默现象的另一种表现形式是人们在日常交流中试图用"诚信""责任"等词来代替"伦理""道德"。

在我国，进入21世纪后，诚信成为一个热门话题，相对而言，至今人们仍然不是很情愿把企业伦理或企业道德与企业经营结合起来谈论。其原因如下：

首先，诚信是最迫切需要解决的道德问题，容易引起人们的共鸣。

其次，诚信含义比较明确、具体，不像伦理、道德比较模糊。

最后，伦理和道德这两个词，容易与说教联系在一起，而诚信没有这个问题，因此容易被人们接受。

国外也存在类似的现象，人们更愿意谈论 integrity（诚信，也译作"正直"）和 responsibility（责任），而不愿意谈论 ethics（伦理）和 morality（道德）。理查德·乔治如是说："诚信行为是与伦理行为或道德行为相同的。"然而，"诚信"这个词并不具有伦理对许多人所具有的那种否定的含义，也不会使人联想到说教，"道德"这个词常常使人有这种联想。诚信行为既指与自身所接受的最高行为规范相一致的行为，又指将伦理道德所要求的规范加于自身的行为。由于诚信这个词意指自加的规范，因此对企业来说，诚信行为的要求比伦理或道德行为的要求更易被接受。

2）伦理缄默现象产生的原因是什么

弗雷德里克·B.伯德和詹姆斯·A.沃特斯概括了产生伦理缄默现象的三个原因。

（1）威胁组织的和谐

伦理交谈有时会引起某种程度的人际冲突。比较极端的例子有，举报组织中涉及违法或不道德行为的重量级人物，举报人可能要冒很大的个人风险。伦理交谈可能会涉及对上司、同事、下属行为决策的疑问或者不同看法。伦理疑问可能导致相互指责。管理者意识到，在组织中普遍存在或大或小的不道德行为，他们担心，一旦他们首先提出伦理疑问或指责就会一石激起千层浪。

（2）威胁效率

伦理交谈被认为是对管理弹性的威胁。为了使工作取得成效，管理者必须能够适应内外部条件的变化，所以他们不喜欢约束力过强、自行处理余地太小的契约关系。只要法律允许，他们会寻求一种非正式的、富有弹性的、容易调整的工作关系。他们认为，如果清晰地、正式地规定承诺、义务、权利，就有可能降低工作的弹性，因此管理者尽量不用明确的伦理规定。

许多管理者还把伦理交谈与政府僵化的管制条例联系在一起。公众讨论企业中的伦理问题往往会招来新的政府管制条例，而这些条例被认为是武断的、低效率的和多管闲事的。所以，管理者在沟通过程中会回避使用伦理表述，从而避免招致道德谴责和政府僵化的管制。

（3）威胁精明强干的形象

雄心勃勃的管理者努力塑造强有力的、高效的形象。有时他们回避伦理交谈是因为伦理观点过于理想化。

管理者之所以不愿意交谈伦理还在于不想暴露自己在伦理上的无知。很多管理者既不懂也不愿意使用伦理逻辑和语言。他们欠缺运用伦理概念分析问题的经验，可能简单地用伦理术语来发现和谴责明显的不道德行为，但不会深入地运用伦理术语和理论来识别和分析问题。

3）伦理缄默的后果是什么

弗雷德里克·B.伯德和詹姆斯·A.沃特斯认为，从长远来看，伦理缄默会带来显著的不利影响，主要包括：

（1）伦理健忘

回避伦理交谈会强化管理是非道德行为的观念。许多管理者似乎意识不到企业活动事实上是受伦理期望影响的，在他们看来，大多数企业决策只取决于利润、个人和组织的自身利益。

当特定的企业行为看上去并不遵循某种标准时，就会使人错误地认为这些行为根本不受规范性期望的影响。

（2）对道德的狭隘理解

如果人们认为只有当背离可接受的行为准则时，才会产生伦理问题，那么对那些既不违法又不背离行为准则的活动，管理者就有理由不进行伦理交谈。可是，除了背离准则的活动外，还有两个以上的准则发生冲突和与高标准相比有欠缺的活动。伦理缄默助长了对道德的狭隘理解，即认为道德只跟那些严重背离道德准则的活动有关。更重要的是，伦理缄默妨碍了人们创造性地探索那些能更好地平衡冲突性的要求和更接近最高理想的行为。

（3）道德压力

由于伦理期望的模糊和角色的冲突，管理者会感受到道德压力。管理者对组织负责，当遇到伦理问题时，他们常常难以决定多高的成本是解决这些问题时可以接受的。此外，伦理期望一般很笼统，管理者常常搞不清什么是伦理上合适的行为。例如，在什么情况下，与顾客或供应商谈判时隐匿信息会被看成是不诚实的。

在管理中一定程度的道德压力是不可避免的，但是伦理缄默会加剧这种压力的产生，使其超出正常的范围。如果管理者不与他人讨论，则本可以与同事、上司分担的不确定性和压力就全部由自己承担。管理者要么采取太过理想主义的方式，对组织的经济目标关注不够，要么把决策视为伦理中性的行为。不管是哪一种情形，伦理缄默排除了本来可能存在的创造性地协同解决问题的机会，而这种机会对管理者以及组织和利益相关者来说是最佳的。

（4）忽视不正当行为

管理者回避伦理交谈还意味着许多伦理问题不被组织认可，结果，许多不正当行为被忽视了，许多道德理想没有追求，许多道德难题一直得不到解决。

（5）伦理准则的权威性降低

认为伦理本身的逻辑就可以激发人们的责任感和欲望，使他们愿意遵循伦理准则，是一种理想化的误解。没有社会基础的伦理观念不可能有权威性。

（6）合作困难

管理者回避伦理交谈使通过合作解决组织问题变得更加困难。虽然获得合作的方式有多种，例如，通过领导者的魅力或强制的命令，但这样获得的合作是短期的、有限的。许多领导者并不拥有天生的魅力，而且这种魅力主要是在危机时才发挥作用，而不是在平时。强制命令可能获得顺从，但多是半心半意、勉强的，甚至是怨恨的顺从。通过共享的道德价值观获得的合作则更长久、更全面。共享的价值观为发现问题、解决问题提供了共同语言。

4）伦理缄默的克服措施有哪些

弗雷德里克·B.伯德和詹姆斯·A.沃特斯指出，那些希望使伦理制度化以获得基于伦理的竞争优势的人必须考虑如何克服伦理缄默。如果管理者不能直接地、公开地谈论伦理问题，要想使企业人员和组织承担更多的道德责任是不可能的。

第一，除非组织有措施保证管理者发表不同看法不会受到指责、批评、排斥或惩罚，否则，就不可能公开讨论真正的伦理问题。企业组织常常不能容忍公开、充分地讨论伦理问题，因为它们把伦理上的不同意见看作吹毛求疵或搞分裂。理想的做法是，管理者能够公开地发表自己的不同看法，一旦组织做出了与自己观点不一致的决定，要么尊重并支持它，要么公开地抵制它。

第二，要克服伦理缄默，管理者必须学会如何谈论伦理。学习如何谈论伦理既没有管理者想象得那么难，也没有他们想象得那么容易。首先，管理者必须学会尽量避免误用伦理交谈，要特别注意把伦理交谈局限于公开地赞扬其他管理者的德行或谴责他们的恶行，尽量不要公开评价一个人的道德水准，也不应该把伦理用作表达个人挫折的工具。此外，要尽量避免说教。伦理交谈应该主要用于发现问题，分析问题，支持或批评政策，解释决策的合理性。

管理者应该知道并学会使用几种典型的伦理辩论方式。拥有关于伦理推理的基本知识对于维护自己的观点和发现他人观点中的长处和短处都是有益的。学会如何进行伦理交谈涉及学会有说服力地陈述和批评伦理观点。关键是管理者要能够运用伦理推理处理他们实际碰到的问题，并能使其他人认真地考虑管理者的立场。

如果管理者想推行伦理式领导，则不仅要表明他们对伦理沟通很重视，而且必须要求组织进行伦理沟通。他们需要通过管理措施，使伦理沟通融合到组织生活之中。

第三，克服伦理缄默需要耐心。公开的伦理交谈在短期内可能是耗费时间的，因而会降低组织的效率。在短期内，它们显得尴尬、笨拙、无用，因而对习惯于平稳控制的管理者来说，他们会感到不舒服。所以，在克服这些短期困难之前，在鼓励争论而不是吹毛求疵和冷嘲热讽的新规范出现之前，在管理者掌握必要的、能有效地解决伦理问题的技能之前，在整个组织中能清晰地、强有力地听到伦理的声音之前，要保持耐心。

■ 知识链接3-2

伦理问题的类别

伦理中立

当人们认为一个困扰他们的伦理问题令他们束手无策时，便把这些伦理问题归类为伦理中立。做出这种反应可能有许多理由。"伦理搁置"或"伦理封闭"的运用使人们在正常的伦理标准妨碍他们解决问题的时候，可以悬置这些标准。例如，某个问题——如裁员——并非道德问题，而应该被视为实际问题。理查德·乔治确定了哪些免除条件可以被人们用来为其中立辩解，包括"缺乏能力"（假如你不会游泳，则不应指望你去救一名溺水者）和"可以谅解的无知"（假如你不知道不作为的后果，你就不应受到惩罚）。

伦理意识

伦理意识是指由于某事违反了人们的直觉价值观而引起内心不安。处在这个阶段的个人对自己的义务是什么有一种直觉感知，个人知道什么是对，但说不出理由。

伦理约定

当你认为运用公认规范能妥善解决某个问题时，这个问题就被划归伦理约定类别了。伦理约定可以指社会规范、社会期待和行业行为标准，也可以指组织文化和亚文化的约束。伦理约定的一个特征是：非正式、不成文，即使成文，也是概括表述而非详细规定。

伦理困惑

困惑并非难题。得出数学难题或填字游戏的答案并非易事，需要冥思苦想和刻苦钻研。然而，由于能够得到最佳答案，所以努力是值得的。困惑只存在于明确的道德语境中，这时，对于与其解答相符的价值观几乎不存在争议。

伦理难题

伦理难题是错综复杂的事实存在，按照自身运动规律形成、发展和消失。一个问题有可能被划为伦理难题是因为它涉及多种价值观及原则——分开来看，它们都具有完善的意义，但把它们放在一起，就会产生冲突。在这种情况下，不同价值观念间必有一场辩论；对于将问题视为伦理难题的人而言，部分困难在于如何确保在辩论中能够严谨公正地辨析不同论点。

伦理两难困境

两难困境是一种进退维谷的状态，涉及艰难或令人不快的抉择。假如一个人决定按照一套约定的规范或规则行动，那么他将违背另一套约定。两难困境实质上是社会和政治问题，要摆脱两难困境的制约，必须这样选择：支持一个群体——接受其规则和价值观，惹恼另一个群体——违背其规则和价值观。把一个问题归类为伦理两难困境会导向犹豫不决和不作为。

道德犬儒主义

犬儒主义是在伦理责任变得痛苦难耐时出现的。在伦理意识这个类别中，人按照良心的指引做事，而犬儒主义者则因放弃了这样的奋斗目标而变得性情乖戾。犬儒主义者相信，一切伦理问题的解决答案都要基本符合利益相关者的个人利益。犬儒主义者认为，有时候与其强求，倒不如听其自然，把问题留给无常的机会。犬儒主义者的目标，除明哲保身外，就是责难那些积极处理问题的人。

伦理妥协

伦理妥协是（避免麻烦、只管干活的人）在寻求保护自身利益时所遵循的方法。伦理妥协者维持道德中立，结果却发现自己被夹在立场与价值观都不同的权势集团之间。因此，伦理妥协是在不同立场之间达成共识或折中。伦理妥协与一项决定正确与否无关，而与决策过程正确与否有关。换言之，行动的道德性被忽视，只要求通过投票、民意调查、寻求一致、达成协议与谈判商议等手段，使一个行动被广泛接受。它认为对意见的反应比做得正确更重要。

资料来源　菲舍尔，洛维尔. 经济伦理与价值观：个人、公司和国际透视 ［M］. 范宁，译. 北京：北京大学出版社，2009：173-174.

拓展阅读3-2
扳道工的故事

3.2 现代企业伦理判断与决策

3.2.1 道德（伦理）评价理论

道德评价就是指人们依据一定的道德原则，运用相应的方式方法，对他人或自身的行为进行善恶的判断。

在日常生活中，人们会说"某个人不讲道德""这样做或那样做不应该"，这就是在做道德评价。人们经常在做道德评价，但如果反问他评价的依据是什么，就很难讲清楚了。为什么呢？主要原因就是对道德评价理论缺乏了解。

到目前为止，人们常用的道德评价理论主要有五种。

1）功利主义（utilitarianism）

（1）功利主义的原则

功利主义认为，当且只有当行为所产生的总效用大于行为主体在当时条件下可能采取的任何其他行为所产生的总效用时，该行为才是道德的。因此，功利主义原则也被称为"最大幸福原则"。

功利主义原则假设我们能够衡量并加总每项行为产生的快乐（利益），减去该项行为带来的痛苦（损害），从而确定哪项行为所产生的快乐最多或痛苦最少。

关于功利主义的六点说明：

①所说的快乐最多或痛苦最少，不仅针对行为人自身，还对受该行为影响的所

有人（包括行为人）而言。在选择行为时，功利主义并不要求我们放弃自身的快乐，当然也不应该加大自身快乐的权重，自身的快乐和痛苦与他人是同等重要的。

②并不是说只要某项行为产生的快乐大于痛苦就是道德的，而是说在特定情形下所有可供选择的行为中产生效用最大的行为才是道德行为。

③最大快乐或效用并不是不考虑痛苦。如果几个行为都既有快乐又有痛苦，那就选择净快乐最大的那个行为；如果几个行为都只有痛苦没有快乐，而且没有别的选择，那就选择痛苦最小的那个行为。

④同一行为对不同的人有不同性质、不同程度的影响。例如，一个人把录音机放得很响，受其影响的有5人，其中两个觉得有些愉快，两个觉得不舒服，一个觉得既不喜欢也不难受。功利主义不是让每个人投票，然后根据得票多少来判断行为，而是把各种快乐和痛苦加起来，那个能够带来最大净快乐的行为就是应该选择的行为。

⑤最大效用不仅要考虑眼前，也要考虑长远。

⑥功利主义者承认我们常常不能确切地知道行为的未来结果，因此我们必须尽量使期望的利益最大化。

（2）功利主义的分析步骤

①对需要评价的行为进行详细而清晰的描述。

②对受到该行为直接和间接影响的人群范围分别加以界定。

③考虑是否存在一些明显的决定性因素，其重要性是否超过其他影响因素。

④将该行为对直接相关人群造成的后果进行详细描述，考察每一种可能结果对现实带来的影响。

⑤为利益因素与损害因素分配权重。需要考虑每一种收益或损害的数量、持续时间、确定性、纯粹性。

⑥考虑到当准则得到普遍遵循时所带来的消极和积极影响。

⑦对所有正效用及负效用进行加权总计。

⑧考虑除"非彼即此"之外是否还存在其他备选方案。

⑨比较所有备选方案的分析结果，将能够产生最大净收益值的行为作为最佳方案。

（3）对功利主义的批评

对功利主义的批评主要有两个方面：一是难以衡量。特别是像生命的价值、健康的价值、美丽的价值、公平的价值、时间的价值、人的尊严的价值等更加难以衡量。二是不符合权利、公正原则。一些根据功利主义原则被认为是道德的行为，事实上可能是不公正的或违反人的权利的。例如，在南非实行种族隔离时，一些白人辩解说，如果黑人执政，就有可能出现内战、经济萧条、社会混乱等。如果这种说法成立的话，按功利主义原则，种族隔离政策就是道德的，但显然这是不公正的。

功利主义只考虑行为的结果而不考虑行为本身。为了使利益最大化，功利主义不仅允许甚至要求一些不道德的行为。有人指出，如果完全按照功利主义原则行事，就可能导致任何一个有良知的人都无法容忍的欺骗、说谎、不公正等行为。

■ 小案例3-2

爆炸的油箱

在20世纪70年代，福特汽车公司的平托（Pinto）是美国销售量最好的超小型车之一。然而不幸的是，当另一辆车从后面撞上它时，它的油箱容易爆炸。有500多人因为自己的平托突然着火而丧生，有更多的人被严重烧伤。其中一名烧伤受害者为这一有缺陷的设计而状告福特汽车公司，这显示出，福特的工程师们早就应该意识到这种油箱所带来的危险。然而，公司的经理们做了一项得失分析后认为，修补这种油箱所获得的利益（包括所挽救的生命和所阻止的伤害）并不值得他们在每辆车上花费11美元——这是给每辆车安上一个可以使油箱更加安全的装置所需要的花费。

为了计算出一个更安全的油箱所能带来的益处，福特估计，如果不做改变的话，这种油箱可能会导致180人死亡和180人烧伤。然后，它给每一条丧失的生命和每一种伤害定价——一条生命20万美元，一种伤害6万～7万美元。它将这些数目和可能着火的平托的价值相加，计算出这一安全性改进的总收益将是4950万美元，而给1250万辆车逐一增加一个价值11美元的装置，将会花费1.375亿美元。因此，该公司最后得出结论，改进油箱所用的花费超过了更安全的汽车所带来的收益。

得知这一研究后，陪审团成员异常愤怒。陪审团判决被告给原告250万美元的损失赔偿，缴纳1.25亿美元的惩罚性的损失罚款（该数目后来减至3500万美元）。可能陪审员认为，一家公司给人类的生命定价是不对的，也有可能他们认为这20万美元实在是太少了。福特并不是自己想出这些数目的，而是从一个政府机构那里得到了这些数目。在20世纪70年代早期，国家高速公路交通安全管理局计算过一起交通死亡事故的花费，加上未来劳动力的丧失、医疗的花费、葬礼的花费以及受害人的痛苦和伤害赔偿，该机构将每例死亡的赔偿定为20万美元。

如果陪审团的反对意见只是针对这一价格而非原则，那么功利主义者会对此表示赞同。没有人愿意为了20万美元而死于一起交通事故，大多数的人都喜欢活着。要衡量一起交通死亡事故对功利的全部影响，人们不得不考虑这个受害者未来丧失的幸福，而不仅仅是收入的损失和葬礼的花费。那么，什么才是对人类生命价格的更为真实的估算呢？

资料来源 桑德尔. 公正——该如何做是好？[M]. 朱慧玲，译. 北京：中信出版社，2011.

2）权利论

（1）道德权利的特点

根据权利的保障依据，权利分为法律权利（legal rights）和道德权利（moral rights）两类。

法律权利是指法律关系主体依法享有的某种权能或利益，它表现为权利享有者可以自己做出一定的行为，也可以要求他人做出或不做出一定的行为。《中华人民共和国宪法》规定，公民有人身自由不受侵犯、人格尊严不受侵犯、住宅不受侵犯的权利等；《中华人民共和国民法典》规定，自然人享有生命权、身体权、健康权、姓名权、肖像权、名誉权、荣誉权、隐私权、婚姻自主权等，法人、非法人组织享有名称权、名誉权和荣誉权等。

道德权利通常被认为是作为人，不管是哪个国家、哪个民族的人，应该有的权利。这一点与法律权利不同。

道德权利包括两个方面：一是消极的权利或自由权利，如隐私权、生命不被剥夺权、处置私有财产权等。它们之所以被称为消极的权利，是因为每一项权利都要求人们履行不干涉他人的义务。二是积极的或福利的权利，包括受教育、取得食物、医疗服务、住房、工作等权利。积极权利要求人们履行积极的义务，即主动地帮助人拥有某种东西或帮助他做某事。

这些禁止或要求别人做某事的权利，允许个人自由地选择是否追求某种权益或从事某种活动，指明了个人被授权或必须有自由或必须被帮助追求某种权益或从事某种活动。

道德权利有三个特点：①道德权利与义务紧密联系。②道德权利赋予自主、平等地追求自身利益的权利。③道德权利是证明一个人行为正当性及保护或帮助他人的基础。

权利论的道德原则是：如果行为人有道德权利从事某一行为，或从事某一行为没有侵害他人的道德权利，或从事某一行为增进了他人的道德权利，则该行为是道德的。

（2）道德权利的基础：康德的绝对命令

人们所拥有的法律权利是国家法律赋予的，这个很好理解。人们究竟该拥有什么样的道德权利？这些道德权利是由什么来决定的呢？德国哲学家康德的绝对命令理论对此问题的分析和解释是最有影响力的。康德试图说明有一些道德权利是所有人都拥有的，不论行使这些权利是否会给他人带来利益。

康德所说的"绝对命令"，即无条件命令，它的形式是"你应该做某事"，不附加任何假设条件。康德绝对命令的道德原则，即每个人都应该作为平等的、自由的人被对待。换句话说，每个人都有道德权利受到这样的对待，每个人都有相应的义务以这样的方式对待他人。

康德认为，行为是否具有道德价值，需要看"每个人在同样的情形中都应当从事这一行为"这种普遍化了的规则是否行得通。

康德的第一条绝对命令：当且仅当一个人愿意把自己在特定条件下从事某一行为的理由作为每个人在相同条件下的行为理由时，该行为才是道德的。第一条绝对命令包含两个规则：一是普遍性，即一个人的行为理由必须能够成为每个人的行为理由；二是可逆性，即一个人必须认可其他人也遵循他的行为理由反过来对待他。

假设因为不喜欢某一雇员的肤色,我正在考虑是否解雇他。根据康德的原则,我必须问问自己,我是否认同一个雇主在任何时候仅仅因为不喜欢某个雇员的肤色而解雇他。特别是,我必须问问自己,假如雇主不喜欢我的肤色,我是否愿意被解雇。如果我不希望每个雇主都这么做,那么我这样对待他人是不道德的。因此,一个人从事某一行为的理由必须是可逆的,即一个人必须认可其他人也用这样的理由来从事这种行为。换句话说,如果行为者与受行为影响的其他人交换位置,行为者愿意接受同样的对待,那么该行为是善的,否则是恶的。例如,一名制造商尽管知道产品有潜在的不安全性缺陷,而且顾客不知道这一事实,但仍然推销该产品,根据普遍道德规律,要判断制造商的这种行为是否道德,只需问他"当他是不知情的顾客时是否乐意企业推销该产品"。

康德的第二条绝对命令:理性人应该永远同时把人看作目的,而永远不要把人只看作实现目的的手段。

这一绝对命令可以表述为以下伦理原则:当且仅当一个人从事某一行为时,不把他人仅仅作为实现自身利益的工具,而是尊重并发展他人自由选择的能力时,该行为才是道德的。

(3)权利论分析步骤

①你有这样做的道德权利吗?

• 可逆性;

• 普遍性;

• 尊重与自愿同意。

②利益相关者有哪些道德权利?

③你的道德权利和利益相关者的道德权利之间存在冲突吗?如果有冲突,则需要明确何者更为重要。

• 存在冲突的权利各自保护了什么利益?哪一种利益更重要?

• 优先考虑保护更重要的利益的权利。

④找出处于主导地位的权利后,考虑该权利是否会受到其他因素的制约和支配,如果是,则对这些因素进行分析,如果不是,则用该权利解决问题。

■■ 小案例 3-3

伯勒斯公司艾滋病药品定价

伯勒斯公司拥有专门研究疑难杂症的传统,它总是把普通疾病的研究留给其他公司。

1984年,当其他研究者发现了引发艾滋病的不同寻常的病毒后,该公司全心投入,研究该病的治疗方法。

山姆·布罗德尔,美国国家癌症研究所(NCI)的高级研究员,强烈要求制药公司将有发展前景的药品交由他们检测。伯勒斯公司进了约50种药品。1985年8月,布罗德尔的研究人员报告说其中的一种即AZT是最有效的。布罗德尔的加入使得AZT的开发缩短了几个月甚至几年，因此也就大大减少了伯勒斯的研究费用。

AZT刚开始用于人体的试验时非常令人难忘：19个濒死的艾滋病患者中有15人病情有所好转，体重有所增加。下一步就是将药品扩展到数百人身上做试验。这时陷入了左右为难的严重处境。垂死的艾滋病患者吵嚷着要AZT。然而，通常的药物研究过程要求一半的患者服用无效对照剂——也就是不起作用的药，即安慰剂。鉴于AZT开始表现出来的疗效，为挽救生命，人们对伯勒斯公司施加压力，要求其放弃采用安慰剂的做法。尽管艾滋病患者的积极活动者们指责该公司对人们的生命漠不关心，但1986年，伯勒斯公司仍强硬地坚持采用无效对照剂的试验。

AZT的临床试验极为成功。137名服用安慰剂的病人中有19人死亡，而在服用AZT的病人中，只有1人死亡。1987年3月，美国食品和药品监督管理局（FDA）批准将该药品销售给病情严重的病人。现在AZT可以销售了，但关键的决策是价格应为多少。

伯勒斯公司的定价使AZT的使用者每年要花费1万美元，AZT成为有史以来最昂贵的药物之一。公众害怕致命的传染病，因此伯勒斯公司这种看似"救星"的药品的定价遭到了广泛的谴责。这又一次激起公众对制药业价格欺骗的蔑视和愤怒。AZT的高昂价格在伯勒斯公司高管看来似乎完全合理。就如他们在美国国会听证会上解释的那样，他们的理由是这样的：AZT起初的市场很小——严重患者不到5万人。直至1990年3月5日，FDA才批准AZT可以用于未出现症状的病毒携带者。公司仍不清楚大规模生产该药品的成本，但它估计要花数千万美元来购买原料和成套设备。另外，公司完全相信AZT对市场的占有是短期的，因为其他制药公司已经在试制自己的治疗艾滋病的药品。AZT有严重的副作用，而且并不能真正治愈艾滋病，当然经不起竞争。公司的定价决策不但是为了尽可能快、尽可能多地补偿其研究开发AZT和其他不成功药品的费用，而且是为了支持将来的研究开发计划。在AZT投入市场前的5年中，公司已经在其研究方面花了7.26亿美元，但一无所获。

这种解释难以平息人们对伯勒斯公司的批评。然而，伯勒斯公司的领导们拒绝公开公司的账目，解释其生产成本。

1987年12月，美国国会听证会召开9个月后，伯勒斯公司将AZT的价格下调20%，并解释说生产成本下降了，但还是难以平息公众对它的批评。

伯勒斯公司的行为还给自己树立了其他敌人。伯勒斯公司对与其一起合作的政府及大学中的研究者给予的回报太少，其中一些人成为公司的强烈批评者。

1989年9月，伯勒斯公司又一次将AZT的价格下调20%，但研究者已经发现这种药品如果剂量减少一半，药效可保持不变。到1992年，用这种药品治疗艾滋病的费用降至每年3 000美元。

尽管收入和利润有所增加，但伯勒斯公司低于24%的利润回报率在药品公司中居于末流，远在利润回报率为40%的默克（Merck）公司和利润回报率为60%的美国家庭用品公司之后。

资料来源　哈特利. 商业伦理［M］. 胡敏，等译. 北京：中信出版社，2000.

讨论：请根据权利论分析步骤分析伯勒斯公司对艾滋病药品的定价是否道德？

3）公正论

公正问题一般包括分配公正、交易公正、程序公正、惩罚公正、补偿公正。下面分别进行阐述。

（1）分配公正

当不同的人对社会利益和负担有不同的要求，且这些要求无法同时满足时，就出现了怎样分配才公正的问题。分配公正的基本原则是：相同的人应该受到相同的对待，不同的人应该受到不同的对待。

但是，这一原则过于笼统，它没有告诉我们哪些差异可以合理地构成区别对待的基础。种族差异应该成为是否录用工人的依据吗？大多数人都会说"不能"，那么，哪些差异与分配利益和负担有关呢？对这个问题存在不同的看法。

①平均分配。平均主义者视平均为公正，他们主张人与人之间没有什么差异可以使得不平等的对待合理化，所有的利益和负担根据以下原则分配：社会或群体的利益和负担应该在每个人之间平均地分配。

■ 讨论3-1

有一种观点认为，当一个群体中的工人获得相同的报酬时，他们相互之间倾向于更加团结、更加乐意合作。

另一种观点则认为，平均分配会导致社会生产率和效率低下。

针对有关平均主义的批评，平均主义者提出了改进的分配方法，即每个人有权获得最低生活保障，在最低生活保障实现前，收入和财富应该在社会成员之间平均分配，超过部分可以根据需要、努力程度等进行差别分配。

讨论分析：应该如何看待这些观点？

②按贡献分配。一些学者认为，一个人获得的利益与他所做的贡献成正比，才是公正的。社会或群体利益的分配原则是：利益应该按每个人对社会、群体、任务的贡献的大小进行分配。

这一分配原则尽管为社会所广泛采用，但至少存在三个方面的不足：其一，忽视了人的特殊性。残疾人、病人、未成年人难以获得基本的生存需要。其二，成员之间的合作程度会下降，甚至会形成竞争，人们不大情愿分享资源与信息。其三，贡献大小面临难以衡量的困境。市场给歌星的回报比给从事基础科学研究的科学家的回报要高得多，谁能说前者比后者对社会的贡献一定大得多呢？

③按需要和能力分配。按需要和能力分配的原则是：应该根据人的能力分配负担，根据人的需要分配利益。

充分发挥人的潜能是有价值的，因此应该按一个人能够尽可能提高生产能力的方式分配工作。通过工作产生的利益应该用于促进人类的幸福和福利。这一分配原则类似于家庭成员之间的分配，在家庭中，能干的家庭成员愿意为家庭多做些事情，有需要的家庭成员能够得到家庭的支持。

在决定如何在成员之间分配利益与负担时，确实需要考虑需要和能力。多数人都同意，应该把个人放在最能发挥自己长处的岗位上，应该帮助迫切需要帮助的人。

这一原则也受到了批评：首先，根据这一原则，工作努力程度与报酬之间没有任何联系，工人会失去努力工作的动力；其次，根据个人的能力而不是自由选择来分配工作，则个人自由受到了限制。例如，一个人有能力成为一名大学教授，但他想做出租车司机，按能力分配，他只好做大学教师。一个人需要一个面包，但他想喝啤酒，按需要分配，他只能接受面包。

④罗尔斯的分配观。约翰·罗尔斯（John Rawls）假设所有人都处于一片"无知的帐幔"（veil of ignorance）之后。在那里，我们具有理性，可以对个人利益进行价值评判，但是除此之外，我们陷于一种无知的混沌之中：我们不知道自己是富是穷，不知道自己的社会地位是高是低，不知道自己天赋异禀还是庸庸碌碌，不知道自己生理与心理是否健康，不知道自己的民族和肤色，甚至不知道自己是男是女。这就是我们要对自己提出的问题：当我们脱离了自身在社会中所处的位置和影响后，我们用于判断公正与否的原理和标准是什么？

根据罗尔斯的观点，当且仅当符合下列原则时，利益与负担的分配才是公正的：

原则一，每个人对与所有人所拥有的最广泛平等的基本自由体系相容的类似自由体系都应该有一种平等的权利。

原则二，对社会和经济的不平等应该这样安排：使他们给处于最不利地位的人提供最大利益；给所有人提供均等的机会。

罗尔斯认为，如果第一条原则与第二条原则相冲突，则第一条原则优先；如果第二条原则中的两个部分产生冲突，则第二部分即机会均等优先。

原则一也可以称为权利平等原则，每个人应该享有与他人一样的权利，个人的权利必须受到保护。

原则二的第一部分，可以称为差别原则，社会引入不平等，以改善社会中最需要帮助的人如病人和残疾人的地位，除非这样做给社会增加的负担过重，以至于包括需要帮助的人在内的所有成员的处境都因此恶化。罗尔斯指出，社会的生产率越高，它能给处于最不利地位的人提供的利益越多。为了给处于最不利地位的人提供尽可能多的利益，企业利用资源的效率应该尽可能地高。

原则二的第二部分，可以称为机会均等原则，这意味着，招聘条件应该只是与工作要求有关，而与种族、性别等无关，而且每个人都应该有接受获得理想工作所需的训练和教育的机会。

（2）交易公正

当一个个体与另一个个体达成协议时，就产生了契约权利和义务。契约规范是保证个体信守诺言的一种途径，使得企业活动得以正常开展。

托马斯·M.加兰特（Thomas M.Garrett）将契约规范的伦理规则概括为以下四条：

①双方必须对契约的性质有充分的了解；

②任何一方都不能向对方提供有意歪曲的事实；

③任何一方都不能被强迫签订契约；

④契约不能约束双方从事不道德行为。

（3）程序公正

程序公正的基本特征有：

①普惠性。程序公正的普惠性的基本要求是，每一个社会群体、每一个社会成员的尊严和利益都应当得到有效的维护，任何一个社会群体对尊严和利益的满足都不得以牺牲其他社会群体和社会成员的尊严和利益为前提条件。

②公平对待。程序公正中的公平对待至少有两层含义：第一层含义是，在处理同样的事情时，应当按照同一尺度，如果有所差别的话，也应当因事而异，而不能因人而异。第二层含义是类似于法律界所说的"无偏袒的中立"，即"与自身有关的人不应该是法官"，解决纠纷者应当保持中立，结果中不应包含纠纷解决者的个人利益。

③多方参与。在制定法律和重要公共政策时，必须让多方人员参与，尤其是要允许相关社会群体有充分的参与和表意的机会，使之能够充分地表达自己的意见，维护自己的利益。

④公开性。无论是政策的制定还是实施，无不以占有必要的信息为前提。社会群体、社会成员对于事关切身利益的信息具有平等的知晓权。在制定和实施政策的过程中，利用信息不对称对其他社会群体进行各种类型的欺骗和误导，而信息缺乏一方难以做到有效的参与，无法得到公平对待，程序公正也就无从谈起。

⑤科学性。程序公正还包含一些技术方面的要求，主要包括两个方面的内容：其一，相关信息充分、准确；其二，应当具有必要的评估机制和修正机制。由于社会复杂多变，人们的认识存在局限性，政策的制定往往是一个不断完善的过程。

（4）惩罚公正

惩罚能否公正，主要应考虑三个问题：

第一，在什么情况下可以免除道德责任？有伦理学家认为，在不知情和无能力的情况下，一个人可以不承担道德责任。

第二，谁是该受惩罚的人？受惩罚的人应该是确实做错事情的人。仅凭不可靠、不完整的依据就处罚一个人，是不公正的。

第三，惩罚的力度多大合适？惩罚必须是一贯的，与所做错的事情相称。所谓一贯，是指每个做错相同事情的人受到相同的惩罚。所谓相称，是指惩罚的力度应该与做错的事情造成的损害相一致。小失误，严惩罚，或者大错误，轻处罚，都是不公平的。当然，对错误的大小很多时候难以做出准确的判断，对惩罚的力度也就难以制定统一的标准。

　　道德责任可能会通过很多途径得以免除或减轻，其条件就是所谓的谅解条件。谅解条件可以分为三个类型：

　　①缺少相应行为可能性的条件。一种需承担道德义务的行为，必须是一种可能发生的行为，如果在某些情形下，我们不可能做到那些要求我们做到的行为，我们也就可以免除承担相应的责任。这些情形包括：相应行为不可能实现；缺乏相应的能力；实施相应行为的机会不存在；相应的环境超出个人的控制范围。

　　②缺少必要认识的条件。对道德行为来说，认识和意愿都是不可或缺的，因此当这些条件不充分或者不存在时，道德责任就会减小，或者说根本不存在。如果不通过某种错误行为，我们无法认识到这一环境因素或行为的后果的话，那么这一认识上的缺乏就是可以谅解的。"无知"分为"可以原谅的无知"和"不可克服的无知"。考察某种无知是否可以谅解，通常是看动机良好的人能否知道环境因素以及考察到相应的后果发生的可能性。在人们认识到四环素有害健康之前，基于当时的知识水平，那些使用四环素治病的医生根本不可能意识到它是有害的，因此对于使用四环素所带来的不可预见的后果，他们不必承担道德责任。

　　③缺少必要自由的条件。一种行为要成为道德行为，其行为主体做出相应行为时必须是有意识的，必须是出于自己的意愿。如果选择自由受到限制，则可以免除或减轻道德责任。

　　谅解条件有时被一些人作为推卸本应该承担的道德责任的借口，所以在评估自己或他人的道德责任时，必须谨慎地运用这些条件。

　　（5）补偿公正

　　一个人损害了另一个人的利益，则加害者有道德义务给受害者某种补偿。补偿多少才合适呢？这是一个较难回答的问题。有人认为，补偿的量应等同于加害者有意使受害者遭受的损失的量。可是，有些损失很难计量，例如，一个人诽谤他人，使他人名誉受损，这个损失怎么计量？有的损失根本无法弥补，如失去生命或失去双眼，在这种情况下我们只能要求加害者至少给受害者或其亲属物质补偿。

　　有伦理学家提出只有满足下列三个条件时，一个人才有道德义务补偿受害者：①造成损害的行为是错误的；②这个人的行为确实是造成损害的原因；③这个人给他人造成损害是故意的。

4）关怀论

　　关怀伦理的道德哲学基础为关怀伦理学。关怀伦理学的出现，与女性主义运动和女性主义思潮密切相关。最初它是以"女性主义关怀伦理学"为名而提出的，后经伦理学家不断完善，最后发展成为一种可应用于人与人之间普遍关系的关怀伦理学。关怀伦理学的理论模型最初是由内尔·诺丁斯（Nel Noddings，1984）在卡罗尔·吉利根（Carol Gilligan）的心理学研究和伦理学基础上提出的。她认为男女两性有着不同的伦理方法。男性以普遍的道德原则为基础进行抽象逻辑分析，女性应用的则是集中于实际关系和感性的、对于事件发生情境进行细节分析的推理方法。

关怀伦理学的出现，有着深刻的社会背景因素。全球化、国际化以及市场化所引发的社会竞争日益激烈，引起人际关系日渐紧张化、功利化。为了缓解这种激烈竞争和紧张关系对人们所造成的伤害，人与人之间需要更多的关怀。在这种情况下，对于人际关怀的需求，就成为社会文明发展与社会稳定过程中出现的重要道德需求，而关怀伦理理论也就应运而生了。

关怀伦理的核心概念就是关怀。关怀他人，是关怀伦理的首要表达。关怀的具体表现形式，存在文化和个体的差异。因此，在规范的水平上，不存在普遍性的关怀指导原则。关怀伦理仅仅承认人类处境的普遍性：出生、死亡、身体和情感的需要之共通性，以及人人都期待关怀。期待关怀成为关怀伦理的基本起点。除此之外，关怀伦理便不再具有其他普遍性的内容。

关怀伦理强调关系，对与我们有密切关系，尤其是有依靠关系的人，要求我们承担特别的关怀义务，这是关怀伦理的关键。

关怀伦理强调两个道德需求：

①我们每个人都生活在关系之中，所以应该培育和维护我们与特定个人建立起来的具体的、可贵的关系；

②我们每个人都应该对那些与我们有实实在在的关系的人，尤其是那些易受损害的、仰仗我们关怀的人，给予特殊的关怀，关心他们的需要、价值观、欲望和福利，对他们的需要、价值观、欲望和福利做出积极的反应。

关怀伦理强调在承认自我具有存在价值的前提下，培育和维护使自我得以存在所必需的各种关系；需要指出的是，并非所有的关系都有价值，都会产生关怀的义务。如果关系中的某一方试图控制、压迫或损害另一方，如果双方是一种仇恨、暴力、无礼、邪恶的关系，那么这种关系就没有价值，就不应该去培育和维护。

有时候关怀伦理的要求与公正伦理的要求会发生冲突。

■■ 讨论3-2

假设一位管理者有几位下属，其中一位是他的亲戚，现在有一个下属们都想得到的很好的岗位，需要他推荐合适的人选，他应该推荐谁呢？他应该照顾亲戚关系，推荐他的亲戚呢，还是严格按照公司政策，推荐最合适的人呢？

结合实际情况分析、讨论两种选择的利与弊。

关怀伦理像其他伦理评价理论一样也受到来自各方的批评。批评之一是，关怀伦理会导致偏袒、不公平；批评之二是，要求人们对孩子、父母、配偶、朋友等给予特别关怀，似乎在要求人们为了他人的福利而牺牲自己的需要和欲望。

5）美德论

学术界普遍认为有两种不同的伦理学：一是以行动为中心的伦理学，关心的是做事（doing）；二是以行动者为中心的伦理学，关心的是做人（being）。功利主义、权利论、公正论、关怀论都是以行动为中心来评价的伦理学。以行动者为中心的伦理学被称为美德伦理学。美德伦理学为什么要以行动者为中心，而非以行动为中心？许多伦理学家认为，伦理学不仅要关注行为主体应该从事什么样的行为的问题，还要关注行为主体应该成为什么样的人的问题。其中最主要的原因是，以行动为中心的伦理理论忽视了人的重要情感，因此在伦理上是不充分的。

（1）美德的内涵

阿拉斯戴尔·麦金太尔（Alasdair MacIntyre）的美德伦理学以对美德本质的理解为基础，通过对美德概念的历史考察，创造性地建立了自己的美德理论，将美德置于实践、人生整体和传统的背景下论证检验，一步步迈向道德合理性的客观普遍要求。

麦金太尔认为，荷马社会是一个英雄的社会，美德意味着优秀。雅典时期，道德的权威中心在城邦，美德的实践及其界定都要依据城邦来进行。做一个有美德的人和做一个好公民是紧密联系在一起的。中世纪是一个宗教的时代，神是道德的权威中心，而人都是有原罪的。这一时代的美德是信仰、希望和慈爱。

通过对不同历史时期的关于美德的理论进行系统的梳理和比较，麦金太尔总结出自己的观点，他认为要想达到道德上的共识，形成一致，走出当下的道德困境，重塑美德的光辉，只有回到亚里士多德时代，摒弃个人主义，重建那个时代的共同体的美德，只有个人将自己视为共同体的成员去践行美德和探寻善的生活才能真正形成道德共识。

古希腊哲学家亚里士多德的美德学说究竟包含哪些内容呢？他认为美德包括五个方面：美德是习惯与品性，美德是中庸之道，美德出于自愿，美德服从正当理性之指导，美德表现在履行道德义务的行为之中。美德是一种习惯，但它又不仅仅是一种习惯，还包含人的情感、知觉、判断和选择。例如，左撇子不是一种美德，它仅仅是一种习惯。美德并非天生的，如果是天生的，那么训练就不可能改变它，例如石头向下运动，火苗向上运动。美德是通过学习和训练获得的，成为一个拥有美德的人，就像成为一个小提琴家（烹饪师傅、优秀演员）一样，需要不断地学习和训练。

亚里士多德把美德的形成看成一个过程，这个过程实质上也是一个逐渐养成道德习惯的过程，即美德是从日常的生活中依据理性的指导反复践行而得来的。为什么要受理性的指导呢？亚里士多德认为，把人与动物区分开来的只能是人的理性，理性是人的最根本的机能，是人之所以为人的依据。人的德行，是那种既能使人成为善人，又能使人能够圆满地完成其功能的品行。这种品行，在亚里士多德看来，就是中庸之道。

所谓中庸之道，就是人们用理智来控制和调节自己的感情与行为，使之无过度，也无不及，自始至终保持适中的原则。亚里士多德认为美德由各种极端之间的中道所构成，即人的欲望、情感和行为如果过分、过度或者不够、欠缺都会损坏美德，只有"适中"符合美德。这与中国儒家的"中庸之道"有异曲同工之处。

（2）美德论对行为的指导原则

如果实施某项行为能使行为主体实践、展示和培育高尚的品德，那么该行为便是道德的；如果通过实施某项行为，行为主体实践、展示和发展了邪恶，那么该行为是不道德的。

美德论不仅可以用于评价行为，还可以用于评价制度。例如，有人认为，一些经济制度使人变得贪婪，大型的官僚组织使人变得不负责任，这种评价的基础便是美德论。也许可以这样说，那些倾向于形成不良品行的制度是在道德上有缺陷的制度。

中华民族自古以来就有崇德、尚德的传统，把立德作为至高无上的人生追求。在这样的信念中，传统美德代代相传，成为中华民族独特的文化积淀，并且逐渐与国家治理、制度建设以及社会风尚倡导相融合。孝、悌、忠、信、礼、义、廉、耻，这传统八德作为中华传统文化的精髓，不仅深深地影响了中国的政治传统，也塑造着今天的中国。

党的十八大提出，倡导富强、民主、文明、和谐，倡导自由、平等、公正、法治，倡导爱国、敬业、诚信、友善，积极培育和践行社会主义核心价值观。富强、民主、文明、和谐是国家层面的价值目标，自由、平等、公正、法治是社会层面的价值取向，爱国、敬业、诚信、友善是公民个人层面的价值准则。党的二十大提出，社会主义核心价值观是凝聚人心、汇聚民力的强大力量……坚持依法治国和以德治国相结合，把社会主义核心价值观融入法治建设、融入社会发展、融入日常生活。

■ ■ 小案例3-4

一个残疾的拉拉队长所引起的争议

考利（Callie）是学校一名很受欢迎的拉拉队长。她患有大脑瘫痪症，只能借助轮椅四处走动，可这一事实并没有阻止她出现在橄榄球比赛现场，以及她在球员和球迷中所激起的热情。

然而，在其他拉拉队长及其父母的强烈要求下，学校告诉Callie，如果她第二年还想参加拉拉队，必须和其他人一样参加拉拉队的选拔，完成包括劈腿和翻筋斗等高难动作。

其他拉拉队长及其家长强烈反对Callie参加拉拉队，说担心她的安全；Callie的母亲则认为，他们对女儿的受欢迎心存怨恨，所以反对。

你怎么看待上述公平问题和怨恨问题？

资料来源　佚名. 美德伦理学 [EB/OL]. [2024-11-10]. http://www.docin.com/p-657689593.html.

3.2.2　企业伦理判断的影响因素

1）个人因素影响个人的道德评价

个人的道德观念是指个人对什么是正当行为的看法。一个人在成长过程中逐渐形成了一定的道德观念。根据美国心理学家劳伦斯·科尔伯格（Lawrence Kohlberg）的研究，个人道德发展与生理发育一样，经历从幼儿到成年人的过程。在成长过程中，他们的道德推理一般要经历从低到高的 6 个阶段。

①逃避惩罚导向：认为能逃避惩罚的行为是正当的。

②寻求奖赏导向：认为能获得奖赏的行为是正当的。

③良好关系导向：认为那些能获得家庭、朋友、上司、同事赞同或能使他们高兴的行为是正当的。

④守法导向：认为履行个人的义务、尊重权威、遵守法律、维护社会秩序的行为是正当的。

⑤社会契约导向：认为虽然规则和法律在大多数情况下应该遵从，但一些根本的价值，如生命、自由，更应该得到维护。

⑥普遍伦理原则导向：认为正当的行为是由个人基于普遍伦理原则的良心决定的。

道德推理方式不同，对行为的道德评价结果不可能总是一致的。

D. R. 福尔斯（D. R. Forsyth）认为，个人之间的道德判断和行为各异，这由道德决策观念的差异所致。他从两个维度来阐述不同的道德决策观念：一个维度是理想主义，即一个人相信合乎道德的行为总能带来好的结果的程度；另一个维度是相对主义，即一个人相信道德规范是因情景而异的程度。

情景主义者（高理想主义、高相对主义）：拒绝运用普遍的或个人的道德原则，具体情形具体分析，并根据分析确定什么是合乎道德的行为；主观主义者（低理想主义、高相对主义）：依据个人的而不是普遍的道德原则做出道德判断；绝对主义者（高理想主义、低相对主义）：相信遵循严格的普遍的道德原则能取得最佳的结果；例外主义者（低理想主义、低相对主义）：把普遍的道德原则作为指导，但需要根据实际情况，允许例外发生。

2）组织因素影响个人的道德评价

组织的伦理政策是客观存在的，因为组织必然要面对如何看待经营与伦理关系的问题，必然要面对在道德上追求到何种程度的问题，必然要面对如何处理与利益相关者关系的问题，而组织对这些问题的看法和规定，不论是否以正式的成文的形式出现，也不论是以单独的政策出现，还是渗透在其他政策中，都会影响组织成员的道德评价。

组织风气通过向组织成员提供明确的或隐形的可接受的行为指南而影响他们的行为。

按照差别关系理论，人们倾向于采纳与其交往更频繁的人的行为和观念。因此，组织成员会受到关系密切的同事和上司的行为和观念的影响。根据相对权威理论，某人拥有的职位权力越大，对决策的影响越大。因此，管理者特别是组织中拥有最高权力的管理者对员工的道德观念影响最大。

3）行业、职业因素影响个人的道德评价

行业政策或职业准则（或职业道德）会影响行业内成员或职业从业人员的道德评价。例如，国际投资管理与研究协会（Association for Investment Management and Research，AIMR）对会员及注册金融分析师的职业行为准则做了详细规定，要求在处理与公众、委托人、潜在的客户、雇主、雇员和同事的关系时，应以能给会员及职业带来良好声誉的、专业的和合乎道德的方式开展工作，并鼓励他人也这样做。由于规定十分详细，对于什么是允许的，什么是禁止的，从业人员知道得清清楚楚。

4）社会因素影响个人的道德评价

从众心理广泛存在，从众是指人们采纳其他群体成员的行为和意见的倾向。社会舆论对某种行为是否合乎道德的看法越是一致，对个人的道德判断的影响就越大。

● 3.2.3 利益相关者理论

1）对利益相关者的界定

安索夫（Ansoff，1965）是最早正式使用"利益相关者"一词的美国经济学家，他认为要制定理想的企业目标，必须综合考虑企业的诸多利益相关者之间相互冲突的索取权。

弗里曼（Freeman，1984）拓展了利益相关者的定义，认为利益相关者（stakeholder）是那些能够影响企业目标的实现，或者能够被企业实现目标的过程影响的任何个人和群体。这一观点成为20世纪80年代后期乃至90年代初关于利益相关者界定的一个标准范式。

克拉克森（Clarkson，1994）认为，企业的目标是为所有利益相关者创造财富和价值，企业是由利益相关者组成的系统，它与为企业活动提供法律和市场基础的社会大系统一起运作。

斯塔雷克（Starik，1994）从动态角度考察，提出了"潜在利益相关者"的概念，即可能对企业目标的实现产生影响或反过来可能受其影响的个人或群体。

米切尔（Mitchell）认为，作为利益相关者必须具备3个条件：①影响力，即某一群体是否拥有影响企业决策的地位、能力和相应的手段；②合法性，即某一群体是否被法律和道义赋予对企业拥有的索取权；③紧迫性，即某一群体的要求能否立即引起企业管理层的关注。

罗利（Rowley，1997）指出，利益相关者理论的发展取决于两个问题：①对利益相关者概念的定义；②把利益相关者划分为不同的类型，以理解利益相关者的关系。

利益相关者理论的萌芽始于多德（Dodd，1932），但是它作为一个明确的理论概念是在1963年由斯坦福研究所（Stanford Research Institute，SRI）提出的，而利益相关者由观点形成一个独立的理论分支则得益于瑞安曼（Rhenman）和安索夫的开创性研究。经过弗里曼、布莱尔（Blair）、唐纳森（Donaldson）、米切尔、克拉克森等学者的共同努力，利益相关者理论形成了比较完善的理论框架，并在实际应用中取得了很好的效果，自此，利益相关者理论开始引人关注。

2）对利益相关者种类的划分

企业的利益相关者包括股东、员工、债权人、供应商、零售商、消费者、竞争者、中央政府、地方政府、社会活动团体以及媒体等。简单地将所有的利益相关者看成一个整体来进行实证研究与应用推广，几乎无法得出令人信服的结论。那么，如何对这些利益相关者进行分类呢？目前，国际上比较通用的是多锥细分法和米切尔评分法。

（1）多维细分法

"企业的生存和繁荣离不开利益相关者的支持，但利益相关者可以从多个角度进行细分，不同类型的利益相关者对于企业管理决策的影响以及被企业活动影响的程度是不一样的。"（陈宏辉，2002）20世纪90年代中期，国内外很多专家和学者采用多维细分法从不同角度对利益相关者进行了划分。

弗里曼（Freeman，1984）认为，利益相关者由于所拥有的资源不同，对企业产生不同的影响。他从3个方面对利益相关者进行了细分：

①持有企业股票的一类人，如董事会成员、经理人员等，称为所有权利益相关者；

②与企业有经济往来的相关群体，如员工、债权人、内部服务机构、消费者、供应商、竞争者、地方社区、管理机构等，称为经济依赖性利益相关者；

③与企业在社会利益上有关系的群体，如政府机关、媒体以及特殊群体，称为社会利益相关者。

弗雷德里克（Frederick，1988）从利益相关者对企业产生影响的方式来划分：

①直接的利益相关者，就是直接与企业发生市场交易关系的利益相关者，主要包括股东、员工、债权人、供应商、零售商、消费者、竞争者等；

②间接的利益相关者，就是与企业发生非市场关系的利益相关者，如中央政

府、地方政府、外国政府、社会活动团体、媒体、一般公众等。

查卡姆（Charkham，1992）按照相关群体是否与企业存在合同关系，将利益相关者分为契约型利益相关者和公众型利益相关者两种。

威勒（Wheeler，1998）从相关群体是否具备社会性以及与企业的关系是否直接由真实的人来建立两个角度，比较全面地将利益相关者分为4类：

①主要的社会利益相关者，他们具备社会性和直接参与性两个特征；

②次要的社会利益相关者，他们通过社会性的活动与企业形成间接关系，如政府、社会团体、竞争对手等；

③主要的非社会利益相关者，他们对企业有直接的影响，但不作用于具体的人，如自然环境等；

④次要的非社会利益相关者，他们与企业没有直接的联系，也不作用于具体的人，如环境压力集团、动物利益集团等。

（2）米切尔评分法

米切尔评分法是由美国学者米切尔（Mitchell）和伍德（Wood）于1997年提出来的，它将利益相关者的界定与分类结合起来。他们认为，企业所有的利益相关者必须具备以下3种属性中的至少一种：合法性、权利性以及紧迫性。他们从这3个方面对利益相关者进行评分，根据分值将企业的利益相关者分为3种类型：

①确定型利益相关者，同时拥有合法性、权利性和紧迫性。他们是企业首要关注和密切联系的对象，包括股东、雇员和顾客。

②预期型利益相关者，同时拥有3种属性中的任意两种。同时拥有合法性和权利性的群体，如投资者、雇员和政府部门等；同时拥有合法性和紧迫性的群体，如媒体、社会组织等；同时拥有紧迫性和权利性，却没有合法性的群体，如一些政治和宗教的极端主义者、激进的社会分子，他们往往采取一些比较暴力的手段来达到目的。

③潜在型利益相关者，他们只具备3种属性中的一种。

米切尔评分法，能够用于判断和界定企业的利益相关者，操作起来比较简单，是利益相关者理论的一大进步。国内一些学者也从利益相关者的其他属性着手对其进行了界定和划分。

万建华（1998）、李心合（2001）从利益相关者的合作性与威胁性两个方面入手，将利益相关者分为：①支持型利益相关者；②混合型利益相关者；③不支持型利益相关者；④边缘的利益相关者。

陈宏辉（2003）从利益相关者的主动性、重要性和紧急性3个方面，将利益相关者分为三种类型：①核心利益相关者；②蛰伏利益相关者；③边缘利益相关者。

3）公司治理的利益相关者模型及与股东中心模型的比较

在公司治理的过程中，每个利益相关者群体都希望组织在制定战略决策时能为他们优先考虑，以便实现他们的目标，但这些权益主体的相关利益及他们所关心的焦点问题之间存在很大的差别，且往往相互矛盾。公司不得不根据对利益相关者的依赖程度做出权衡，优先考虑某类利益相关者。"股东优先"的治理模式正是因此而产生的。

然而，随着人们对企业行为社会效应的关注，利益相关者理论被提出来，它要求在公司治理过程中兼顾各类利益相关者。

为使社会期望与企业行为达成一致，最直接的方式是政府管制或社会调控，但这种方式的效果并不令人满意，一方面因为管制成本过高，另一方面因为管制的可行性或效果有限。出现后一种情况的一个重要原因是，对企业的社会效应的考核和评价体系尚未完善。传统的评价方式如利润的现值评价，由于无法计算企业导致的社会成本的增加，包括对人们健康和财产的损害、对公司的调查研究和起诉费用等，已越来越不可靠。此外，由于股票市场受多种因素影响，有的只是反映了经济和市场的短期模式和一般水平，或者受到人为操纵，而不能真实地反映公司本身的绩效，因而通过股票市场同样无法做出充分评价。

鉴于政府管制方法的失效，人们提出将政府管制或社会调控内生于公司治理结构中，以内部调控替代外部调控。其方法是采用一定的组织制度设计方式如重组公司的治理结构逐步向公司内部渗透。

以下通过与股东中心模型的比较来分析和理解利益相关者模型，如图 3-1 和图 3-2 所示。

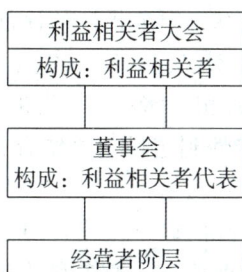

```
┌─────────────────────┐
│     利益相关者大会      │
├─────────────────────┤
│  构成：利益相关者       │
└─────────────────────┘
          │
┌─────────────────────┐
│       董事会          │
├─────────────────────┤
│ 构成：利益相关者代表     │
└─────────────────────┘
          │
┌─────────────────────┐
│      经营者阶层        │
└─────────────────────┘
```

图 3-1　利益相关者模型

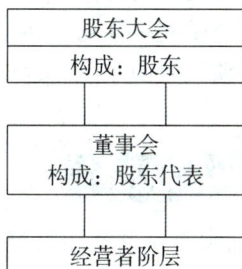

```
┌─────────────────────┐
│       股东大会         │
├─────────────────────┤
│    构成：股东          │
└─────────────────────┘
          │
┌─────────────────────┐
│       董事会          │
├─────────────────────┤
│   构成：股东代表        │
└─────────────────────┘
          │
┌─────────────────────┐
│      经营者阶层        │
└─────────────────────┘
```

图 3-2　股东中心模型

资料来源　佚名. 利益相关者模型 [EB/OL]. [2024-11-10]. https://wiki.mbalib.com/wiki/利益相关者模型.

与传统的股东中心模型比较，利益相关者模型在各方面发生了变化，表现在：

（1）所有者的定位

股东中心理论认为，无论从收益上还是从对公司的控制上，公司剩余索取权的所有者非股东莫属。利益相关者理论则认为公司的所有者不是仅有出资人，而是所有利益相关者，包括股东、管理层、员工、债权人、供应商、消费者、政府等。

（2）治理的目标

在股东中心理论看来，公司治理的主要目标是监督和制衡经营者，实现股东的资产收益最大化。利益相关者理论则认为，在公司营运过程中，不仅会出现经营者败德行为，还会出现股东滥用有限责任，从而损害其他利益相关者利益的道德风险，如过度操纵、出资不足、欺骗等行为，公司治理的目标是满足多方利益相关者的不同需求，关注公司经营所造成的社会和政治影响。

（3）决策模式

在股东中心模型下，公司决策主要由所有者和经理做出，其他人的作用相当被动。在利益相关者模型中，公司决策是由多个利益相关者合力参与、共同形成的。

（4）思维逻辑

股东中心理论的推导很简单：股东必然争取股东价值最大化，在良好的规制环境下，通过"看不见的手"的作用，满足其他索取权的利益，从而使社会效率最大化。利益相关者理论则是通过直接考虑相关者的利益，达到社会效率的最大化。

（5）对公司绩效评价方式的影响

与股东中心模型相对应的是基于财务指标的评价方法；而利益相关者模型显然要求从更广泛的角度进行评价，不仅包括财务绩效等经济指标（针对股东），还包括社会责任指标（针对其他利益相关者），与此相配合，评价方法也由静态到动态，由短期到长期，由定量或定性到定性定量结合，由主观或客观到主客观结合，等等。

由此看来，两种模型之间存在的区别是非常明显的。理论上，利益相关者模型似乎存在更多的优越之处，但如前所述，股东利益和其他利益相关者的利益，从短期来看并不具备一致性，甚至存在明显的冲突。尽管从长期来看，两者间能够达成一致，但我们生活的世界更直接地受到一系列短期绩效的影响，而财务分析家、机构投资者的行为加强了这种对短期绩效的压力。这就对利益相关者治理模式的可行性和效果提出了疑问。

4）利益相关者理论研究中存在的问题

首先，陷于"定义泥潭"，而缺乏对利益相关者参与基础的系统研究理论。

其次，对到底如何实现利益相关者的参与、应该具备什么条件和采取哪些路径比较有效仍然不够清楚。

再次，如果利益相关者应该参与，也实现了有效参与，那么如何评价这种参与的绩效？

最后，现有的法理怎样调整？

虽然利益相关者理论的研究还存在许多不足，但其深刻认识到了企业作为一个"社会存在"的本质，更能够在一个日益多元化的社会中寻得一种普遍的利益均衡，这也正是其生命力之所在。

5）利益相关者模型的案例分析

（1）强生和默克的信条（credo）

利益相关者模型是如何指导强生和默克这两家在过去50年中最成功的公司走向辉煌的？

几十年内，强生的成长和成功都是由其信条驱动的。

当芝加哥的商店出售的被人掺入了氢化物的胶囊药品造成了几起死亡事件后，强生的CEO詹姆斯·伯克面对职业生涯中最严峻的挑战。伯克基于信条寻求最合适的解决办法。强生不仅解决了危机，而且通过解决这次危机使伯克声名鹊起。

乔治·默克，默克创始人的儿子，告诉他的员工，要永远记住："药品是为人而制的，而不是为了利润，利润是随之而来的。如果我们记牢这一点，我们就不会失败。我们记得越牢，效益就会越好。"

默克的目标是：保障和提高人们的生活水平。正是这个目标，奠定了默克作为世界药品领头羊的地位，同时确定了下一任领导在解决非洲的河流和艾滋病等社会问题时的总方针。

（2）Target（塔吉特）——美国第二大零售商

Target CEO 鲍勃·乌尔里克和他的经理们提出：顾客就是贵宾，雇员就是伙伴。有着30万名正式员工和更多临时工的Target面临特别的挑战——"低成本，高产出"。

Target开设了"永远的最佳企业"的课程，在员工的心目中建立起这样一种观念：你们是最好的团队中的一员，你们要为顾客提供最好的服务，创造最好的社区，最终为股东带来最高的收益。

实践证明，它是行之有效的。Target一直是沃尔玛的竞争者。它定位于时尚、前卫。Target也是世界上极少几家将其收入的5%（相当于每年超过1亿美元），用作慈善事业的公司。所有这些行动，促使公司股票价值增长了500%。

一些管理者错误地认为，为所有的利益相关者服务会导致公司股东的利益受损。强生、默克和塔吉特的例子强有力地驳斥了这种论点。只有服务于公司所有的利益相关者，才能使公司持续增长，使股东永恒受益。

■■■ 小案例3-5
强生的企业伦理纲领：我们的信条（Our Credo）

•我们相信我们首先要对医生、护士和病人，对父母亲以及所有使用我们的产品和接受我们服务的人负责。为了满足他们的需求，我们所做的一切都必须是高质量的。我们必须不断地致力于降低成本，以保持合理的价格。客户的订货必须得到迅速而准确的供应。我们的供应商和经销商应该有机会获得合理的利润。

•我们要对世界各地和我们一起共事的男女同仁负责。每一位同仁都应被视为独立的个体。我们必须维护他们的尊严，赞赏他们的优点，要使他们对其工作有一种安全感。薪酬必须公平合理。工作环境必须清洁、整齐和安全。我们必须设法帮助员工履行他们对家庭的责任，必须让员工在提出建议和申诉时畅所欲言。对于合格的人必须给予平等的聘用、发展和升迁的机会。我们必须具备称职的管理人员，他们的行为必须公正并符合道德。

•我们要对我们所生活和工作的社会，对整个世界负责。我们必须做好公民——支持对社会有益的活动和慈善事业，缴纳我们应付的税款。我们必须鼓励全民进步，促进健康和教育事业。我们必须很好地维护我们所使用的财产，保护环境和自然资源。

•最后，我们要对全体股东负责。企业经营必须获得可靠的利润。我们必须尝试新的构想；必须坚持研究工作，开发革新项目，对未来发展进行投资，承担错误的代价并加以改正；必须购置新设备，提供新设施，推出新产品；必须设立储备金，以备不时之需。如果我们依照这些原则进行经营，股东们就会获得合理的回报。

资料来源　强生（上海）医疗器材有限公司. 我们的信条［EB/OL］.［2024-11-10］. https://www.jnjmedicaldevices.cn/zh-CN/OurCredo.

3.2.4　企业伦理决策的主要模型

为了有助于企业做出正确的道德决策，不少学者研发和设计了许多道德决策模型。准确把握布来查德和皮尔伦理检查模型、道德决策树模型、"九问式"模型、纳什模型、利益相关者分析模型等主要的道德决策模型，遵循一定的决策原则和步骤，是企业有效做出道德决策的重要保证。

1）布来查德和皮尔伦理检查模型

伦理检查模型由肯尼斯·布来查德（Kenneth Blanchard）和诺曼·V.皮尔（Norman V. Peale）在1988年提出，包括3个伦理检查项目，如图3-3所示。该模型主要依据合理利己论和显要义务论，优点是简单实用，无须掌握在不少人看来比较抽象的伦理原则，便可做出大致符合伦理的决策。因此，伦理检查模型被很多企业采用。

企业在运用该模型制定伦理决策时，首先要进行合法性检查。依据合理利己论，个人或本企业利益的实现应当在合乎良心与法律规范的前提条件下进行。伦理与法律是一致的，不合法的也通常是不道德的（当然也有例外）。然后，检查一项决策是否兼顾了长远利益和短期利益。其理论依据是，具有长远利益的行为不大可能是不道德的行为。最后，企业决策者对一项决策进行自我感觉检验和曝光检验。

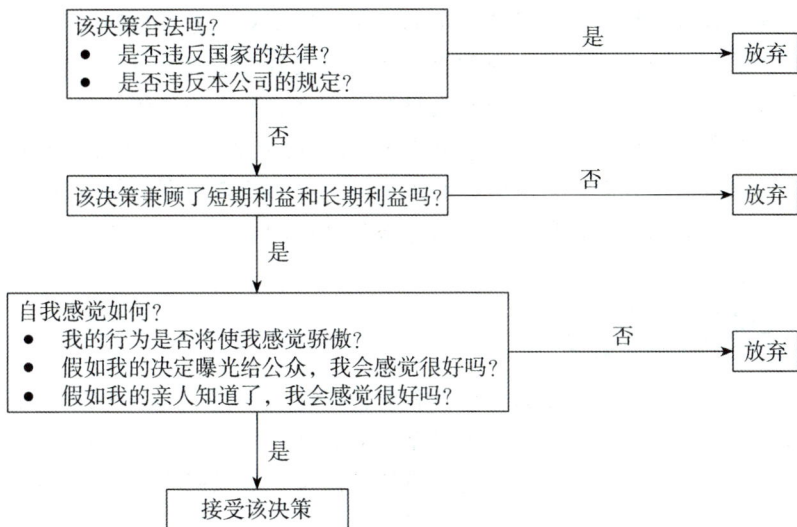

图 3-3　布来查德和皮尔伦理检查模型

这里，模型实际上假定决策者知道对他人、对社会应有的义务，如果决策违反了诸如诚实、感恩、公正、行善、自我完善、不作恶等当然的义务，决策者应该会受到良心的谴责而无法面对其他人。

2）道德决策树模型

此模型是 1981 年由杰拉尔德·卡瓦纳（Gerald Cavanagh）等人设计的，如图 3-4 所示。

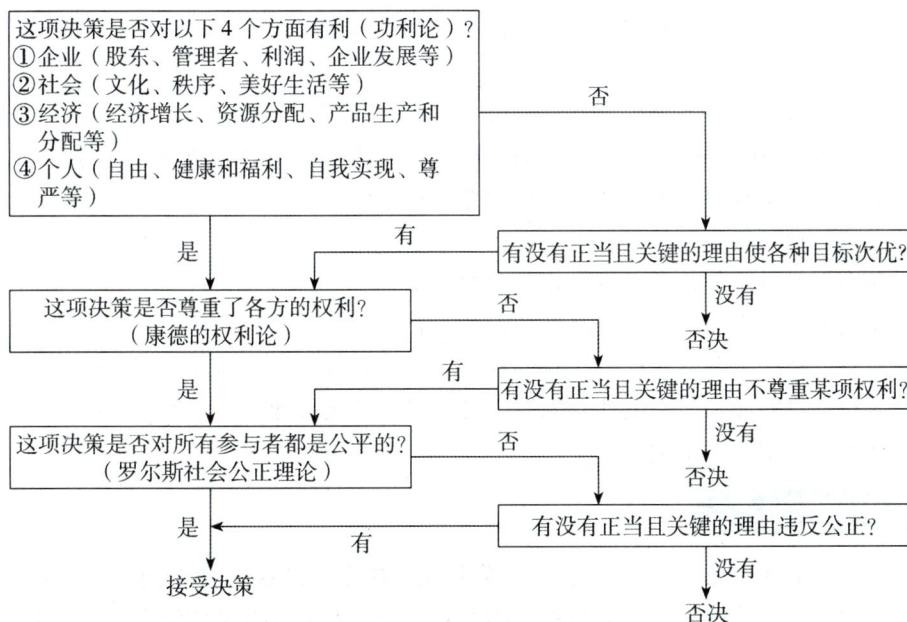

图 3-4　道德决策树模型

这个模型有两个特点：一是从决策的后果和决策对义务与权利的尊重两方面来评价决策在道德上的可接受性。模型首先要求决策者考虑决策对相当广泛的利益相关者的影响，如对企业自身、整个社会目标的实现、整个经济体系的运转、决策涉及的个人权利等的影响，是站在较高的层次运用功利论的。在从后果上衡量之后，模型要求继续从道义方面评价决策，必须考虑对受影响者权利的尊重和对各方的公正性。二是运用加勒特的相称理论，考虑例外情况的解决方式。该模型虽然比较复杂，但其全面性是显而易见的。

3）"九问式"模型

该模型由美国马奎特大学营销学教授基恩·拉克兹尼亚克（Gene Laczniak）在1983年提出。模型在9个问题中运用了显要义务论、相称论和公平公正论。企业决策者可以通过回答这些问题来制定符合道德的决策。如果回答全部为否定，则该决策在道德上是可接受的。该模型的问题是：

①该行动违法吗？

②该行动违反以下任一条普遍性的道义吗？

•诚实的责任；

•感恩的责任；

•公平的责任；

•仁慈的责任；

•自我完善的责任；

•无伤害的责任。

③该行动侵犯由组织类型而相应产生的特定义务吗？

④该行动的动机是邪恶的吗？

⑤采取该行动会不会引发某种"大恶"？

⑥是否故意否定了可以比该行动产生更多的善、更少的恶的另一行动？

⑦该行动是否侵犯了消费者不可剥夺的权利？

⑧该行动是否侵犯了别的组织的权利？

⑨个人或组织是否已经没有相关的权利了？

我们可以看出，这个模型遵循的设计思路是，从法律检验开始，依次进行显要义务检验、特殊行业责任检验、目的检验、结果检验、过程检验、权利检验、公正检验。它不仅照顾到了一般性的问题，还针对了特定行业、特定产品面临的特殊问题，这是该模型的一个优点。

4）纳什模型

劳拉·纳什（Laura Nash）提出了衡量企业决策伦理性的12个问题：

①你已经准确地定义决策问题了吗？对决策问题必须有清楚的理解，掌握的事实越多、越准确，处理时就越少感情用事。

②如果你站在他人立场上，会怎样定义问题？从可能会对决策是否道德提出疑问或最有可能受决策不利影响的人的角度审视一下决策问题，问问自己，在定义问题时是否做到了客观、不偏不倚。

③问题是怎样产生的？考察问题的形成过程，搞清问题的实质。

④作为个人和一个公司成员，你忠诚于谁，忠诚于什么？每个管理者都会遇到忠诚冲突，如自己的良心与履行公司职责之间的冲突，还有同事要你参与违反公司政策的事情等。

⑤你做该决策的意图是什么（目的）？你为什么要这样做？如果得不到满意的回答，就不要选择该方案。

⑥你的决策意图与可能的结果相符吗？有时意图很好，但结果可能是有害的。

⑦你的决策会损害谁的利益？即使产品有正当用途，但如果使用不当或落入一些人手中，会对消费者造成伤害，管理者就得重新考虑是否生产和销售该产品。

⑧你能在做决策前与受影响的各方讨论该决策问题吗？例如，你要关闭某家工厂，是否能在事先与受此影响的工人和社区讨论这一问题，以评估决策的后果？

⑨你认为从长远来看，该决策将像现在看上去那样有成效吗？你能坚持你的承诺吗？你能预见可能改变你的想法的条件吗？今天的好决策到明天会是一个失误吗？

⑩你能毫无顾忌地与你的上司、高层管理者、董事、家庭以及整个社会谈论你的决策吗？如果你做的决策被电视台报道，你会感觉如何？你会乐意接受采访吗？

⑪如果理解正确，人们会对你的行为产生什么样的看法呢？误解了又会怎么样？这一问题涉及他人对你的行为的看法。

⑫在什么样的条件下，你会允许你的立场有例外（稍稍改变你的立场）？

讨论3-3

你发现一名员工挪用了1 000元，随后归还了，公司员工手册对挪用公款有严格规定，一经查实，立即开除。假如这名员工是将这笔钱用于支付紧急医疗费用，你会怎么办？如果是用于赌博呢？对于这名员工在公司工作了12年或者18个月这两种情形，你的决定会有什么不同？

5）利益相关者分析模型

利益相关者分析模型应考虑如下8个问题：

①谁是我们现有的利益相关者？

②谁是我们潜在的利益相关者？

③利益相关者想从我们这里得到什么？

④我们想从利益相关者那里得到什么？

⑤我们的决策会给哪些利益相关者带去利益？利益有多大？

⑥我们的决策会对哪些利益相关者造成伤害？伤害有多大？

⑦利益相关者受到伤害后会不会采取行动？如果会，会采取什么样的行动？

⑧可能采取行动的利益相关者的影响力有多大？

●● 3.2.5 企业伦理决策的原则与步骤

1）企业伦理决策的原则

（1）企业伦理决策首先要遵循"人本"原则

有人将"人本"管理表述为3P理论：of the people——企业由人构成；by the people——依靠人开展活动；for the people——为人而存在。本书认为，人本原则要求企业"一以贯之"地尊重人、关心人、成就人，促进人自由而全面地发展。目前国内不少企业在人本管理方面还停留在"作秀"阶段。

（2）企业伦理决策同时必须遵循一般决策的基本原则

①经济性原则。经济性原则就是研究经济决策所花代价和取得收益的关系，研究投入与产出的关系。决策者必须以经济效益为中心，并且要把经济效益同社会效益结合起来，以较小的劳动消耗和物资消耗取得最大的成果。如果一项决策所花的代价大于所得，那么这项决策是不科学的。

②可行性原则。可行性原则的基本要求是以辩证唯物主义为指导思想，运用自然科学和社会科学的手段，寻找能实现决策目标的一切方案，并分析这些方案的利弊，以便最后抉择。可行性分析是可行性原则的外在表现，是决策活动的重要环节。只有经过可行性分析论证后选定的决策方案，才是有较大把握实现的方案。掌握可行性原则必须认真研究分析制约因素，包括自然条件的制约和决策本身目标系统的制约。可行性原则的具体要求，就是在考虑制约因素的基础上，进行全面性、选优性、合法性的研究分析。全面性指从全局和整体出发，全面系统地研究、分析决策目标和决策方案，力求完整无缺，不放过任何一种可能方案。全面性分析要求决策时，必须有多方位思考和比较的余地，全面地考虑和权衡各种得失利弊，全面地把握各种备选方案，既要考虑需要，又要考虑可能，既要考虑有利因素和成功的机会，又要考虑不利因素和失败的风险。选优性指决策必须从两个或两个以上可供选择的不同方案中，通过广泛调查、反复对比和全面分析、科学论证后选出最优方案作为对策。这里的"优"主要表现为效益大和效率高。合法性指任何决策总是在一定复杂的社会关系中进行的，必须具有法律上的可行性。决策的内容要符合现行的法律法规，并且决策要经过一定的合法的组织程序和审批手续。

③科学性原则。科学性原则是一系列决策原则的综合体现。现代化大生产和现代化科学技术，特别是信息论、系统论、控制论的兴起，为决策从经验到科学创造了条件，领导者的决策活动产生了质的飞跃。决策科学性的基本要求是：决策思想科学化；决策体制科学化；决策程序科学化；决策方法科学化。科学性原则的这几个方面是互相联系、不可分割、缺一不可的。只有树立科学的决策思想，遵循科学

的决策程序，运用科学的决策方法，建立科学的决策体制，整个决策才可能是科学的；否则，就不能称为科学决策。

④民主性原则。民主性原则是指决策者要充分发扬民主作风，调动决策参与者，甚至包括决策执行者的积极性和创造性，共同参与决策活动，并善于集中和依靠集体的智慧与力量进行决策。

⑤整体性原则。整体性原则也称系统性原则，它要求把决策对象视为一个整体或系统，以整体或系统目标的优化为准绳，协调整体或系统中各部分或分系统的相互关系，使整体或系统完整和平衡。因此，在决策时，应该将各个部分或小系统的特性放到整体或大系统中去权衡，以整体或系统的总目标来协调各个部分或小系统的目标。

⑥预测性原则。预测是决策的前提和依据。预测是基于过去和现在的已知，运用各种知识和科学手段来推知未来的未知。科学决策，必须用科学的预见来克服没有科学根据的主观臆测，防止盲目决策。决策的正确与否，取决于对未来后果判断的正确程度，不知道行动后果如何，常常造成决策失误。所以，决策必须遵循预测性原则。

2）企业伦理决策的主要步骤

决策是管理过程当中的核心问题之一。决策的过程因人而异。不少学者都致力于研究比较科学合理的决策过程，以便尽量减少决策的失误。比较著名的有赫伯特·西蒙（Herbert Simon）的决策三步骤和德鲁克的决策六步骤。一些著名的大公司也形成了自己独特的决策步骤，如IBM的最佳决策五步骤。本书在探讨企业伦理决策步骤时主要借鉴德鲁克的决策六步骤方法。

"现代管理学之父"德鲁克认为，有效的决策主要有6个步骤：

①对企业伦理问题进行分类，明确问题是普遍性问题、特例性问题或是新问题。高效决策者首先会对问题进行分类，对于普遍性问题、新问题（早期表现）则采取普遍性的解决方案，也就是制定某种规则、政策或原则，并结合实际来处理问题，而对真正的特例性问题则必须个别处理。

②对企业伦理问题进行定义，即我们遇到的是什么问题，明确所做的定义是否能解释已发生的情况，是否能解释所有情况。高效决策者明白，在对问题进行定义的这一步骤中，应该避免出现貌似合理、实则不全面的定义，并且明确定义所要促成的目标。

③明确决策的限定条件。"限定条件"即决策必须实现什么目标？决策的最低目标是什么？必须满足什么条件？只有满足了限定条件的决策，才是有效的决策。

④判断哪些是符合限定条件的"正确"决策，而不是先考虑决策可否被接受。若从一开始就考虑"什么样的决策会被接受"，那么决策往往会丢掉重点，这便不利于做出有效的决策，更不用说正确的决策。恰当运用前面所述的道德决策模型可以促进决策的正确性和有效性。

⑤在制定企业伦理决策时将实施行动考虑在内。若要将决策转化为行动，在制定决策时就必须确认：将决策告知哪些人；采取哪些行动；由谁来执行；为了使执行者能够胜任，任务应该是什么样的。

⑥对照实际执行情况检验决策的正确性和有效性。在决策过程中还必须建立信息跟踪和汇报机制，不断将决策的预期目标与实际情况进行对照。高效管理者往往通过一个要素明确、步骤清晰的系统化过程来进行重大决策。

3.3 现代企业伦理建设

3.3.1 现代企业伦理教育

1）现代企业伦理教育的作用

现代企业伦理教育是现代企业伦理建设的重要内容之一，也是解决现代企业经营中现实问题的迫切需要。通过企业伦理教育提升企业伦理水平更是增强国家竞争力的重要手段。现代企业伦理教育的作用主要表现在如下几个方面：

（1）传授企业道德知识

这是企业伦理教育的首要功能。企业道德知识是理性的企业道德行为发生的基础和前提。俗语说："美德出于有知，缺德出于无知。"这说明了人们掌握道德知识的价值所在。

（2）帮助企业从业人员树立正确的道德观念、锻炼道德意志和养成道德习惯

社会的进步，文明的发展，需要每个企业员工在自己的工作岗位上真正发挥自己的作用。要使企业员工正确认识到自己所从事的职业的社会价值，忠于职守，爱岗敬业，企业伦理教育起着特殊的作用。适当的教育方法和途径，能够使个体明确企业道德理念，并把它变成自己的内心信念，形成高度的思想觉悟和道德境界，自觉承担社会责任与义务，以主人翁的态度做好本职工作。

所谓道德意志，是指人们在履行道德义务中自觉克服困难和排除障碍的能力和毅力。是否能够培养和锻炼道德意志是鉴定一个人是否具有优秀道德品质的重要方面。道德意志的形成过程，是人们对道德原则、规范从必须遵守转化为自觉遵守的过程。它是道德教育所追求的最终目标，因为人们一旦养成了道德习惯，它将真正地、完全地成为生活的组成部分。

（3）调节企业从业人员之间、企业从业人员与其他行业之间的关系

职业道德是人们内心深处的道德"立法"，它的作用之大是规章制度所不能比拟的，它是促进行业内部团结合作的纽带。企业道德规范一旦深入人心，将对社会道德建设起推进作用；企业道德规范还可以调整本行业同社会各界的相互关系。企业伦理教育工作使企业员工在思想、感情、作风、意志和习惯等方面，能够正确处理不同行业之间的关系，以满足社会各方面对各种企业的要求。

（4）促进企业从业人员的自我完善

完善的企业道德规范，不仅能够帮助员工正确处理各种社会关系，还是对员工的自我完善。事实证明，先进人物之所以能够做出突出贡献，都是因为立足本职工作，在工作中遵守职业道德；相反，一个人在工作中玩忽职守、欺上瞒下、以权谋私，有可能一生一事无成，甚至可能步入歧途，身败名裂，也就谈不上个体的完善与发展。

（5）维护社会经济秩序，促进社会生活稳定发展

在市场经济条件下，遵守企业伦理规范能够有效促进良好社会风尚，有效帮助员工正确处理义利关系，正确处理个人、集体、国家三者之间的利益关系，为社会输入大量的正能量，抵制负能量，从而起到维护社会经济秩序和促进社会生活稳定发展的作用。

2）现代企业伦理教育的内容与方法

企业伦理教育的内容十分广泛，它包括人生观、价值观、职业道德理想和职业道德品质等方面的教育，也包括结合企业行业特点、义务、职责、任务和活动方式所进行的具体行为和严格训练。

企业伦理教育的基本内容主要包括4个方面：

（1）企业道德意识教育

它主要通过人们对企业道德情感的培养和企业道德信念的树立，来提高企业员工的道德水平，形成良好的企业道德素养，具体包括：通过企业道德情感的培养，使之热爱自己的职业，具有职业荣誉感；通过企业道德意志的锻炼，使之具有独立、果敢、坚毅的意志品质；通过企业道德信念的树立，使之自觉履行企业道德义务。

（2）职业选择教育

职业选择实际上是处理个人与社会关系的一种表现，具有道德意义。一般情况下，选择职业是每个公民的权利，绝大多数人都愿意选择自己喜欢做的职业，喜欢待遇优厚和环境好的职业，但是现实社会中存在主观愿望与客观实际之间的矛盾。有些职业尽管大家都不是很喜欢、待遇也不高，整个社会却一天也离不开它们，如城市环卫工人等。因此，个体应该在社会需要的岗位上最大限度地发挥自己的才干，为社会进步贡献自己的力量。

（3）职业兴趣教育

兴趣会影响一个人的工作态度，有无职业兴趣对于职业活动的成就大小具有直接意义。然而，兴趣不是凭空产生的，而是在实践中产生的。只有通过实践，通过具体的职业活动，人们才能认识其所从事的职业的性质、特征及社会意义，由此产生情感，形成对该事物、该职业的浓厚兴趣。同时，出于对职业的社会意义的深刻认识和对履行职业义务的内在要求，人们可以有意识地在职业活动中积极培养与职业相一致的兴趣，使所从事的职业活动富有创造性，这也是对职业、对社会的一种

高度责任感。

（4）企业伦理精神的教育与培养

企业伦理精神是指存在于企业经营活动中，用以指导企业经营实践并使之合理化的气质、心理、价值观和目标指向的综合体。它是企业伦理的理性化、现实化，并由此形成的一种精神产品，它体现了企业伦理的本质要求。现代企业伦理精神主要表现为5个方面：①规范经营的理性精神；②以人为本的情感精神；③百折不挠的奋斗精神；④强国富民的功利精神；⑤勤俭节约的实用精神。

要达到理想的企业伦理教育效果，必须讲究行之有效的方法。企业伦理教育的方法主要有说服方法、知行结合方法、行为示范方法等。

3.3.2　现代企业伦理规范

1）现代企业伦理规范的定义

为了加强现代企业的管理，各个行业和企业制定了很多准则，如企业行为准则、企业会计准则，也包括现代企业伦理准则。其中，企业行为准则是企业理念中对企业及员工进行总体约束的标准原则；企业会计准则主要为了加强和规范企业会计行为；企业伦理准则是关于企业行为的最高的伦理要求，包括应该和应当（ought and should）从事的基本行为准则。很多企业把行为准则（code of conduct）和伦理准则加以区分：前者是关于行为的指导准则；后者是企业行为和决策的伦理指导准则，例如忠诚、可信等品质。这种准则是渗透在日常的企业行为中的，而且在企业的危机和转型中表现得特别明显。

一般情况下，准则是高度概括和抽象的；规范则是比较具体的，注重细节的。企业通常在企业伦理准则的基础上制定企业伦理规范，通过具体的规范来确保准则要求的落实。当然，现实中也存在准则与规范形式不分但内容有明显区分的情况。例如，北京同仁堂的伦理准则与规范在形式上不做区分，但在内容上还是有区别的。

小案例3-6

北京同仁堂的伦理准则与规范

同仁堂全体员工共同行为规范（准则）：德、诚、信

"德"包括仁德、药德、美德。

仁德：做人以德为先光明正直，待人以善为重亲和友爱。

药德：求珍品抵制假冒伪劣，重质量务必精益求精。

美德：环境美有秩序无尘垢，行为美有礼节无秽语。

"诚"包括诚实、诚心、诚恳。

诚实：货真价实，做到童叟无欺。

诚心：周到服务，不讲分内分外。

诚恳：倾听意见，不计顾客身份。

"信"包括信念、信心、信誉。

信念：服务同仁堂，献身同仁堂，立志岗位成才。

信心：勇于面对困难，善于排除障碍。

信誉：一言一行顾着集体荣誉，一思一念为了企业兴衰。

零售药店全体员工基本行为规范（准则）：热心、耐心、恒心、公心

热心：主动接待，亲切自然，细心观察，区别对待。

耐心：介绍商品，耐心细致，化解纠纷，耐心劝导。

恒心：钻研业务精益求精，数量价格计算无误，精确运用四首药歌，工装上岗始终如一。

公心：买与不买一样热情接待，买多买少一样周到服务，熟客生客一样视为亲朋，身份高低一样无微不至。

零售药店各岗位员工行为规范

药店经理行为规范：

讲实话：对同事坦诚以待，对上级真情相告。

用科学：学理论推动工作，懂管理学以致用。

鼓实劲：讲形势实事求是，讲前景客观理性。

办实事：在岗位力戒浮躁，为群众排忧解难。

拓实业：变观念开拓创新，改方法进取不辍。

见实效：定目标着力量化，重结果也讲过程。

值班经理岗位行为规范：

三勤：店堂巡视观察勤，员工管理沟通勤，经营信息建档勤。

三快：当班问题处理快，经营信息反馈快，上级决策执行快。

四细：日常工作检查细，发现问题处理细，经营活动组织细，营业人员安排细。

四严：营业款项日清严，服务规范统一严，营业安全监督严，日常管理实施严。

出纳岗位行为规范：

三细心：票据核对要细心，财务收支要细心，账目填写要细心。

两及时：现金结转要及时，账务处理要及时。

一保证：保证财务信息准确可靠。

收银岗位行为规范：

营业准备，细致到位；票据收款，核实无误；接待顾客，唱收唱付；对账制表，一丝不苟。

营业员岗位行为规范：

整洁：柜台保持清洁，商品排放整齐，价签对位准确。

文雅：着装规范得体，站姿端正自然，商品轻拿轻放。

亲和：用语文明礼貌，态度和蔼可亲，服务一视同仁。

及时：缺货登记迅速，补货上货快捷，台账登录及时。

机敏：常态善观细微，繁忙不冷顾客，异常镇静面对。

细致：交班手续齐全，盘点数清账结，对账准确无误。

中药处方计价员岗位行为规范：

计价之前务必审方，问题药方务必解释，计价数额务必准确，钱款票据务必齐全。

中药调剂岗位行为规范：

准备工作用心，接方审方细心，调配调剂专心，岗位服务尽心。

中药调剂复核岗位行为规范：

监督调剂严格把关；复核精心避免差错；核对签字细心无误；包装快捷美观牢固。

中药发药岗位行为规范：

核对认真，发药无误，和颜悦色，保持清洁。

质量管理岗位行为规范：

熟知法规按章操作；认真检查不徇私情；仔细记录存档备查；信息整理处理及时。

物价岗位行为规范：

执行价格遵章守纪；填写价签认真仔细；监督价格严格审核；调整价格及时准确。

计量岗位行为规范：

保养用心，确保精良；检修按时，确保合格；保管认真，确保使用；登记完备，确保无误。

代煎加工岗位行为规范：

设备卫生，一方一洁；交货准确，一方一号；按章操作，保质保量。

计算机操作岗位行为规范：

数据传递及时准确，经营信息严格保密，设备维护精心到位。

导医员岗位行为规范：

耐心解答问询，细致引导购药，客观推介商品，准确掌握情报，冷静处理异议，细心指导用药。

坐堂医岗位行为规范：

衣着规范，态度亲切；按时应诊，有问必答；认真诊断，合理开方；遵守堂规，维护声誉。

资料来源 同仁堂文化手册.

关于企业伦理规范的定义并不统一，学者曾晖、韩经纶（2005）认为：企业伦理规范就是企业组织为阐明组织内外利害关系人彼此间应有的行为而设计的共同规范标准，也就是以书面方式叙述企业与其组织内外利害关系人间的伦理关系，并将此伦理关系制定成一套关于实务与行为的规范标准，使企业与员工能清楚地了解应遵守的道德规范，成为工作上的指导原则，经过深入持续的教育培训，形成企业共同的价值观。

2）企业伦理规范的基本内容

企业伦理规范的基本内容应该体现企业伦理准则。企业伦理准则一般应该高于法律的规定，至少不低于法律的规定，一旦出现和法律相抵触的地方，要以法律的规定为准绳。企业伦理准则通常包括表3-2中的内容。

表3-2　　　　　　　　　　　企业伦理准则的基本内容

（1）雇员关系处理的公平准则	（2）投资关系处理的公开准则
（3）竞争者关系处理的光明准则	（4）顾客关系处理的诚实准则
（5）供货商关系处理的准则	（6）与公众和社区关系处理的诚恳准则
（7）利益冲突处理的准则	（8）安全与健康的准则
（9）环境保护的准则	（10）隐私保护的准则
（11）信息披露的透明准则	（12）遵守法律的准则
（13）其他必要的准则	

学者曾晖、韩经纶在遵循企业伦理准则的基础上从三个角度对企业伦理规范的内容进行了构建。

（1）从企业伦理规范的定义来构建

企业组织主要的利害关系人包括：员工、股东、顾客、竞争厂商、上下游厂商、社区、政府及社会等八类。因此，理想的企业伦理规范的范围应包含：

①企业与员工间的"劳资伦理规范"；

②企业与股东间的"投资伦理规范"，表明企业追求全体股东利润最大化与保障稳定的投资报酬之立场；

③企业与消费者间的"顾客伦理规范"，强调顾客至上、童叟无欺；

④企业与同行业间的"竞争伦理规范"，遵守公平、公开的竞争原则；

⑤企业与上下游厂商的"交易伦理规范"，以公正合理的态度，平等对待上下游厂商；

⑥企业与社区间的"环境伦理规范"，珍惜自然资源，重视生态环境保护；

⑦企业与政府间的"政商伦理规范"，恪守法令，不危害社会，以国家利益至上为其职责所在；

⑧企业与社会间的"公益伦理规范",主动关怀社会,积极推动社会公益慈善活动等。

（2）根据乔治·本森（George Benson）的研究构建

根据 Benson 的研究,伦理规范的内容可归纳为十类,包括企业与员工关系、员工间伦理关系、预警制度、企业对环境的影响、商业贿赂、内部信息、利益冲突、会计规范、消费者关系及政治活动与捐献等。

企业与员工关系规范是指企业与员工关系的伦理规范,如公平雇佣、尊重员工、教育训练机会均等及与员工保持沟通的渠道等。这方面的规范内容所占的比例相当高,且大部分被纳入员工手册中。

员工间伦理关系规范要求员工间彼此信任,并保持诚实负责的工作态度,同时希望员工能根据法律及企业规定来行事,从事合法及符合伦理的行为。

预警制度是规定当员工发现不合伦理或不合法的行为时,可直接向主管检举,甚至可越级呈报。

企业对环境的影响规范指管理者或员工将关心环境当作自己应尽的责任与义务。

商业贿赂规范则禁止赠送礼物给客户或招待客户,也明确规定员工不可收受馈赠及接受款待。

内部信息规范指员工不可任意对外泄露企业商业机密、技术机密、销售记录与客户名单,更不可利用内部信息之便买卖企业股票、牟取不当利益。

会计规范要求必须明确完整地披露企业财务及交易状况,以避免非法金钱的转移,同时也便于企业内部的稽核作业及外部投资人查阅。

消费者关系规范要求员工提供清楚、确实的信息给顾客,并尽可能满足顾客的需求。

政治活动与捐献规范在尊重个人自由意志的前提下,并不强行禁止员工参与政治活动,但多半不允许员工以企业名义开展政治活动或捐献,即使当地法律允许,也必须获得企业主管的授权方能进行。

（3）根据唐纳德·罗宾（Donald Robin）等人的研究构建

Robin 等人（1989）将企业伦理规范依据规范指示程度和指示类型分为四种:一般性规则取向、特定性规则取向、一般性价值取向、特定性价值取向。

一般性规则取向的规范类型为一般性的描述,由于缺乏明确定义,因此采用此类伦理规范的企业不多。

特定性规则取向的规范类型所规定的项目非常详尽、明确,使员工有一定的规则可遵循,不至于产生困惑,大部分企业伦理规范在内容上都应属于这种类型。

一般性价值取向的规范类型主要强调价值取向,但由于同样缺乏清楚明确的定义,所以往往过于笼统、不切实际而较难以达成。

特定性价值取向的规范类型内容清楚、明确,有助于组织成员了解与遵循,同时能将伦理价值观融入企业文化中,有助于强化企业的伦理行为,是最佳的规范类型，但因其内容较精练，无法完全涵盖所有伦理问题，不如"规则取向"的伦理规范普及度高。

▶ 本章小结

企业伦理（enterprise ethics），也称商业伦理（business ethics），又称企业道德，一般具有4个特征：（1）企业伦理是关于企业及其成员行为的规范。（2）企业伦理是关于企业经营活动的善与恶、应该与不应该的规范。（3）企业伦理是关于正确处理企业及其成员与利益相关者关系的规范。（4）企业伦理是通过社会舆论、传统习俗、内心信念和内部规范来起调节作用的。

企业伦理的功能主要包括两个方面：一是可以调节社会利益关系；二是具有认识功能。企业伦理的作用主要包括两个方面：从宏观角度来看，企业伦理一方面可以规范市场运行，另一方面可以弥补市场调节的缺陷；从微观角度来看，企业伦理可以减少企业间的交易费用，提升企业的声誉，促进企业的可持续发展。

企业是道德行为主体，应该承担道德责任。企业中常见的伦理缄默现象主要是因为伦理问题经常威胁企业之间的和谐，影响企业的效率以及管理者精明强干的形象。

道德评价理论主要有5种：功利论、权利论、公正论、关怀论、美德论。

利益相关者（stakeholder）是那些能够影响企业目标的实现，或者能够被企业实现目标的过程影响的任何个人和群体。利益相关者理论对传统的股东中心治理模式产生了冲击，并形成了利益相关者治理模式。

企业道德决策模型主要包括布来查德和皮尔伦理检查模型、道德决策树模型、"九问式"模型、纳什模型、利益相关者分析模型等。

现代企业伦理教育的作用：（1）传授企业道德知识；（2）帮助企业从业人员树立正确的道德观念、锻炼道德意志和养成道德习惯；（3）调节企业从业人员之间、企业从业人员与其他行业之间的关系；（4）促进企业从业人员的自我完善；（5）维护社会经济秩序，促进社会生活稳定发展。

企业伦理教育的基本内容主要包括4个方面：（1）企业道德意识教育；（2）职业选择教育；（3）职业兴趣教育；（4）企业伦理精神的教育与培养。

企业伦理规范应该遵循的准则：（1）雇员关系处理的公平准则；（2）投资关系处理的公开准则；（3）竞争者关系处理的光明准则；（4）顾客关系处理的诚实准则；（5）供货商关系处理的准则；（6）与公众和社区关系处理的诚恳准则；（7）利益冲突处理的准则；（8）安全与健康的准则；（9）环境保护的准则；（10）隐私保护的准则；（11）信息披露的透明准则；（12）遵守法律的准则；（13）其他必要的准则。

▶ 复习思考题

（1）简述企业伦理的定义、特征、功能和作用。

（2）如何认识企业是道德行为主体的观点？

(3) 什么是伦理缄默现象？简述其产生的原因、后果以及如何克服。

(4) 简述道德评价理论，并论述其中的功利主义观点。

(5) 企业伦理判断的影响因素有哪些？

(6) 简述利益相关者的定义以及分类。

(7) 比较股东中心治理模式和利益相关者治理模式。

(8) 简述现代企业伦理教育的作用、内容和方法。

(9) 选择中国500强企业中的一家，根据企业伦理准则为它拟定一个企业伦理规范。

▶ 案例分析

三洋电机集团行动与伦理规范

行动与伦理规范的内容

A.经营活动

A-1.遵守法律法规

我们在开展经营活动时，务必遵守有关国家和地区的法律法规，以及各行业专门的政策法规等。

A-2.站在顾客的立场提供产品和服务

我们提供安全的高品质的技术、产品和服务。我们不仅应遵守与安全、品质相关的法规和标准，还应站在顾客的立场进行经营。一旦弄清提供了在安全性上有缺陷或在质量方面有重大问题的商品和服务后，要迅速将该信息通知顾客，在迅速应对、努力将危害控制在最低限度的同时，尽最大努力防止再次发生。

A-3.自由竞争和公平交易

我们进行公平并且透明的经营活动。不在同行业者间就商品的价格、数量、生产设备、市场分割等进行协议、共同协定等限制自由竞争的行为，也不在投标时就确定中标人或中标预定价格等进行事前协商。

A-4.与销售商公平交易

我们与销售商进行诚实、公平的交易。我们不做给销售商指定其向消费者及零售商销售时的价格、禁止销售商经销其他公司的商品等不正当地限制销售商经营活动的行为。

A-5.与供应商、承包商公平交易

我们按照适当的评价标准选择确定供应商和承包商，进行诚实公平的交易。不利用交易上的有利地位，对供应商和承包商从事诸如设定不正当的交易条件、延迟支付货款等行为。

A-6.合理的宣传与广告

我们从事合理的宣传和广告活动，遵守与宣传和广告相关的法规及标准，不使用与事实不相符或可能导致顾客误解的表达方式。

A-7.遵守出口管理相关法规

我们遵守管理规制出口的相关法规，愿为维持国际性和平及安全做出贡献。对于涉及出口管理管制对象的货物出口、技术提供，遵从法规、公司内部规章所定的手续，进行妥善的管理。作为国际企业，我们不进行有违社会规范的货物出口及技术提供。

A-8.接待、赠送

我们在招待和馈赠或接受招待和馈赠时，参照社会、国际惯例及公司内部规章进行。

B.公司、工作岗位与个人的关系

B-1.尊重人权

我们尊重每个人的个性与人权，不因性别、年龄、国籍、人种、宗教信仰、是否残疾等采取歧视性言行，不施行骚扰（虐待、让人厌恶）行为。坚持雇用机会均等的原则，不准许任何形式的强制劳动、雇用童工。

B-2.确保安全舒适的工作环境

我们要确保提供考虑到安全卫生、谋求相互信任的健全且舒适的工作环境，并努力维持与不断改善。

B-3.利益冲突

我们要明确员工作为公司一员的立场和自身的私人立场，不将私人利害关系带到工作中。个人利益可能与公司利益发生冲突时，服从公司的意志和决定。

C.关于公司的资产与信息

C-1.妥善管理及使用公司财产

我们妥善对待公司财产，进行有效利用。未经公司许可，不将公司财产用于私人目的等业务之外的目的。

C-2.尊重知识产权

无论是本公司自身拥有还是其他人拥有的有效的知识产权，我们都尊重其价值，妥善合理地使用。我们保护及有效利用作为经营资产的公司知识产权。

C-3.妥善合理使用秘密信息

我们致力于严格管理秘密信息，妥善合理地使用。不论是本公司拥有的秘密信息，还是其他人拥有的秘密信息，在使用时，仅限在业务目的范围内使用，如要公开需按公司内部规章所定的手续公开。我们不使用不正当的方法获取公司内外的秘密信息。

C-4.合理妥善使用个人信息

我们在合理的范围内采取合适的方法收集、利用个人信息等。在使用个人信息时，要遵从相关法令及公司内部规章所定的手续。

C-5.禁止内幕交易

我们不进行违法的证券交易。在获知三洋电机或上市子公司的未公布的重要内部信息时，在其公布前不买卖三洋电机及上市子公司的股票等。在获知股票上市的交易方的未公布的重要内部信息时，在其公布前不买卖该交易方的股票等。

C-6.妥善记录和公开企业信息

我们妥善记录、传达、报告和保管会计、财务信息以及技术、生产、销售、人事、环境、社会贡献活动等与公司经营相关的所有信息，不进行虚假的或易招致误解的记录和报告。公开信息时，按照法律和公司内部规章所定的手续，及时公开。

D.与地区、社会的关系

D-1.与地球共生

我们追求环境保护及经济发展的协调，为实现可持续发展的社会做出贡献。在"遵守环境相关的法律法规"的基础上，通过创造、传承让未来一代自豪的文化与环境，实践以和地球上的生命与社会"共生进化"为目标的经营活动。

D-2.与社会、地区共存共荣

我们为了获得社会对企业活动的信任和广泛的理解，通过与社会及地区进行积极的对话和奉献社会的活动，谋求共存共荣。

D-3.政治活动及政治捐款

我们不与政治人物攀扯勾结，而是建立健康正常的关系。不进行非法或不正当的选举活动，不向非法或不正当的政治活动提供资金。

D-4.不与反社会势力、团体发生关系

我们保证不与对社会秩序和安全造成威胁、阻碍企业活动健全发展的反社会势力及团体发生关系，不接受反社会势力及团体提出的不合理要求。

关于行动和伦理规范

三洋电机集团提出"我们要成为世界人民生活中不可缺少的一员"的经营理念并且构想"Think GAIA"蓝图，通过企业活动履行对社会的责任，与社会共同发展。

行动和伦理规范是从遵守法律、公司内部规定、符合伦理的行动等行为准则的观点出发，具体规定三洋电机集团的干部与员工应该遵守的事项的规范。

行动和伦理规范由基本通用于三洋电机集团各公司的21个项目构成，虽然在这里没有明确说明，但是当法律或公司内部规章等对各职务及业务做了相关规定时，必须遵守这些规定。另外，尊重各国、各地区的文化和习惯也很重要。行动和伦理规范与各国的法律、各公司的规章等有不一致之处时，在任何情况下都要求遵从最严格之规定。

违反行动和伦理规范者，将会成为按照就业规则等公司内部规章进行处罚的对象，违反了法律时，还将按照该法律进行处罚。

适用范围：三洋电机集团的干部、员工及与三洋电机集团各公司有雇佣关系的人员。

三洋电机集团包括以下公司：

①三洋电机株式会社；

②三洋电机株式会社直接或间接拥有已发行带表决权的股票或拥有过半数股份

的公司（子公司）；

③在①或②的公司投资的公司（除子公司）中，三洋电机株式会社同意采纳此规范的公司。

说明：行动和伦理规范不是三洋电机集团与其员工签订的雇佣合同，并不发生合同上的任何权利义务关系。

制定：2006 年 4 月 1 日由三洋电机株式会社董事会通过。

运用：三洋电机集团的各公司必须让干部和员工都了解本规范。三洋电机集团的各公司在贯彻本规范时，考虑各国、地区的法律、文化和习惯等，与各行业和职业相关的法律、规则等，在不与本规范相矛盾的范围内可以制作本规范的说明、指导方针和指导手册等。

调整、改正：根据经营环境的变化，适当地调整和修改。

资料来源　佚名. 三洋电机集团行动和伦理规范［EB/OL］.［2024-11-10］. http://www.docin.com/p-535726285.html.

讨论题：

（1）请从三洋电机集团的伦理规范中，分别找出与 Benson 的十大伦理规范问题对应的内容。

（2）与 Benson 的伦理规范内容对照，三洋电机集团的伦理规范是否存在更优或不足的内容？

中篇 企业社会责任篇

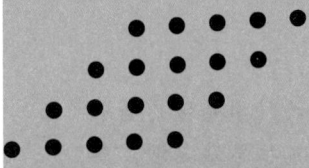

第4章 社会责任概述

▶▶ **学习目标**

- 了解企业社会责任的概念和内涵
- 熟悉企业社会责任的思想渊源、演变与前沿理论
- 熟悉企业承担社会责任的现实依据
- 掌握企业社会责任的主要内容
- 了解企业社会责任实现的途径与方法
- 掌握企业社会责任管理的主要内容

▶▶ **引例**

立足减排目标，搭建国际碳足迹评价交流平台

2022年11月24日，以使命为导向，专注于健康、营养和生物科学领域的全球科学公司荷兰皇家帝斯曼集团（DSM），受中国农业农村部全国畜牧总站邀请，参与组织"国际畜牧业碳足迹评价标准与技术"交流活动。为助力中国畜牧业构建既符合中国国情又能对接国际法规标准的标准技术体系，帝斯曼立足自身在绿色低碳、可持续发展方面的优势，邀请内外部专家，面向中国畜牧业全价值链专业从业者，以前沿洞察及实践案例为引领，为中国畜牧业推动包括碳足迹在内的环境足迹量化评估分析，加深基础知识理解，打下坚实基础。

帝斯曼在全球拥有23 000名员工，活跃于营养、健康和绿色生活领域，以为当代及后代开创美好生活为使命。2020年，该公司提出"我们坐言起行"战略举措，旨在聚焦六大核心领域，引领畜牧行业沿着可持续发展的道路不断前进。其中，在"减少动物的环境排放"方面，帝斯曼经过10年研发的Bovaer®饲料添加剂，能够安全有效降低约30%的奶牛肠道甲烷排放，显著、及时地减少肉类、奶类和奶制品的环境足迹。Bovaer®已在巴西、欧盟国家等全球31个国家陆续获批并投入使用，同时积极开启在中国的注册审批流程。另外，帝斯曼注意到疾病会影响约三分之一的动物终生生产性能，为全球养殖业带来高达20%的损失，造成了相当大的环境代价。帝斯曼在"改善动物的终生生产性能"目标下，采用帝斯曼优选维生素营养（OptimumVitamin Nutrition，OVN™）理念，推出了罗维素®β-胡萝卜素等创新解决方案，助力提高动物生产性能、改善繁殖及免疫水平。在"减少食物损失和浪费的同时提高食物品质"方面，帝斯曼通过创新解决方案帮助提高动物产品品质，进而提高产品利用率、减少浪费，从而实现对环境资源的高效利用，如帝斯曼

的 Hy·D®可延长蛋鸡产蛋持久性，且使蛋壳更加完整坚固，有效降低了鸡蛋在生产运输消费过程中的损耗。

"可持续发展"始终位于帝斯曼的核心目标与长期承诺之中，基于对自身降低碳足迹成绩的信心，帝斯曼2022年再次升级了气候目标承诺，致力于2030年前实现自身温室气体绝对减排59%（范畴1、范畴2），间接价值链排放绝对减排28%（范畴3）。在推动行业低碳发展方面，除了"我们坐言起行"战略举措，帝斯曼还在一系列可量化的粮食系统承诺中，明确提出到2030年要实现"两位数的畜牧农场减排"，要以更可持续的方式生产关键动物蛋白。本次交流合作，也将成为帝斯曼携手中国行业伙伴共同向着目标坚定迈进的有利契机与重要时刻。

资料来源　媒体中心. 帝斯曼助力搭建国际碳足迹评价交流平台，护航中国畜牧业创新绿色发展［EB/OL］.［2024-12-05］. http://sdg-china.net/NewsList/info.aspx?itemid=68238&parent.

思考：关注气候变化问题，不仅减少自身碳足迹，还积极搭建国际碳足迹评价交流平台，这种行动对于帝斯曼集团来讲意味着什么？

≫ 4.1　企业社会责任的概念与内涵

● 4.1.1　企业社会责任的基本定义

随着企业社会责任理论和实践的不断深入，企业社会责任的内涵不断丰富与发展，企业为社会做的好事也被冠以众多名字，诸如企业道德、企业社会回应、企业慈善等。企业社会责任在不同国家的含义和实践也不尽相同，有的国家和地区的企业关注医疗卫生、教育，有些国家和地区企业致力于为员工、顾客以及当地社区等利益相关者创造价值。企业社会责任是一个"在本质上就有争议的概念"，在应用上也具有相对开放性。[1]在特定的社会经济发展阶段，企业社会责任也具有不同的含义，企业社会责任显然是一种动态现象。[2]所以说，定义企业社会责任绝不是一件容易的事情。随着时代的发展，企业社会责任的内涵也在发展变化，以下是一些对企业社会责任的流行定义：

企业对其超出经济、技术和法律要求的问题进行考虑并回应，在追求企业经济利益的同时，实现社会效益。（Davis，1960）

那些超越企业利益、促进社会公益的行为和法律上要求的行为。（McWilliams，1979）

组织超越规章制度和公司治理所规定的对利益相关者应承担的最低义务的方式。（Johnson，2002）

---

① MOON J，CRANE A，MATTEN D. Can corporation be citizens? Corporate citizenship as a metaphor for business participation in society［J］. Business Ethics Quarterly，2005，15（3）：429-453.

② CARROLL A B. Corporate social responsibility: evolution of a definitional construct［J］. Business and Society，1999，38（3）：268-295.

企业做出的承诺，要和员工、员工家庭、当地社区和全社会一道，促进可持续的经济发展并改善他们的生活质量。（World Business Council，2005）

企业社会责任是一种观念。企业在自愿基础上，将它们对社会和环境的考虑，整合到企业经营中以及跟利益相关者的互动过程中。（European Commission，2005）

可以看出，以上各种观点出现于企业社会责任理论发展的不同阶段，其共同特点是都包含了对社会结构构成要素的一种责任要求。企业作为社会组织结构的一个重要构成，通过企业政策和企业行为透露出企业的一种承诺，这种承诺从小的层面讲可以是产品质量保证、员工发展，从大的层面讲可能涉及环境保护、经济社会可持续发展。企业通过自愿性的社会活动，且这种活动应该超越法律范围及其"最低的义务范围"，来完成对社会所做的上述承诺。

就目前的学术研究来看，企业社会责任有两种比较典型的定义：

①企业社会责任（corporate social responsibility，CSR）是指企业在创造利润、对股东利益负责的同时，还要承担对员工、社会和环境的责任，实现企业和社会的双赢。企业的社会责任是企业的一种自觉行为，这种责任是企业的社会行为引起的必然结果。广义的企业社会责任包括对员工、消费者、交易对象、竞争对手、社区以及政府机构等各种利益相关主体承担的责任。狭义的企业社会责任主要是相关劳动法和社会保障法规定的责任。

②欧盟的官方定义为"企业社会责任是指企业在自愿的基础上，将对社会和环境的关注融入其商业运作以及企业与其利益相关方的相互关系中"。

这些定义之所以不统一，主要是由于定义企业社会责任时所依据的理论流派存在差异，各学科对企业社会责任概念的属性理解也不尽相同。因而，有必要对此概念差异做进一步的了解。

4.1.2 企业社会责任概念辨析

"企业社会责任"的概念差异主要来源于理论流派的差异和概念属性的差异，具体如下：

1）理论流派的差异

不同的理论流派导致对企业社会责任的定义各有不同。

法律责任论认为，由于法律规制的不完善或缺乏，需要企业在这些法律未涉及的层面承担一定的社会责任。

动态力量模型理论认为，经济系统是一种由多种力量相互作用的系统，企业作为其中的一个子系统，需要对各种经济和非经济力量做出反应，企业的生存发展取决于其对社会、政治和经济力量做出的正确调整，即所尽到的责任。

社会契约论和利益相关者论是目前影响企业社会责任更为普遍的理论。社会契约论认为，企业自成立起便与社会之间形成了契约，以此来规范双方的权利和义务，这一契约包含一个社会固有的假定和期望，即企业的责任；[①]利益相关者理论试图根据受企业活动影响或影响企业活动的团体或利益团体来界定广义的企业社会责任。[②]

2) 概念属性的差异

从经济学视角来看，企业经营生产的负外部性，如环境问题，必须由企业承担相应的治理或预防责任。也就是说，企业在从自由市场获得经济利益的同时，也应该承担相应的社会责任。

社会学视角认为，社会是一个由众多组织机构组成的有机大系统，企业作为其中的一个重要的子系统，具有社会属性。企业的社会责任反映了企业内部员工之间、企业与外部其他社会构成体之间的各种关系。只有各社会成员在享受各项权利的同时承担其相应的社会责任，社会这个大系统才能运转良好，而其中对企业的要求和诉求更多，这是由企业在社会中的重要地位所决定的，这与法学视角的观点有相通之处。

法学视角认为，企业作为独立的法人组织，是权利与义务的统一体，企业在拥有从市场获取利益的权利的同时，也有承担社会责任的义务，二者具有同等的法律效力。实际上，立法者和制度的设计者已经将社会责任内化为企业的法律规则，企业承担社会责任具有法律的规定性。

道德学视角认为，企业的社会责任是企业应该遵循的基本市场秩序和道德准则，是对社会公民最低的道德约束，企业将必须遵守的社会法则、规则变成自我的内在要求。这种责任关系是企业与外部世界的客观关系事实，是基本的道德要求。

不同的社会视角，以及不同的认识视角上的分歧，导致了企业社会责任概念的不统一。基于以上分析，为了完成对企业社会责任的研究任务，本书有必要提出自己的观点。

4.1.3 本书的定义

本书认为，企业社会责任是指在一定社会发展时期，以可持续发展与和谐共存为前提，企业在自身发展的同时，也对其他社会构成体承担相应的经济、法规、伦理、自愿性慈善以及其他相关责任。具体可以从以下 3 个方面理解：

①在不同的社会发展时期，企业社会责任的内容不同。企业社会责任是一个动态现象，它以可持续发展与和谐共存为前提，企业发展的目的是为人类自身发展服务，但不否定企业自身发展的需求。

---

① DONALDSON T, DUNFEE T W. Toward a unified conception of business ethics: integrative social contracts theory [J]. Academy of Management Review, 1994, 19 (2): 252-284.

② MILTON F. The social responsibility of business is to increase its profits [M] // HOFFMAN W M, MOORE J M. Business ethics: readings and cases in corporate morality. New York: McGraw-Hill, 1984: 126-131.

②企业承担社会责任受到一定条件的约束，包括经济的、法律的或者是道德的，并不完全建立在自愿的基础上。

③企业与其他社会构成体之间存在相互的社会关系，这种社会关系包含了广义的、狭义的责任概念，根据不同的情景，企业社会责任具有不同的含义。

4.2 企业社会责任的思想渊源与演变

作为复杂多变的社会大系统的一个子系统，企业本身就是社会发展变化的产物，在不同的历史阶段具有不同的含义。企业社会责任思想的起源可以追溯到西方的古希腊，但是考虑到本书为 MBA 教程，为了更切合企业现代管理制度原理，强化企业社会责任在当下的应用，本书不再对古代朴素的社会责任观和古典经济学的企业社会责任观做叙述，而将注意力集中到更近时期的企业社会责任研究上。本节将从现代企业社会责任观的形成开始，探讨不同历史时期企业社会责任的内涵演变。

4.2.1 狭义的社会责任观（20世纪30—70年代）

在 20 世纪 30—70 年代，学术界发生了两次大的企业社会责任论战，引起了学术界对企业社会责任的进一步研究和思考。

1）第一次论战（贝利-多德之争）

1931 年，以哥伦比亚大学教授贝利（A. A. Berle）为首的学者从企业的本质和传统经济学出发，认为企业的本质是实现股东利益最大化，除此之外企业不应该承担别的什么责任。以哈佛大学教授多德（M. Dodd）为首的学者则从企业生存和发展的实际环境出发，认为企业并不是股东独有的，企业的运行受公共利益的影响，除股东利益外，企业也应该对其他利益相关者承担社会责任。贝利-多德之争在1942 年发生了一些戏剧性的变化：多德放弃了企业应负社会责任的观点，他认为企业重视雇员等利益相关者的利益，主要是受迫于外界压力，而不是企业内生性力量；贝利反而认为多德原来的观点是对的，他认为企业的权利应为全社会的利益相关者所拥有。可以看出，两位学者思想上的转变也说明了这两种观点本身就存在缺陷。以古典经济理论作为分析工具，认为股东利益最大化是唯一责任的观点忽视了其存在的现实基础的变化；而企业应对广泛的利益相关者负责的观点，虽然符合企业生存和发展的现实，但在当时那个年代是缺乏理论基础的。

贝利-多德之争后，学术界对企业和社会关系的认识分成了典型的两个派别：一派坚持股东利益最大化是企业的唯一社会责任；另一派则坚持除股东利益外，企业还应该关注其他利益相关者的利益。

2) 第二次论战（贝利-曼恩之争）

到了 20 世纪 50 年代，贝利由企业社会责任的反对者彻底转变为企业社会责任的倡导者，而曼恩（E. M. Manne）则坚决反对企业承担社会责任的观点，由此贝利和曼恩又展开了激烈的论战，也吸引了更多的学者加入到这场论战之中。反对者中尤以米尔顿·弗里德曼的观点影响深远，他从资本主义的基本原则出发，认为如果企业承担社会责任，不但是对股东不负责任，也将削弱资本主义的基本原则，走向集体主义。[①]而另一派赞成的学者不同层面论证了企业为什么要承担社会责任。诺贝尔经济学奖获得者西蒙从效率原则与价值原则的对立统一的观点出发，认为企业不应只注意直接效果，也应该同时注意间接社会效果。德鲁克在其《管理：任务、责任和实践》一书中指出："企业承担社会责任是企业正常发展和不断进步所必需的机制。"

3) 其他研究

其实，到了 20 世纪 50 年代，学者们争论最多的不再是企业是否应该承担社会责任，他们将更多的精力用在研究企业社会责任的内涵和内容上。伯文（Bowen，1953）的著作《商人的社会责任》的出版被认为是现代企业社会责任概念的开端。他在著作中阐释了商人的社会责任的最初定义："它指的是商人的一种义务，即商人要依据社会期望的目标和价值观来制定政策、做出决策或采取行动。"[②]伯文的这本书是 20 世纪 50 年代关于社会责任定义的最著名的文献。赫尔德（Heald，1970）的《企业社会责任：公司和社区，1900—1960》，引发了一场关于企业社会责任理论与实践的有趣且激烈的讨论，[③]在这场讨论中，他的观点与伯文的关于企业社会责任的定义是一致的。

戴维斯（Davis）对企业社会责任问题也展开了一系列的研究，他对企业社会责任概念的扩展主要表现在两个方面：首先，发展了"责任铁律"，即商人们的社会责任必须与他们的权利相对应，包括"责任与权利联系在一起""责任越少，权利越小""企业的非经济价值"。他认为商人决策和行动的理由至少部分超出企业经济或技术上的直接利益。[④]其次，提出了企业社会责任 5 条定律：①社会责任来自社会权利；②企业应该是一个开放系统，一方面接受来自社会的投入，另一方面还要向社会公开其经营结果；③企业在进行有关活动、产品或服务的决策时应全面计算和考虑社会成本和社会收益；④企业的社会成本应该计入活动、产品或服务的价

① FRIEDMAN M. The social responsibility of business is to increase its profits［N］. The New York Times, 1970-09-13.

② BOWEN H R. Social responsibility of the businessman［M］. New York：Harper & Row, 1953：6.

③ HEALD M. The social responsibilities of business：company and community 1900-1960［M］. Cleveland：Case Western Reserve University Press, 1970.

④ DAVIS K. Can business afford to ignore social responsibilities?［J］. California Management Review, 1960, 2（3）：70-76.

格中，使得消费者支付他对社会的消耗；⑤除了要考虑社会成本，企业作为公民，还有责任尽其所能地参与到社会需要的活动中去。①

可以看出，20世纪70年代以前，狭义的企业社会责任概念统治了关于企业社会责任的讨论。所谓狭义的企业社会责任，是指20世纪70年代以前各种关于企业社会责任概念的研究，如伯文对企业社会责任的界定、曼恩对企业社会责任的批判以及戴维斯的"责任铁律"等。这些研究成果可以说是企业社会责任的开端，虽然还没有给出一个明确且可被广泛接受的定义，企业社会责任的内容、范围和性质还不明晰，但对企业社会责任概念的界定开始了从模糊到明确的一个新阶段。

● 4.2.2 企业社会回应（20世纪70年代）

除了学术界的论战，政府和其他非政府组织的行动引起了企业外部环境的巨变。一方面，企业发展所带来的对环境的破坏越来越严重，促使民间的环保组织诞生，它们通过各种途径对企业施加压力，要求企业承担环保责任。1973年的能源危机最终不可避免地让环境保护问题从最早的若干环保组织的行动迅速变成席卷全美的"环境保护运动"。另一方面，随着经济的全球化发展，跨国公司的能量越来越大，其行为可能影响一个国家或地区的政治、经济、文化甚至社会的稳定。鉴于这个时期企业对利益的过分追求所带来的负面影响的扩展，企业面对的外部社会环境的压力越来越大，企业社会责任不再只停留在概念和争论上，而是转化为关乎企业生存的实实在在的问题，由此在20世纪70年代催生了"企业社会回应"这一新概念，它也成为70年代企业社会责任思想的主流。

"企业社会回应"是对狭义的企业社会责任概念的补充和发展。该观点认为，企业作为整个社会环境的重要组成部分，不仅必须满足一定的社会期望，还应该针对变化和提升中的社会期望做出回应，尤其对处于环境巨变中的企业而言，如何对许多迫在眉睫的社会需求做出回应成为其关注的重点。

阿克曼和鲍尔（Ackerman & Bauer，1976）被认为是最早提出"企业社会回应"概念的学者。其实，早在1971年戴维斯和布洛斯特罗姆（Davis & Blomstrom）就已经开始重视企业社会回应的概念，他们给著作《企业、社会和环境》还特别加了一个副标题"社会权力与社会回应"。他们指出，企业社会责任概念只是企业社会化迈出的"最初一步"，它必须伴随着有效的社会行动，只有企业的社会回应才能使其向更有效的社会迈进。戴维斯和布洛斯特罗姆用图4-1说明了这一观点。

从图4-1可以看出，企业社会责任只是一个开端，还需要企业做出创造性社会决策，进而导致企业行动（社会回应），才可以达到理想的终极目标。除此之外，戴维斯和布洛斯特罗姆没有再进一步说明。而阿克曼和鲍尔（1976）认为企业对社会需求的回应过程包括3个阶段：

---

① DAVIS K. Five propositions for social responsibility [J]. Business Horizon, 1975, 18 (3): 19-24.

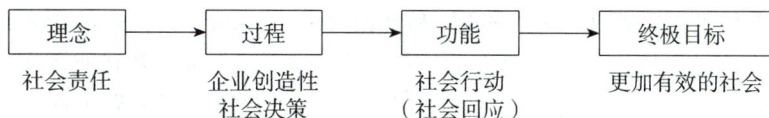

图 4-1 戴维斯和布洛斯特罗姆对于社会责任与社会回应关系的理解

资料来源 DAVIS K, BLOMSTROM R L. Business, society, and environment [M]. New York: McGraw-Hill Book Company, 1971: 91.

①认识阶段。这个阶段的主要参与者是企业的高层管理者，他们认识到社会需求的重要性，针对这一问题开始讨论、参与和支持相关活动，最后对企业政策进行调整。这一阶段对社会需求的考虑只停留在企业高层，中下层管理人员对企业社会回应还不清楚。

②专人负责阶段。企业安排专人去搜集信息，对社会的需求进行评估，开发相关控制方法。

③组织参与阶段。此阶段为全员参与阶段，整个组织被调动起来积极参与回应社会需求的活动，包括问题管理、资源的有效利用和计划程序的修正等，最终提高企业社会回应的水平。

阿克曼（1973）将企业社会回应看作一个管理过程，通过这个过程将回应的社会责任口号转化为企业的实际行动。后来，阿克曼和鲍尔在他们的《企业社会回应》（1976）一书中，不仅系统化地提出了企业社会回应的思想，还对企业社会回应与企业社会责任做了清楚的划分。他们认为社会回应应该包括5个因素：企业社会回应是一种企业战略；企业社会回应是一个管理过程（如图4-2所示）；企业社会回应是一种创新性的业绩衡量方法，建议实行社会审计；企业社会回应是应对不同时期公众预期变化的新技术和新管理技能；企业社会回应是一种制度化的决策方案。可以看出，他们对于企业社会回应的界定，很好地反映了社会问题与经济行为之间的紧密联系。

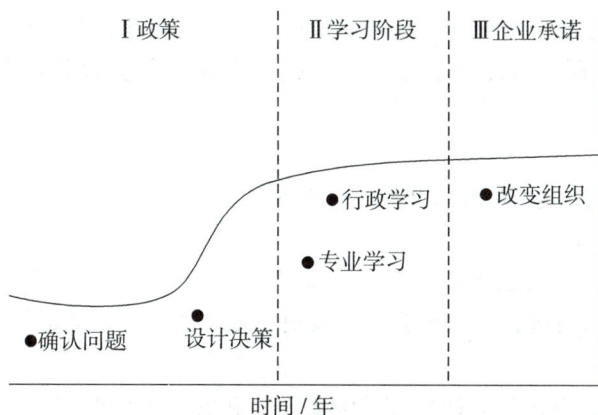

图 4-2 社会回应的管理过程

资料来源 这张图是波斯特（Post）等人根据阿克曼和鲍尔的研究成果改编的。转引自 POST J E, FREDERICK W C, LAWRENCE A T, et al. Business and society, public policy, ethics [M]. 8th ed. New York: McGraw-Hill, 1996: 74.

以弗雷德里克（W. C. Frederick）和塞西（S. P. Sethi）为代表的学者认为，企业社会回应是企业与社会领域研究的"第二个阶段"，它可以替代充满争议的企业社会责任概念。他们将企业社会回应定义为"企业对社会压力做出回应的能力"，重点强调企业管理者与社会之间的关系，认为企业社会回应是企业社会责任概念的转变，是从理论和伦理概念向行为导向的管理概念的转变，是企业选用的方法和采取的行动，从如何促使企业更好地对环境做出社会回应的时间角度来替代左右企业社会责任的那些抽象难懂的准则。所以，弗雷德里克将企业社会责任简称为CSR1，将企业社会回应简称为CSR2①，并认为企业社会回应作为一种完满的理论构造和一种研究企业在社会中作用的方法，比企业社会责任更切实可行、更显智慧、理论上更能站得住以及理念上更充分。

与弗雷德里克和塞西的观点不同，卡罗尔（Carroll）、沃蒂克（Wartick）、科克伦（Cochran）、爱泼斯坦（Epstein）以及伍德（Wood）等人认为，企业社会回应不可以取代企业社会责任，它们之间是有区别的，各有侧重，但同等重要。这一学派的观点对社会回应在企业和社会研究领域的地位起到了最终决定作用。

除了学者们对企业社会责任的各种界定和论战之外，美国经济发展委员会（Committee for Economic Development，CED）在1971年所做的《商业企业的社会责任》报告中，也清楚界定了企业应当承担的社会责任：①经济增长与效率；②教育；③用工与培训；④公民权与机会均等；⑤城市改建与开发；⑥污染防治；⑦资源保护与再生；⑧文化与艺术；⑨医疗服务；⑩对政府的支持。接着，它又将企业社会责任区分为两个基本类别：一是纯自愿性行为，由企业主动实施并由企业在其实施中发挥主导作用；二是非自愿性行为，由政府借助激励机制引导，或者借助法律、法规的强行规定而予以落实。

在学术界、政府和非政府组织的共同推动下，企业的社会责任意识有所增强，企业社会责任理论已经得到社会的普遍认可。从此，企业社会责任的研究由是否应该承担社会责任的争论转向企业应当承担什么样的社会责任以及如何承担社会责任。

4.2.3 企业社会表现（20世纪80年代）

伴随着关于企业社会回应的争论，学术界不得不另外再创造一个内容更加广泛、定义更加精确的概念——企业社会表现，来概括企业社会责任与社会回应这两大概念。

早期，塞西认为，企业社会责任需要一个新的"结构框架"②。在他看来，企业的社会行为主要包括3个方面：社会义务、社会责任、社会回应。塞西认为该

① FREDERICK W C. From CSR1 to CSR2 [J]. Business and Society, 1994, 33（2）: 150-164.
② SETHI S P. Dimensions of corporate social performance: an analytical framework [J]. California Management Review, 1975, 17（3）: 58-64.

"结构框架"确实是衡量特定企业或特定行业企业行为的"令人合意和有用"的方法。后来，卡罗尔成功地为企业社会表现构建了第一个框架模型，即企业社会表现的三维概念模型[1]，认为完整的社会责任应当包括经济责任、法律责任、伦理责任、慈善责任四种。同时，卡罗尔把四种责任从低到高排列，形成企业社会责任金字塔模型[2]（如图4-3所示），但是他和塞西都没有对企业社会表现给出一个明确的定义。

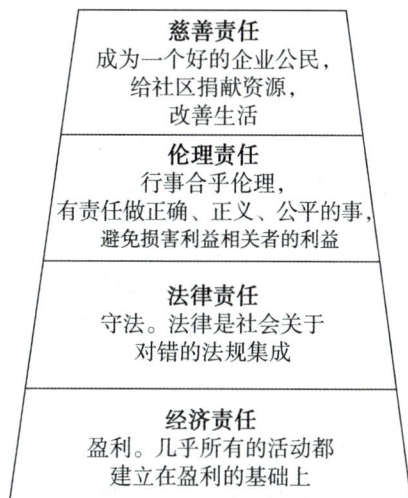

图4-3 卡罗尔的企业社会责任金字塔模型

企业社会表现的经典定义是由沃蒂克和科克伦提出来的，他们认为，"企业社会表现反映了企业社会责任准则、企业社会回应过程和用于解决社会问题的政策之间的相互根本作用"，"通过对社会责任、社会回应和社会问题的综合，企业社会表现为全面分析企业与社会提供了一个极具价值的框架"[3]。此定义得到了许多同时代学者的高度评价。之后，伍德修正和扩展了沃蒂克和科克伦的定义，将企业社会表现定义为"一个企业组织的社会责任原则、社会回应过程与政策和方案的构成，以及当它们与企业社会关系相联系时所产生的可以观察的结果"[4]。表4-1概括了上述两个定义的主要区别。

通过以上分析可以看出，早期狭义的企业社会责任概念着力于解决企业社会责任原则问题；而企业社会回应概念是狭义企业社会责任概念的补充和发展，强调企业与社会的互动关系；企业社会表现则包含了道德维度和管理维度更加宽泛的内容。

① CARROLL A B. A three-dimensional conceptual model of corporate performance [J]. Academy of Management Review, 1979, 4 (4): 497-505.
② CARROLL B, BUCHHOLTZ K. Business and society: ethics and stakeholder management [M]. Mason: South-Western Publishing, 2000.
③ WARTICK S L, COCHRAN P L. The evolution of the corporate social performance model [J]. Academy of Management Review, 1985, 10 (4): 758-769.
④ WOOD D J. Corporate social performance revisited [J]. Academy of Management Review, 1991, 16 (4): 691-718.

表4-1 沃蒂克和科克伦定义与伍德定义的比较

沃蒂克和科克伦的定义（1985）	伍德的定义（1991）
企业社会责任原则 　经济责任 　法律责任 　伦理责任 　资源责任	企业社会责任原则 　制度原则：合法性 　组织原则：公共责任 　个人原则：资源管理
企业社会回应过程 　反应 　防守 　回应 　预防	企业社会回应过程 　环境评估 　相关利益者管理 　问题管理
社会问题管理的方案与政策 　问题管理	企业行为的结果 　社会影响 　社会方案 　社会政策

资料来源　WOOD D J. Social issues in management: theory and research in corporate social performance [J]. Journal of Management，1991，17（2）：383-406.

●● 4.2.4　利益相关者理论的出现与融合（20世纪90年代）

进入20世纪90年代，随着利益相关者理论的出现与发展，企业社会责任和利益相关者理论出现了全面结合的趋势，而且利益相关者理论被认为是评估企业社会责任的最为密切相关的理论框架，成为当时企业社会责任思想的主流。

理论上，第一个正式将利益相关者理论融入广义企业社会责任理论的学者应该说是伍德。他在《再论企业社会表现》（1991）中说："弗里曼的利益相关者观点可以回答企业应该为谁承担责任的问题。"[1]他认为，一个具有社会回应的企业应该关注众多利益相关者对社会的要求，这本身也是一个处理与个人或利益群体关系的过程，准确地反映了企业社会表现第二维度的内容。因此，伍德将利益相关者管理看作企业社会回应中与环境评估和社会问题管理相并列的三大支柱之一。

克拉克森（Clarkson）第一次用利益相关者管理模型及相关方法在实证上衡量企业社会表现。他认为利益相关者理论提供了一个对企业社会责任进行确认和分析的框架，利益相关者理论使企业将具有普遍性的企业社会责任根据特定问题分解为针对特定利益相关者的特定责任。

利益相关者理论的发展使得研究的重点转向企业应该履行哪些社会责任，并为

---

① WOOD D J. Corporate social performance revisited [J]. Academy of Management Review, 1991, 16 (4): 691-718.

企业社会责任的研究提供了理论依据和衡量方法，明确界定了企业社会责任的含义。

4.2.5　企业公民、社会责任战略与共享价值（21世纪头10年）

进入21世纪，经济全球化趋势深入发展，社会责任理论也随之得到了进一步发展与完善，尤其是在实践层面得益于企业转变传统理念，将社会责任从为了应付社会需求的负担转变为企业内生发展的动力，学者们联合企业界以及非政府组织人士提出了诸多有意义的概念、理论或思维框架，并且在实践中予以应用。可以说，进入21世纪以来，社会责任的概念和理论具有了更强的实践指导意义，并逐步融入企业的基因中去。其中，有3个概念被普遍接受，即企业公民、社会责任战略与共享价值。

企业公民是将企业看作一个社会公民，认为企业在创造利润的同时，还要承担社会公民对环境和社会应尽的责任和义务。爱泼斯坦是较早研究企业公民的学者，他在《企业伦理、公司好公民和公司社会政策过程：美国的观点》一文中提到了"企业公民"这个概念。波士顿学院认为，企业公民是"一个公司将社会基本价值与日常商业实践、运作和政策整合。一个企业公民认为公司的成功与社会的健康和福利密切相关，因此，它会全面考虑公司对所有利益相关者的影响，包括雇员、客户、社区、供应商和自然环境"。

世界经济论坛认为，企业公民包括4个方面：一是好的公司治理和道德价值，主要包括遵守法律、现存规则以及国际标准，防范腐败贿赂，包括道德行为准则问题以及商业原则问题；二是对人的责任，包括员工安全计划、就业机会均等、反对歧视、薪酬公平等；三是对环境的责任，主要包括维护环境质量、使用清洁能源、共同应对气候变化和保护生物多样性等；四是对社会发展的广义贡献，主要指对社会和经济福利的贡献。

社会责任战略和创造共享价值的概念是由战略管理学家迈克尔·波特（Michael Porter）分别于2006年和2011年在《哈佛商业评论》上发表的文章中加以论述并被大家广为讨论和接受的概念。波特认为，成功的企业离不开和谐的社会，反之亦然，两者之间如唇齿相依。企业只有找到与社会共同发展的契合点，才能踏上通往可持续发展之路[①]。长期以来，企业社会责任理念并没有很好地得以落实，因为商业活动造成的社会问题、环境问题并没有得到很好的解决，其根本原因是将社会责任和企业需求、利润追求对立看待。企业社会责任战略就是基于这样一种认识提出的，旨在将社会责任融入企业发展中去，成为企业发展的内生动力。毕竟，没有一个企业会有足够的能力和资源来解决所有的社会问题，它们必须选取和自己的业务有交叉的社会问题来解决。而选取标准的关键不是看某项事业是否崇高，而

---

① MICHAEL E P, MARK R K. Strategy and society: the link between competitive advantage and CSR [J]. Harvard Business Review, 2006, 84（12）: 78-92; 163.

是看能否有机会创造出共享价值——既有益于社会，也有利于企业。共享价值并不是"分享"企业已经创造的价值，而是做大整个经济和社会价值蛋糕。比如，为了增加贫困农民的收入，你可以按更高的价格向他们收购农产品，提供更为公平的贸易，但这只是一般意义上的社会责任概念，是企业选择的一种重新分配财富的方式，并不会增加企业和社会的总价值。如果你设法改进农民的种植方法，与当地供应商和其他机构建立产业集群，提升农民的效率、收成、产品质量和可持续发展能力，那就能做大收入和利润蛋糕，使农民和收购农产品的企业都得益。这就是创造共享价值和传统社会责任概念之间的显著差别。目前，越来越多的优秀企业，包括通用电气、谷歌、IBM、英特尔、强生、雀巢、联合利华、沃尔玛等，都已经开始重新构想——如何才能对社会与企业表现都有好处，并推行一些重要措施，来创造共享价值[①]。具体如何打造企业社会责任战略，架设创造共享价值的途径，将在第5章做更深入的探讨。

■ 小案例4-1

如何创建企业与社会共享价值

共享价值的观念，让营利组织与非营利组织的界限变得模糊。新的混合型企业正快速涌现。例如，正在快速成长的营利企业"健康水国际公司"（Water Health International Inc）运用创新的水净化技术，在印度、加纳、菲律宾的农村，以极低的成本，为超过100万人供应干净的水。公司的投资者不但包括致力于支持社会公益的创投基金——聪明人基金会（Acumen Fund），世界银行（World Bank）旗下的国际金融公司，还有陶氏化学（Dow Chemical）的创投基金。15年前在孟加拉国成立的营利/非营利混合型企业"废弃物关注"（Waste Concern），已经建立巨大的产能，每天可将700吨废弃物（收集自邻近的贫民区）转化为有机肥料，在提升农业产出之余，还能降低二氧化碳排放量。该公司由国际狮子会及联合国开发计划署提供初始资本，不但改善了所在地区的卫生条件，还通过出售肥料及碳排放额度赚取了丰厚的毛利润。

资料来源 MICHAEL E P, MARK R K. Creating shared value［J］. Harvard Business Review, 2011, 89（1）: 66-77.

● 4.2.6 责任投资、社会企业、生态合作伙伴（近10多年来）

近10多年来，随着全球范围内反对利润至上、反对股东价值最大化，以及支持价值共创的商业实践的快速发展，企业社会责任理论渗透到了商业的各个角落，与公司治理、战略管理、供应链管理、创业管理、财务管理、营销管理等领域进一步融合，取得了更多新概念、新实践等创新成果。这种创新，不仅来自企业内部对

---

① MICHAEL E P, MARK R K. Creating shared value［J］. Harvard Business Review, 2011, 89（1）: 66-77.

利润最大化价值观的反思，也来自外部日益复杂的经济社会环境的冲击。那些决定着商业和公司长期、稳健增长和发展的各种关键要素正在发生变化，企业的战略决策也从单一的"产品-市场"经典战略向着将经典战略与非交易性质的"非市场战略"深刻融合的方向演进。企业从关注自身产品与盈利关系开始转向关注企业与产业融合、产业与社会融合、社会与环境融合。责任战略、责任投资等概念不再仅仅是理论层面的创新，更是实践中越来越多的企业所秉承的管理与投资理念。

比如，ESG理论与实践在21世纪发展尤其快速，它是关注企业在环境、社会、治理3个方面的绩效取代单纯财务绩效的投资理念和企业评价标准。ESG起源于责任投资（responsible investment）理念，并于2006年联合国负责任投资原则（The United Nations-supported Principles for Responsible Investment，简称UNPRI）组织成立后逐渐产生的新概念和指导企业履行社会责任的新实践。从近几年各国（地区）已经出台或即将出台的ESG政策来看，企业ESG报告或者某些ESG信息的披露将从自愿披露走向被强制披露。我国香港的股票市场，在过去不到10年的时间里已经经历了从ESG信息披露的最佳实践建议到半强制性要求再到强制性披露规定的3个阶段，监管内容也越来越丰富（见表4-2）。2021年5月24日，我国生态环境部印发《环境信息依法披露制度改革方案》，明确了建立健全环境信息依法强制性披露规范要求的工作任务。A股市场也面临被要求强制性披露部分环境信息的发展趋势。尤其是气候变化危机时代，对于企业碳信息披露的要求在逐渐加强。

表4-2　　亚太主要国家/地区上市公司ESG信息披露监管政策要求

国家/地区	上市公司数量（截至2022/06/30）	上市公司总市值（单位：十亿美元，截至2022/06/30）	ESG报告披露强制程度	上市公司ESC信息披露政策特点	上市公司ESG信息披露监管机构
中国内地	5 333	11 465.95	半强制性	年报要求披露环境与社会责任章节，科创50等指数成分股要求披露ESG社会责任报告	中国证监会上海证券交易所深圳证券交易所
中国香港	2 635	5 691.60	强制性	强制上市公司披露ESG报告，更新ESG基金披露指引	香港证券及期货事务监察委员会香港交易所
日本	4 204	5 801.52	自愿性	强调公司治理与尽责管理，发布《ESG信息披露实用手册》	日本金融厅东京证券交易所日本交易所集团
韩国	3 292	1 697.78	半强制性	分阶段要求韩国综合股价指数（KOSPI）成分股提交ESG报告	韩国金融服务委员会韩国证券交易所
蒙古国	118	1.38	自愿性	2021年和2022年连续更新ESG及可持续报告指南	蒙古国证券交易所蒙古国可持续金融协会

续表

国家/地区	上市公司数量（截至2022/06/30）	上市公司总市值（单位：十亿美元，截至2022/06/30）	ESG报告披露强制程度	上市公司ESC信息披露政策特点	上市公司ESG信息披露监管机构
越南	1 483	269.40	强制性	财政部要求全体上市公司披露可持续发展内容	越南国家证券委员会 越南财政部
印度尼西亚	768	602.85	强制性	上市公司与不同类型金融机构分阶段披露可持续报告	印度尼西亚金融服务管理局
新加坡	590	481.62	强制性	2018年起强制全体上市公司提交ESG报告，重点行业上市公司强制披露气候信息	新加坡金融管理局 新加坡交易所
泰国	841	542.37	自愿性	上市公司须每年通过表格56-1披露温室气体排放	泰国证券交易委员会 泰国证券交易所
马来西亚	963	367.13	强制性	2018年起所有上市公司须在年报中披露可持续发展声明	马来西亚交易所
菲律宾	283	229.88	强制性	发布可持续报告须使用菲律宾证券交易委员会提供的报告模板	菲律宾证券交易委员会
澳大利亚	2 118	1 703.04	自愿性	鼓励按气候相关财务信息披露工作组（TCFD）的建议披露气候风险	澳大利亚金融服务委员会 澳大利亚证券交易所 澳大利亚审慎监管局 澳大利亚养老金投资者委员会
新西兰	158	100.06	强制性	新西兰议会通过全球首部《金融部门（气候相关披露和其他事项）修正案》	新西兰议会 新西兰证券交易所
印度	4 474	3 122.91	半强制性	市值排名前1 000的上市公司强制披露商业责任与可持续报告，发布关于ESG共同基金与ESG评级商的咨询文件	印度证券交易委员会 印度公司事务部

资料来源　刘均伟，周潇潇，等. 亚太地区ESG信息披露监管趋向强制模式，气候披露要求渐严［EB/OL］.［2024-11-12］. http://finance. sina. com. cn/stock/stockzmt/2022-07-18/doc-imizirav4057172.shtml.

　　2019年8月19日，181家美国顶级公司的首席执行官在华盛顿召开的美国商业组织"商业圆桌会议"（Business Roundtable）上联合签署了《公司宗旨宣言书》。该宣言重新定义了公司运营的宗旨，宣称：股东利益不再是一家公司最重要的目标，公司的首要任务是创造一个更美好的社会。在这份宣言中，包括亚马逊公司的贝佐斯、苹果公司的库克等在内的引领美国商业的CEO们集体发声：一个美好的社会比股东利益更重要。该宣言强调，作为一家具有社会责任意识的企业，公司领导团队应该致力于达成以下几个目标：向客户传递企业价值；通过雇用不同群体并提供公平的待遇来投资员工；与供应商交易时遵守商业道德；积极投身社会事业；

注重可持续发展，为股东创造长期价值。

关注共享价值，关注企业与社会、环境间的关系，重新缔造新的商业文明与责任理念，不仅在传统大型公司内得到认可和倡导，也推进了新的企业创新，即社会型企业的诞生与快速发展。"社会企业"并非一种法律形式，而是指那些融合了社会和商业特点和目标的组织，其经营目标是社会发展，而不是个人利益最大化[①]。社会企业是兼具社会属性和经济属性的新组织类型，它通过商业化运作获取利润，并把所得利润用于扶贫救弱、生态保护、社区发展、教育卫生等社会公益目的，目前已成为各国创新社会服务和治理的重要抓手[②]。2006 年，一家名为"共益实验室"（B Lab）的非营利组织提出了共益企业（benefit corporation）的概念，通过提供共益影响力评估工具（B Impact Assessment，BIA）筛选出一批在社会与环境绩效、透明度，以及责任感方面达到高标准的营利性企业。获得 B Corp™ 认证的企业都有一个共同的理想：不仅要成为世界上最赚钱的企业，更要成为对世界最有价值的企业。该认证在中国也得到了越来越多企业的认可。

企业不仅关注自身与社会、环境间的关系，还更加关注全球产业链背景下的合作关系，尤其是在互联网经济推动下，全连接、大数据与高流量已成必然趋势，随之而来，企业与合作伙伴共同成长的需求越来越强烈，也就产生了基于生态系统观的生态合作伙伴的概念。2017 年，华为公司在国内最早举办了"华为中国生态伙伴大会"，首次将合作伙伴（co-partner）的概念转向生态合作伙伴（eco-partner）的概念。随后，华为搭建并不断完善对生态合作伙伴的强有力的支撑平台，成立了华为中国合作伙伴大学，致力于支持合作伙伴的运营和销售，帮助它们降低成本、提高效率、培训人才，有效结合华为和合作伙伴各自的优势，创新渠道服务模式，并且依托华为商业分销授权服务中心，更好地服务分销客户。华为还提出了TECH4ALL 数字包容计划，和全球生态合作伙伴一起，围绕公平优质教育、保护脆弱环境、促进健康福祉、推进均衡发展四个领域进行数字化建设，助力实现联合国提出的可持续发展目标（SDGs）[③]。

在当今波动性、不确定性、复杂性和模糊性（volatility, uncertainty, complexity and ambiguity，VUCA）与日俱增的时代，企业越发深刻认识到自身与社会之间唇齿相依的关系，越来越多的创业者也从传统商业以价值最大化为目标的运营逻辑带来的社会伤害中找到了平衡企业发展与社会发展的新商机，这使得社会责任从 20 世纪的概念争论、理论演绎走向了 21 世纪商业的最佳实践，嵌入到企业可持续发展的基因中去。

---

① 王振耀. 以法促善——中国慈善立法现状、挑战及路径选择［M］. 北京：社会科学文献出版社，2014.

② 国务院发展研究中心公共管理与人力资源研究所"社会企业研究"课题组. 我国社会企业发展状况调研报告［J］. 国家治理周刊，2021（47）：43-48.

③ 华为官网 TECH4ALL 数字包容计划（https://www.huawei.com/cn/tech4all）.

≫ 4.3 国际社会责任指南标准（ISO 26000）

4.3.1 ISO 26000的正式发布及意义

国际标准化组织（International Standard Organization，ISO）从2001年着手进行社会责任国际标准的可行性研究和论证，2004年6月最终决定开发适用于包括政府在内的所有社会组织的"社会责任"国际标准化组织指南标准。这是全球社会责任领域的第一个国际标准，在来自90多个国家、40多个国际组织的500多位专家的共同参与下，历时5年时间起草完成，编号为ISO 26000，是在ISO 9000和ISO 14000之后制定的新标准体系。2010年11月1日，国际标准化组织在瑞士日内瓦国际会议中心举办了《社会责任指南标准》（ISO 26000）的发布仪式，该标准正式出台。作为ISO将标准制定视角从传统的工程技术领域转向国际社会政治经济和伦理道德领域的里程碑性标准，ISO 26000对我国社会责任实践产生了重要影响。

4.3.2 社会责任的定义

在ISO 26000中，社会责任（social responsibility）被定义为"通过透明和道德行为，组织为其决策和活动给社会和环境带来的影响承担的责任。这些透明和道德行为有助于可持续发展，包括健康和社会福祉，考虑到利益相关方的期望，符合适用法律并与国际行为规范一致，融入整个组织并践行于其各种关系之中"。

4.3.3 ISO 26000的主要内容

ISO 26000的主要内容包括：①与社会责任有关的术语和定义；②与社会责任有关的背景情况；③与社会责任有关的原则和实践；④社会责任核心主题和问题；⑤社会责任的履行；⑥处理利益相关方问题；⑦社会责任相关信息的沟通。

4.3.4 ISO 26000的特点

1）用社会责任（SR）代替企业社会责任（CSR），统一概念

CSR的7项原则不仅适用于私人部门，也适用于公共部门，原则确定的7项主题——组织管理、人权、劳工实践、环境、公平运营、消费者权益、社区参与和发展——同样都适用于公共部门，所以把CSR推广到SR是顺理成章的事情。

2）适用于所有类型的组织

适用ISO 26000的组织包括公有的、私有的，发达国家的、发展中国家的和转型国家的各种组织，不包含履行国家职能，行使立法、执法和司法权力，为实现公共利益而制定公共政策，或代表国家履行国际义务的政府组织。

3）不是管理标准，不用于第三方认证

ISO 26000只是社会责任"指南"，不是管理体系，不能用于第三方认证，不能作为规定和合同而使用，和质量管理体系标准（ISO 9001）及环境管理体系标准（ISO 14000）显著不同。任何提供认证或者声明取得认证的行为都是对ISO 26000意图和目的的误读。因为ISO 26000并不"要求"组织做什么，所以任何认证都不能表明遵守了这一标准。

4）提供了社会责任融入组织的可操作性建议和工具

指南的附录一给出了自愿性的倡议和社会责任工具，从而使组织的社会责任意愿转变为行动。指南致力于促进组织的可持续发展，使组织意识到守法是任何组织的基本职责和社会责任的核心部分，而且鼓励组织超越遵守法律的基本义务。

5）前所未有的利益相关方的广泛参与和独特的开发流程

仅5年内就有500多位专家参与开发，和市场有关的利益相关方被分成6组：政府，产业界，消费者，劳工（工会），非政府组织，服务、研究、学术、其他（SSRO）等组织。

6）发展中国家广泛参与

在工作组的成员分配上，发展中国家和发达国家具有同等地位，工作组的主席由发展中国家和发达国家的专家共同担任，同时，在参与开发的国家中，发展中国家占多数。

7）和多个组织建立合作关系，推广了与社会责任相关的实践

ISO和国际劳工组织（ILO）、联合国全球契约办公室（UNGCO）、经济合作与发展组织（OECD）都签署了谅解备忘录，同时和全球报告倡议（GRI）、社会责任国际（SAI）等组织建立了广泛而深入的联系，确保这些组织能参与到指南的开发过程中，从而使得指南不是替换而是补充和发展了国际上存在的原则和先例。

8）差异性原则

ISO 26000总则指出，应用指南时，明智的组织应该考虑社会、环境、法律、文化、政治及组织的多样性，同时在和国际规范保持一致的前提下，考虑不同经济

环境的差异性。

　　每个国家和地区的情况有所不同，同一组织在不同国家和地区面临的环境也不相同，所以应用指南时应充分考虑国家和地区环境的差异性。

●● 4.3.5　ISO 26000与SA 8000的区别

　　SA8000（Social Accountability 8000）即"社会责任标准"，是全球首个道德规范国际标准，是由社会责任国际组织的前身美国经济优先认可委员会（Council on Economic Priorities Accreditation Agency，CEPAA）于1997年8月制定的。其宗旨是确保供应商所供应的产品皆符合社会责任标准的要求。SA8000标准适用于世界各地、任何行业、不同规模的公司。

　　ISO 26000与SA 8000的区别主要体现在以下几个方面：

　　①ISO 26000侧重于各种组织生产实践活动中的社会责任问题，统一社会各界对社会责任的认识，为组织履行社会责任提供一个可参考的指南性标准，提供一个将社会责任融入组织实践的指导原则。SA 8000主要关注的是人，而不是产品和环境。

　　②ISO 26000由企业或组织自主申请执行，而SA 8000多为企业客户要求执行，没有达到要求可能会禁止出货或接单。

　　③SA 8000证书可以得到全球许多要求供应商验厂的客户的认可，而ISO 26000没有客户认可，也就是说企业获得了ISO 26000证书还是会被要求获得SA 8000证书。

　　④SA 8000标准仅涉及劳工保护，而ISO 26000界定的社会责任的核心主题包括组织管理、人权、劳工实践、环境、公平运营、消费者权益、社区参与和发展7个方面。

　　⑤SA 8000具有"双面"形象，ISO 26000回避了"壁垒"责难。SA 8000在为社会责任标准化积极探索的同时，亦被指责是"社会责任"和"贸易壁垒"的双面孔。这些标准既具有推动企业社会责任进步的积极作用，这是其合理的一面；又是对企业开展国际贸易所设置的人为限制，是对经济全球化的阻碍，这是其不合理的一面。这种消极影响是通过设置社会责任门槛和标准认证来实现的。而ISO 26000的开发目的和开发定位回避了既有标准的"壁垒"责难。ISO 26000指出，其开发目的在于"鼓励全世界的组织改善它们的可持续发展关键绩效指标，同时有能力改善其所在社区的生活质量，进而有助于组织为可持续发展做出贡献"。ISO 26000的定位不是社会责任管理标准，而仅仅是社会责任的实用指南，它不为合同或法律法规所采用，而是为其他相关工具和手段提供"非替代性"的补充。从中可以看出，ISO 26000的开发，排除了基于认证、法律和合同角度的"壁垒"特性，完全着眼于推动组织及利益相关方的社会责任，推动全球视野下的可持续发展。

4.4 企业承担社会责任的现实依据

前文我们分析了企业社会责任的思想渊源与演变，可以看出，企业社会责任本身就是历史发展的产物，在不同的社会发展阶段，企业社会责任具有不同的含义，在本质上企业社会责任就是一个动态现象。本节从企业承担社会责任的现实依据出发，就企业为什么承担社会责任展开论述。

企业社会责任的实施需要良好的外部条件，实证研究表明，经济发达地区的企业社会责任与企业绩效一般要好于经济不发达地区，二者之间的正向线性关系非常显著。[①]其原因在于经济条件好的区域有促进企业承担社会责任的更好的经济、文化、制度环境，而这需要政府、企业、社会的多方合作和共同努力。企业承担社会责任的现实依据主要表现在与企业经营机制密切相关的法律机制、市场机制、伦理道德和企业可持续发展需要等方面。

4.4.1 法律机制

当市场这只"看不见的手"失灵的时候，政府这只"看得见的手"就会在一定程度上参与、引导、管理、保护和干预，对保持社会经济的良好发展具有不可或缺的作用。但是，政府同市场一样，也存在失灵现象。例如，政府由于受旧的体制的影响，容易行使其过去的习惯性行为，从而导致政府干预经济的范围和力度超越了新体制的发展要求。再如，由于政策发挥作用的滞后性，为了尽快地控制局面，政府会同时使用多项政策，从而拓宽了干预范围和增加了干预力度。另外，政府机构设置重叠，协调功能差，政策不完善、不配套，政府干预缺乏权威性等，这些固有的缺点也会使政府做出的市场调控力度不够，难以弥补市场失灵和维持市场机制的正常运行。最后，政府的干预也可能不会产生任何效果，甚至可能造成恶性循环。所以，政府干预不一定能解决市场失灵的问题，有时甚至是低效率的。这个时候，就需要通过进一步完善市场机制，发展企业社会责任来弥补政府在纠正市场失灵过程中的某些不足。比如，企业承担社会责任可以增强政府的政策导向职能，弥补政府社会公共管理职能，优化政府资源配置功能，减轻政府负担[②]，从而推动企业、政府以及其他社会机构这个有机大系统的良好运行。

法律体现了国家利益和统治阶级的意志，具有强制性，企业在法律要求的框架下开展经营活动是最基本的行为规范。但是，法律仅以书面形式和既定的规则去惩处企业经营活动中的违法行为，而对于不触犯法律规范的不道德行为是无法追究责任的。同时，法律也只规定了什么是非法的，而没有指明什么是值得提倡和鼓励的。法律的局限性也表现在对企业活动反应的延迟性上，它在捍卫既定的秩序的同

① 杨春芳. 企业社会责任、绩效的外部性与自身因素 [J]. 改革，2008（2）：111-117.
② 黎友焕. 企业社会责任 [M]. 广州：华南理工大学出版社，2010：80.

时，也捍卫了陈旧的经济社会发展模式，对于新的经济发展模式则可能成为"绊脚石"。法律体系自身也存在矛盾，多部法律对同一对象、同一行为的限制互相矛盾，导致法律的威信丧失、法律的效力下降甚至产生法律空白。所以，法律上的缺失是由法律的本质特征及固有的局限性决定的，而法律代表了社会最低的道德标准，这就需要在法律以外以伦理道德作为约束组织和个人行为的重要补充。企业承担社会责任正是企业在伦理道德的调节下保证其自身经营行为在法律框架内外都符合社会和最广大人民的意愿和需要。企业社会责任既在伦理道德上弥补法律的缺失，也与法律制度共同维护经济社会的发展。

●● 4.4.2　市场机制

以亚当·斯密的"看不见的手"为思想渊源的古典经济理论认为，市场具有自我调节功能，个人和企业追求利益的行动会使资源得到最有效的配置，市场的失效可以通过其自身进行调节或内在化。如果企业依其能力对市场需求予以回应而得到回报，那么对这种回报的追求就会给社会带来其所需要的一切。因此，市场这只"看不见的手"可将自我利益转化为社会利益，企业不必承担额外的社会责任。但是，亚当·斯密本人也认识到，只有当完全竞争的平衡和抑制作用存在时，这种市场机制的优点才能完全实现。实际情况是，市场机制不可避免地存在缺陷，需要其他方面予以补充和协调。

市场机制的缺陷就是市场失灵现象，即由于其固有的缺点而不能使市场发挥的作用达到帕累托最优状态。这是由于：首先，现实中不存在完全竞争的市场。完全竞争的市场在理论上满足4个前提——价格既定、产品同质、要素自由流动和信息充分，而现实中并不存在完全满足这4个条件的行业或市场。其次，企业经济活动的外部性，尤其是负外部性，也会导致市场失灵，比如工厂生产产品对环境造成污染，如果企业不为此支付任何费用，就会出现溢出效应或者外部效应，而这无法在市场内部寻求解决的途径，即便是正外部性也是这样。所以，外部性问题对市场经济体系的正常化运行产生负面影响，需要市场以外的力量予以协调和限制。再次，价格信号失真。企业在确定产品价格时，并没有真正从消费者的需求出发，而是认为他们的偏好是"既定"的，且能通过价格表现出来，通过交换得到满足。所以，企业在做决策时没有考虑道德伦理问题，没有考虑不同购买者的需求，而仅仅是凭借企业的知识、想象、冒险、不断尝试而确定，并没有考虑社会中很大一部分人（穷人及其他处于不利条件的人）的需求。最后，公共产品消费的非竞争性和非排他性，使得相对于提供公共产品所花费的成本，任何个人得到的利益都是相当小的。比如污水的治理，如果水资源被污染，其污染成本由全社会共同承担，而产生的收益由排放者独自占有，而且水资源污染给排放者自身所带来的损失要远远小于污染治理成本，所以从个人理性的角度出发，排放者没有治理污染的动机，从而必然导致水资源的过度污染。所以，针对公共领地的悲剧①，个人不会主动提供公共产品，进而会出现公共产品提供不足的市场失灵，这就需要政府的干预。

根据以上分析，市场失灵导致市场不能自我有效地配置资源，由此给社会带来许多问题，需要借助市场之外的力量（政府、法律——看得见的手；伦理道德——另一只看不见的手）来弥补缺陷，进而解决市场失灵的问题。企业社会责任就是通过一定的伦理道德手段来解决企业可能给市场带来的失灵问题。而企业承担责任的多与少、主动与被动、消极与积极的不同态度，均受供求机制和竞争机制等市场机制的影响。

4.4.3　伦理道德

伦理道德作为社会的基本价值观念体系，虽然不具有强制性，但对企业的道德规范、行为准则、企业形象等起着决定性作用。遵循伦理道德规范，是企业社会责任的核心内容，也是赢得市场认可、政府支持、公众欢迎、同行佩服和社区赞扬的基本保证，使企业不仅能取得较好的经济效益，还树立良好的企业形象。相对于法律机制和政府调节作用，伦理道德对企业行为的约束更有效，这是因为伦理道德以精神影响为手段，通过社会舆论对企业的不道德经营行为产生非强制性的规范作用。同时，伦理道德广泛存在于社会生活的各个领域，且不必通过行政命令或法定程序来制定或修改，对企业经营行为具有约束的广泛性和实施的便利性，是市场调节、政府调节和法律调节替代不了的。

4.4.4　企业可持续发展需要

可持续发展思想包含了"经济-社会-生态"系统的内在联系和要求。在经济全球化进程中，企业要实现可持续发展，不仅要追求自身的"利润最大化"，更要为创造实现"利润最大化"的经济、社会、资源环境做出努力和贡献。改善和维护员工权益、满足消费者需求、促进社区发展、保护资源环境以及消除贫困等，被越来越多的企业或企业家看作发展的新机遇。因此，企业的可持续发展必须不断满足各利益相关者的需求，必须兼顾经济效益、社会效益和生态效益，企业的可持续发展是以经济、社会、资源环境的可持续发展为前提的。企业社会责任是企业可持续发展的重要途径，企业承担合理的社会责任，不但不会降低企业的竞争力，还能促进企业创新，转变经济增长方式，提升企业形象，促进企业与经济、社会和资源环境的共同发展。

---

① 易敏利，唐雪梅. 我国水资源的管理困境及其解决思路 [J]. 生态经济，2007（12）：76-78.

■■ 小案例4-2

立讯精密荣获"奥纳奖-2022年度杰出公司治理奖"

基于完善且运行良好的可持续发展战略,立讯精密工业股份有限公司(简称"立讯精密")在已有"双碳"工作基础之上,完成碳中和战略及路径规划专项研究,制定出更加体系化、科学化的减排实施路径。2022年12月21日,第五届社会责任大会暨"2022奥纳奖颁奖典礼"在北京召开。立讯精密凭借在可持续发展及社会公益方面的杰出表现,荣获"奥纳奖-2022年度杰出公司治理奖"。

将社会价值、生态价值的关注度融会贯通于企业发展进程之中,是企业对可持续发展的更深层次理解,彰显的是其可持续发展战略的高度和社会责任意识的厚度。立讯精密坚持高质量、可持续的发展之路,始终以与时俱进的理念深度推进战略计划实行,推动产业高质量发展,进一步强化品牌可持续能力。

立讯精密在"影响力""责任感""可持续""公益性"等方面充分展现了履行社会责任的担当,发挥了示范引领作用。立讯精密致力于塑造真正吸引全球人才的全球化工作环境,不断创造创新产品和服务,为整个社会做出自己的贡献。立讯精密秉承"务实、进取、开拓、创新、协作、融合、感恩、回报"的企业核心价值观,鼓励每一位员工具备终身学习、勇于实践、推动创新、不断突破并实现自我价值的行动能力,致力于建立一个健康、成长并具有竞争力的组织。

立讯精密始终牢记其作为上市企业所肩负的社会责任,以自身的温度拥抱、回馈社会。立讯精密在多个领域开展一系列社会公益活动,致力于乡村振兴、弱势群体关爱、美好社区建设与抗疫救灾,始终支持地方社区发展,与多方携手合作,共同成就企业与社会的积极互动,不断开展各种公益活动来支持当地的社区健康发展,为多方带去温暖。

资料来源 佚名.立讯精密坚持可持续发展战略,荣获"奥纳奖-2022年度杰出公司治理奖"[EB/OL].[2024-11-17].https://www.cet.com.cn/wzsy/cyzx/3378913.shtml.

≫ 4.5 企业社会责任的内容

前文分析了企业承担社会责任的必要性,那么企业到底应该承担哪些社会责任?企业社会责任的内容到底是什么?其实,这个问题与企业社会责任的定义一样,一直是理论界争论的焦点,即使占主流地位的现代企业社会责任理论学派到目前为止也没有对企业社会责任的内容做出明确界定,这主要是由于企业社会责任本身就是历史的产物,在不同的社会发展时期企业社会责任的内容不同,不同类型的企业承担社会责任的具体内容显然不同,即使是同类型的企业在不同的生命周期阶段承担的社会责任也不尽相同。所以,我们不能机械地以静止的方式界定企业社会责任的内容,而应该以发展的、辩证的、动态的方式来研究企业社会责任的内容。我们在借鉴国内外理论界对企业社会责任内容进行界定的现有成果的基础上,以企业社会责任的动态发展、广泛性和差异性特征为原则来界定企业社会责任的具体内容。

4.5.1　企业社会责任理论模型

1）卡罗尔的社会责任金字塔模型

在前面对企业社会责任内涵演变的叙述中，我们已经就卡罗尔对企业社会责任的研究做了简单分析。其实，卡罗尔的企业社会责任金字塔模型也是利益相关者模型（参见图4-3），概括了企业社会责任中的多个维度，对企业社会责任理论研究尤其是企业社会责任内容的界定有着明显的突破，因此被学者们广泛引用。它也有不足之处：它论述的企业社会责任内容不尽具体和明确，没有对经济责任、法律责任、伦理责任和慈善责任进行细分；同时，它界定的企业社会责任内容也不全面，对历史条件因素没有做应有的深入探讨（见表4-3）。

表4-3　　　　　　　　　　企业社会责任类别与内容细分

责任类别	内容细分
经济责任	①企业以利润最大化为原则 ②企业追求尽可能多的利润 ③保持竞争优势 ④保持较高的工作效率 ⑤成功企业是那些能够长期获利的企业
法律责任	①在法律规范下活动 ②遵守法律 ③成功企业是遵守法律法规的企业 ④企业提供的产品与服务至少符合法律标准
伦理责任	①企业运作符合社会道德伦理规范 ②认可与尊重社会接受的新的道德标准 ③避免为实现企业目标而在伦理上让步 ④认识到企业的行为不只是遵守法律法规
慈善责任	①企业的慈善与社会期望相一致 ②资助高尚的艺术事业 ③企业的管理者和员工都在他们自己的社区内主动地、积极地参加慈善活动 ④资助私人和公共教育机构 ⑤自愿资助旨在提高社区生活质量的项目

■■ 小案例4-3

鸿星尔克"出圈"

2021年7月21日，鸿星尔克宣布通过郑州慈善总会、壹基金紧急捐赠5 000万元物资，驰援河南灾区。7月22日晚，"鸿星尔克的微博评论好心酸"突然登上微博热搜第一名。热心的网友发现，这家身处困境、连续多年亏损的泉州体育用品公司，竟然捐出高达5 000万元的物资，甚至都没有宣传一下。当网友发现鸿星尔克微博竟然是非会员后，自发为其充值2万余元，将鸿星尔克官方微博的会员费延续到2140年。

由于被鸿星尔克的爱心感动，数百万网友涌入鸿星尔克各大电商平台和直播平台，蜂拥"扫货"鸿星尔克的鞋子和衣服，很多款式的产品被买断货，4天的销售额超过2亿元。在企业界，鸿星尔克竟然以这种形式，一夜之间"出圈"。

7月16日以来，河南多地遭遇历史罕见持续性强降雨，暴雨中心郑州几成泽国，成千上万群众的生命财产安全受到威胁。一方有难，八方支援。正所谓患难见真情，这样一家身处困境的泉州运动品牌企业，竟然做出了向河南灾区捐赠5 000万元物资的决定，展现了闽企的大爱情怀。正是这样一份情怀，感动了来自全国各地的网友，引发了广大网友爱国爱民、扶危济困、助人为乐的行为认同和情感共鸣，于是出现了上述的抢购热潮。在直播平台，直播员和公司老总劝网友"理性消费"，网友们的回应是要"野性消费"。他们表示，要用买买买的实际行动，支援和回报有大爱情怀的鸿星尔克，助其摆脱困境。深受感动的鸿星尔克也公开表示，要用实际行动为消费者做出更好的产品，将公司打造成百年老店。

国货当自强！当前，中国正迎来中华民族伟大复兴的关键期。从鸿星尔克的案例来看，我们有理由相信，有了这样的精神和情怀，更多的民族品牌能获得更多国人的支持，从而助力民族品牌做大做强，为中国经济腾飞贡献一份力量。

资料来源　何金.为鸿星尔克"出圈"鼓掌［N］.福建日报，2021-07-26（03）.

2）三个同心责任圈理论模型

美国经济发展委员会用"三个同心责任圈"来说明企业的社会责任（如图4-4所示）：最里圈，包括明确的、有效履行经济职能的基本责任，比如提供产品、就业机会以及经济增长等基本要求；中间一圈，包括履行经济职能时对社会价值观和优先权的变化采取积极态度的责任，比如保护环境、给予消费者更多信息、公平对待、关心雇员等；最外圈，包括新兴的、不确定的责任，也就是企业必须保证越来越多地参与到改善社会环境的活动中①。

---

① Committee for Economic Development. Social responsibilities of business corporations ［M］. New York: CED, 1971: 11.

该理论考虑了企业社会责任的全面性、丰富性和历史条件等因素，满足了社会对企业不断扩大的期望，但对各种企业社会责任的性质混淆不清，而且三个同心责任圈内的责任划分也不具体，因此它作为一种理论观点很新颖，但作为一种理论框架则显得苍白无力。

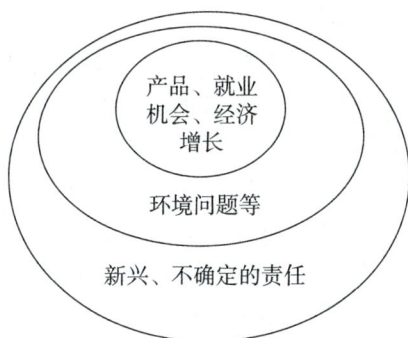

图4-4 三个同心圈理论模型

3）戴维斯模型

在前文中，我们分析了戴维斯的"责任铁律"和企业社会责任五定律。戴维斯对企业社会责任理论的研究做出了重要贡献。他还引用其他学者的研究成果，对企业的社会责任内容做了概括和归纳，见表4-4。

表4-4　　　　　　　　　　　戴维斯企业社会责任内容

责任对象	内　容
政府	支持政府号召和政策，遵守法律和规定
股东	证券价格的上升，股息的分配（数量和时间）
职工或工会	较高的收入水平，稳定的工作，良好的工作环境，获得提升的机会
供应商	保证付款的时间
债权人	遵守合同条款，保持值得信赖的程度
消费者、代理商	保证商品的价值、产品或服务的方便程度
社区	对环境保护的贡献，对社会发展的贡献（税收、捐款、直接参加），对解决社会问题的贡献
贸易和行业协会	参加活动的次数，对各种活动的支持
竞争者	公平的竞争，在产品、技术和服务上的创新
特殊利益集团	提供平等的就业机会；对城市建设的支持；对残疾人、儿童和妇女组织的贡献

可以看出，戴维斯模型着重强调企业与其利益相关者之间的关系，并提出了企业社会责任内容框架。该理论框架分析的企业社会责任内容比较全面，但并没有将

其放在一定的历史条件或发展阶段中，而且对企业社会责任内容按照利益相关者来划分缺乏科学性和可操作性，因为此模型并没有明确指出企业与各利益相关者的关系的紧密程度，也就体现不出现实要求中各种社会责任的轻重缓急。

4）利益相关者理论模型

利益相关者理论的鼻祖弗里曼认为："一个组织里的相关利益者是可以影响到组织目标的实现或受其影响的群体或个人的。"[1]按照弗里曼的定义，企业的利益相关者的领域可以扩大到包括任何人、任何组织在内，那么企业管理人员根本就不知道该有多少利益相关者需要平衡，管理人员也不可能同时满足所有利益相关者的利益需求，这使得弗里曼自己提出的"真正要关心谁或什么的原则"[2]无法得到明确的答案，使其不可避免地存在广义概念的通病，即难以精确定量。后来，弗里曼及克拉克森都意识到了这一缺陷，试图从定量上界定利益相关者，他们将对企业生存和持续经营来说不可或缺的人，通常包括股东、客户、职员、供应商、政府及社区等，划为第一层级利益相关者（如图4-5所示）；第二层级利益相关者是那些与企业的生存关系不大的其他组织和个人，如环境主义者、媒体、学者、批评家、贸易组织甚至竞争者，但企业的经营对他们的利益有影响。

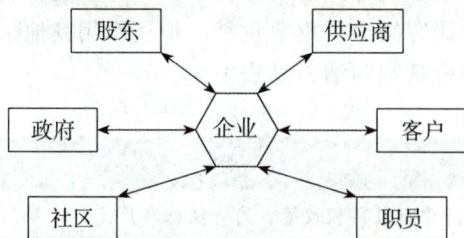

图4-5　第一层级利益相关者

虽然弗里曼指出了谁对于企业的生存至关重要，但是第一层级利益相关者和第二层级利益相关者之间的边界仍含糊不清，两大集团很容易混杂在一起，而且一旦强调第一层级利益相关者对企业的重要性，那就很容易出现企业管理者只重视第一层级相关者的利益的情况。[3]后来连弗里曼本人也放弃了定量方法，转而采用规范的定性方法来定义广义的利益相关者。后来很多学者都提出了狭义的利益相关者概念，其中卡罗尔（1993）和米切尔（1997）提出的两个概念最具有代表性。卡罗尔认为利益相关者是那些"企业与之互动并在企业里具有利益或权利的个人或群体"[4]。米切尔等人在关于利益相关者的特征描述中指出有三处必须注意：一是利

① FREEMAN R E. Strategic management: a stakeholder approach [M]. Boston: Pitman Publishing Inc., 1984: 46.

② FREEMAN R E. The politics of stakeholder theory: some future directions [J]. Business Ethics Quarterly, 1994, 4 (4): 409-421.

③ WIJNBERG N M. Normative stakeholder theory and aristotle: the link between ethics and politics [J]. Journal of Business Ethics, 2000, 25: 330-331.

④ CARROLL A B. Business and society: ethics and stakeholder management [M]. Cincinnati: South-Western, 1993: 22.

益相关者的关键特征是以他们与企业的关系为基础的；二是利益相关者的关键特征是针对企业管理者而言的；三是利益相关者的关键特征是变动的、客观存在的，而不是固定的、主观决定的。米切尔根据合法性（某一群体是否被赋予法律上的、道义上的或者特定的对于企业的索取权）、权力性（某一群体是否拥有影响企业决策的地位、能力和相应手段）、紧急性（某一群体的要求能否立即引起企业管理层的关注）三大属性对利益相关者进行了划分，如图 4-6 所示。

可以看出，无论是定性还是定量界定企业利益相关者，无论是广义的还是狭义的概念，利益相关者模型对企业的目标要求都与股东利益最大化有区别，对每一个相关利益团体的利益都必须予以考虑，这是根据他们在企业中的合法利益来定义的，而不是简单地根据企业的利益来定义的。①所以，在这一过程中，管理者必须对各种利益相关者做出恰当有效的反应，不能一味地强调股东的利益。总之，利益

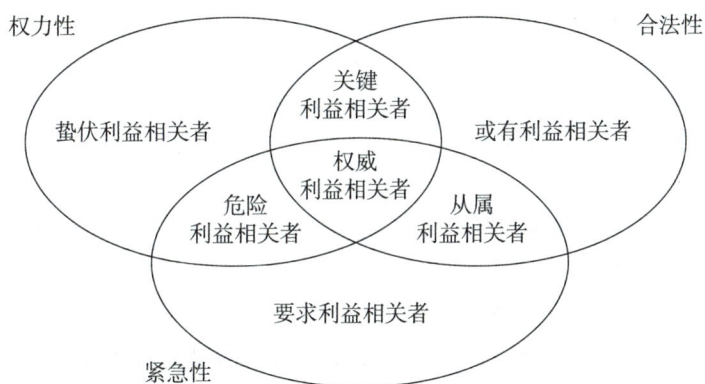

图 4-6　米切尔利益相关者分类

相关者模型不仅是关于企业与其所处环境关系的一种描述性模型，它还否定了强调企业应该追求利润最大化和追求股东价值最大化的传统观点，而赋予相关各方道德责任，进而引起企业内部权利的转移，减少所有者权利，而增加其他相关利益者的权利。所以，利益相关者理论为企业社会责任的研究提供了理论依据，企业社会责任的研究又为利益相关者理论提供了实证检验的方法。

●● 4.5.2　企业社会责任的具体内容

通过以上分析可以看出，企业社会责任的内容不是一成不变的，而是随着历史条件和客观环境的变化而变化的。不同类型的企业承担社会责任的具体内容不同，企业自身所处的发展阶段也会影响其实力与战略目标，进而影响其对各自社会责任的定位，所以不存在一个适用于所有企业的社会责任模式。企业承担社会责任，并不否认其追求经济利润的价值取向，因为企业首先是一个具有强烈获利动机的经济

---

① DONALDSON T, PRESTON L E. The stakeholder theory of the corporation: concepts, evidence, and implications [J]. Academy of Management Review, 1995, 20 (1): 65-91.

组织，其承担社会责任的能力和意愿要建立在一定的经济基础之上，企业的表现也以经济标准来衡量。所以，机械地用静止的方式来界定企业社会责任的内容不尽科学，需要坚持动态性、多元化、差异性、开放性的原则[①]，以辩证、动态的方式来研究企业社会责任的内容。本书以上述界定企业社会责任内容的模型为依据，结合企业社会责任概念的演变，认为企业社会责任的具体内容应该包括以下几个方面：

1）经济责任

企业的经济责任主要有：
①创造和积累利润，为社会创造财富。
②提供平等的就业机会、晋升机会。
③提供安全可靠的产品和优质的售后服务，保护消费者权益。
④提高社会资源的利用效率。

2）法律责任

企业的法律责任主要有：
①遵守国际公约。
②遵守国家的法律和法规。
③执行国际通用标准。
④遵守行业标准和行业规范。
⑤带动企业员工、所在社区等共同遵纪守法，共建法治社会。

3）伦理责任

企业的伦理责任主要有：
①维护股东的权益。
②维护消费者权益。

小案例4-4
如何破解新式茶饮们的食品安全"魔咒"

在年轻消费者的追捧下，新式茶饮在社交平台获得了更多的目光；与此同时，食品安全问题也让不少奶茶品牌屡屡登上微博热搜，"喝出异物"等成为令品牌们"头痛"的问题。

作为新兴行业，新式茶饮品牌凭借开店门槛低、拓店成本低、标准化制作得以实现迅速复制。然而，标准化管理不完善也使品牌们遭遇食品安全管理难题。

中新财经梳理发现，2022年以来，蜜雪冰城、益禾堂、古茗等多个奶茶品牌均曝出使用过期原料等食品安全问题。2023年2月27日，更是有两家新式茶饮企

---

① 黎友焕. 企业社会责任 [M]. 广州：华南理工大学出版社，2010：109-110.

业在同一天陷入食品安全问题争议：一消费者从益禾堂奶茶中喝出三个标签；另有博主发布的调查视频显示，蜜雪冰城门店的工作人员使用过期乳酸菌，还更改了有效期。对此，益禾堂道歉并对涉事员工及门店停岗培训和停业整顿；蜜雪冰城则向媒体表示已经在进行内部调查核实。

作为以"现制现售"为卖点的新兴行业，新式茶饮供应链长、原料多样、人工操作环节多，这使得茶饮在制作过程中具有不可控因素。一旦缺乏有效的标准化管理，潜在的不稳定因素便会被激发。此外，成本低、扩张快的加盟虽然成为品牌高速扩张门店、挖掘下沉市场的利器，却也让品牌在自我监管中难顾周全。

成为年轻消费者"心灵寄托"的新式茶饮们，该如何保障"舌尖上的安全"？

中新财经了解到，目前已有新式茶饮品牌探索数字化食品安全管理。例如，利用数字化系统根据线上销量对门店订货进行评估，减轻人为预判带来的损耗、储存压力；投入使用自动奶茶机等数字化设备，减少人工操作引发的食品安全问题等。

资料来源 左雨晴. 新式茶饮们的食品安全"魔咒"应如何破解？[EB/OL]. [2024-11-17]. http://www.chinanews.com.cn/cj/2023/03-15/9971594.shtml.

③维护员工的权益。
④积极参与社区建设。
⑤促进资源、环境和社会的可持续发展。

4）自愿性慈善责任

企业的自愿性慈善责任指的是企业兼顾社会需要和自身实力发展慈善事业。

4.6 企业承担社会责任的途径

在当前的社会经济发展形势下，企业承担社会责任已成为企业可持续发展的必然选择，但是，应该怎样承担社会责任和承担多少社会责任才合理成为困扰企业的另一个难题。同时，对是否承担企业社会责任的价值判断不应只局限于是否以利润最大化作为唯一目标，还表现在对各种具体的社会责任项目的抉择上，即是否以合乎道德的行动来回报社会。这个标准，一是强调企业赚取利润时应重视以人为本，生产过程人性化，确定产品符合道德要求；二是通过关注员工权益、提供健康与安全的工作环境来改善企业内部关系，培养员工对企业的感情；三是加强产品信息的透明度，如实说明生产条件，树立企业承担社会责任的良好声誉，以提高消费者对企业及其产品的信任度；四是倡导劳工权益监督标准化，使用户不必单独制定对供应商的道德标准并进行审核；五是通过社会公益事业、慈善活动、环境保护等，为社会可持续发展贡献力量。从长期看，这些措施都有利于企业的持续发展。然而，另外一些企业却在不择手段地刻意追求利润最大化。强烈的社会反差迫使企业必须经常性地思考自身的社会定位。企业社会责任的选择和实施，直接影响企业的各项经营活动，并带给企业不同的经营结果。

　　所以，企业承担什么样的社会责任，如何将企业社会责任理念转变为实际行动，决定了企业实施社会责任管理战略的成败，对企业的管理成本、经营绩效产生较大影响。基于以上分析，本节讨论企业承担社会责任的指导思想和原则，并就企业承担社会责任的途径和方法进行较为系统的阐述。

4.6.1　指导思想

　　通过以上分析可以看出，国内外的研究大多关注企业应不应该承担社会责任以及应该承担什么样的社会责任，而对于企业如何承担及承担多少讨论得较少，原因在于后两个问题确实难以找到讨论的切入点，企业承担社会责任的定量研究也较少，不足以形成支撑该论点的理论依据。但是，如果不讨论后两个问题，企业承担社会责任也就只能存在于理论研究的假设阶段，只能被"束之高阁"，无法找到最后的落脚点和归宿。企业承担社会责任的途径和适度性（指企业承担社会责任的限度）已经成为企业社会责任理论的核心问题[①]。企业承担社会责任的指导思想具体如下：

1）企业承担社会责任要量力而行

　　企业作为社会系统的一员，承担社会责任有助于企业树立良好的形象，赢得社会的信任和支持。不可否认，企业承担社会责任也是有风险的，比如增加额外支出和决策成本，所以企业承担社会责任应量力而行。企业履行社会责任离不开一定的历史和社会环境，与企业自身所处的发展阶段也具有紧密联系。企业承担社会责任是一个主动的过程，即企业首先要认识到自己必须承担多元化的社会责任，然后根据企业自身经营情况有所取舍。企业首先要保持良好的经营状况和持续盈利能力，这是企业最基本的经济责任，也是企业全面履行社会责任的物质基础和前提。企业奠定了一定的经济基础，在一定的可利用资源的范围内进行支配，使企业的资源达到最佳配置，提高经济运行效率，为社会创造更多财富。更深层次的问题，即维护利益相关者的利益，涉及企业履行社会责任的适度性问题。尽管社会对企业的期望越来越高，但企业满足利益相关方期望和需求的能力，在一定的时点上也是有限度的。企业必须正确认识和把握社会期望与实际能力的关系，坚持履行社会责任与企业实际相适应，实事求是地确定履行社会责任的重点、形式、途径和方法，要防止和避免不切实际的行为。总之，企业承担社会责任要做到尽力而为、量力而行，兼顾企业经济效益和社会效益，扎扎实实地履行社会责任，力求取得实实在在的成效。

---

①　黎友焕. 企业社会责任［M］. 广州：华南理工大学出版社，2010：113.

2）企业承担社会责任要符合企业可持续发展的目标

企业履行社会责任与企业可持续发展是对立统一的关系，企业适度地承担社会责任能够改善企业形象，增强核心竞争力，提高经济效益，为企业可持续发展战略的实施提供必要条件和保障。企业履行企业责任也会增加企业的管理成本，并不是每一项社会问题的解决都可以转化为企业的发展机会。对于那些不是由企业的影响产生又不能转化为企业发展机会的社会问题，企业该如何承担以及承担多少，这又是一个涉及企业承担社会责任的途径和限度的问题。企业只是社会大系统中的一员，所具备的力量是有限的，不能够解决所有的社会问题。如果企业被赋予了过于宽泛的社会责任，甚至超过了企业的能力范畴，则不仅对企业的发展不利，对整个社会的发展也是无益的。企业的可持续发展以经济的可持续发展、生态的可持续发展和社会的可持续发展为目标，而经济的可持续发展是其他社会发展目标的基础。所以，对企业社会责任需求的夸大，是违反社会和经济发展规律的，是不利于企业可持续发展的。

3）企业承担社会责任要促进企业与社会共同发展

企业作为社会组织的一部分，其经营活动会影响其他社会成员或受其影响，根据利益相关者理论，企业不仅要承担经济责任和法律责任，还要服从和服务于社会的整体利益，重视利益相关者的诉求，尤其是当企业的行为产生负外部性时，社会对企业承担伦理责任有了更多的要求。经济责任与社会责任是相辅相成、并行不悖的。

国际国内的经验表明，企业经营和发展必然受到社会因素的影响和制约，与社会发展、社区建设相适应已成为现代企业成功的重要因素。对内来讲，企业来自社会，企业的生存与发展都要由社会来支撑。企业是社会的细胞，离开社会资源，企业的发展就会停滞。没有一个好的环境，企业难以生存，企业与社会是共荣的关系。对外来讲，企业的经营活动具有外部性，有些甚至是负外部性，如环境污染，企业当然要对此负责任。有些问题虽然不是由企业直接造成的，但企业主动承担责任对企业而言是一种机会，在实现利润最大化的同时，可以促进企业品牌、美誉度、社会形象的大幅提升，通过社会环境的改善而提升企业可持续发展的动力和经营开拓能力，最终促进企业与社会的共同发展与进步。

前面已经分析过，在解决社会问题上，企业具备优于市场机制和政府调控的灵活性、自由度，能够取得更好的社会效益。企业为了实现可持续发展目标，需要承担相应的社会责任。同时，作为社会组织，企业的生存和发展离不开社会的进步，企业不仅要实现自己的利益，也要为社会的发展进步做贡献，不仅要促进经济繁荣，也要推动社会全面发展，从而实现企业和社会的双赢，这种互惠互利的关系为彼此创造了可持续的、健康的发展环境。

4.6.2　基本原则

根据以上指导思想，企业承担社会责任的基本原则是既要有利于企业竞争力的增强和可持续发展，又要有利于社会的繁荣和进步。因此，企业应根据自身能力、经营状况、发展阶段、社会需要等实际情况，选择有利于企业可持续发展的承担社会责任的途径和方法。

1）有利于企业生存发展的原则

企业作为经济组织，其首要目标是追求一定的经济利润，为股东创造财富，为社会提供一定的物质产品和服务，经济责任是企业必须承担的最基本的社会责任。企业作为市场经济的主体，通过产品的输出获取一定的利润，为自身的可持续发展积累资本和财富，而且企业承担其他社会责任也都建立在一定的经济基础之上。所以，如果企业因承担社会责任而不能获取利润进而影响生存和发展，这首先是对社会不负责任的表现，也使企业承担其他社会责任的诉求变成空谈，企业也就失去了存在的意义。所以，企业承担社会责任的首要原则是保证企业的生存和发展。

2）量力而行的原则

企业承担社会责任要以自身能力的局限为前提，不能以牺牲或阻碍企业的发展为代价而盲目满足社会对企业承担社会责任的过高期望。对于企业经营行为产生的社会问题，企业应该积极承担解决这些问题的责任，但对于那些不是企业经营活动产生的社会问题，其承担社会责任要受自身能力的限制。同时，企业承担社会责任会增加其经营管理成本，这种成本的增加也要在企业的承受范围之内。如果超出了企业所能承受的能力范围，则可能会影响企业的正常运行，削弱企业的竞争力，最终导致企业发展受阻。

另外，企业都要经历初创期—成长期—成熟期—衰退期的发展过程，在不同的生命周期阶段，企业承担社会责任的内容也不尽相同。例如，在企业发展初期，成本最小化和利润最大化是其主要责任，但这并不并不意味着企业不需要承担社会责任，企业仍然有必要在其能力范围内承担相应的社会责任，为企业的长期生存和发展积累社会资本。随着企业不断发展壮大，企业完成了原始资本的积累，进入成熟期，此时企业可以拿出部分利润和精力满足雇员、顾客、供应商等利益相关者的诉求，将企业社会责任融入企业的发展战略之中。在达到一定的发展水平和具有一定规模之后，再逐渐把社会的可持续发展纳入企业社会责任的范畴。

因此，企业承担社会责任应该有一定限度，企业只能承担某些力所能及的责任，并与企业的发展阶段相适应，企业承担社会责任的途径和方法要依据自身现实情况而定，量力而行。

3) 责任与职权平衡的原则

戴维斯的"责任铁律"和企业社会责任的五条定律都指出,责任要与权力联系在一起。任何人或组织要求职权就意味着承担责任,而承担责任就要有相应的职权,对于企业而言也是如此。如果企业没有相应的职权,就无法承担与此相适应的社会责任。这种"责任与权力形影相随"的观念与人类文明史一样长,权力与责任的平衡是公平的前提条件。对于企业而言,这种观念是其承担社会责任的基础,权力到位是这种"责任铁律"的逻辑前提,权力缺位或不到位也就必然成为企业保持道德缄默的逻辑理由。相对于市场机制或政府调控,企业在解决社会问题上具有较强的灵活性、针对性,但如果受到政府权力过多的干预,则企业容易丧失承担社会责任、讲究道德的自律精神和自主意识[1]。另外,如果企业为了解决某些社会问题,超越法律或道德伦理的范围进行不法或不道德的经营,就是违反企业社会责任要求的,也是不允许的。

4) 与企业经营性质相关的原则

在当今市场经济环境下,企业承担社会责任已经成为企业战略管理的一部分,其承担社会责任要和企业的产品战略、市场战略、技术战略等相匹配,它是企业发展的一项重要职能战略。企业承担社会责任要和企业的经营性质相匹配,如服务业和制造业企业、化工企业和食品生产企业等性质不同的企业的社会责任工作重点和方法是没有可比性的。因此,企业承担社会责任要考虑企业的经营性质,要把其转化为企业战略管理的一部分进行统筹考虑。

5). 满足社会需要的原则

企业承担社会责任要根据社会的需求来确定,这是由于企业承担社会责任的能力是有一定限度的,不能解决所有的社会问题。另外,社会对企业要求承担的社会责任在某些特定时间段也是有急有缓的。因此,企业应根据社会需要的紧迫程度,并考虑自己的能力水平来确定企业的社会责任战略。在社会需要不紧迫的时候,按照原定的幅度安排企业的社会责任战略;在社会需要紧迫的时候,尽量承担更多的社会责任,比如社会突然遭受天灾人祸,企业就应该临时调整社会责任战略,及时在人力、物力、财力等方面伸以援手,帮助社会和人民渡过难关。

●● 4.6.3 企业承担社会责任的途径和方法

基于以上指导思想和基本原则,企业应该从经济责任、法律责任、伦理道德责任和自愿性慈善责任 4 个方面,选择符合企业实际情况的承担社会责任的途径和

---

① 陆晓禾,恩德勒. 发展中国家经济伦理 [M]. 陆晓禾,译. 上海:上海社会科学院出版社,2003:170.

方法。

1）企业承担经济责任的途径和方法

追求合理利润是企业的首要责任，也是企业承担其他社会责任的前提条件。企业承担经济责任的途径和方法如下：

（1）创造和积累利润，为社会创造财富

利润是企业生存和发展的基础，是企业扩大再生产的必要条件。追求一定的利润，回报股东的投资，是企业对股东的基本责任。也只有利润增加，企业才有可持续发展的实力，才能不断向社会提供更多的商品和服务，为社会多做贡献，企业利润的积累也是社会财富的积累。

企业承担对股东的责任以及促进利润增长和社会财富共同增长的经济责任的具体途径和方法有：尊重股东的权利，向他们提供真实的经营和投资信息；对股东的资金安全和收益负责，企业从事任何投资必须以能给股东带来利润为前提；创新管理制度，提高企业盈利水平；扩大生产经营，提高产品或服务的总量；提高生产效率或服务水平，降低运营成本；创新生产技术和工艺流程，提高市场竞争力；提供物质产品，改善人民生活水平，为社会经济发展积累财富。

（2）提供平等的就业机会、晋升机会

企业提供充分的就业机会，有利于维护社会秩序的稳定，对提高全体人民的生活水平和促进社会的和谐发展具有重要作用。创造条件为员工提供晋升机会，有利于企业的稳定和发展。

企业承担提供就业、晋升机会的社会责任的途径和方法有：提高经营效率和创新能力，把企业做大做强，进行扩大再生产，创造更多的就业机会；在职业选择上反对各种各样的歧视，在就业政策中体现男女平等，在民族地区要主动吸收少数民族人员就业；为人们提供就业的知识技能，鼓励、帮助失业人员独立自主地从事经济活动；对企业员工进行培训，提高员工的工作技能水平，并提供平等的职业升迁机会；帮助和支持其他企业发展壮大，增加就业岗位，缓解整个社会的就业压力。

（3）提供安全可靠的产品和优质的售后服务，保护消费者权益

企业的功能是满足社会需要，提供安全可靠的产品和优质的售后服务是企业的基本责任。在市场经济高度发达的今天，多元化的产品和服务可以满足消费者不同的需求。

企业承担提供多元化产品和服务的社会责任的途径和方法有：为消费者提供质优价廉、安全、舒适和耐用的商品，满足消费者的物质需求和精神需求；提供多层次产品和服务，满足不同社会阶层的需求；在通用设计的理念下，注意产品细节设计，提高产品使用的便利性；开发新产品或提高服务水平，推动人民生活水平的提高和促进社会进步；尊重消费者知情和自由选择的权利，保护消费者信息安全，妥善处理顾客投诉，最大限度地维护消费者权益。

（4）提高社会资源的利用效率

社会资源是有限的，企业的经营活动占用了大部分资源，企业生产方式和经营理念决定了社会资源的利用效率。因此，企业必须努力提高利用社会资源的经济效益。

企业承担提高社会资源利用效率的社会责任的具体途径和方法有：制定节约资源的规章和准则；制订具体的节约资源的计划或规划，建立严格的资源使用奖惩制度和使用效率的责任追究制度；加强资源节约型技术的研发和推广，提高对资源技术开发的资金投入，降低对原材料和能源的消耗；做好宣传和培训工作，提高全体员工的资源节约意识；重视资源的合理利用，改变经济增长方式，发展循环经济，调整产业结构，提高社会资源的利用效率。

2）企业承担法律责任的途径和方法

法律责任是企业必须承担的社会责任，也是企业基本的社会责任。这种责任要求企业依法经营、照章纳税和履行政府规定的其他义务，并接受政府的监督和管理。企业承担法律责任是履行其他责任的前提条件，守法合规责任的履行也会影响到企业的经济绩效、社会绩效、环境绩效的方方面面。企业承担法律责任的途径和方法具体如下：

（1）遵守国际公约

在世界经济一体化形势下，企业不断加入到全球竞争的行列，为了约束企业国际化的经营行为，规范国际贸易秩序，国际公约对成员企业来说具有一定的约束力。全球不同层次上与企业社会责任相关的公约、原则、守则等多达几百个，内容涉及劳工、环境保护、可持续发展、社会公平等各种经济、社会和环境议题等。1999年1月在达沃斯世界经济论坛年会上，联合国秘书长科菲·安南提出"全球契约"计划，该计划于2000年7月在联合国总部正式启动。"全球契约"计划号召企业遵守在人权、劳工标准、环境及反腐败方面的十项基本原则。企业应该遵守的国际公约有《世界人权宣言》《国际劳工公约》《联合国人权宪章》《联合国反腐败公约》《联合国气候变化框架公约》《联合国海洋公约》《国际劳工组织宪章》《联合国儿童权利公约》《里约宣言》等。

企业承担遵守国际公约的社会责任的具体途径和方法有：企业的经营行为必须严格遵守相关国际公约，将与自己有关的国际公约作为企业制定管理制度的基础和前提条件，积极向企业员工和社会各界宣传和推广国际公约。

（2）遵守国家的法律和法规

企业在法律要求的框架下开展经营活动是最基本的行为规范，能够保护企业及其利益相关者以及社会各界的合法权益。国家法律从根本上规定企业要承担的最基本社会责任，如《中华人民共和国劳动法》（以下简称《劳动法》）、《中华人民共和国消费者权益保护法》《中华人民共和国环境保护法》《中华人民共和国安全生产法》《中华人民共和国产品质量法》《中华人民共和国大气污染防治法》等。除了国家法律，国务院、各部委及各省（自治区、直辖市）等也根据法律中的授权条款和具体工作需要，在各自职权范围之内颁布了一系列行政法规、部门规章和地方性法规，对法律做进一步细化，对法律没有涉及的社会责任做进一步补充和完善，如《建设工程安全生产条例》《工伤保险条例》《特别重大事故调查程序暂行规定》等。法律法规的约束力量强制企业必须履行所规定的社会责任，企业严格执行这些法律规范是企业履行社会责任的基本要求。

企业承担遵守国家法律法规的社会责任的具体途径和方法有：自觉遵守国家有关法律法规，合法经营，照章纳税，承担政府规定的其他责任和义务；将法律法规作为企业一切经营行为的最基本准则；加强宣传教育，积极向全体员工和社会各界普及相关法律知识；开展遵纪守法自查自纠活动；积极配合政府执法部门的监督管理和执法行为，维护政府为公民和各类社会组织服务的公正角色。

（3）执行国际通用标准

在经济全球化背景下，国际市场的竞争日益激烈，为了规范某个领域或某个行业的行为，具有一定代表性和广泛性的国家和地区共同参与制定向全世界颁布的国际标准，各种国际标准的认证被当作企业取得国际市场竞争优势的一种必要手段。例如，国际标准化组织制定的 ISO 26000、ISO 9000 和 ISO 14000 等标准体系。这些国际标准浓缩了工业发达国家许多年来的管理经验，融合了当今诸多优秀的管理办法，并用最简洁的方式将企业运行过程加以概括，规范了企业管理的基本流程，同时容许每个企业根据自身特点加以灵活运用。

（4）遵守行业标准和行业规范

（5）带动企业员工、所在社区等共同遵纪守法，共建法治社会

3）企业承担伦理责任的途径和方法

伦理责任是基于伦理道德规范的责任，是企业社会责任的核心内容，企业承担伦理道德责任的途径和方法有以下几个方面：

（1）维护股东的权益

股东是企业存在的基础，是企业的核心要素；没有股东，就不可能有企业。在市场经济条件下，企业与股东的关系实质上是企业与投资者的关系，这是企业内部关系中最主要的内容。企业作为股东的代理人，首要职责就是实现股东利益最大化。对于企业来说，建立良好的股东关系，努力承担好对股东的经济、社会、法律等方面的责任，对于企业的生存和发展具有决定性的意义。

企业承担维护股东权益的社会责任的具体途径和方法有：维护法律规定的股东合法权益；保障股东的资产安全和收益，从事任何活动必须以能给企业带来利润为前提，并力争给股东以丰厚的投资回报；保障股东的知情权，提供真实、可靠的经营和投资信息；维护股东对企业经营管理进行监督的权利。

（2）维护消费者权益

企业利润最大化最终要依赖消费者购买产品来实现，消费者购买企业的产品越多，企业的效益就越好。企业对消费者的重要责任集中体现为对消费者权益的维

护，尤其是在买方市场状态下，保证买卖双方权利均等，对向消费者提供的产品质量或服务水平承担相应的责任，并接受政府职能部门的管理和公众监督。

企业承担维护消费者权益的社会责任的具体途径和方法有：为消费者提供安全可靠的产品，保障产品质量和安全，履行在产品质量和服务方面的承诺；尊重消费者权益，不欺诈消费者和牟取暴利，在产品质量和服务质量方面自觉接受政府和公众的监督；尊重消费者的知情权和自由选择权，及时为消费者提供真实的产品广告、宣传材料和产品说明书；建立健全售后服务体系，妥善处理顾客投诉，建立产品回收制度和赔偿责任制度。

（3）维护员工的权益

员工是企业重要的利益相关者，企业的可持续发展有赖于企业员工的艰辛劳动。社会责任理论认为，企业与员工之间最基本的关系是建立在经济契约基础上的经济关系，除此之外还有一定的法律关系和道德关系。员工作为企业人力资本的所有者，在现代企业中的地位和作用越来越重要，对员工的激励不应只停留在薪金或奖惩上，还需要在多个层次上根据员工的实际情况给予更多的人文关怀，才能充分调动员工的积极性和创造性，从而推动企业的发展与进步。

企业承担维护员工权益的社会责任的具体途径和方法有：以人为本，关心员工、尊重员工，激发员工的积极性和创造性；给员工提供健康安全的工作环境，并采取适当措施最大限度地消除工作环境中的安全隐患，消除可能危害员工健康与安全的潜在威胁；保证员工薪酬至少能达到法律和行业规定的最低标准，保障员工的各项福利；提供平等的就业机会、晋升机会和受教育机会，提供民主参与企业管理的机会，调动员工的工作热情和积极性；为员工制定合适的职业生涯发展规划，满足其自我实现的高级需要；尊重工会组织和工会组织的集体谈判权。

■ ■ 小案例 4-5

中国石油重人本的员工发展

员工权益

中国石油始终坚持以人为本，重视和维护员工的各项合法权益。

中国石油优化调整薪酬结构，加大薪酬分配向基层一线、关键艰苦岗位和专业技术人员倾斜力度。落实人才强企工程部署，深化人才定向激励，完善差异化薪酬激励，持续加大高端经营管理人才、核心科技研发人才、高技能领军人才的激励力度，让员工更好体现自身价值。

中国石油建立了多种与员工沟通联系的渠道，坚持履行民主程序，通过召开职工代表大会、民主议事会、员工代表座谈会等形式，了解并回应员工的期望和诉求。依法保障员工的知情权、参与权、管理权、选举权和监督权，鼓励员工为企业发展建言献策。

成长平台

中国石油关注员工在不同阶段的发展需求，重视员工职业生涯规划，不断创新人才成长环境和体制机制，注重人才成长资源保障体系建设，为员工实现自我价值提供广阔的舞台。

中国石油大力推进"互联网+培训"开发人力资源价值，持续创新培训方式，实行多样化、差异化职业培训。2021年，中国石油制定了《"十四五"员工教育培训规划》，分类分级开展岗位标准化培训建设；以培养创新精神、专业能力和创新创效能力为重点，全面提升培训工作的标准化、科学化和规范化水平。全年投入培训经费15.2亿元，面授培训31.8万人次，网络培训1 436万人次。

中国石油重视员工职业生涯规划，努力为员工实现自我价值拓展事业发展空间。2021年，持续深化专业技术岗位序列改革，完善激励机制，为专业技术人员提供独立、畅通、稳定的职业发展通道；成立全国首支技能人才创新基金，支持一线技能人才技术技能攻关和成果转化，成果获国家发明专利53项，应用转化193个。

在奖励激励方面，中国石油广泛开展评选劳动模范、先进工作者、技术能手和学术带头人，鼓励员工参与国际国内奖项评选等，从精神和物质两个层面对员工进行奖励激励；重视科技人员成长，依托国内外重点工程、重大项目、重要科研基地，选拔青年科研骨干承担国家和公司重大科技项目。

资料来源　中国石油. 2021年中国石油企业社会责任报告3　重人本的员工发展［N］. 石油商报，2022-06-16（5）.

（4）积极参与社区建设

社区是企业外部环境中的重要组成部分，是企业的根基所在，对企业的生存与发展有着重大的影响作用。企业的生产经营活动依赖于社区的各种社会服务，离开了社区的配合，企业的经营活动等就会受到严重影响。企业作为社区的公民，要对社区承担相应的责任，企业有责任改善所在社区的环境和条件，包括生态环境和自然资源，实现企业与社区共同发展。

企业承担建设社区的社会责任的具体途径有：协调好企业的发展与社区资源的合理利用之间的关系；扶持发展社区文化教育事业，帮助失学和有困难的青少年接受教育；关心和赞助社区慈善事业，参与社区有关社团活动，同当地政府和居民以及公共团体建立良好的关系；为社区提供更多、更好的就业机会，促进社区发展，促进当地经济和社会发展。

（5）促进资源、环境与社会可持续发展

企业的经营活动会对外部环境造成影响，同时受到外部环境的制约，即企业生产的外部性，尤其是负的外部性，如资源的过度开发、资源浪费和环境污染等，需要企业承担相应的责任解决这些问题。企业履行对资源、环境的责任可以降低企业由于被迫遵守规则所带来的成本，从长远来看还可以为企业带来长久的经济绩效和环境绩效，改善企业形象，提高企业声誉，推进社会经济的可持续发展。

企业承担保持资源、环境和社会可持续发展的社会责任的具体途径有：尊重自然，合理利用资源，杜绝对自然资源的掠夺式开发利用，保持自然界生态平衡；保护生态环境，降低消耗，减少污染破坏，积极开发和采用高新技术，加速产业技术升级和产业结构的优化，大力发展绿色企业，促进企业的可持续发展和社会的可持续发展。

4）企业承担自愿性慈善责任的途径和方法

企业从事慈善行为是最高层面的社会责任，大量的实践表明，企业正以各种形式履行着它们的社会责任，从以确保企业生存为目的而尽的经济责任，到做一个社会好公民、积极参与扶贫济困而尽的慈善责任，不一而足。目前，一些有远见的企业领导开始把自愿性慈善责任当作企业战略的一部分，以改变企业的竞争战略。还有些企业将慈善活动管理与其他生产经营活动整合起来，以达到通过慈善活动来提升企业知名度、提高雇员生产率、降低研究开发费用、减缓政府管制、推进企业各职能部门协调发展的目的。目前，社会开始关注那些在商业领域取得成功的企业和企业家在社会领域的表现，政府逐渐意识到发展慈善事业对社会稳定与和谐的重要性，出台了一系列鼓励民众和企业进行慈善捐赠的法律法规，社会和政府对企业从事扶贫帮困、救死扶伤、安置残疾人、赡养孤寡等慈善活动提出了迫切期待。企业作为社会系统的一个重要组成部分，其自愿性慈善行为有助于带动社会良好风气的形成，对建设和谐社会具有重要战略意义。

企业承担自愿性慈善责任的具体途径和方法有：企业应视自身发展水平和经济实力，重视扶贫济困工作，发展慈善事业，如救助无家可归人员，帮助失学儿童，为社会弱势群体提供就业机会或直接给予经济帮助；通过直接设立慈善基金或以向社会慈善机构和福利机构捐款、捐物的方式来资助社会慈善事业；以企业名义直接出资承担其他公益事业的义务，如城市绿化，修路修桥，发展医疗卫生、教育和文化事业；向突发性灾难发生地直接提供资助或相关帮助。

拓展阅读4-2

中国平安连续21年荣获"中国最受尊敬企业"

4.7 企业社会责任管理

4.7.1 什么是企业社会责任管理

"企业社会责任管理"可以从管理的一般属性和自身的本质属性两个方面来理解：企业社会责任管理的一般属性符合企业管理PDCA循环理论，它是一种有目标、有计划、有执行、有评估、有改进，系统性地对企业社会责任实践活动进行管理的过程。企业社会责任管理的本质属性是企业有效管理其决策和活动所带来的经济、环境和社会影响，是一个提升责任竞争力，最大化地为利益相关方创造经济、环境和社会综合价值的过程，对企业管理理念、管理目标、管理对象和管理方法等进行重新塑造。

4.7.2 企业社会责任管理的内容

企业社会责任管理就是要把社会责任和可持续发展理念完全融入一个企业的运营过程中，融入每个管理职能中，融入每个员工的日常工作中，直至融入企业文化、使命和核心价值观中，提升企业经营理念，转变企业经营管理方式，实现企业可持续发展，促进企业与社会的共同可持续发展。由此，我们初步可以考虑企业社会责任管理的内容，包括企业社会责任理念管理、生产运营过程社会责任管理以及职能部门社会责任管理，如图4-7所示。

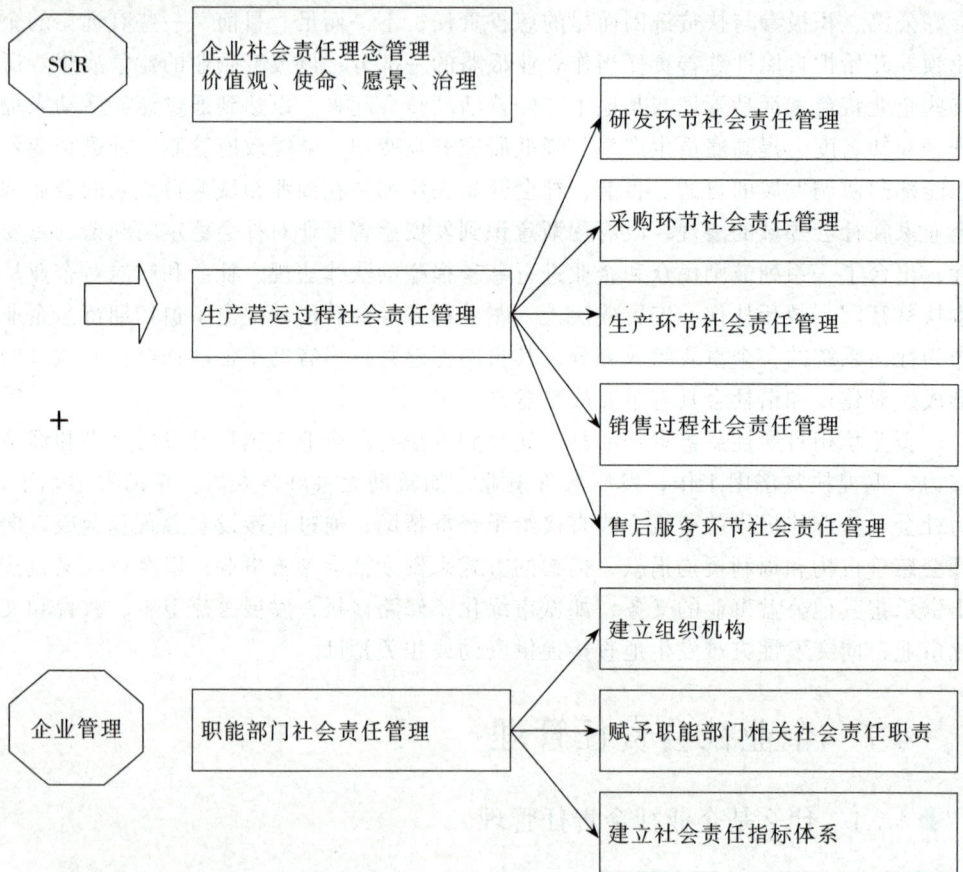

```
┌─────────┐  ┌───────────────────────┐
│  SCR    │  │ 企业社会责任理念管理      │
└─────────┘  │ 价值观、使命、愿景、治理  │
             └───────────────────────┘
                                        ┌──────────────────┐
                                        │ 研发环节社会责任管理 │
                                        └──────────────────┘
                                        ┌──────────────────┐
                                        │ 采购环节社会责任管理 │
                                        └──────────────────┘
        ┌──────────────────────┐        ┌──────────────────┐
   ⇨    │ 生产营运过程社会责任管理 │ ─────→ │ 生产环节社会责任管理 │
        └──────────────────────┘        └──────────────────┘
                                        ┌──────────────────┐
                                        │ 销售过程社会责任管理 │
                                        └──────────────────┘
   +                                    ┌────────────────────┐
                                        │ 售后服务环节社会责任管理 │
                                        └────────────────────┘
                                        ┌──────────────────┐
                                        │ 建立组织机构        │
                                        └──────────────────┘
┌─────────┐  ┌──────────────────────┐  ┌────────────────────────┐
│ 企业管理 │  │ 职能部门社会责任管理    │ ─│ 赋予职能部门相关社会责任职责 │
└─────────┘  └──────────────────────┘  └────────────────────────┘
                                        ┌──────────────────┐
                                        │ 建立社会责任指标体系 │
                                        └──────────────────┘
```

图4-7 企业社会责任管理内容结构

1）企业社会责任理念管理

企业使命、愿景和核心价值观不只是一种口号和宣言。企业使命定义了企业存在的理由和价值，也定义了它的一些发展原则、运营和决策原则。愿景定义了它希望成为一个什么样的组织，实际上是指导企业管理和运营的哲学角度的原则。企业社会责任理念有可能带来企业使命、愿景、核心价值观、治理理念等一系列的变化。企业社会责任理念管理首先可形成企业社会责任理念或者社会责任观，然后逐步融入企业使命、愿景、核心价值观等企业核心理念中。社会责任理念出现并融入企业的使命、愿景和价值观当中，实际上改变或者优化了企业存在的理由，以往企业存在的理由就是实现股东利益最大化，现在我们很少看到这样的表述，更多的是考虑利益相关方的利益。

■■ **知识链接 4-1**
中国企业社会责任 40 年的演化特点

中国企业社会责任管理与实践的 40 年，实质上是一部社会责任认知与理念的延伸史、企业与社会关系的调整与变迁史、企业社会责任制度供给的强化史，具体表现在企业社会责任认知、企业与社会的关系、社会责任推进主体、社会责任驱动逻辑以及企业社会责任实践范式等不同维度的特征演化上（见表 4-5）。

表 4-5　　　　中国企业社会责任 40 年不同时期发展演化特点

演化维度	缺位错位期 （1978—1993 年）	分化探索期 （1994—2006 年）	快速成长期 （2007—2012 年）	创新规范期 （2013 年至今）
社会责任认知	对社会的一切"负责任"的过度责任观	"唯赚钱论"	工具竞争观 社会回应观	综合价值共创与共享观
社会责任内容维度	企业办社会、异化的经济责任	经济责任	经济责任为主，社会主义环境责任为辅	经济、社会与环境三重责任
企业与社会的关系	小社会，边界模糊	企社分离，边界逐步清晰	企业嵌入社会与影响社会	企业与社会形成共生融入关系
社会责任推进主体	政府主导，缺乏外部力量	政府主导，外部力量初步显现	企业、政府与社会组织三重力量初步形成	企业内源性动力与外源性压力协同推进
社会责任制度供给	制度需求和供给严重缺失	制度供给不足	国有企业的强制性社会责任制度供给	强制性与诱导性制度供给结合

资料来源　肖红军，阳镇. 中国企业社会责任 40 年：历史演进、逻辑演化与未来展望 [J]. 经济学家，2018（11）.

2）企业生产经营过程社会责任管理

企业生产经营过程社会责任管理就是将社会责任理念、目标、方法和绩效融入企业的研发、设计、采购、生产、销售和售后服务等管理、生产、运营全过程，确保企业实现负责任的生产运营，不断提升自身的可持续发展能力。

（1）研发环节社会责任管理

研发环节社会责任管理就是将社会责任理念融入研发环节，也就是对企业的研发理念、行为、目标和成果进行重新塑造的过程。比如，以前企业在研发一种产品时，核心理念都是利润最大化，以最小的成本投入创造最大的经济价值，这是企业研发过程中要追求的终极目标。但是，融入社会责任理念之后，企业研发不能只考虑经济价值，还要考虑社会和环境价值。企业的研发核心理念转变为可持续发展、和谐共生的理念，追求的目标是经济、社会、环境效益的综合价值，最终的研发成果也是对企业及利益相关方都有益的产品。

■ 小案例4-6

社会责任理念融入惠林铅笔研发环节

惠林铅笔，从名字上就能看出，这是一家以可持续发展为导向的环境友好型企业。"惠林"具有"惠及森林，爱护大自然，珍惜生存环境"的寓意。其企业愿景是绿色产品撑起无限天空。惠林铅笔都是用废旧报纸卷出来的，这种铅笔的优势有两个：一是这些废旧报纸经过加工处理后，对人的身体无害，即使小孩子误食入口中，也不会中毒；二是这些用废旧报纸卷出来的铅笔比较紧实，铅笔掉在地上笔芯不容折断，延长了铅笔使用寿命。从社会责任管理的角度来看，首先，在理念上，慧琳铅笔从保护环境、保护植被的可持续环保理念出发，研发出了用废旧报纸制铅笔的方法；其次，在方法上，用废报纸卷铅笔这一非常环保的方法，最大限度地减少了对环境、社会、经济的负面影响，实现了经济、社会、环境综合价值的最大化。最后，在目标上，惠林铅笔运用自己的专业优势解决了可持续发展过程中遇到的环境问题，实现了经济、社会、环境的综合效益。环境效益：用废旧报纸卷出的铅笔，减少了木材的使用，保护了森林植被。社会效益：废旧报纸经过加工处理后，无毒无害，保证了消费者的生命健康安全，而且这种铅笔不容易断，使用时间长，从而减少浪费，帮助消费者省钱。经济效益：惠林铅笔的定价比普通铅笔稍高，但是很多环保型企业特别是国外的企业，都愿意出高价购买这种类型的铅笔，从而获得了可观的经济效益。

资料来源 殷格非. 企业社会责任管理——解码责任竞争力［M］. 北京：中国三峡出版社，2018：14.

（2）采购环节社会责任管理

采购环节社会责任管理就是从采购理念、目标、方法、绩效四个方面，融入社会责任的理念，最终实现经济、社会、环境效益综合价值最大化。一是在采购理念、方法、目标、绩效上都考虑到社会责任因素；二是责任采购管理不仅是对供应商的约束，也是对企业自身的约束，如果企业为追求利润最大化，采购价格低廉、不负责任的产品，那么这也是不负责任的行为。此外，企业在采购过程中，也有责任向供应商提供相应的社会责任培训、咨询服务，帮助供应商提升履责能力。

■ 小案例4-7

华为公司的负责任供应链

在供应链责任管理中，华为公司始终以"人"为核心，维护员工权益，提供劳动保障。

负责任供应链管理标准：华为公司制定了《华为供应商社会责任行为准则》，并严格落实到供应商企业社会责任工作中，促进供应商与华为一起落实对环境、社会、劳工的责任。

负责任供应链管理流程：华为公司从采购认证（sourcing）阶段到供应商正式引入，直至整个合作期间，都有完备的负责任供应链管理流程和机制。

供应链劳工保护：以人为本是华为公司在供应链责任管理中的核心和基本要求。员工必须先了解自己的权利，才能知道如何保护自己的权利。

供应链环境保护：华为公司严格要求所有供应商在生产运作过程中遵守当地的环保法律法规，采取多项措施减少生产过程对环境的影响，保护所在地的生态。

原料管理：华为公司将继续与行业组织、当地政府、上下游一起合作，采取合理有效的措施，构建稳定、有序、多元、负责任和可持续的供应链。

资料来源　华为公司官网（https://consumer.huawei.com/cn/sustainability/corporate-responsibility/）.

（3）生产环节社会责任管理

生产环节社会责任管理是指在生产环节，从理念、方法、目标、绩效四个方面，都要考虑社会责任的因素。企业在产品生产过程中，有没有遵循社会责任或者可持续发展的理念？在生产工艺和方法上，有没有考虑社会和环境因素？企业的生产行为会不会给社会及消费者带来健康、安全等方面的威胁？有没有破坏环境？此外，企业的最终目标是否为实现经济、社会、环境共赢的局面？这些都是融入了社会责任理念后，企业在生产环节会考虑的问题。

■ 小案例4-8

广汽丰田将社会责任理念融入生产环节

2022年，广汽丰田再次顺利通过了ISO9001质量管理体系及国家标准《质量管理体系要求》的监督审核、中国强制性产品认证及节能汽车产品认证的年度审查。

这一成绩来自覆盖产品全生命周期的品质保证体系，也得益于全价值链品质保证战略构筑。广汽丰田2022年的企业社会责任报告显示，在以"自工序完结"为核心的精益化生产模式基础上，广汽丰田积极开发运用大数据分析系统、导入自动化和智能化设备，借助数字化技术赋能品质保证体系，产品一次合格率常年保持在99%以上。

2022年，广汽丰田投产的第五生产线通过导入太阳能发电系统、购入整合绿色电力，成为广汽丰田首个电力碳中和工厂。截至2022年底，并网发电装机容量已达83MW，发电量约46 000MWh，约占工厂用电量的9%。未来，随着光伏项目的持续投产，总装机容量预计将达到94MW，每年发电量达104 000 MWh，每年可减少 CO_2 排放 76 000t。

此外，广汽丰田在厂区建设生态园，逐步实现厂区物种多样与生态平衡，并对周边环境起到减碳固碳的作用，实现"人与自然和谐共生"。截至2022年，广汽丰田累计环保总投入达11.4亿元。

资料来源　周伟力. 广汽丰田发布2022年企业社会责任报告 [EB/OL]. [2024-11-18]. https://huacheng.gz-cmc.com/pages/2023/05/12/77d3c5fa1423460296157892bcdb94f3.html.

（4）销售过程社会责任管理

销售过程社会责任管理是指将社会责任理念融入企业销售环节，从而改变企业的销售理念、目标、行为。

■ 小案例4-9

华润万家超市将社会责任理念融入销售环节

2022年，华润万家旗下高端精品超市Olé线下25家门店取消提供一次性可降解塑料购物袋，上新多款环保材质购物袋以供消费者选择。同时，门店所提供的环保袋内附有"润智收"回收小程序二维码，引导消费者扫码参与旧物回收，共同助力减排。

在全国门店，华润万家也对基础设施进行了绿色升级。在过去的一年里，华润万家持续改造完成75家店冷链高效节能水泵、高效LED（T5）灯管等设备，预计节电283.35万千瓦时，实现减排二氧化碳2 825吨；高效节能环保R448A制冷剂的使用，为单店预计减少用电量7万千瓦时，减排二氧化碳70吨。

未来，华润万家将始终以推进可持续消费为己任，践行绿色低碳高质量发展，带领更多消费者践行绿色低碳生活方式，让美好生活触手可及。

资料来源　邵晨晨. 以绿色消费链接美好生活，华润万家3 000多家门店连续15年为"地球一小时"发声 [EB/OL]. [2024-11-27]. http://hn.people.com.cn/n2/2023/0404/c356884-40363753.html.

（5）售后服务环节社会责任管理

售后服务环节社会责任管理是指企业将社会责任融入售后服务的理念、目标、行为等过程中。

■ 小案例4-10

沃尔沃将社会责任理念融入售后服务环节

自2020年新冠肺炎疫情暴发以来，沃尔沃本着"以人为本"的服务理念，为客户制定了大量疫情关爱政策，2022年的举措是"三大守护政策"，还额外提供"两大关怀福利"。

具体而言，沃尔沃"三大守护政策"是指，针对部分车主在疫情期间面临的车辆保修期、延保期到期等方面的问题，沃尔沃创新性地发起了延长保修期、延长延保期与提供必要道路救援活动的政策。其中，保修期延长政策为：2022年3月1日起，如客户购买的车辆保修期到期，客户所在区域正处于封闭状态，沃尔沃汽车可为车辆保修期额外延长一个月（自客户所在区域解封之日起）。

另外，沃尔沃还向客户提供"疫情恢复区空调消杀半价"以及"长期封控区电瓶更换优惠"等关爱服务。

这些疫情关爱政策正是沃尔沃12项全"心"服务的延续。公开资料显示，在2021年8月底举办的成都车展上，沃尔沃提出了12项全"心"服务，其中包括售前服务6项，即加满一箱油、交车官方礼、看车不打烊、试驾随心约、品味靓茶点以及推荐有好礼；售后服务6项，即预约快速养、免费取送车、尊享代步车、超长时营业、全天候守护以及零件终身保。

资料来源　薛致以．沃尔沃的别样"豪华"：为车主免费延保，向社会捐款超千万［N］．经济观察报，2022-05-30（22）．

3）企业职能部门社会责任管理

无论是企业社会责任理念管理，还是企业生产运营环节社会责任管理，都需要职能部门（战略管理部门、人力资源部门、财务部门、公关品牌部门等）承担起相应的职责。这里面不仅包括明确牵头的社会责任管理部门，更重要的是各个职能部门根据社会责任的要求分析本部门的职责，优化相关流程和制度，建立相关社会责任管理指标和考核指标，将社会责任要求真正纳入到本部门的日常管理中，保证社会责任真正融入生产运营各个环节，以及落实到每个员工的日常工作中。职能部门的社会责任管理要考虑三个要点。

第一，建立组织机构。一般以新建社会责任部门或赋予原有职能部门社会责任管理职责的方式建立社会责任管理部门，还可设立由中高层管理者组成的社会责任工作委员会等协调机构。

小案例4-11

国家电网公司的社会责任管理体系

在整个企业管理层面，国家电网公司成立了社会责任工作委员会，由企业主要领导人担任主任等职位，委员会下设社会责任工作办公室，其日常工作由公司办公厅组织开展。

在企业各单位层面，国家电网公司成立了社会责任工作领导小组，由单位主要负责人担任领导小组组长等职位，领导小组下设办公室，其日常工作由单位办公室组织开展。

公司还明确了其他部门的社会责任工作职责，包括与外部利益相关方沟通合作、牵头完成社会责任议题等。同时，明确各层级、各部门社会责任工作人员权责，即明确公司总部、各分公司、子公司及其社会责任主管部门、其他职能部门、业务部门社会责任工作的具体负责人和职责。指定高层管理者的代表，全面负责和协调社会责任工作。这主要是发挥其在公司推动社会责任工作开展的作用。当然，不同的地区和公司的管理认知和状况不一样，相应的职能设置和职责划分以及功能定位也会有所不同。

资料来源 殷格非. 企业社会责任管理——解码责任竞争力 [M]. 北京: 中国三峡出版社, 2018: 18-19.

第二，赋予职能部门相关社会责任职责。首先，我们要明确社会责任管理不是凌驾于企业管理之上的，也不是独立于企业管理的，它是企业职能管理新的重要组成，是将社会责任的理念和工具融于原有企业管理内容中，使得原有体系或制度更丰富、更优化、更科学，更符合企业发展规律。社会责任管理职责与现有的质量、环境管理等，并不是相互排斥、不相容或者取代的关系，这些管理体系各有管理侧重、各有管理地盘，但有机地融入现有的职能管理中。

第三，建立社会责任指标体系。职能部门社会责任管理最终要落到社会责任管理指标上。这些管理指标，一方面是企业社会责任管理的方向，另一方面是衡量职能部门以及企业社会责任管理成效的尺度，也是考核相关业务部门和员工的重要指针。

图 4-8 是中国建筑股份有限公司的社会责任管理体系图。图 4-8 表明，第一，开展社会责任理念管理形成了新的企业使命：拓展幸福空间。第二，将融入社会责任理念的企业使命落实到具体的目标、方针、路线中，包括跟不同的利益相关方达成拓展幸福空间的共识，如为客户拓展品质空间，为股东拓展价值空间，为社会拓展和谐空间，为行业拓展创新空间，为伙伴拓展共赢空间，为员工拓展成长空间，以及为环境拓展绿色空间。第三，为这些具体的空间制定相应的指标（共计 142 个），并分派给相关的职能部门负责实现，比如为客户拓展品质空间，有 21 个社会责任指标，分别由 7 个相关职能部门来承担。

这样，中国建筑股份有限公司就实现将社会责任理念融入现有管理体系的社会责任闭环管理。

曾有学者说过，未来 30 年，中国不仅将穿上"现代管理的鞋子"，还将向全世界出口"Made in China"的管理鞋子。这第一双鞋子很可能是企业社会责任管理。

拓展阅读 4-3

2021—2022
年度受尊敬
企业

部门9个、指标21个
为股东拓展价值空间

部门7个、指标21个
为客户拓展品质空间

部门11个、指标31个
为社会拓展和谐空间

拓展价值空间

满意的市值、持续的收益回报是股东和我们共同的幸福。我们坚持科学发展策略，积极转变发展模式，推行精细化管理，强化风险管控，不断提升盈利能力

拓展品质空间

创造"物超所值"的价值是客户和我们的共同幸福。我们始终将客户利益放在首位，全力为客户提供富含科技人文内涵的高品质产品，不断超越客户需求

拓展和谐空间

社会和谐与繁荣是全球社区与我们共同的幸福。我们重视安全生产，严格落实安全责任制，拉动就业，减轻社会就业压力；热心公益事业，扶贫助困；担当央企责任，维护社会稳定；履行全球责任，共建幸福家园

股东

客户

社区

房屋建筑工程

国际工程承包

房地产开发与投资

拓展幸福空间

部门6个、指标15个
为全球拓展生态空间

部门5个、指标15个
为行业拓展创新空间

环境

基础设施建设与投资

设计勘察

行业

拓展生态空间

推行绿色建筑，共建世界美好家园是全人类的幸福。我们搭建绿色建筑整体运营平台，实现建筑全生命周期一体化服务，助力推进生态和谐的城镇化建设，服务国家生态文明建设

拓展创新空间

公平的竞争秩序、科技创新与技术进步是我们整个行业的幸福。我们自觉遵守行业自律规则，鼓励公平竞争政策的制定和执行，尊重并保护知识产权；不断创新体系、管理、技术等，鼓励公司与建筑行业共同发展

员工

伙伴

拓展成长空间

帮助员工实现自我价值是我们与员工的共同幸福。我们恪守以人为本的管理思想，实施科学的人才发展策略，为员工搭建发展平台，让员工充分享受企业发展带来的成果，提高员工的生活水平

拓展共赢空间

共赢是伙伴与我们共同的价值追求、共同的幸福。我们全力保护伙伴的合法权益，扩大合作范围，深化合作领域，与合作伙伴共同创造价值，实现共同发展

部门6个、指标28个
为员工拓展成长空间

部门4个、指标11个
为伙伴拓展共赢空间

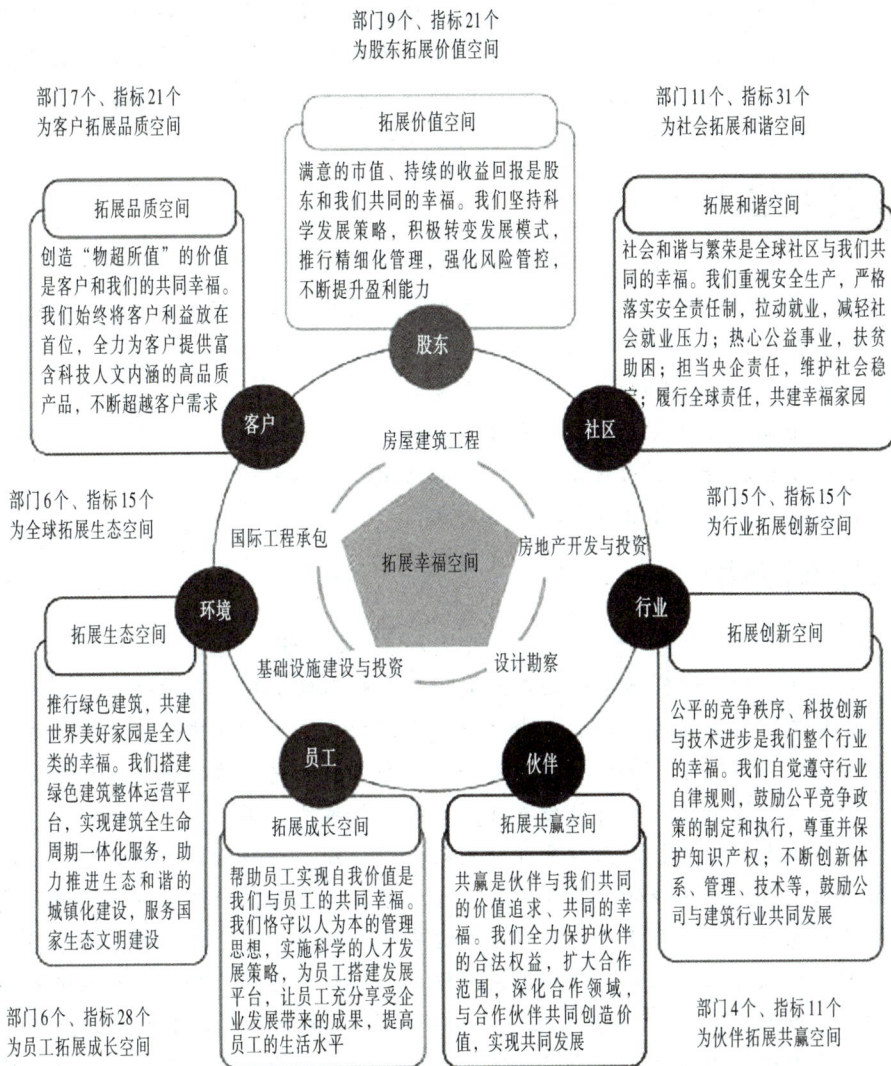

图 4-8　中国建筑股份有限公司的社会责任管理体系图

资料来源　根据中国建筑股份有限公司可持续发展报告及其相关信息整理，未经公司审阅.

▶▶ 本章小结

　　企业社会责任从产生之初就一直伴随着各种争论，在不同的发展阶段，各学者对企业社会责任的界定有所不同。企业社会责任的发展具有深厚的思想渊源，并经历了狭义的企业社会责任，企业社会回应，企业社会表现，利益相关者理论，企业公民、企业社会责任战略与共享价值，责任投资、社会企业、生态合作伙伴等发展阶段。与企业经营机制密切相关的法律机制、市场机制、伦理道德和企业可持续发展需要是企业承担社会责任的现实依据。企业承担社会责任可以提升企业形象，增强企业竞争力，对企业和社会的可持续发展均具有重要意义。企业要遵循量力而

行、有利于企业生存发展、责权平衡、满足社会需要、有利于社会进步的基本原则和指导思想，在经济责任、法律责任、伦理责任和自愿性慈善责任四个方面，根据自身的发展阶段和能力限度，选择合适的途径和方法承担相应的社会责任，同时企业要迅速加强企业社会责任管理，以增强竞争优势和竞争能力。

▶ 复习思考题

（1）如何理解企业社会责任的内涵？

（2）企业社会责任思想演变过程各阶段的思想特征有哪些？

（3）简述国际社会责任指南标准（ISO 26000）的诞生、意义与特点。

（4）简述 ISO 26000 与 SA 8000 的区别。

（5）企业为什么要承担社会责任？其现实依据是什么？

（6）企业社会责任的内容有哪些？如何承担这些责任？

（7）企业社会责任管理包括哪些内容？

▶ 案例分析

中国中车：将社会责任融入企业管理创新

近几年，ESG 评价体系鼓励企业更积极应对气候变化、环境污染、贫富差距等挑战。作为"国家名片"的打造者之一，中国中车秉承"守中致和、厚德载物"的社会责任观，不断深化责任内涵、责任担当和责任理念，推动社会责任理念融入企业经营管理，致力于在履行社会责任中发挥模范带头作用。

中国中车提出要担当五种责任。发展责任：致力于做强做优做大，建设现代企业，诚信发展，守诺经营，公开透明，开放包容，带动供应链，共同打造负责任的产业链和生态链。产品责任：致力于通过安全、绿色、优质的产品，为世界更大范围、更广地域的人员往来、货物运输提供便利，助力全球互联互通和经济融合。绿色责任：积极践行"绿水青山就是金山银山"的理念，致力于通过新产品、新工艺、新技术的应用和推广，为实现绿色出行、绿色生产、绿色产品、绿色发展作出贡献。社区责任：致力于在品牌化和国际化的进程中，传播中车责任理念，践行中车社会责任，用中车实际行动促进运营所在地的经济和社会发展。员工责任：致力于通过吸引全球人才，发挥员工才智，保障员工的合法权益和发展权利，促进企业和员工的和谐共荣，与员工共享企业发展成果，共同实现可持续发展。

绿色低碳坚定新发展理念

为应对全球气候变化挑战，中国中车率先提出降碳目标，探索环保、节能、低碳的发展模式，建设清洁制造体系，创建绿色工厂，争当"双碳排头兵、优等生"。

中国中车大连公司致力于低碳研发，其研制的 FXN3C 型内燃机车通过优化柴油机缸内燃烧，降低氮氧化物、碳氧化物、颗粒物的排放，达到了国际柴油机排放的第三阶段标准，是我国的首创研发。

中国中车唐山公司颠覆传统转向架设计理念，首次提出"全装配无焊接、多级刚度挠性构架"的设计理念，开发出具有引领性的原创轨道车辆弓系转向架产品，较传统焊接式构架转向架减重达30%，可消除转向架生产制造过程中焊接、涂漆等工序的碳排放。

中国中车大同公司研制的首台氢燃料电池混合动力机车正式投入运行，机车以氢气为能源，排放物为水，实现了零污染零排放，较内燃机车每万吨公里减少碳排放约80千克。

中国中车还加强对各级次子公司的环境风险管控，提升风险评价穿透性。各子公司辨识风险变化并全面管控，制定整改计划和措施，强化责任落实，评价出"企业级"环境风险233项。

中国中车以智能化、集成化、平台化、轻量化、绿色化为导向，在一体化材料、风电、新能源商用车、氢能、降耗减碳等研发方向启动了9个项目，持续提升低碳化研发能力，深挖减碳潜能。

勇担使命助力可持续发展

城市轨道交通是现代大城市交通的发展方向，也是建设绿色城市、智能城市的有效途径。中国中车作为城轨交通"系统解决方案提供商"，根据运用条件和需求，可满足不同城市和线路的个性化需求。

2021年7月，中国中车株洲电力机车公司研制的昆明长水国际机场捷运系统有轨电车"绿海豚"正式开通运营，这是国内首个采用自动驾驶模式的储能式有轨电车，也是全球首列运用于机场控制区内的储能式有轨电车。

"绿海豚"采用了三组60 000法拉高能量型超级电容，能储存80度电量，可在旅客上下车30秒内完成充电，一次充电可满载运行10千米，还可以吸收85%以上制动能量，实现能量的高效循环利用，人均百千米消耗不足1度电，相比一般机场摆渡车，每列有轨电车每年可减少二氧化碳排放2 300吨。

2021年4月份，中国中车山东公司出口德国铁路股份公司140组铁路运输车全部完成生产交付，这是该德国公司首次在欧洲以外采购的铁路货车整车。该铁路运输车用于装载多种型号的小汽车，在轻量化、低噪声、运行可靠性等方面达到或超过欧洲同类车型。

对标一流提升发展软实力

对标世界一流，中国中车持续推进精益管理，借助管理创新提升核心竞争力和发展软实力，带动企业更好更快发展。

中国中车坚决落实国企改革三年行动，按照时间进度推进各项工作，确保各项任务目标和举措全面落地，深入实施市场化经营机制改革，加速释放发展活力。2021年，中国中车改革三年行动方案的总体完成率达到94%，涌现出一批以株洲电力机车研究所为代表的央企改革典型。长江集团、唐山公司改革经验入选国资委"科改示范行动"案例集。

中国中车建立了完善的薪酬福利体系和沟通机制，保障员工合法权益，畅通职业发展通道，优化人才培养机制，加大人才培养力度，持续为员工营造平等、尊重、安全的工作环境，增强员工幸福感和获得感。

中国中车长期重视人才队伍建设，为员工提供多元化的学习渠道、公正公平的成长环境和广阔的职业发展空间，帮助员工提升职业能力，实现职业发展和职位晋升，助力员工更好地成长。

中国中车将"强基工程"与管理提升行动融合推进实施，制定年度强基工程清单，为夯实企业发展基础、创建世界一流企业奠定坚实管理基础。

资料来源　孙兆.中国中车：将社会责任融入企业管理创新［N］.中国经济时报，2022-08-29（A04）.

讨论题：

（1）中国中车是如何看待社会责任问题的？

（2）面对社会问题，中国中车从哪些方面采取了相应的措施？

（3）如何评价中国中车的做法？

第5章 社会责任战略理论与企业实践

▶ 学习目标

- 掌握企业社会责任战略的内涵
- 掌握波特的企业社会责任战略
- 熟悉企业社会责任发展指数
- 熟悉企业社会责任评价的原则及模型
- 了解企业承担社会责任的现状与未来发展趋势

▶ 引例

阿里巴巴的ESG战略

对阿里巴巴而言，ESG是面向未来发展的重要基石。自诞生起，阿里巴巴的DNA中就包含着社会责任的元素。这源于阿里巴巴的使命，即"让天下没有难做的生意"。阿里巴巴的平台帮助数以千万计的中小商家获得了发展机会，也让数以亿计的消费者提高了生活质量。

2019年，阿里巴巴在成立20周年之际与合作伙伴共同提出了中国第一个《可持续发展企业行动倡议》，除了对自身的要求，还倡议合作伙伴和同行努力做到以下几点：将可持续发展纳入核心业务发展战略，并建立必要的治理结构；在商业活动中践行可持续发展，在ESG披露方面保持透明；加强与所有利益相关方的合作，共同促进可持续发展；致力于实现长期的可持续发展目标，为企业、社区、国家和地球创造更美好的未来。

2021年12月，为了将这些倡议更好地转化成一个有活力的体系，阿里巴巴正式宣布——ESG是阿里巴巴面向未来发展的战略之一。基于此，阿里巴巴倡导负责任的科技，并将企业自身的发展和所处社会的可持续未来紧密结合起来。

五大战略设计步骤

确定战略定位和目标：通过与消费者、员工、股东与投资者、政府机构、合作伙伴、社区等利益相关方广泛沟通，结合社会面临的最迫切挑战，以及阿里巴巴自身特色和能力，确定优先应对的实质性议题，并形成可持续发展的重点战略目标。同时，进一步明确将ESG作为核心战略和其他业务战略的支撑——致力于做一家长期提升人类福祉和保护我们赖以生存的星球、让人与自然协同发展的科技企业。

放大平台科技公司赋能社会责任的影响：平台科技公司能够更广泛触达和连接多方参与者，促成它们之间的协同合作。这意味着平台可以成为参与者生态良性进步的载体，践行超越企业自身的社会责任，真正成规模、成体系地促进社会进步。

把可持续发展融入商业设计：只有把社会责任变成商业设计的核心要素，并通过科技和商业创新，才能让可持续发展驱动企业的发展。这意味着把 ESG 目标融入战略规划、业务定位、运营策略中，实现 ESG 和商业的融合。

做好可持续发展的公益慈善：协调公益慈善方向和 ESG 重点目标，通过公益行动补充和超越商业行为，从而应对更广泛的环境和社会挑战。

积极推动相关商业生态的协同变革：围绕以社会责任为核心的战略目标，自内而外，和供应商、非政府组织以及生态伙伴一起，创新改革商业体系。

七大行动方向

通过与生态相关方广泛交流，阿里巴巴完成了实质性评估，确定了和阿里巴巴最相关的 22 项 ESG 议题，并将其纳入七大行动方向。这七大方向与联合国 17 项可持续发展目标及中国的核心发展政策高度契合。

修复绿色星球：参与应对气候变化等重大生态环境问题，保护我们赖以生存的星球。

支持员工发展：以人为本，尽力让员工平等、包容、有尊严地发展。

服务可持续的美好生活：用科技向上向善的力量，打造可持续的美好生活。

助力中小微企业高质量发展：通过科技和商业创新，为实体经济中的中小微企业和创业者创造更多成长机会，让生产负责人用创新平台整合社会资源，推动建设人人参与的公益。

助力提升社会包容性和韧性：让弱势群体和欠发达地区共享发展红利，让社会更加包容、有韧性。

推动人人参与的公益：用创新平台整合社会资源，推动建设人人参与的公益。

构建信任：通过建立高效、透明、健全的治理体系，构建企业信任；通过遵循科技伦理、保护用户隐私和数据安全，构建社会信任。

ESG 的本质是追求人与自然的可持续发展。达成这一目标的前提，是阿里巴巴对外和各方参与者构建起信任关系，对内支持员工发展。基于此，整个参与者生态才能共同修复我们赖以生存的星球，促进人的协同发展，从而服务消费者可持续的美好生活，并助力中小微企业的高质量发展。阿里巴巴应该更加努力，助力提升社会的包容性和韧性，推动公益领域人人可参与。

资料来源　阿里巴巴.2022 阿里巴巴环境、社会和治理报告［R］. 杭州：阿里巴巴，2022.

思考：你对阿里巴巴的社会责任观以及社会责任行为认可吗？还有哪些方面可以改进？

▶▶ 5.1　企业社会责任战略

●● 5.1.1　企业社会责任战略的内涵

20世纪80年代以来，企业逐渐认识到企业社会责任与企业战略管理相结合的重要性。企业社会责任是提升企业竞争力的一个重要因素，是企业为了自己的长期可持续发展做出的战略选择。实施社会责任战略，有助于推动企业的可持续发展，而对可持续发展目标的追求，会进一步促使企业在生产过程中考虑到社会和环境的因素，促进企业和社会的双赢。

关于企业社会责任战略的内涵，学术界的表述并不一致。

伯克（Burke）和洛格斯登（Logsdon）指出，当企业履行社会责任能产生与企业有关的利益时，特别是对企业核心业务给予支持，进而提高企业的效益，对实现企业的使命有帮助时，企业社会责任就能上升到战略的高度。

世界可持续发展工商理事会（World Business Council for Sustainable Development，WBCSD）认为，企业的社会责任战略以一定的伦理和企业的核心价值观为基础，可以给企业带来比较明显的收益。

美国管理学家安德鲁斯（Andrews）从战略的角度看待企业社会责任，强调应把社会责任的成分纳入到企业战略的框架，企业在做自己的战略决策时要把社会责任的相关内容考虑在内，并且要贯穿于企业战略决策与实施的各个过程中。

总的说来，企业社会责任战略是指能为企业带来利润的，涉及企业社会责任的政策、项目或过程，它能支持企业的核心业务，从而有效地实现企业的使命。企业社会责任战略要求把企业自身、利益相关者和社会的利益结合在一起，它并不是简单地为慈善机构和希望工程捐了多少钱，而是企业对于社会、环境、资源、股东、企业员工、消费者等总体的考虑。

实践证明，企业实施社会责任战略，可以使其在消费市场、资本市场等领域获得消费者的满意和偏爱，给企业带来更多的优势，实现更多的经济效益和社会效益。一些成功的企业已经踏上了实施企业社会责任战略的道路。

■ 小案例 5-1

大众中国发布全新社会责任战略

2021年2月，大众汽车集团（中国）（简称大众中国）发布全新企业社会责任战略，结合社会议题和自身优势资源，制定了"低碳未来、教育、经济赋能"三大战略领域，秉持"成为中国可持续发展和负责任的企业公民典范"的愿景，更加坚定地履行企业公民责任。同时，大众中国表示，将在未来5年追加逾2亿元人民币作为企业社会责任基金，致力于成为中国可持续发展和负责任的企业公民典范。

聚焦"低碳未来"战略

作为最早进入中国的外资汽车企业之一,大众汽车"goTOzero"战略目标展示了自身的脱碳愿景。

作为大众中国全新企业社会责任战略领域之一,"低碳未来"是集团全球战略的核心。根据规划,大众汽车集团将携手三家合资企业于2020年至2024年期间在华投资150亿元以加速电动化布局,至2025年将有15款MEB平台纯电动汽车产品实现本土化生产,而在中国的产品组合中新能源车型的占比将达到35%。

除了产品层面,大众"goTOzero"战略还将关注气候变化、资源、空气质量以及环境合规四大领域,力争从原材料供应到产品生产直至产品生命周期结束实现整体脱碳。

以一汽-大众佛山MEB工厂为例,通过升级改造,工厂已实现100%可再生能源电力供应,使得生产过程实现了碳中和。此外,工厂安装的20万平方米太阳能电池板将为工厂提供8.2兆瓦电力,全年可提供9 000兆瓦时的可再生能源,由此每年可减少7 900吨的二氧化碳排放,成为绿色生产和智能化生产的标杆之一。

此外,安亭MEB工厂也已落实包括太阳能光伏发电、改良型热交换系统、智能光控、废弃物管理以及雨水回收在内的28项节能环保措施。与其他相同规模的工厂相比,在生产过程中,安亭工厂在能源及水资源使用、二氧化碳和挥发性有机化合物(VOC)排放及一般废弃物排放等方面均有效减少20%。

据了解,为践行低碳未来,大众中国于2020年推出了公益林项目,助力中国环境保护和生态系统改善,也为集团"低碳未来"愿景做出贡献。未来10年,该项目将在中国北方10个生态脆弱的地区开展植树造林,造林面积约4 000万平方米,相当于大众中国所有工厂占地面积的两倍。同时,公益林也将通过修复生态,改善当地居民的生活,创造更多就业机会。

积极履行企业公民责任

青年和青少年人才是社会发展的重要力量,对于教育事业的支持始终是大众中国企业社会责任的关键议题之一。2021年起,大众中国通过灯塔项目"青年大会",为中国下一代的教育成长贡献己力。"青年大会"旨在为中国大学生群体提供多样化的教育计划,激发青年学生对数字化时代移动出行的兴趣,同时培养其核心竞争力和创造力,并通过此举携手青年一代共塑未来移动出行。此外,大众中国还将持续开展青少年足球项目,旨在通过足球运动助力青少年强健体魄、塑造心智,推动足球文化的发展,继续支持中国青少年足球事业。

"授人以鱼不如授人以渔",中国脱贫攻坚的实践充分证明,通过职业技能培训让目标群体掌握一技之长,可以更好地发挥"扶技、扶智、扶志"的作用。

为支持巩固成果,在经济赋能战略领域,大众中国将通过经济支持、汽车职业教育及实践类培训等方式为来自农村低收入家庭的青年赋能。在未来5年内,该项目每年将支持约1 000名年轻人。项目将通过多方共同参与,在为农村青年们赋能的同时,也将为中国新能源汽车行业培养和输送更多专业人才。

此外,大众汽车培训学院也将提供线上免费课程,分享大众汽车新能源知识,并提供在经销商网点及工厂的学习实践机会。

小小善举，汇聚大爱。2021年，大众汽车集团（中国）还发起"点滴众爱"志愿者公益项目，通过"随手公益"的理念，号召并鼓励公司员工乃至公众在日常生活中积极投身公益。

大众中国表示，将整合集团自身优势资源，充分调动核心利益相关方，通过切实可行的企业社会责任实践，持续助力中国生态环境和社会的可持续发展。

资料来源　于建平. 聚焦三大领域，追加2亿元基金，大众中国发布全新社会责任战略［N］.华夏时报，2021-02-05.

5.1.2　波特的企业社会责任战略模型

1）价值链模型

如图5-1所示，在价值链模型中，波特把企业的价值活动分为基本活动和辅助活动（支持性活动）两类。基本活动包括进料后勤、生产、发货后勤、销售和售后服务；辅助活动包括采购、研究与开发、人力资源管理和基础设施。

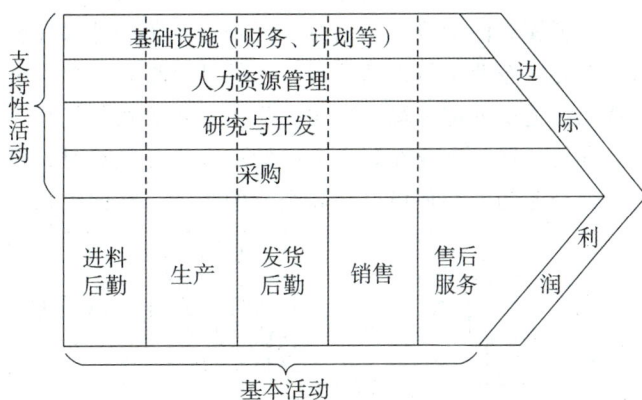

图5-1　波特的价值链模型

资料来源　波特. 竞争优势［M］. 陈小悦，译. 北京：华夏出版社，1997.

所有这些活动都与企业社会责任有关，企业要在价值活动的各个环节将社会责任充分融入其中，使之贯穿于企业价值活动的始终。譬如，与技术开发相关的社会责任因素就可能有：企业与大学的关系，即企业是否与大学建立合作的关系，推动技术创新；技术伦理和实验伦理问题，如企业生产过程中是否使用动物测试；产品安全，即企业生产出来的产品是否符合安全标准；节约初级材料，即企业是否通过开发新技术节约初级材料投入，从而达到保护森林、节约煤炭等初级资源的目的；产品回收，即技术革新是否有利于产品生命周期结束后的回收活动。

通过逐一分析每项活动中与企业社会责任有关的问题，企业就可以清晰地勾勒出价值活动的社会影响。波特把这一方法称为自内而外的方法。价值链模型可用于企业自检，即通过详细检查价值活动，发现与企业社会责任正面或负面相关的问题。企业需要将这些问题按优先次序排列，并尽力解决可能产生负面影响的问题。

以人力资源管理为例分析其中的社会责任因素：在人力资源管理当中，如何设置适当的工资满足员工的生活需要，如何设置适当的奖励措施维护员工的自尊，所有这些都涉及企业社会责任的问题。企业价值活动中的其他环节也都与社会责任紧紧联系在一起。企业在制定自己的战略时必须充分考虑到社会责任的因素，将它融入价值活动中的每一个环节，这样制定出来的战略才有利于企业获得长远利益，实现经济效益和社会效益的统一。

2）钻石模型

钻石模型运用了自外而内的方法。钻石模型是波特在研究国家竞争优势时提出的，是企业竞争力的重要分析工具，如图5-2所示。它由四个基本要素构成，分别是生产要素、需求条件、相关及支持产业、企业战略及竞争环境，另外还加入了机会和政府行为两个变量。生产要素包括人力资源、自然资源、知识资源、资本要素和基础设施等。需求条件主要是本国市场的需求。相关及支持产业是指这些产业和相关上游企业是否有竞争力。该模型也适用于社会责任的情景。波特认为，环境的变迁对四个因素产生了深刻的影响，从而改变了企业竞争的外部环境。现在社会责任的观念逐步深入人心，企业也越来越重视自己的社会形象，如果企业在经营时不考虑社会因素，就无法适应外部环境的变化，从而会丧失竞争优势。外部环境要求企业必须实行社会责任战略。企业在制定自己的社会责任战略时，要从这四个基本要素进行考虑，改善企业的外部环境，提高企业的声誉，从而增强企业的竞争力。

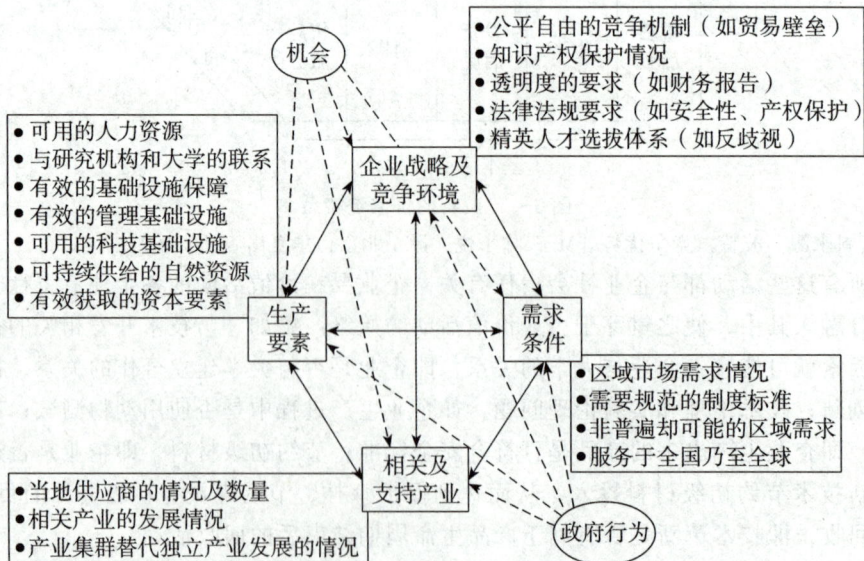

图5-2　波特的钻石模型

资料来源　波特．国家竞争优势［M］．李明轩，邱如美，译．北京：华夏出版社，2002．

以需求条件为例，贫困地区与富裕地区的需求结构和特征存在巨大差异：低收入者不喜欢大瓶装的洗发水，而宁愿要分装成小包的洗发水，因为他们不想一次花那么多钱买洗发水；高收入者则希望瓶子越大越好，他们觉得那样方便实惠，且不需要担心支付压力。因此，日用品生产商在不同收入水平的消费者市场上要采取截然不同的策略。只有那些细致考察过低收入者需求且设计出满足他们需求的产品和服务的企业，才能成功打开低收入者的市场。这个市场被称为"金字塔底层"，规模巨大且蕴含无限商机。联合利华在印度的"金字塔底层"战略就取得了巨大成功。所以，通过自外而内的方法，企业可以发现社会责任对竞争优势的直接影响。

企业要在充分分析各个因素之后制定自己的社会责任战略，钻石模型可以帮助企业了解外部环境的相关状况，在对外部环境深入分析的基础上，在了解外界对社会责任的反应以及采取的具体策略之后，有针对性地制定适合本企业的社会责任发展战略，实现企业的经济绩效和社会绩效的双赢。钻石模型可用于企业挖掘社会责任竞争优势，即从外部环境变迁出发，找到一些有利于塑造企业竞争力的社会、环境问题，并在解决这些问题的过程中增强企业竞争力。由于外部环境变迁涉及因素过多，波特并不提倡企业对社会问题的考察面面俱到，而仅需抓住对自己最有利的一两点。

3）创造共享价值模型

传统的企业社会责任思维由于割裂了企业利润与满足社会需求之间的关系已经不合时宜。企业的经济价值与社会价值之间是互相推动、良性循环的，共享价值是新时代企业的本质目的。共享价值是指一种企业的政策及营运方式，在增强企业竞争力之余，还能改善企业所在社区的经济与社会环境。创造共享价值的工作，聚焦在找出社会与经济进步之间的关系，并进一步扩展这种关系。

共享价值如何创造？通过创造社会价值实现经济价值，企业有三条实践途径：重新构想产品与市场；重新定义价值链上的生产力；促进企业运营与当地社会生态的良性发展。每条途径都是共享价值良性循环中的一环，每个环节的价值提升都会给其他环节带来机会。

（1）重新构想产品与市场

当前社会需求是巨大的：更健康、舒适的居住条件，营养与健康水平的提升，对老年人的关爱，更安全的财富，更新鲜的空气……都是当下未被满足的巨大需求。数十年来，企业一直在学习如何分析和制造需求，却忽略了最大的需求。太多的企业失去了对一个基本问题的追问：我们生产的产品是否对我们的顾客有益？对我们顾客的顾客是否有益？

共享价值对发展中国家的意义更大，因为这些国家往往存在更多的社会问题，并且无法只靠政府来解决。企业应尽力去捕获某些群体和某些地区极为重要却尚未得到满足的普遍需求，无论是健康、营养，还是减少区域内污染的需求。这些需求都为企业制定战略、赢得竞争优势以及赚取利润创造了机会。

（2）重新定义价值链上的生产力

社会进步与企业价值链之间的交集远远超过人们的想象。当企业使用共享价值的思维处理社会问题，并利用创新方式解决问题的时候，企业与社会的和谐性就能大大增加。

一个企业可以建造一个价值链（包括产品、分配、物流等），随之而来会有更多机会创造共享价值，比如减少往来运输货物所耗费的能源，通过循环利用原料来减少对环境的污染，更好地再利用水资源等，在此过程中，实现企业社会价值与经济价值的良性循环。企业还可以利用这些机会培训员工，使他们提高生产效率，赚取更多的收入，并不断成长，成为可以依赖的企业骨干。

■ 知识链接5-1
共享价值观念改造价值链的方式

改变1：能源利用与物流

企业正重新审视整个价值链中能源的利用情况，涉及的范围包括生产流程、运输、房屋建筑、供应链、分销渠道或支持服务等。由于能源价格飙升，加之人们重新认识到提高能源效率所带来的机会，这项反思工作早在碳排放成为全球关注焦点前就已经开始。通过技术改进、回收利用、废热发电等诸多举措，企业大大提高了能源利用率，并创造了共享价值。

改变2：资源利用

随着环保意识的增强和技术的进步，企业开始在水资源利用、原材料、包装、扩大回收再利用等领域采取一些新方法。所有资源的利用率都有机会提高，而不限于环保人士已经确定的那些资源。技术进步促进了资源利用率的提升，这种变化将渗透到企业价值链的各个环节，并将向供应商和渠道伙伴扩展。

改变3：采购

根据传统的采购策略，企业需要将产品变成大宗商品，最大限度地争取对供应商的议价权，达到压价的目的，即使是向小企业或勉强维持生计的农民采购也不例外。近年来，向低工资地区的供应商采购，已迅速成为一种趋势。如今，有些企业开始认识到，被边缘化的供应商不可能保持高生产率或维持质量，更不用说提高质量了。如果企业能够帮助供应商获得生产资料，并向其分享技术和提供融资，供应商的产品质量和生产率就能得到提升，从而企业在扩大产量时能够无后顾之忧。与压价相比，提高生产率往往是一种更好的做法。随着供应商日益壮大，它们对环境的不利影响明显减少，而这又进一步提高了它们的效率。共享价值由此而生。

改变4：分销

许多企业开始从共享价值的角度重新审视分销策略。正如iTunes、Kindle和谷歌学术搜索的例子所表明的，新的营利性分销模式也能大大减少纸张和塑料制品的使用。同样，小额信贷作为向小企业分销金融服务的一种新模式，既降低了成本，又提高了效率。在非传统市场，企业采购新分销模式的机会甚至更大。如果企业具备独特的营销能力，能够进入传统分销商覆盖不到的市场，向当地消费者提供他们需要的产品，改善他们的生活，就能造福社会。

改变 5：员工生产率

企业的关注重点开始发生转变，不再一味控制薪资水平、削减福利和实施离岸外包，而是意识到应该给予员工足以维持生活的工资、保障他们的工作安全和身体健康、向他们提供培训和晋升机会，因为这有助于提高企业生产率。例如，在许多企业看来，员工医疗保险是一笔"昂贵"的费用，他们会设法减少这笔开支，甚至彻底取消这项福利。如今，一些领先的公司发现，员工健康状况不佳所产生的成本（包括缺勤和生产率下降），比员工的医疗福利成本更高。如果工会也更多地关注共享价值，这类关爱员工的举措将更快地普及。

改变 6：经营选址

有些企业开始错误地认为，经营选址不再重要，因为如今的物流成本低，信息流动快，而且市场已全球化，所以经营地点的成本越低越好。渐渐地，企业对自己所在社区的关心越来越少。这种过于简单化的思维受到了质疑，其中部分原因在于能源和碳排放成本不断攀升。另外，人们也更清醒地认识到高度分散的制造系统会降低企业的生产率，而且如前文所述，远程采购也会产生隐性成本。例如，沃尔玛公司的食品部就越来越多地从公司仓库附近的当地农场采购农产品。它发现这样可以节省运输成本，还能小批量补货，这足以抵消从遥远的工业化农场采购所获得的低价好处。

资料来源　波特，克瑞默. 创造共享价值 [J]. 乐昀，译.哈佛商业评论，2011（7）：44-62.

（3）促进企业运营与当地社会生态的良性发展

企业不能再把自己看作单独的个体，而必须将自己视为地方社区的一部分，而且要依靠当地的一些供应商或机构。如果一家企业能和当地政府以及其他公司合作建立完善的供应体系和物流体系，那么它在该区域内将产生积极的影响。与此同时，该企业的生产效率和产能都将随之提高。

地方社区不仅包括商业企业，也包括研究机构、贸易联盟和标准组织等。它们也依赖于更广泛的公共资源，例如学校、清洁水、公平竞争法案、质量标准和市场透明度等。

过去，社区一直是政府关心的问题，因为政府的职责之一就是考虑区域内的经济如何发展，其实社区也是企业应当考虑的一个重点，因为企业的效率在很大程度上受社区经济强弱的影响。

创造共享价值的三条途径会彼此加强。例如，增强地方产业集群会增加本地采购，减少分散的供应链。满足社会需要的新产品和服务，以及满足被忽略市场的服务都需要选择新的价值链，如生产、营销和分销。新价值链的构建会创造对设备和技术的需求，聚集资源，并为雇员提供支持。

■■ 小案例 5-2

雀巢：创造共享价值

奈斯派索（Nespresso）是雀巢公司业务增速最快的事业部之一，自2000年以来的年增长率高达30%，它就是采用新采购思维的典型代表。奈斯派索生产制作精良的意式浓缩咖啡机，并精选来自世界各地的咖啡灌制单杯量的铝制咖啡胶囊。这种咖啡机使用方便，冲泡的咖啡质量上乘，它的诞生拓展了整个高端咖啡市场。

不过，保证专用咖啡豆的可靠供应是一项极具挑战性的工作。咖啡种植者大多是非洲和拉丁美洲贫困乡村的小农，他们深陷生产率低下、品质欠佳和环境恶化的恶性循环之中，产量十分有限。为了解决这些问题，雀巢公司重新设计了采购流程。它与咖啡种植户密切合作，向他们提供农事建议和银行贷款担保，并帮助他们获取咖啡苗、杀虫剂和化肥等投入要素。雀巢公司在当地建立了办事机构，负责评估采购点的咖啡豆品质。如果咖啡豆品质较好，雀巢公司会给种植户一个好价钱，提高他们的积极性。随着每公顷产量的增加，咖啡豆品质的提升，种植户的收入相应增加，对环境的破坏也减少了。同时，对雀巢公司来说，优质咖啡豆的可靠供给显著增加。共享价值由此而生。

雀巢公司的例子还充分体现了向本地优秀供应商采购的好处。跨地域或跨国采购不仅会产生交易成本，而且缺乏效率，这就会抵消低工资和低成本投入要素带来的好处。有能力的本地供应商可以帮助企业规避这些成本，缩短采购周期，增强灵活性，提升学习速度，同时促进创新。本地采购的对象不仅包括本地公司，还包括全国性公司或国际公司在本地的业务部门。企业实施本地采购，可壮大供应商的实力，增加它们的利润，使供应商有能力招聘更多员工，支付更高薪酬。所有这些会让本地的其他企业受益。共享价值由此而生。

资料来源　波特，克瑞默. 创造共享价值［J］. 乐昀，译.哈佛商业评论，2011（7）：44-62.

●● 5.1.3　企业社会责任战略管理的措施

随着经济全球化的发展，社会责任的观念深入人心，被越来越多的企业接受，并将其与企业的战略结合在一起。企业承担社会责任的行为不仅提升了企业形象，而且使企业赢得越来越多顾客的信赖，更有利于扩大自己的市场份额。但是，盲目地追求承担过多的社会责任而忽略企业自身的能力将对企业产生负面影响。因此，加强企业社会责任战略管理，使社会责任战略更加有效，才能够保证企业的长期可持续发展。

> **1）明确企业的定位，根据自己的发展阶段寻求适宜的社会责任战略**

积极主动地承担社会责任的企业通常会受到社会公众的认可和赞誉，但是承担社会责任需要资金的支持，因此企业的社会责任战略要从企业的实际条件出发。如果企业本身不具备承担过多社会责任的能力，而勉强承担与自己的实力以及发展水平不相符的过多的社会责任，则可能得到相反的效果。这时的企业社会责任战略不但不会转化为企业的竞争力，而且会成为企业的负担，使企业不能集中精力、物力、财力去开展生产经营活动。如果企业连基本的业务活动都不能保证，即使它的社会活动做得再好，也会给社会公众和利益相关者造成一定的负面影响。因此，企业必须对自己有一个清晰的定位，选择适合自身的社会责任战略，不能盲目地为了树立企业的公众形象而不顾其他利益。

2）分阶段承担适合企业自身的社会责任

成功的企业社会责任战略管理要能够使企业的社会责任行为与企业经济利益的实现互利共赢。分阶段地承担适合企业自身的社会责任，可以使企业在享受到社会责任战略所带来的好处的同时，不会影响到企业的经济利益。企业承担社会责任的水平要与企业的发展阶段、经济实力、发展目标相适应。企业在初创阶段，资金短缺，自身的生存问题是首先要考虑的，此时，如果过多地承担社会责任就会加重企业的负担。企业步入成熟期，具备了一定的经济实力，才有能力承担更多的社会责任，将社会责任纳入企业发展战略中，做好计划与安排，实现企业发展与承担社会责任的有机结合。适当的企业社会责任战略管理可以促进企业自身的发展。随着企业的健康发展，企业的盈利能力进一步增强，企业就具备了承担更多社会责任的能力。

3）明确社会责任的愿景，与企业目标相结合

当企业具备承担社会责任的能力时，就要做好企业社会责任战略规划，着眼于长远，将承担社会责任作为一个长期的发展战略，并在企业发展战略中反映承担社会责任的愿景和规划，向社会展示企业负责任的态度。在现实社会中，部分企业仍然将经济利益作为发展的终极目标，而忽视企业其他利益相关者的利益。有一些企业为了自己的经济利益，不顾其他人的安危，从三聚氰胺奶粉事件到过期肉事件再到土坑酸菜事件等，说明现实中还存在社会责任意识严重缺失的现象，因此加强社会责任战略管理意义重大。我国最具影响力的综合性教育集团——新东方教育科技集团——将企业社会责任融入公司愿景之中，致力于成为中国优秀的、令人尊敬的、有文化价值的教育机构。2020年，面对新冠肺炎疫情带来的严峻挑战，新东方通过战略转型、捐款捐物、向社会免费开放多样化的优质教育资源、支援贫困地区教育建设、创造就业、开展各类公益活动等方式积极承担社会责任，发挥了表率作用，备受行业和社会的认可，获得"2020年度社会责任公益企业"荣誉称号。2022年，新东方在经营发展面临挑战的背景下，依然坚守教育企业的使命理念，积极践行企业社会责任，紧紧围绕乡村学校、教师和学生需求，通过资金支持、物资捐赠、课程培训等方式，支持乡村教育发展，帮助乡村学生全面成长，同时积极参与抗震救灾、扶危济困，荣获2022年中国益公司企业社会责任力"公益慈善杰出企业"。

4）在企业内部建立负责社会责任管理的部门或机构

有效的企业社会责任战略管理需要与之匹配的组织或管理部门，企业在制定社

会责任战略之前需要由相关部门对社会责任的投入与回报进行评估，确定社会责任能为企业带来的潜在收益。同时，社会责任管理部门还要负责协调企业与社会环境的关系，处理好企业与利益相关者的关系、短期利益与企业可持续发展之间的关系，最终目的是保证企业社会责任战略的成功。例如，LG新能源公司致力于成长为一家以环境保护为中心、履行社会责任并在经营中创造可持续价值的环境友好型企业，并在董事会内部成立ESG委员会，委员会由四名董事和一名执行董事组成，每半年举行一次会议，负责决议ESG管理的基本政策、策略和运作，监督社会责任发展战略及各项建设目标有效落地。

5）将社会责任意识内化为企业文化

企业是社会经济的细胞，是最重要的市场主体，是社会财富的源泉。企业的发展离不开社会的支持，积极地履行社会责任，将企业的发展成果回馈社会，用于社会福利和公益事业，也是企业不可推卸的责任。企业要在日常活动中加强对社会责任的管理，将社会责任融入企业战略中，将单纯的社会责任理念转化为企业的具体实践活动，利用社会责任构建企业的竞争优势，促进企业的长期可持续发展，形成企业发展和社会发展的良性互动，促进经济和社会的共同进步，这也是构建和谐社会的重要要求。由此可见，企业社会责任与战略的结合意义重大，企业制定社会责任战略时对其影响因素及相应的管理措施要有清晰的认识，使社会责任与战略互相融合，实现社会责任向战略高度的转变。

■ 小案例5-3

上海福喜事件

上海福喜是麦当劳、肯德基等知名快餐连锁企业的肉类和蔬菜供应商。2014年7月20日，上海福喜食品有限公司"存在大量采用过期变质肉类原料的行为"被东方卫视曝光后，舆论一片哗然。7月22日，上海市食品药品监督管理局表示，初步调查表明，上海福喜食品有限公司涉嫌有组织实施违法生产经营食品行为，并查实了5批次问题产品，涉及麦乐鸡、迷你小牛排、烟熏风味肉饼、猪肉饼，共5108箱。7月23日，其6名高管被当地警方刑拘。肯德基、麦当劳随后宣布与美国福喜集团中国子公司（简称福喜中国）停止一切合作。

福喜中国9月22日早间发布声明，称将针对上海福喜食品有限公司340名员工执行遣散计划，仅留任一小部分员工协助政府调查。340名员工中有226名员工为上海福喜食品有限公司直接雇用，114名为外包合同员工。

2016年2月1日，上海市嘉定区人民法院依法对上海福喜食品有限公司（上海福喜，福喜食品有限公司（河北福喜），被告人杨某、贺某等犯生产、销售伪劣产品罪一案进行了一审公开宣判。

法院以生产、销售伪劣产品罪分别判处两家公司罚金人民币120万元，澳籍被告人杨某等10人均被判有期徒刑，其中：杨某被判处有期徒刑3年，并处罚金人民币10万元，驱逐出境；贺某等9人被判处有期徒刑2年8个月至1年7个月不等，并处罚金人民币8万元至3万元不等。

　　资料来源　［1］陈白. 上海福喜宣布340名员工被遣散［N］. 新京报，2014-09-23.［2］高岩，刘浩. 福喜案一审宣判　两公司各被罚120万元10人获刑［N］. 2016-02-05（01）.

▶▶ 5.2　中国企业社会责任发展指数

　　中国企业社会责任发展指数是中国社会科学院经济学部企业社会责任研究中心研发推出的年度综合指数。该指数从责任管理、市场责任、社会责任、环境责任等多个方面对中国国有企业100强、民营企业100强和外资企业100强共300家企业的社会责任管理现状和责任信息披露水平进行综合评价，以辨析中国企业社会责任发展进程的阶段性特征，为中国企业社会责任的深入研究提供基准性参考，促进中国企业社会责任发展。

　　2022年11月20日，第五届北京责任展暨《企业社会责任蓝皮书（2022）》发布会在北京召开，这是中国社会科学院课题组连续第14年发布企业社会责任蓝皮书。该蓝皮书显示，2022年中国企业300强社会责任发展指数为36.4分，超四成半企业社会责任发展指数达到三星级及以上水平，124家企业仍在"旁观"。此外，国有企业100强社会责任发展指数（55.5分）连续14年领先于民营企业（33.4分）与外资企业（20.2分）。[①]

● 5.2.1　研究路径与理论模型

1）研究路径

　　中国企业社会责任发展指数是对中国企业社会责任管理体系建设现状和责任信息披露水平进行评价的综合指数。其研究路径是：首先，根据三重底线（Triple Bottom Line）观和利益相关者理论（Stakeholders Theory）等经典的社会责任理论构建出一个责任管理、经济责任、社会责任、环境责任"四位一体"的理论模型；其次，通过对比分析国际社会责任指数、国内社会责任倡议文件和世界500强企业社会责任报告，构建出分行业的社会责任评价指标体系；再次，从企业社会责任报告、企业年报、企业官方网站[②]收集中国国有企业100强、民营企业100强和外资企业100强共300家企业的年度社会责任信息；最后，对企业的社会责任信息进行内容分析和定量评价，得出企业社会责任发展指数初始得分，并通过责任奖项、责任缺失和创新责任管理等项目对初始得分进行调整，得到企业社会责任发展指数最终得分与社会责任排名。

---

　　① 蒋菡.《企业社会责任蓝皮书（2022）》发布［N］. 工人日报，2022-11-22.
　　② 企业负面信息的来源包括人民网、新华网等权威媒体和相关政府网站。

2）理论模型

中国企业社会责任发展指数指标体系的理论基础是三重底线观和利益相关者理论。"三重底线"的概念最早是由英国学者约翰·埃尔金顿（John Elkington）于1980年提出的。1997年，约翰·埃尔金顿出版了《拿叉子的野人：21世纪企业的三重底线》一书，"三重底线"开始为人们所重视，逐渐成为企业社会责任概念的共同基础。三重底线观认为，企业行为要满足经济底线、社会底线与环境底线的要求，企业不仅要对股东负责，追求利润目标，而且要对社会、环境负责。利益相关者理论认为，企业社会责任实质上是企业对股东、客户、员工、供应商、社区等利益相关者和环境的责任。

基于上述理论，中国企业社会责任发展指数体系构建了一个新的社会责任理论模型（如图5-3所示）。

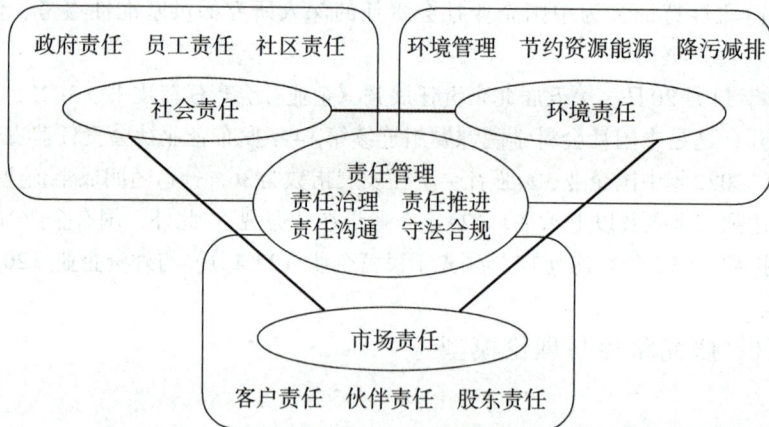

图5-3　中国100强系列企业社会责任发展指数理论模型

居中的是责任管理，这是企业社会责任实践的原点，包括责任治理机制、责任推进工作、责任沟通机制和守法合规体系。市场责任居于模型的下方，企业是经济性组织，为市场高效率、低成本地提供有价值的产品/服务，取得较好的财务绩效是企业可持续发展的基础。市场责任包括客户责任、伙伴责任和股东责任等与企业业务活动和市场责任密切相关的责任。社会责任居于模型的左上方，包括政府责任、员工责任和社区责任。环境责任居于模型的右上方，包括环境管理、节约资源能源、降污减排等内容。整个模型围绕责任管理这一核心，以市场责任为基石，社会责任、环境责任为两翼，形成一个稳定的闭环三角结构。

5.2.2 评价指标体系与赋权评分

1）评价指标体系

中国企业社会责任发展指数指标体系由 3 个层级构成，各行业的一级指标与二级指标均相同，三级指标有所区别。一级指标包括责任管理、市场责任、社会责任和环境责任。其中，责任管理包括 4 个二级指标，分别是责任治理、责任推进、责任沟通和守法合规；市场责任包括 3 个二级指标，即客户责任、伙伴责任、股东责任；社会责任包括政府责任、员工责任和社区责任 3 个二级指标；环境责任由环境管理、节约资源能源、降污减排 3 个二级指标构成。根据行业特性，客户责任、员工责任和整个环境责任板块下的三级指标在各行业之间有所差别。中国 100 强系列企业社会责任发展指数指标体系（基础版）见表 5-1，各行业指数构成在此基础上有增删。

表 5-1　中国 100 强系列企业社会责任发展指数指标体系（基础版）

一级指标	二级指标	主要三级指标	
责任管理	责任治理	• 明确核心业务的风险与机遇 • 关心世界性问题 • 加入国际社会责任组织 • 明确社会责任理念	• 机构决策者声明可持续发展的机遇与挑战及其与机构或战略的关系 • 组建社会责任领导机构
	责任推进	• 制定企业社会责任发展规划 • 明确企业社会责任主管部门 • 建立专门的企业社会责任部门或设立企业社会责任专员 • 构建企业社会责任指标体系 • 企业社会责任风险管理	• 明确企业的利益相关方 • 开展企业社会责任培训 • 推动下属企业履行社会责任（包括编写企业社会责任报告、建立组织体系等） • 推动合作伙伴（上下游企业）履行社会责任
	责任沟通	• 利益相关方需求调查 • 利益相关方与高层沟通机制 • 公司主页上有企业社会责任专栏 • 发布企业社会责任报告 • 第几份企业社会责任报告 • 是否已发布年度企业社会责任报告	• 企业社会责任报告参考标准或指南 • 企业社会责任报告披露负面信息 • 企业社会责任报告数据可比性（包括纵向可比性与横向可比性） • 企业社会责任报告可信度（报告含利益相关方评价、专家点评或第三方审验）
	守法合规	• 建立守法合规体系 • 制定行业规范 • 守法合规培训	• 反商业贿赂制度与措施 • 反腐败制度与措施

续表

一级指标	二级指标	主要三级指标	
市场责任	客户责任	• 研发投入 • 专利数 • 产品或服务质量管理 • 产品合格率 • 按照规定产品信息进行说明	• 客户关系管理体系 • 客户满意度调查 • 积极应对客户投诉 • 保护客户信息
	伙伴责任	• 建立战略合作机制 • 责任采购 • 责任贸易	• 合同履约率 • 反不正当竞争 • 信用评估等级
	股东责任	• 成长性 • 收益性 • 安全性	• 投资者关系管理 • 宏观经济环境变化对财务绩效的影响及对比
社会责任	政府责任	• 响应政府宏观政策 • 纳税总额	• 员工人数
	员工责任	• 劳动合同签订率或集体合同覆盖率 • 社保覆盖率 向员工提供有竞争力的薪酬 • 平等雇佣制度、措施 • 女性管理者比例 • 职业安全健康管理体系 • 安全健康培训 • 体检员工比例	• 员工伤亡人数 • 员工培训体系 • 培训力度（包括培训覆盖面、人均培训投入、人均培训时间等） • 员工职业发展规划 • 员工意见传达到高层的渠道 • 困难员工帮扶 • 员工满意度 • 员工流失率
	社区责任	• 评估运营对社区的影响 • 本地化采购政策 • 员工本地化政策 • 捐赠方针	• 建立公益基金或基金会 • 捐赠总额 • 抗震捐赠额 • 员工志愿者
环境责任	环境管理	• 环境管理体系 • 通过 ISO 14000 认证 • 开展环保培训 • 绿色采购	• 环保产品研发与销售 • 环保总投资 • 环保公益
	节约资源能源	• 节约能源制度、措施 • 单位产值能耗 • 节约水资源制度、措施 • 单位产值水耗	• 环保产品研发与销售 • 环保总投资 • 环保公益
	降污减排	• 减少废气排放的制度、措施 • 废气排放量或减排量 • 减少废水排放的制度、措施 • 废水排放量或减排量 • 减少固体废弃物的制度、措施	• 固体废弃物排放量或减排量 • "三废"综合利用率 • 减少温室气体排放的制度、措施 • 温室气体排放量或减排量
	环境责任	环境管理	• 环境管理体系 • 通过 ISO 14000 认证 • 开展环保培训 • 绿色采购

2）指标赋权与评分

中国100强系列企业社会责任发展指数的赋值与评分分为5个步骤：

（1）根据各行业指标体系中各项企业社会责任内容的相对重要性，运用层次分析法确定责任管理、市场责任、社会责任、环境责任4个责任板块的权重。

（2）根据指标的实质性和重要性，为每个责任板块下的具体指标赋权。

（3）根据企业社会责任管理现状和信息披露的情况，给出各项社会责任内容下的每一个指标的得分。评分标准是：无论是管理类指标还是绩效类指标，如果企业的公开信息能够说明企业已经建立了相关体系或者披露了相关绩效数据，就得分，否则不得分。指标得分之和就是该责任板块的得分。

（4）根据权重和各责任板块的得分，计算企业社会责任发展指数的初始得分。计算公式为：

$$企业社会责任发展指数初始得分=\sum W_j \cdot A_j$$

式中：A_j 为企业某社会责任板块的得分；W_j 为该责任板块的权重。

（5）初始得分加上调整项得分就是企业社会责任发展指数的最终得分。调整项得分包括企业社会责任相关奖项的奖励分（每个责任板块下的奖项奖励1分）、企业社会责任缺失的惩罚分（每个责任板块下的缺失扣2分），以及对企业社会责任管理创新实践的特别加分（加5分）。

■ 小案例 5-4

《中央企业社会责任蓝皮书（2022）》发布

2022年12月20日，由国务院国资委社会责任局主办，中国社会责任百人论坛承办的《中央企业社会责任蓝皮书（2022）》发布活动在北京举行。该蓝皮书研究发现，中央企业在社会责任实践方面取得了八方面进展。

一是稳定经济发展，保障国计民生。中央企业深入研判市场形势，密切跟踪市场变化，及时优化经营策略；不断巩固提升市场份额；持续优化布局结构，努力扩大有效投资，加快重点项目落地；认真落实提质增效举措，大力降本节支，加大亏损治理力度，持续提升精益化管理水平。主要经济指标均取得新进展、新突破，为稳定宏观经济大盘、保持社会大局稳定贡献重要力量。

二是强化科技创新，实现自立自强。作为科技创新的国家队，中央企业突出抓好重大科技专项任务落地，着力打造原创技术策源地；突出抓好强化企业创新主体地位，加快建设创新型领军企业；突出抓好科技生态优化，更好激发创新创造潜能；突出抓好两化融合和数字化转型，大力推进创新链产业链深度融合。

三是聚焦"双碳"目标，建设美丽中国。中央企业通过严格落实环境政策，加强节能减排工作，全面调整能源产业结构，加快建设治污设施、推进生态保护和修复治理等措施，切实发挥生态优先、清洁生产的表率作用，为环境保护做出新的贡献。同时，中央企业创新绿色金融实践，积极推进绿色低碳金融产品和服务开发，拓展绿色信贷、绿色债券、绿色基金、绿色保险业务范围，探索碳排放权抵押贷款等绿色信贷业务，让绿色成为高质量发展的底色。

四是接续乡村振兴，助力共同富裕。中央企业始终坚决贯彻落实党中央、国务院关于乡村振兴战略的重大决策部署，全面推进脱贫攻坚与乡村振兴工作有效衔接，继续当好助力乡村振兴的主力军，为实现乡村全面振兴贡献力量。

五是统筹发展和安全，全力抢险救援。面对世纪疫情的跌宕反复，中央企业统筹发展和安全，统筹保供和转型，扎实做好稳经济、稳就业，防疫情、防风险，保安全、保稳定等工作。

六是增进民生福祉，创造美好生活。中央企业作为民生事业的顶梁柱，主动将自身主营业务和资源优势与民生需求深度结合，全力解决百姓的急难愁盼，不断满足人民群众对美好生活的需求。通过持续创新产品和服务供给，在基础设施、能源供应、粮油食品、信息安全、通信、交通等民生领域，不断提升保供能力和服务品质。

七是深度融合发展，促进区域协调。中央企业深入贯彻落实西部开发、东北振兴、中部崛起、东部率先的区域发展总体战略，在推进京津冀协同发展、长江经济带发展、粤港澳大湾区建设、长三角一体化发展、黄河流域生态保护和高质量发展、高标准高质量建设雄安新区，支持北京城市副中心建设中主动发挥积极作用。同时，加大力度支持革命老区、民族地区、边疆地区的加快发展，促使区域经济逐步向协调发展的方向转变。

八是融入开放格局，坚持境外履责。中央企业不断扩大高水平对外开放，坚持联通内外、主动作为。通过主动对标高标准国际经贸规则，在新技术、新产业、新场景等领域探索新的规则制度；落实好"五个统筹"，持之以恒推动共建"一带一路"高质量发展，积极拓展合作新领域，打造一批"小而美"工程；积极参与自贸试验区和自由贸易港等开放试验区、功能区建设，以及广交会、消博会、服贸会和进博会等国际会议，抢抓发展机遇、防范发展风险，努力形成国际合作和竞争新优势，为改革发展创新注入强大动力。

资料来源   金辉.《中央企业社会责任蓝皮书（2022）》发布［EB/OL］.［2024-11-23］. http://www.jjckb.cn/2022-12/22/c_1310685627.htm.

》》 5.3   企业社会责任评价

● 5.3.1   企业社会责任评价的原则

1）全面性与系统性相结合

全面性原则是指在考虑社会责任组成要素和内容的基础上，设置相应的指标来全面地反映企业社会责任的状况，即指标的选择要有一定的综合性。简言之，所选的指标范围要尽可能广泛，数量要尽量多，深度要尽可能大；否则，企业社会责任综合评价的结果将失去公平性。

2）定量指标与定性指标相结合

定量指标一般是指可以进行量化的指标，通常可以用数量、货币、比率等来表示，如资产负债率、现金流量等。定量指标能够科学、客观地反映所评估对象的实际情况，因此在进行评估时要尽量选择定量指标。但现实中并非所有的指标都能够量化。比如在对企业社会责任进行评估时，对于是否使用童工这一指标就无法用定量化的指标来进行描述。这种无法通过直接数据计算分析评价内容，而需对评价对象进行客观描述和分析来反映结果的指标就是定性指标。在对企业社会责任进行评估的过程中，为了做到科学、合理、公正，在不影响结果的情况下，应该尽量选择定量指标，避免使用主观指标。

3）财务指标与非财务指标相结合

对于企业社会责任的衡量，传统上往往从企业的经济效益出发，侧重于采用财务指标。财务指标一直是对企业社会责任的经济责任进行评估的主体。现阶段企业社会责任内容不断扩展和延伸，对各利益相关者的关注程度不断提高，社会责任内容的评估指标变得比较复杂，有相当多的指标是非财务指标，如组织中的性别歧视等，这些不能用财务指标来衡量的内容也是企业社会责任的重要方面，所以企业在对社会责任进行评价时，财务指标与非财务指标都必不可少。

4）简明性与重要性相结合

简明性要求企业社会责任的评估指标尽可能简化那些复杂的信息，便于人们理解和掌握。通过简明化处理，社会各利益团体都能够了解企业社会责任的真实状况。

企业社会责任的评价不仅要符合简明性原则，还要突出重点，符合重要性原则。也就是说，并不是所有的指标都要简单明了，还必须把重要的指标突显出来，或者加以注释说明，或者用指标权重等对其重要程度加以表述。另外，在重要性原则的指导下，进行实证研究时，可以根据重要性对指标进行筛选。

5）可比性与可控性相结合

可比性原则是指各项指标的含义、规范化、标准化等不仅要与历史资料具有可比性，还要注意与竞争对手的指标具有可比性，这一方面便于人们对企业社会责任的信息进行纵向和横向比较，另一方面也可以推动企业更好地履行社会责任。但是，不能为了指标的可比性而失去指标的可控性。可控性原则要求在对企业社会责任进行评价的过程中，要将企业无法改变或者控制的指标，如重大灾害、汇率变动、利率变化等，尽量排除在外。

6）可操作性原则

可操作性原则是指选择企业社会责任评价指标时要考虑获取数据的难易程度、成本和可靠性，表征指标要可以计量。在信息表达充分的前提下，尽量选择较少的指标，避免含义相近的变量重复出现。

7）社会性原则

企业的一切经济活动都必须站在社会的角度而不是企业自身的角度来考量。因此，在对企业社会责任进行评估时，应该考虑企业对全体利益相关者的贡献，而不是单纯地追求对股东利益的衡量。

8）目标一致性原则

目标一致性原则是指在选取指标时要考虑行为目标的一致性，即企业承担社会责任的目标要与企业的可持续发展目标一致。企业在承担社会责任的过程中要培育企业可持续发展所需要的各种资源与能力。

●● 5.3.2 企业社会责任评价的模式和方法

1）索尼菲尔德的外部利益相关者评价模式

杰弗里·索尼菲尔德（Jeffrey Sonnenfeld）从企业社会责任和社会敏感性这两个方面出发，通过对美国6家大型林业公司的外部利益相关者发放问卷调查来研究企业社会绩效问题。他认为，企业社会绩效评价是企业为了完善自己的管理特别是利益相关者管理，让外部利益相关者对自身的社会绩效进行的评价，应更多地考虑企业的利益相关者管理的社会影响（社会敏感性），如是否合法地进行生产经营，是否导致严重污染，是否正确对待少数民族员工，是否恰当处理社区关系，是否正确处理顾客问题等。这样不仅可以使企业清楚自己的社会绩效在同行业中的位置，知道企业资源应重点分配给哪些利益相关者，还能促进企业经理与利益相关者的沟通。

索尼菲尔德选择的6家林业企业的规模大致相当（20亿美元以上的销售收入和2 500名员工）。他通过与这6家企业的103位经理反复面谈确定了调查内容和对象。问卷要求利益相关者们（包括投资分析家、工会领导、环保主义者、当地政府监管员、联邦政府监管员、国会议员、行业协会官员、学者等）对这几家企业的社会责任和社会敏感性进行综合评价，同时对社会敏感性的7个维度分别评价，评分标准为5分制，4~5分为较好，3分为一般，1~2分为较差。社会敏感性的7个维度是：①局外人的可接近性（"accessibility" to outsiders）；②对公共事务的有准备性

（"preparedness" for public issues）；③在公共活动中的可靠性或一贯性（"reliability" or "consistency" in public actions）；④企业对外言论的可信性（"credibility" of company statement）；⑤在外部批评者眼中的合法性（"perceived legitimacy" of outside critics）；⑥对外界重大事件的关注程度（"attentiveness" to outside events）；⑦公众利益与企业利益的清晰度（the "clarity of company interests" from the public interest）。问卷收回后，他进行了一系列的统计分析。

经过分析，索尼菲尔德发现，外部利益相关者的评价与企业经理们对本企业社会绩效的评价并不一致，没有一家企业对自己在同行中的社会绩效排名与利益相关者的评价一致。企业内部和外部利益相关者对企业绩效的评价和理解有着显著的差异。

索尼菲尔德模式的优点在于：①引入了定量统计分析方法，使不同企业的社会责任具有一定的可比性；②让外部利益相关者对企业社会责任进行评价，使得对企业的评价结果更为客观；③按照利益相关者的类别进行统计分析，避免了不同利益相关者的偏好对整个评价结果的影响。同时，这种模式本身也存在一定的缺陷。例如，它不但缺乏对内部视角的考虑，而且对社会责任和社会敏感性两个概念的界定模糊。

2）克拉克森的RADP模式

加拿大学者克拉克森（Clarkson）认为，企业不是政府或慈善机构，只需要处理利益相关者问题，不需要处理社会问题，而且人们很难准确界定企业社会责任、社会敏感性的确切含义，以及社会责任与社会问题的区别，因此对企业社会绩效的评价模式不应建立在概念上，而应该以企业利益相关者管理框架为基础。

他认为利益相关者是指在企业的过去、现在、未来的活动中具有或要求所有权、权益、权利等的个人或集团。他把利益相关者分为主要利益相关者（primary stakeholders）和次要利益相关者（secondary stakeholders）。主要利益相关者是指一旦没有他们企业就无法正常运行的利益相关者。典型的主要利益相关者包括股东、投资机构、员工、顾客、供应商和政府。次要利益相关者是指可以影响企业也可以被企业影响的群体，但他们不介入企业的事务。根据这个定义，典型的次要利益相关者包括媒体、社会团体、民族组织、宗教组织和一些非营利组织等。

经过长期的实证研究，克拉克森总结了典型的企业利益相关者问题，认为应从企业、员工、股东、顾客、供应商、公众利益相关者等方面搜集数据来评价企业社会绩效。其中，企业方面包括企业的发展历史、行业背景、组织结构、竞争环境、经济绩效，在利益相关者管理方面的目标、准则，以及企业的利益相关者和社会问题管理系统的概况。其他方面包括企业对不同利益相关者的管理政策，对员工在不同利益相关者管理方面的培训、考核，对不同利益相关者管理的结果或反响。例如，在公共利益相关者方面，需要从以下6个方面搜集数据：①公众健康、安全与保护；②能源保护与原材料节约；③投资项目的环保评估及其他环保问题；④公共政策参与；⑤社区关系；⑥社会投资与捐赠。

那么，如何搜集数据，具体有哪些指标呢？克拉克森编制了指标描述与数据搜集指南，仍以公众利益相关者方面为例：

①公众健康、安全与保护，是指企业在公众健康、安全与保护方面的政策、行为准则、目标，包括企业对员工在这方面的培训和考核，以及对企业的供应商、分销商、顾客等在公众健康、安全与保护方面的政策延伸。其绩效数据有：公众投诉和批评的原始记录、处理紧急事务的有效性、是否只在政府施加压力时才变革政策、危机公关的决策速度，以及与竞争对手的比较。

②能源保护与原材料节约，是指企业在能源保护与原材料节约方面的政策、目标和计划，包括企业对员工在这方面的培训与考核；企业在能源和原材料的浪费、再生利用、循环使用等方面采取的措施；废品管理措施；企业对供应商、分销商、顾客在能源保护与原材料节约方面的政策延伸。其绩效数据包括：原材料节约数据、消耗量的变化数据、废物减少数据、相关研发费用，以及与竞争对手的比较。

③投资项目的环保评估及其他环保问题，主要是指投资项目中是否贯彻环保原则以及对投资项目的环保评价。其绩效数据包括：利益相关者对投资项目的投诉记录、在投资项目中成功处理环保问题的记录、企业在投资项目中宣称的环保原则是否与实际相符。

④公共政策参与，是指企业是否直接或通过行业协会在制定公共政策过程中发挥作用，企业在参与公共政策制定方面的政策，以及企业的董事会在公共政策制定中的作用。其绩效数据包括：企业参与制定公共政策的相关记录、企业在参与公共政策制定方面与竞争对手的比较。

⑤社区关系，是指企业在社区联系与沟通方面的计划和政策，包括企业对员工在这方面的考核，企业是否与利益相关者协商制定影响社区的决策，是否给予当地社区一些具体的利益和回报（如雇用本社区的员工，为社区提供商业机会等）。其绩效数据包括：企业与利益相关者协商制定决策的记录、企业为社区创造的价值与利益、企业员工为社区服务的记录、企业用于奖励员工在社区服务方面的优良表现的费用。

⑥社会投资与捐赠，是指企业是否有详细的社会投资与捐赠的政策、计划、准则。其绩效数据包括：企业每年用在社会投资与捐赠方面的费用及这项费用占销售收入的比例、与竞争对手在这方面的比较。

在此基础上，克拉克森借鉴沃蒂克和科克伦（Wartick and Cochran，1985）描述企业社会绩效战略的4个术语，建立了评价企业社会绩效的RDAP模式。这4个术语是："对抗型"（reactive）、"防御型"（defensive）、"适应型"（accommodative）和"预见型"（proactive）。克拉克森对RDAP模式的解释见表5-2。

表5-2

RDAP模式

等级	定位或战略	绩效
对抗型	否认责任	拒绝承担社会责任
防御型	承认责任但消极对抗	尽量少履行社会责任
适应型	承认并接受责任	履行全部规定的社会责任
预见型	预见将要承担的责任	履行超出规定的社会责任

RDAP模式的优点在于避开了社会责任和社会敏感性两个术语难以界定的问题，从利益相关者管理的角度进行评价。其缺点在于：①采用定性的方法把企业的社会绩效粗略地分为4种类型（4个等级），属于同一类型或级别的企业的社会绩效难以精确地相互比较。②企业社会绩效评价的资料和数据均来源于企业内部，其可靠性和真实性存在一定的问题，且不利于内部利益相关者和外部利益相关者之间的沟通。

3）KLD指数法

20世纪90年代后，从利益相关者角度来衡量企业社会责任的KLD指数在企业社会责任研究中得到了普遍的应用。KLD指数是由KLD研究与分析有限公司（KLD Research & Analytics，Inc.）发布的。KLD指数从企业与利益相关者之间的8个方面的关系来衡量企业社会责任，其中主要是社区关系、员工关系、自然环境、产品的安全与责任以及妇女与少数民族问题5个方面。KLD指数涵盖了列入标准普尔500指数的公司及列入多米尼400社会指数的公司，共超过800家公司。KLD指数的具体测评方法是：①先用定性筛选法淘汰从事以下领域活动的企业——军备、酒精、烟草、赌博、核能，以及近期卷入重大的违背社会责任事件的企业。②设置8个与企业社会绩效相关的变量来评价企业对其各个利益相关者（员工、顾客、环境、社区和社会）的责任，包括产品安全、社区关系、环境保护、妇女及少数民族问题、员工关系、核能、军费削减和南非问题等。③根据量表项目对目标企业进行评分。单项评分标准为五点制：-2，-1，0，1，2。以上各个方面占指数总分的权重相同。

4）声誉指数法

声誉指数法是20世纪70年代中期用于衡量企业社会责任的常用方法之一，它是指由专家学者（甚至MBA学生）通过对企业各类社会责任方面的相关政策进行主观评价后得出企业声誉的排序结果。莫斯科威茨（Moskowitz）在1972年选出了14家他认为社会责任表现较好的企业，并根据自己评定社会责任表现的标准建立了一个声誉指标体系，把企业分成了"优异的"、"值得鼓励的"和"最差的"三类，但他没有说明具体的指标评定依据是什么，指标的主观性很强，可信度及应用性较弱。福尔杰（Folger）和纳特（Nutt）采用CEP指数对1971年3月至1972年3月间9家造纸企业的污染情况进行了实证研究。CEP指数又称污染指数，是美国经济优先委员会（CEP）公布的衡量造纸、电力、钢铁和石油4个行业中的企业在控制和减少污染方面的情况的指标。Folger和Nutt采用3个污染指数，从水资源、微粒子、气体和异味4个方面对企业绩效加以衡量。所以总体而言，"声誉指数"主要是引用某些权威人士对企业的总体印象进行评价的结果，但问题是这些权威人士对企业某一方面的印象可能会影响他们对企业的总体评价，主观性太强，而且不同行业聘请的专家不同，也会使评价结果缺乏可比性。

5) 内容分析法

内容分析法（content analysis, textual analysis）自1930年随着宣传分析和传播研究的发展而兴起。此方法最先被用于报纸内容的分析研究，随着研究方法的成熟和计算机与统计软件的进步，被广泛地运用于传播学和其他社会学科，并成为重要的研究方法之一。根据鲍尔斯（Bowers）提出的内容分析法的定义，它不是针对内容是否客观，而是针对内容分析的价值，即利用系统、客观和量化方式对传播内容加以归类统计，并根据统计结果做叙述性的解释。内容分析法是通过量化的技巧和质的分析，从客观和系统的角度对传播内容进行研究和分析的一种方法。它不仅分析传播内容中的各种语言和特性，而且分析传播内容对于整个传播过程产生的影响，借以推论产生该项内容的环境背景和意义。

内容分析法的优点是：①非亲身访谈法，即研究人制造出的传播内容及其相关问题，不直接观察人的行为或访问他们，因此不会受到测量行动本身的干扰，被观察者不会察觉自己被观察，反应稳定。②经济效应。内容分析成本不高，学生也能负担。内容分析法的缺点是：①字里行间的含义难以捉摸，形成编码困难，意义可能有多种，可能存在多种模型解释同一概念。②不能把推论作为唯一的资料，需配合其他资料才能下定论。③对于尚未出现的议题，缺乏研究的相关资料，难以利用现成资料进行研究。

拓展阅读 5-1

企业社会责任
评价迈向
多元化

≫ 5.4 企业承担社会责任的现状与未来发展趋势

●● 5.4.1 企业承担社会责任的现状

在经济全球化的今天，市场竞争日益激烈，随着经济的发展和公众社会意识的增强，企业社会责任也变得尤为重要。良好的企业社会责任行为成为现阶段企业发展的重点。

40多年来，国内外学者在企业社会责任问题的研究方面取得了许多创造性的理论成果，为进一步推动企业社会责任研究乃至企业理论研究做出了巨大贡献，主要表现在：

（1）建立了企业社会责任理论体系的雏形，即初步构建了研究企业社会责任问题的理论框架，明确了应该研究的基本方向和主要问题。

（2）把企业社会责任研究与利益相关者理论融合，不仅夯实了企业社会责任研究的理论基础，也为利益相关者理论奠定了更加牢固的微观基础。

（3）突破了"股东至上"逻辑的局限性，深化了对企业本质的认识，即企业本质上是各利益相关者缔结的一组契约，企业不仅要对股东承担责任，还要对其他利益相关者承担责任。

同时，现代企业社会责任研究领域也存在需进一步研究的问题，主要表现在：

（1）观点尚不统一，尚未形成一个系统的主流理论体系，这在企业社会责任的内涵界定与评价、企业为何应承担社会责任的理论解释及其财务效应等方面都有所体现。

（2）利益相关者理论与企业社会责任研究的结合还不够全面、深入；同时，利益相关者理论所固有的局限性所导致的企业社会责任研究领域的一些概念和方法上的误区及争论亟待深入研究和澄清。

（3）对企业如何履行社会责任的理论和实务研究略显不足，尤其是对如何建立与企业社会责任相适应的企业综合绩效评价体系、公司治理机制和管理模式的研究更是如此。

● 5.4.2　企业承担社会责任的未来发展趋势

环境保护、节能减排和绿色低碳转型成为企业不可逃避的责任。当前，加快转变经济发展方式已经成为我国经济社会发展面临的重大而紧迫的现实课题。经过多年的发展，我国高耗能、高污染、高投入、低附加价值的传统经济增长方式，已经受到了能源短缺、劳动力成本上升、环境改善、社会经济结构调整等方面的强力制约。经济结构不合理、能源资源消耗过大、环境污染严重已成为当前我国经济社会面临的突出问题之一。近年来，国务院已经出台了一系列有关新能源、节能减排、低碳技术的支持政策。在 2009 年年末的哥本哈根会议上，我国郑重承诺，到 2020年，单位 GDP 二氧化碳排放比 2005 年下降 40% ~ 45%，而且不附加任何条件。2020 年 9 月，习近平主席在第七十五届联合国大会上宣布，中国将提高国家自主贡献力度，采取更加有力的政策和措施，二氧化碳排放力争于 2030 年前达到峰值，努力争取 2060 年前实现碳中和。"双碳"目标是我国基于推动构建人类命运共同体的责任担当和实现可持续发展的内在要求而做出的重大战略决策，展示了我国为应对全球气候变化做出的新努力和新贡献，彰显了我国积极应对气候变化、走绿色低碳发展道路、推动全人类共同发展的坚定决心。党的二十大报告指出，"推动能源清洁低碳高效利用"。习近平总书记在主持中共中央政治局第三十六次集体学习时强调，"传统能源逐步退出必须建立在新能源安全可靠的替代基础上""要把促进新能源和清洁能源发展放在更加突出的位置"。这更加突出了发展新能源、推动能源绿色低碳转型的战略意义。因此，企业应该深入贯彻落实创新、协调、绿色、开放、共享的新发展理念，积极采取措施，将切实保护环境、节约资源与企业经营相结合，转变发展方式，引领能源绿色低碳转型，提升能源自主供给保障能力，将挑战转化为新的增长点，实现可持续发展。

■■ 小案例5-5

思科的环保理念

在产品的生命周期中，大约90%的温室气体排放来自产品使用阶段，因此思科注重设计节能的产品、电源和集成电路。思科也提供相关解决方案来帮助客户降低他们的能源消耗。相关例子包括：

（1）思科WebEx、思科网真和思科统一通信等远程协作技术，可以减少出差和员工通勤；

（2）云计算技术，包括托管的云解决方案、硬件虚拟化、统一计算和统一交换架构，可以提高数据中心设备的利用率；

（3）思科EnergyWise技术，让企业能够监测和更有效地控制网络设备的能耗；

（4）思科Connected Workplace，可通过提高办公空间的利用率减少办公楼的碳足迹；

（5）"智能电网"技术，让电力公司能够更好地测量、监测和管理它们的电网，帮助推动可再生发电技术及电动汽车市场的发展；

（6）参与"智能+互联社区"和"Planetary Skin Institute"等项目，提供解决紧迫的全球性问题的综合方案；

（7）以旧换新和产品回收计划为客户提供一个安全且没有任何费用支出的管理其电子垃圾的方法。

资料来源　思科中国网站.

创建和谐的劳动关系成为企业社会责任的基础。企业劳动关系是一种最基本的经济社会关系。构建和谐的劳动关系，是构建和谐社会的重要组成部分和重要基础，也是经济健康稳定发展的前提。近年来，我国企业员工合法权益保障的总体情况有了很大改善，但随着经济社会转型加快，劳动用工方面出现的新情况、新问题也不容忽视。一些企业在劳动关系管理上的违法违规现象仍然十分严重，表现在劳动合同、工资、劳动时间和职业安全等方面。由此引发的劳动争议案件居高不下，且群体性、突发性、恶性暴力事件时有发生，影响了一些企业和地区的和谐稳定。近年来，国家出台了一系列劳动领域的法律法规，要求企业认真贯彻落实，切实做到有法必依。全面改善员工的工作条件和各方面的福利，已经成为当前经济社会的共识。员工工资的增长机制问题一直是国家关注和社会讨论的一个热点议题。因此，不断改善劳动关系，全面改善就业条件，推动体面就业，是企业社会责任需要不断加强的领域。

企业诚信问题将得到更加广泛的关注。当前世界经济复苏脆弱，气候变化挑战突出，地区热点问题频发，我国社会信用体系建设虽然已经取得显著成就，但诚信缺失依然是引起社会矛盾的主要原因之一。由企业诚信问题引发的社会危机是社会关注的焦点、经济工作的重点、市场监管的难点。诚信是企业发展的基石，坚守诚信，提供优质的产品和服务，是企业社会责任不能逃避的内容。

随着我国进入新发展阶段，发展条件深刻变化，面临新的机遇和挑战，以国内大循环为主体、国内国际双循环相互促进的新发展格局对企业履行社会责任提出了更高的要求。立足于新时代的发展要求，"十四五"时期，我国社会信用建设将迎来高质量发展的新阶段，因此加快解决重点领域、关键环节信用传导问题，有序推进各地区各行业各领域信用建设，是推动我国社会主义市场经济走向成熟的一个重要标志。

拓展阅读 5-2

2023 年中国
企业社会责任
十大趋势

▶▶ 本章小结

战略性企业社会责任是指能为企业带来利润的，涉及企业社会责任的政策、项目或过程，它能支持企业的核心业务，从而有效地实现企业的使命。企业社会责任战略要求把企业自身、利益相关者和社会的利益结合在一起，它并不是简单地为慈善机构和希望工程捐了多少钱，而是企业对于社会、环境、资源、股东、企业员工、消费者等总体的考虑。

波特的企业社会责任战略包含三个模型，即价值链模型、钻石模型和创造共享价值模型。第一个模型为自内而外的方法，可用于企业自检，即通过详细检查价值活动，发现与企业社会责任正面或负面相关的问题。第二个模型为自外而内的方法，可用于企业挖掘责任竞争优势，即从外部环境变迁出发，找到一些有利于塑造企业竞争力的社会、环境问题，并在解决社会、环境问题的过程中提升企业竞争力。第三个模型的实现主要有三种方法：重新构想产品与市场、重新定义价值链上的生产力、促进企业运营与当地社会生态的良性发展。

企业社会责任战略管理的措施有：（1）明确企业的定位，根据自己的发展阶段寻求适宜的社会责任战略；（2）分阶段承担适合企业自身的社会责任；（3）明确社会责任的愿景，与企业目标相结合；（4）在企业内部建立负责社会责任管理的部门或机构；（5）将社会责任意识内化为企业文化。

中国企业社会责任发展指数是中国社会科学院经济学部企业社会责任研究中心研发推出的年度综合指数。该指数从责任管理、市场责任、社会责任、环境责任 4个方面对中国企业社会责任管理现状和责任信息披露水平进行综合评价，以辨析中国企业社会责任发展进程的阶段性特征，为中国企业社会责任的深入研究提供基准性参考，促进中国企业社会责任发展。

企业社会责任评价应遵循的原则包括：（1）全面性与系统性相结合；（2）定量指标与定性指标相结合；（3）财务指标与非财务指标相结合；（4）简明性与重

要性相结合；（5）可比性与可控性相结合；（6）可操作性原则；（7）社会性原则；（8）目标一致性原则。

企业社会责任评价的模式和方法有：（1）索尼菲尔德的外部利益相关者评价模式；（2）克拉克森的 RADP 模式；（3）KLD 指数法；（4）声誉指数法；（5）内容分析法。

▶▶复习思考题

（1）如何理解企业社会责任战略的具体内涵？
（2）波特的企业社会责任战略有哪几种？
（3）企业社会责任战略管理的具体措施有哪些？
（4）企业社会责任评价的原则是什么？
（5）简述企业社会责任的评价模式和方法。
（6）简述企业社会责任的现状与发展趋势。

▶▶案例分析

画出"最大同心圆"
——国家电网公司推进社会责任根植的实践和思考

对于中国企业来说，"企业社会责任"这一概念无疑是个舶来品。1953年霍华德·鲍恩出版了《商人的社会责任》一书，关于企业社会责任的现代辩论真正开启。尽管"企业除了盈利之外，还应该承担社会责任"这一观念已经深入人心，但如何定义企业社会责任的概念、内涵、边界，如何使企业在具体发展中履行社会责任，依然是仁者见仁、智者见智的问题。

对于中国企业社会责任工作来说，2006年是具有重要里程碑意义的一年。在这一年，当国内诸多企业还在学习、消化西方社会责任观并为此而争论、探讨的时候，国家电网公司在深入研究社会责任理论、探索科学的企业社会责任观的基础上，率先发布了国内第一份企业社会责任报告。

此后，国家电网公司充分发挥央企社会责任表率作用，不断创新企业社会责任管理模式，而其中，深化全面社会责任管理、推动社会责任根植基层，成为其社会责任实践工作的核心。

多年来，国家电网公司坚持探索实施责任引领战略，将社会责任作为公司"两个转变"发展战略的基因和内核，通过实施全面社会责任管理、大力推进社会责任根植基层，找到了全社会意愿和要求的"最大公约数"，画出了与社会各方的"最大同心圆"，深耕细作，从表达到行动，走出了一条企业社会责任实践的创新表率之路。

从全面试点到推进根植

和面对任何新生事物一样，当中国企业面对企业社会责任这一新课题时，准确把握其内涵是开展实践的基础。经过多年的研究和探索实践，国家电网公司提出了科学的企业社会责任观——企业社会责任是指企业通过透明和道德的行为，有效管理自身决策和活动对利益相关方、社会和环境的影响，追求经济、社会和环境综合价值最大化的意愿、行为和绩效。

在此基础上，国家电网公司从三个方面理解和诠释社会责任的内涵：以综合价值创造结果和透明度作为判断企业社会责任的科学标准；实践企业社会责任的完整逻辑，实现企业社会责任意愿、行为和绩效的统一；企业社会责任必须从管理入手，核心是有效管理好企业决策和活动对利益相关者、社会和环境的影响。

可以看到，国家电网公司的社会责任实践工作，是在科学的社会责任观的指导下，深刻认识央企属性、电网企业属性和社会各界期望，立足公司核心业务，促进该工作和公司业务工作的相融共进，进而履行应承担的社会责任、服务经济社会发展。

随着实践的深入，形势发生了变化

"公司从2006年起，10多年来率先发布中国企业第一份社会责任报告，它在向社会公众传达一种信息：我们愿意用一种透明和道德的方式，对自己的经营、管理、运营给社会、经济、环境造成的影响负责，愿意做一个负责任的企业。但随着工作的推进，我们渐渐发现，光有表达是不够的，只有参与到具体的社会行动中去，才有可能摸索和贡献出新的解决方案，实现社会综合价值最大化的终极目标。"国家电网公司外联部社会责任处处长刘心放解释说。

将企业社会责任的科学理念落地，将企业社会责任的方法、工具融入企业的各个业务工作中去，是企业社会责任工作发展的必然要求，但随之而来也会产生各种各样的挑战：如何将这些理念、方法、工具和具体业务结合？要找到怎样的组织方式、实践方法去有效推进？如何提高员工对企业社会责任的科学认识？这些都成为绕不过去的难题。"要搞清楚经济社会发展需要我们企业去做什么、怎样创造更大的社会价值，要以社会价值来定位我们企业的运行方式。"对此，国网能源研究院副院长、中国企业管理研究会常务理事长李伟阳说。

2008年，按照"全员参与、全过程覆盖、全方位融合"的要求，实施综合价值管理、社会和环境风险管理、利益相关方管理、透明度管理，国家电网公司确定了"试点先行、务求实效、根植基层、创造经验"的推进路径，分别选择国网天津市电力公司、江苏无锡供电公司和浙江嘉兴嘉善县供电局开展试点，形成了公司总部、省公司、地市公司和区县公司的全面社会责任管理四级试点，这标志着国家电网公司社会责任实践进入了崭新阶段。

自2012年起，国家电网公司又在所属的27个省级电力公司中各选择一个地市供电公司推行全面社会责任管理，服务公司整体管理水平提升，同时实施"15333"工程，推进单位制定和实施"一个"可持续发展战略，推动社会责任管理融入"五大"体系建设，推动决策管理、流程管理和绩效管理"三项"基础管理融合社会责任管理理念，开展公益管理、利益相关方管理、沟通管理"三项"社会责任专项管理，系统梳理特色履责实践、管理实践和履责故事"三方面"管理成果。

2014年，在全面试点、全面融合的基础上，国家电网公司又深入推进社会责任根植基层，推动各省公司选择运营过程中社会关注度较高的问题，采取项目制的管理运营方式，应用社会责任理念推动管理改进，促进工作或业务充分融入社会责任理念，在运营中自觉追求综合价值最大化，持续推出一批具有示范效应、可借鉴、可推广、可传播的优秀成果。"从2012年开始，在企业社会责任实践上，国家电网公司主要做了两件事情：一是搞了全面社会责任管理的试点；二是实施社会责任根植项目制。简单地说，全面社会责任试点是指一个试点企业，即具体的一个地市公司或县公司，从决策到经营到管理到行为，再到最后的结果，都要实行社会责任的管理；社会责任根植项目则是找到一项具体的业务，把社会责任的理念、工具运用到具体的运营中，为经济社会创造更大的增量价值。"刘心放解释道。

从98到278

"社会责任根植基层，最关键的是要有抓手，只有将社会责任的理念和工具运用到具体的业务里，才能有载体，才能深入推进。作为最早以项目制方式推进社会责任根植基层的公司之一，国网北京市电力公司对社会责任实践有着深刻体会。"参与该项目的原北京电力报社副总编李超说。

2012年，国网北京电力大兴供电公司被选定为全面社会责任管理试点单位之一，尽管当时社会责任理念、工具都已经明确，但全面社会责任管理怎么管，具体工作怎么开展，依然是个值得研究的问题。在进行充分的调研和规划之后，国网北京电力大兴供电公司决定将社会责任的落脚点深入推进到具体的某一项业务上，进行新的尝试。"当时智能电表换装正在开展，社会关注度高，针对出现的问题，我们决定重新梳理思路，推动各利益相关方都参与进来，实现各方共赢。"李超介绍道。

随后，大兴供电公司导入社会责任理念和工具，重新梳理工作流程，引入居民、社区、派出所等利益相关方，采取通知进社区、表单入户，换表时由派出所、电力公司、社区三方联合现场办公等方式，赢得社区用户支持，使得该工作顺利完成，这一项目的经验随后在国网北京市电力公司全面推广。

实际上，在推进全面社会责任管理的实践中，国网北京市电力公司遇到的问题以及采取的措施很有普遍性：要想将内部工作转化为社会贡献，将社会期望转化为工作要求，实现"内部工作外部化，外部期望内部化"，必须以具体的工作业务为抓手，这样才能找到着力点。

基于此种形势，2014年，国家电网公司下发《关于深化全面社会责任管理、推进社会责任根植指导意见的通知》，强调深化试点管理，形成符合电网企业实际的社会责任根植模式，并明确以项目制的方式推进工作。也是这一年，经过认真的评估、审核，公司确立根植项目98个。这批项目极大调动了基层公司的积极性，社会责任理念和工具通过与具体业务项目融合，不仅有效实现了提质增效，更对经济社会发展产生了积极影响，取得了良好的效果。"根植核心是把社会责任的方法和思想融入实践中来，一是判断这个事情该不该做，二是做到什么程度、责任是什么，三是方法论是什么，方法论和实践的结合点是什么，四是推广。这样根植的成果就形成了一个样板。国家电网公司的社会责任根植，我觉得做得非常好。"对此，北京融智企业社会责任研究所所长、中国企业管理研究会副理事长王晓光说。

2015 年，国家电网公司印发了《关于组织实施社会责任根植项目制的指导意见》，明确了社会责任根植项目制的组织形式、价值和意义，为社会责任根植指明了道路和发展方向。当年，公司又确立实施了 278 个根植项目，覆盖公司生产建设、营销服务、公益活动等各个领域，以灵活、有效、富有针对性的方式打造了一批具有示范效应、可借鉴、可推广、可传播的优秀成果。

"我们在做的社会责任项目有几个共性：一是明确了责任边界，不是我们企业大包大揽什么事都做，责任的边界划分得格外清晰；二是发挥了各利益相关方的优势，包括我们电网企业，集中了分散的社会资源，实现了资源、力量的最大化配置；三是实实在在解决了业务工作中具体的难题；四是实现了各方共赢，而不是电网企业获得最终的效益或者只是某一方受益，从而使得这种模式变得可持续；五是对于我们而言，找到了提升和改善自身工作方式的一种模式，并采用新的理念和方法将其优化、提升；六是从社会的角度来说，我们找到了治理社会难题的一个方法和模式，这种模式可以供其他社会公共企业借鉴，这样会对整个社会产生积极作用。"对社会责任根植项目，刘心放如此总结道。

从"种子"到"大树"

2012 年年底，中央经济工作会议明确提出要"强化大企业的社会责任"，党的十八届三中全会将承担社会责任作为深化国有企业改革的重点，党的十八届四中全会又特别指出要"加强社会责任立法"。可以看到，这一系列的政策表明了党中央、国务院对社会责任引导和激励的积极态度，也从另外一个侧面说明履行社会责任已经成为全社会各行各业所要面对的必然工作。

履行好自身的社会责任，并将之做好、做实，基本的原则是要将企业发展放到社会格局中去定位其功能、价值，在此基础上才能探索有效的操作形式。从这个角度来说，国家电网公司的社会责任根植为中国企业的社会责任实践提供了一个具有借鉴意义的样本。

不同企业因为不同的特性，其履行社会责任的内涵不同，在为社会创造价值这一根本逻辑之上，需要以社会价值定位自身的运行和发展方式。"将企业真正置于社会之中去，把企业的工作尤其是遇到的一些社会性问题，还原于社会中"，这样往往能够使企业重新看清自己的责任边界，发现新的发展视角。

国家电网公司的这些社会责任根植项目，虽然有不同的业务内容和推进方法，但都有开阔的社会视角，都十分清晰地将具体工作以及面对的社会性问题置于社会的大背景下考虑，清晰划分属于自身应该承担的社会责任，不缺位也不越位，在履行自己社会责任的同时，让利益相关的各方都能够参与进来，让各方的优势、能力和资源都最大限度地发挥作用，通力合作，和谐共赢。通过一个小小的项目，让企业的一项具体工作延伸到社会中，并且促进了社会其他行业、主体对各自社会责任的履行，使得社会价值得以放大和增量。比如舟山市供电公司的治理"黑楼道"惠民工程，摒弃了以前供电企业一方参与、共产党员服务队无偿服务的不可持续方式，积极引入政府、社区、居民各方，建立长效协同机制，使得各方资源互补，彻底解决了一项长期存在的社会问题。

同时，还应看到，社会责任根植实现了管理上的创新。企业社会责任是一种管理实践，是对现有企业管理模式的深刻变革，随着社会责任理念、方法融入具体业务，会产生新的运营方式、发展方式、工作方式和沟通方式，进而促进在企业管理方面实现创新。比如上海市区供电公司的"共治共赢 构建和谐写字楼供用电生态环境"项目，针对"写字楼欠费回收难"这一实际问题，优化现有服务模式，引领物业、业主等利益相关方共同参与写字楼供用电管理，将欠费停电的"零和"格局扭转为可持续的长远共赢局面。这种管理上的自觉创新，将对企业发展产生深远而积极的影响。

另外，社会责任根植工作也无疑推动了人才队伍的成长和综合素质的提升。随着社会责任的"全员覆盖、全过程覆盖、全方位融合"，员工的创新履责能力也不断提升，他们会自觉地发现新方法，挖掘工作新价值。南京供电公司的"'朋友圈'让水乡钓友远离触电悲剧"项目，正是员工在导入社会责任理念、方法之后，从外部视角分析历年钓鱼触电事件的原因，识别各利益相关方的诉求和优势，构建防钓鱼触电朋友圈，实现多方参与，协力推动。

资料来源　张云. 画出"最大同心圆"——国家电网公司推进社会责任根植的实践和思考[J]. 国家电网，2016（6）：42-45.

讨论题：

国家电网公司全面推进社会责任理念的根植的实践对你有什么启示？

第6章　企业社会责任报告

▶▶ 学习目标

· 了解企业社会责任报告的发展历程与作用
· 掌握企业社会责任报告的内容与结构

▶▶ 引例

国家电网公司首次对外正式发布企业社会责任报告

2006年3月10日，国家电网公司首次对外发布企业社会责任报告，这是我国中央企业对外正式发布的第一份社会责任报告。

国家电网公司新闻发言人王敏表示，作为关系国家能源安全和国民经济命脉的国有重要骨干企业，公司肩负着十分重要的经济责任、政治责任和社会责任。通过发布社会责任报告，与社会各界就公司价值取向和社会责任追求实现系统有效的沟通，是公司服务党和国家大局，落实科学发展观，服务社会主义和谐社会建设的具体行动，也是公司主动融入世界发展的历史潮流，勇于自我加压、追求卓越的自觉行动，是公司全面推进内质外形建设的又一重大举措。

《国家电网公司2005社会责任报告》共52页，分16节，内容包括公司简介、公司社会责任内涵、公司价值观、公司核心业务运作的基本理念、公司对各方面利益相关者的责任定位以及具体行动。在报告中，国家电网公司从自身性质和使命出发，深入阐述公司的"六个角色定位"，即作为关系国家能源安全和国民经济命脉的国有重点骨干企业，承担着实施国家能源发展战略、促进电力工业和经济社会可持续发展的责任；作为对经济社会具有重要影响力、带动力的中国资产规模最大的企业，承担着加强管理、提高效率和效益、最大限度创造社会财富的责任；作为经营范围遍及全国大部分城乡、有着广泛客户的电网经营企业，承担着为千家万户提供优质服务的责任；作为直接管理150万员工、影响近千万社会成员的企业，承担着员工发展、队伍建设、促进社会和谐的责任；作为开放透明运作的公用事业公司，承担着自觉接受政府监管和社会监督、依法规范经营的责任；作为遵循高尚道德标准和优秀企业行为准则的公司，承担着做优秀企业公民、为社会作道德表率的责任。

报告从十个方面集中论述了公司社会责任的具体内容：一是坚持全面履行社会责任的基本价值取向，化为公司上下的自觉行动。二是坚持一切工作从党和国家的工作大局出发，实现企业经济效益和社会效益的协调统一。三是坚持公司和电网的科学发展，建设世界一流电网、国际一流企业。四是坚持提升公司经营效率和效益，最大限度地创造社会财富。五是坚持安全可靠供电，为经济社会发展提供坚强电力保障。六是坚持优质服务，持续为用户创造价值。七是坚持以人为本，实现员工与企业共同发展。八是坚持合作共赢，推动电力行业可持续发展。九是坚持依法经营，自觉接受政府监管和社会监督。十是坚持回报社会，争当优秀企业公民。

资料来源　华伟. 我国中央企业第一份社会责任报告正式发布　国网公司积极树立诚信开放的现代企业形象［J］. 华北电业，2006（2）：4-5.

思考：国内第一份企业社会责任报告与现在的报告相比有什么不同？

6.1　企业社会责任报告的发展历程与作用

企业社会责任报告（简称CSR报告）指的是企业将其履行社会责任的理念、战略、方式方法，其经营活动对经济、环境、社会等领域造成的直接和间接影响，取得的成绩及不足等信息，进行系统的梳理和总结，并向利益相关方进行披露的方式。企业社会责任报告是企业非财务信息披露的重要载体，是企业与利益相关方沟通的重要桥梁。

以企业社会责任报告的由来为标准，它可分为单项报告和综合报告两种。单项报告主要有环境报告、环境健康安全报告、社会报告等；综合报告主要有企业社会责任报告、可持续发展报告、企业公民报告、企业社会与环境报告等。

以企业社会责任报告反映程度是否全面为标准，可分为广义的企业社会责任报告和狭义的企业社会责任报告。广义的企业社会责任报告即非财务报告，包括以正式形式反映企业对社会承担的某一方面或几个方面责任的报告类型，包含单项报告和综合报告。狭义的企业社会责任报告，一般特指综合报告中的企业社会责任报告，它是以正式形式全面反映企业对社会承担的所有责任的报告。本书指广义的企业社会责任报告。

企业社会责任报告经历了一个较长的萌芽、兴起、发展和趋于成熟的发展过程，所关注的议题不断变化，形成了从单项社会责任报告（雇员报告、环境报告、环境健康安全报告）向综合社会责任报告的演变过程。随着可持续发展概念逐渐深入人心，发达国家的政府对企业全面披露社会责任信息的期望和要求越来越高，社会公众对企业社会责任议题的全面关注促进了综合企业社会责任报告的出现。

6.1.1　企业社会责任报告的萌芽：雇员报告

早在工业革命时期，一些企业家就意识到雇员权利和福利的重要性，并以不同方式承担对雇员的责任，如为雇员建造租金低廉或几乎免费的住宅、减少工作时间、改善工作环境等，但以正式文件来披露相关的信息的行为几乎没有。

20世纪70年代，雇员报告出现于欧美国家。20世纪50年代对欧美来说是个相对平和而富足的时期，但60年代是其经济活动中社会问题的兴起时期。西方国家一系列重大的社会变革引发了全社会对经济与社会之间关系、企业的道德和责任等问题的反思。例如，水门事件导致了公众对政府的信任危机，美国跨国公司海外贿赂行为的曝光以及各种不安全产品的丑闻事件使公众对企业的道德及消费安全问题越来越敏感，工业污染和有毒废弃物的问题引起人们对环境和生态问题的广泛关注，工业化的快速发展使人们更加关心地球不可再生资源过度使用的问题，黑人权利意识的提高和妇女运动的兴起使人们日益重视公司内部的歧视和不平等问题。在此背景下，各种消费者组织、环保组织、劳工组织纷纷成立，它们对企业经营活动给社会和环境所造成的影响进行深入的思考，提出企业应该对环境、消费者、雇员、社区等利益相关方担负责任。作为对社会压力的回应，英国政府于20世纪70年代颁布了一系列法令促使企业承担对雇员的责任，如1970年的《公平工资法案》（Equal Pay Act）、1974年的《工作中的健康与安全法案》（Health & Safety at Work Act）、1975年的《性别歧视法案》（Sex Discrimination Act）、1976年的《种族关系法案》（Race Relations Act）等。这些法案进一步改变了公众和企业管理层的态度。作为企业积极关注雇员权利的重要载体，年度雇员报告出现。

雇员报告是一种非法律明确要求的、自愿性质的企业内部报告，没有标准的格式或特定的设计。发布雇员报告的企业，以印制企业内部发行的文件或小手册的形式，通过文字、图形等方式提供必要的信息，包括：企业遵守雇员权益法律的状况，本年度维护雇员权益的重要事件，如涉及雇员权益的经营战略、行为以及企业收益的分配情况等。目前仍有个别企业公开发布雇员报告，如在德国电力市场排名第一的莱茵集团（RWE）自2002年发布其第一份雇员报告以来，坚持每年在发布企业责任报告的同时发布雇员报告，凸显其高度重视雇员权益保护和个人发展，为促进雇员发展搭建良好平台，将雇员责任管理作为重点之一的可持续发展理念。

由于保障雇员权益的立法没有规定企业具有披露维护雇员权益的义务，企业发布雇员报告的主要动力来自企业管理层对雇员负责任意识的不断增强。这与消费者权益和人权保护等社会运动的兴起以及当时在西方国家广泛展开的对企业社会责任的争议息息相关。随着企业规模和对社会影响的日益扩大，企业在遵纪守法之外，应该在多大程度上对其给社会和环境所造成的影响承担责任，在当时存在很大争议，这些争议对促进企业承担雇员责任发挥了重要的引导作用。同时，雇员权益保障立法的加强，也极大地提高了企业管理层对维护雇员权益和雇员创造企业价值的潜力的认识，雇员成为企业除股东之外首先考虑的利益相关方。企业开始重视保障雇员的合法权益，关注建立友好的工作环境，以提高雇员的积极性、创造力以及对企业的忠诚度，从而增强企业的竞争优势。

但是，雇员报告产生的社会影响比较有限。当时的雇员报告没有统一的规范或指南，形式多样，发行范围限于企业内部，报告对象主要是雇员，涉及的内容主要限于维护雇员权益，公众对雇员权益保护的信息披露也没有足够的期望和要求。因此，雇员报告并未被很多企业采用，也未能得到社会推广而成为主流，但它是企业非财务报告即企业社会责任报告发展的重要萌芽。

●● 6.1.2　企业社会责任报告的兴起：环境报告与社会报告

企业独立环境报告的出现，是企业社会责任报告真正兴起的基本标志。它最初出现于20世纪70年代的北美企业中。最早，一些企业的年度报告书中出现了附加的部分——"绿色注解"，以此传递企业一些零星的环保理念；接着，企业开始不定期地发布环境声明，并逐渐建立企业环境管理体系，加强对环境问题的连续披露，增强企业年度环境管理绩效的一致性和可比性。这时发布的报告以文字描述为主，到20世纪90年代，独立的环境报告出现。

1）环境报告产生的背景

社会对企业环境信息的关注程度不断提高。1962年，美国作家蕾切尔·卡逊（Rachel Carson）出版了《寂静的春天》（Silent Spring）一书，引起了社会对环境问题的极大关注。环境问题很快从环保主义者和科学家所关心的主题发展成为各种社会团体、媒体以及普通公民的重要话题，环保组织大量出现。1973年，英国成立了第一个环境政治党派，即著名的绿党（Green Party），随后绿色和平（Greenpeace）、地球之友（Friends of the Earth）、国民信托（National Trust）、皇家自然保护学会（Royal Society for Nature Conservation）以及世界野生动物基金（World Wildlife Fund）等环保组织纷纷成立。各类关注环保议题的组织积极开展活动，一方面通过树立榜样，倡导社会公众关注环境问题，如英国特许公认会计师公会（ACCA）于1992年开始实施企业环境报告的表彰制度；另一方面通过引导投资、影响销售、施加政治压力、促进环境立法等多种方式影响企业的环境政策，要求企业及时、充分地披露企业对环境造成影响的相关信息。

政府相关立法对企业环境报告提出了明确要求。1992年，欧盟在《走向可持续发展》（Towards Sustainability）报告所包含的"关于环境的第五次行动计划"中，呼吁企业在年度报告中提供其环境政策、行动及其后果的详细情况，披露企业的环境保护支出和环境风险预防措施。1993年，欧盟发布《生态管理审核计划》（Eco Management and Audit Scheme，EMAS），并于1995年开始实施，规定企业要提供环境管理的目标和信息，制定生态管理审核模式，向公众披露更加准确的环境管理状况信息。在欧洲国家中，丹麦于1995年发布了世界上第一部关于环境报告信息披露的法规；瑞典和荷兰分别于1998年12月和1999年1月发布法规，对那些对环境造成重大影响的企业编制环境报告提出了强制性要求，并且要求实施第三方认证；挪威对商法进行修改，增加了在企业年度报告中披露环境信息的要求。美国议会授权美国环保署制定了大量有关环境的法律法规，并对企业违反法律的行为规定了严格的刑事、民事和行政处罚条款。

企业发布环境报告的意愿不断增强。随着公众环保意识的提高以及各国法律约束的明显加强，世界各国的企业尤其是跨国公司自愿发布环境报告的动力日益增强。人们认为，环境报告一方面可以向社会展示企业在降低对环境的影响、减少有害物质排放和转移、积极参与环境保护、减缓全球变暖趋势方面所做出的努力；另一方面可以加强对环境风险的控制，把握机遇，应对挑战，提升企业竞争力。1989年，挪威海德鲁（Norsk Hydro）公司发布了全世界第一份企业环境报告。从20世纪90年代开始，越来越多的美国企业出于降低诉讼风险和企业成本等原因自愿或按法律规定向公众提供企业环境信息。经验表明，与终端消费者关系紧密的企业，往往是消费者、环境保护者和媒体关注的焦点，面对较大的外部压力，它们成为较早自愿发布环境报告的企业，如伊莱克斯（Electrolux）公司和美体小铺（Body Shop）公司。同时，实践证明，让公众充分了解企业对环境问题的关注与努力，可以有效提升企业的品牌形象和产品竞争力。

重大负面事件对企业发布环境报告有着重要的推动作用。20世纪80年代发生的几起重大环境污染事件，使经营活动与环境密切相关、容易对环境产生负面影响的行业如石化、烟草、采矿等面临很大的环境压力。这些行业中的企业，由于经常与重大环境灾难有关联而遭受公众谴责，希望通过报告企业的环境绩效来挽救和重建企业声誉。在北美，孟山都（Monsanto）公司是第一家在独立的环境报告中披露有毒气体排放的公司；联合碳化物（Union Carbide）公司和埃克森（Exxon）公司等需要对环境灾难负责的公司也较早发布了环境报告。

2）环境报告的发展状况

格瑞（Gray）等人的研究表明：在1993年，发布环境报告的企业仍是少数，而到1999年，全球发布环境报告的企业数量增加了10倍。根据Corporate Register网站对全球发布环境和社会报告的企业的统计，1992—1999年，环境报告数量大幅度增长，到2000年数量有所减少。应该指出的是，20世纪90年代发布环境报告的企业的绝对数量快速增长，但相对企业总数其所占比例仍然不高。新经济基金会（New Economics Foundation）的一份报告显示，无论是在纽约证券交易所还是在伦敦证券交易所，上市公司中只有很少的一部分发布环境报告，斯德哥尔摩证券交易所的情况也是如此，且各地区的报告发布情况各具特色。

在欧洲，北欧国家（如丹麦、芬兰、瑞典、挪威）的企业较早发布环境报告，该地区报告数量占世界企业发布报告总数的15%（孙振清，2004）。在全球范围内，无论从发布环境报告的绝对数、相对比例还是质量来看，英国企业的环境报告明显领先。1999年，英国的养老金投资研究顾问（Pensions and Investment Research Consultants）公司对富时350指数（FTSE 350）成分股公司进行了调查，发现英国上市公司的前350强中对环境绩效进行报告的比例达到了75%。

美国企业的环境报告数量在20世纪90年代中后期出现了大幅度增长。华盛顿的公司排名组织"投资者责任研究中心"（Investor Responsibility Research Center，IRRC）对标准普尔500强企业进行了调查，结果显示：1999年，在255家被调查公司中有132家发布了环境绩效报告。

在亚太地区，日本企业的环境报告处于世界先进水平。日本最早的环境报告是1993年由本田汽车与东京电力两家企业分别发布的。自1999年起，日本大批企业纷纷发布环境报告，报告数量迅速增加。据调查，日本在2002年约有500家企业发布环境报告，到2004年已达到约700家（钟宏伟等，2006）。日本企业环境报告的迅速发展有多方面的原因：一是企业的积极参与。在各国通过ISO 14001环境管理体系认证的企业数量中，日本最多，这从一个侧面反映出日本企业对环境管理的高度重视。日本企业具有独特的治理结构，它们不是着眼于短期的盈利目标，而是追求市场占有率和长期增长目标，重视环境对企业的未来发展的影响。二是政府的积极推动。2003年3月，日本内阁发布《可持续社会建设核心计划》，明确要求：到2010年，发布环境报告的企业比例，上市公司要超过50%，雇员超过500人的非上市公司要超过30%。三是社会的积极促进。日本的公民有着强烈的国民环保意识。

在中国，环境信息披露越来越受到重视，相关的法治建设已有近20年的历史。2003年国家环保总局颁布的《关于企业环境信息公开的公告》，可以说是中国第一部关于企业环境信息披露的规范性文件。国家环保总局颁布的《环境信息公开办法（试行）》自2008年5月1日起生效。该办法有助于进一步规范环保部门和企业环境信息公开工作，强化环境信息公开的责任，明确环境信息公开的范围，畅通环境信息公开的渠道，完善环境信息公开工作的监督和保障机制。《环境信息公开办法（试行）》规定企业环境信息公开实行自愿公开与强制性公开相结合的原则。依照《中华人民共和国清洁生产促进法》的规定，对污染物排放超过国家或地方排放标准，或污染物排放总量超过地方政府核定的排放总量控制指标的污染严重的企业，强制公开环境信息；对一般污染企业，鼓励自愿公开环境信息。属于强制公开范围的企业，应当向社会公开下列信息：一是企业名称、地址、法定代表人；二是排放的主要污染物的名称、排放方式、排放浓度和总量、超标和超总量情况；三是企业环保设施的建设和运行情况；四是环境污染事故应急预案。企业应当在环保部门公布名单后30日内，在所在地主要媒体上公布上述环境信息，并报所在地环保部门备案。企业不得以保守商业秘密为由拒绝公开。

为贯彻执行《中华人民共和国环境保护法》（2014年修订），指导和监督企业事业单位开展环境信息公开工作，环境保护部于2014年12月19日公布了《企业事业单位环境信息公开办法》，对企业事业单位环境信息公开进一步予以明确和细化。2021年12月11日，生态环境部公布《企业环境信息依法披露管理办法》，2022年2月8日该办法正式生效。这部替代《企业事业单位环境信息公开办法》的新规，是对2021年5月出台的《环境信息依法披露制度改革方案》的具体推进和落实。这份改革方案制定了中国未来5年的企业环境信息依法披露制度建设的路线图，明确到2025年基本形成环境信息强制性披露制度。改革方案和新版办法统一了此前较为分散的企业环境信息依法披露规定，并且着重解决了影响企业信息披露

有效推进的主要症结，对披露企业具有更加明确、切实的指导意义。^①

《企业社会责任蓝皮书（2022）》显示，国有企业社会责任发展指数持续领先，与国务院国资委2008年以来高度重视、持续推动中央企业社会责任工作密不可分。2021年，面对新冠肺炎疫情、脱贫攻坚与乡村振兴衔接、经济下行等多重考验，国有企业科学部署、多措并举，充分发挥了顶梁柱和国家队作用。蓝皮书认为，超八成国有企业社会责任发展指数处于三星级及以上水平，14家国有企业社会责任发展指数达到卓越者阶段。其中，华润集团、中国石化集团、中国建材集团、中国华电集团、国家开发投资集团、东风汽车公司、国家电网公司、中国南方电网公司、中国宝武集团、国家能源集团等国有企业的社会责任发展指数位列前十。^②

6.1.3 企业社会责任的发展：ESG

2005年，包括世界银行、国际金融公司和中国人民保险公司在内的20多家金融机构联合发起了Who Cares Wins报告，其中首次提出了环境、社会和治理（ESG）这一概念^③。责任投资原则（PRI）协会2021年年报显示，约97%的资产所有者和投资经理已将ESG因素纳入其股票投资决策之中^④。2022年，美国证券交易委员会（SEC）公布新提案，要求上市公司披露气候变化及相关风险信息。

国内部分机构和组织对企业ESG评价体系进行了深入研究。2018年，中国证券投资基金业协会联合国务院发展研究中心金融研究所发布了《中国上市公司ESG评价体系研究报告》^⑤。该报告结合五大发展理念推出了一套具有中国特色的ESG评价体系：在环境层面，强调企业环境信息的决策有用性；在社会层面，明确考虑了企业的主要利益相关者，将财务指标和非财务指标结合起来考察企业对利益相关者是否尽责、尽职，强调同业公平竞争；在治理层面，鼓励企业将ESG理念提高到公司战略层面^⑥。

中国企业积极推进ESG信息披露，通过ESG报告及社会责任报告、可持续发展报告、环境报告等不同类型的报告公开自身的ESG表现，这些报告朝着专业化、多元化的方向不断拓展，但披露比例有待进一步提升。2018—2021年，进行ESG信息披露的中国企业数量逐年增长，但占比仍然较低，仅由2018年的16%递增至

---

① 宋子樱. 环境信息披露制度迎来大变革，企业如何应对？[EB/OL].［2024-12-10］. https://m.thepaper.cn/baijiahao_16702533.
② 佚名. 2022企业社会责任发展指数发布 国企连续14年领先［EB/OL］.［2024-12-10］. https://finance.sina.com.cn/jjxw/2022-11-22/doc-imqmmthc5570249.shtml.
③ 黄世忠. ESG理念与公司报告重构［J］. 财会月刊，2021（17）：3-10.
④ Principles for Responsible Investment. Annual Report 2021［R/OL］.［2024-12-10］. https://www.unpri.org/annual-report-2021.
⑤ 中国证券投资基金业协会，国务院发展研究中心金融研究所. 中国上市公司ESG评价体系研究报告［R］. 北京：中国财政经济出版社，2018.
⑥ 雒京华，赵博雅. 利益相关者视角下企业ESG责任履行的战略路径［J］. 开发研究，2022（4）：141-148.

2021年的19%。2021年，上市公司中进行ESG信息披露的企业数量占比为27.87%，债券发行企业进行ESG信息披露的数量占比仅为16.41%。①

2022年5月27日，国务院国资委发布的《提高央企控股上市公司质量工作方案》指出，"积极参与构建具有中国特色的ESG信息披露规则、ESG绩效评级和ESG投资指引""推动更多央企控股上市公司披露ESG专项报告，力争到2023年相关专项报告披露'全覆盖'"。财联社星矿数据显示，截至2023年5月4日，A股上市企业中，共有623家企业发布了ESG报告。其中，深交所上市企业211家，上交所上市企业409家，北交所上市企业3家。据不完全统计，已披露ESG报告的A股上市企业中，近六成为国有上市公司，100余家为首次披露。②

拓展阅读6-1

从CSR到ESG，如何看待责任投资的发展与演进？

●● 6.1.4　企业社会责任报告趋于成熟：从单项到综合

进入21世纪以来，国际上非财务报告发展的基本趋势是从单项报告向综合报告转变。根据调查，2000年以前，全球非财务报告的数量从1993年的不到100份发展到1999年的约1 000份，主要以环境报告为主。到2005年，全球非财务报告的数量已经超过2 000份，企业社会责任报告、可持续发展报告、企业公民报告、公司责任报告、公司社会与环境报告等综合社会责任报告的数量迅速增长，并且逐渐成为跨国公司发布报告的主流。近年来，世界500强企业中发布综合社会责任报告的比例已近70%。

2021年，中国有143家企业进入《财富》世界500强，其中有120家企业发布了社会责任报告，占比83.92%，较上年数量（111份）和占比（83.46%）略有增加。在中国企业联合会、中国企业家协会发布的2021年中国企业500强中，有268家企业发布了社会责任报告，占比53.6%，发布比例首次过半。2022年，中国有145家企业进入《财富》世界500强，其中有114家企业发布了社会责任报告，占比78.62%，较上年数量和占比有所下降。③

截至2022年4月30日，A股全市场共有4 669家上市公司披露了2021年年度报告。中国上市公司协会指出，在过去一年中，多家企业积极履行社会责任，主动融入和服务国家重大战略，共有1 400多家公司披露了独立的社会责任报告或ESG报告，几乎全部上市公司在年报中披露了履行社会责任、加强环境保护、助力乡村振兴的相关信息。其中，共有1 916家上市公司参与乡村振兴建设，投入资金合计约177亿元；同时，上市公司积极践行绿色低碳发展理念，把污染防治摆在更加突出的位置。

企业综合社会责任报告诞生的原因主要有三个方面：

---

① 刘颖，周丹. 中国企业ESG信息披露现状及启示［J］. 债券，2022（10）：68-71.
② 田箫. ESG报告季来了！上市公司披露数量再创新高，它们都写了啥，还缺啥？［EB/OL］.［2024-11-25］. https://www.chinastarmarket.cn/detail/1341152.
③ 金蜜蜂. 2022年CSR报告全数据来啦［EB/OL］.［2024-11-25］. https://www.163.com/dy/article/HNHBJODD0538B5BJ.html.

（1）可持续发展概念深入人心，并日益与企业发展的"三重底线"概念相联系。1987年，由挪威前首相布伦特兰领导的联合国世界环境与发展委员会发表了《我们共同的未来》（即《布伦特兰报告》），报告所提出的可持续发展概念逐渐成为全球的共识。1992年，在里约热内卢举行的联合国环境和发展会议上，100多个国家的领导人通过了《21世纪议程》，共同制定了在21世纪实现可持续发展的蓝图。1994年，约翰·埃尔金顿提出了"三重底线"的概念，对衡量和报告企业在经济、环境和社会三个方面的综合业绩有着十分重要的促进作用。

（2）西方发达国家的政府对企业全面披露社会责任信息的期望和要求越来越高。澳大利亚、加拿大、法国、丹麦、荷兰、挪威、瑞典以及美国等都通过相关立法，要求企业报告其社会绩效。1999年，英国的福利和养老金法案提出，养老基金管理机构有义务披露它们是否将社会、伦理道德和环境问题融入投资决策之中。2000年，英国政府任命了企业社会责任大臣，对企业社会责任报告提出了要求；英国保险协会发布指南，要求企业披露社会、环境和伦理道德议题。2000年，欧盟提出其战略目标是建立世界上最具竞争力和活力的、以知识为基础的经济体，以提供更多、更好的就业岗位，产生更强的社会凝聚力，共同实现可持续的经济增长，通过私人部门和公共部门之间的广泛合作，以全新的合作开放方式实现最佳实践的传播，建立一个更加团结而富有活力的欧盟。为了使私人企业融入现代化的欧洲社会模式中，欧盟呼吁企业树立和增强终身学习、机会平等、社会公正和可持续发展等社会责任意识。因此，欧盟呼吁并鼓励欧洲企业自愿发布综合性的社会责任报告。欧盟还设立了企业社会责任多利益相关方论坛，作为推动企业社会责任的平台，制定被普遍认可的指南和标准以衡量、报告和保证企业社会责任在欧洲的推广。

（3）社会公众对企业社会责任议题的全面关注促进了综合企业社会责任报告的出现。随着2001年、2002年美国和欧洲商业丑闻的曝光，人们意识到，公司在履行环境责任之外，应该担负更多的社会责任。社会公众对企业经营透明度和全面披露信息的要求进一步提高。同样，企业也切实意识到，需要通过全面加强与社会公众的沟通交流，重建投资者及其他利益相关方对企业的信任。2002年1月，在纽约举行的世界经济论坛年会上，34位全球最大跨国公司的CEO签署了一项联合声明——《全球企业公民——对CEO和董事领导的挑战》。由此，企业环境报告逐渐与企业社会责任的"三重底线"相融合，环境质量、社会公正和经济富裕成为企业与社会共同关注的内容。譬如，欧洲可持续发展战略沟通委员会要求雇员人数在500人以上的上市公司，必须在其年度报告中发布"三重底线"报告，以衡量企业的经济、环境和社会综合绩效。此外，一些国家（地区）的非政府组织设立了多种奖项，旨在进一步推动和鼓励企业发布综合社会责任报告。例如，英国特许公认会计师公会设立了"可持续发展报告奖"，很多国家的新闻媒体或非政府组织（NGO）也设立了类似奖项。

与单项的环境报告、社会报告或健康安全环境报告相比，综合社会责任报告是从责任角度对企业与社会关系的全面反映，涉及经济、环境和社会的各个方面，通常包含如下主题：企业价值观、公司治理、环境健康与安全、雇员责任、资源使用、产品和服务与用户、供应商关系管理、社区和社会公益事业参与等。

●● 6.1.5　企业社会责任报告的十大作用

企业社会责任报告的演变，不仅表现在报告议题、名称和水平等方面的发展上，也是对报告作用的不断认识与创新的过程。20世纪70年代，通过雇员报告来提高雇员的忠诚度，成为企业吸引人才的重要工具；20世纪90年代，通过环境报告来回应公众的期望和压力，成为企业风险控制的重要手段；进入21世纪，社会责任报告扩展至更广泛的社会议题，向利益相关方展示企业对全面社会责任的承担，发布报告成为企业获取"经营许可"的公关手段。同时，面向企业内外部的利益相关方，一些具有前瞻意识的企业将社会责任报告的发布作为企业核心商业价值与战略的一个重要组成部分，以创造企业责任竞争力，提升企业的商业价值。全面、客观地认识企业社会责任报告的作用，有利于企业社会责任报告工作的深入开展，真正发挥企业社会责任报告促进企业可持续发展的功能。

具体而言，发布企业社会责任报告，对企业具有如下作用：

（1）有助于企业树立负责任的品牌形象。发布社会责任报告对于企业树立负责任的品牌形象起到极大的推动作用。全国工商联发布的《中国民营企业社会责任报告（2022）》指出，2021年，面对诸多风险挑战，我国民营企业深入贯彻新发展理念，主动融入新发展格局，在稳定增长、增加就业、贡献税收、创业创新、乡村振兴、生态文明建设、公益慈善等方面努力作为，对我国经济社会可持续发展发挥的作用日趋显著。[①]据长江商报资本战略研究院统计，2006—2021年，披露社会责任报告的上市公司数量已从10家上升到1 422家。上市公司对社会责任的认识更加全面，不再局限于公益慈善，践行社会责任的总体实力持续提升，社会责任各维度的强度趋向均衡。[②]

（2）对企业社会责任实践进行系统总结。企业社会责任实践可以说自企业开始运营之日起就已存在，但是系统总结企业社会责任实践则是一个新生事物，企业社会责任报告就是系统总结企业社会责任实践的最佳工具。

（3）促进企业社会责任理念在企业内部传播。一份企业社会责任报告的编制和发布过程本身就是企业社会责任理念在企业内部学习、讨论和提升的过程，也是企业社会责任理念在企业内部最好的传播方式。

（4）是综合业绩报告的新工具。企业社会责任理念也形成了对企业价值评价的

---

① 班娟娟，史俊怡. 全国工商联发布《中国民营企业社会责任报告（2022）》［EB/OL］.［2024-11-25］. http://www.news.cn/money/20230221/7064f2ffea464bda90325f81c42186ac/c.html.

② 蔡嘉，贺梦洁. A股上市公司社会责任百强榜发布 责任履行方式呈现主动化多元化［N］. 长江商报，2023-01-17（A07）.

新标准，企业社会责任报告则是对企业经济、环境和社会业绩新价值标准进行报告的新工具。

（5）有助于企业建立内部对话新机制。企业社会责任报告以更具战略意义的方式将财务、营销和研究开发等职能部门联系起来，在一个新的共同理念上建立起内部对话机制。

（6）是增加外部沟通的新手段。企业社会责任报告通过传递企业综合信息，从更高层次上帮助企业组织传递与经济、环境和社会相关的机遇和挑战信息，有助于加强企业与外部各利益相关方的信任关系。

（7）完善预警机制功能。编制报告的过程也是企业建立预警机制的过程，即针对企业各利益相关方存在的问题以及未曾预测的风险提供警示，有助于企业预先防范可能产生危害的事件。

（8）提高管理层的评估能力。企业社会责任报告有助于提高管理层的评估能力，使之准确评估企业对自然、人文和社会所做的贡献，从而可以更加完整地反映企业的发展愿景。

（9）增强财务稳定性。全面和定期的信息披露，可以避免因不及时披露或突然披露引起投资者行为发生重大转变，从而增强企业财务状况的稳定性，因此企业社会责任报告有助于减少上市公司股价的波动和不确定性。

（10）是促进利益相关方参与的重要工具。

6.2　企业社会责任报告的内容与结构

6.2.1　选定企业社会责任报告内容的目标

从企业社会责任报告的起源来看，一方面它是利益相关方对企业透明度和问责制的普遍要求，另一方面企业加强与利益相关方的沟通愿望与动力也日益增强。企业以股东为主要报告对象、以财务业绩为主要沟通内容的传统报告方式，既无法满足利益相关方的需要，也不适应企业管理和发展的需要。这主要体现在传统财务报告尽管内容充实，但披露的信息更多地关注工业时代的资本——库存、机器设备、楼房等，而利益相关方需要了解一个企业的文化、研究和发展情况，以及如何对待员工、顾客、资源和环境等影响企业未来健康发展的实质性内容。一份优秀的企业社会责任报告要包含足够且恰当的内容，使利益相关方获得必要的信息，同时又能真正反映出企业履行社会责任的情况，充分体现报告的内外在价值。

充分体现报告的内外在价值就是选定报告内容的目标。报告的内在价值体现为企业伦理的价值、管理的价值、人力资源的价值；报告的外在价值体现为市场竞争价值、环境责任竞争力价值和社会投资价值等。通常，报告包含的信息大致可分为四大类，即基础信息、经济绩效信息、环境绩效信息和社会绩效信息。与这些信息相对应的是责任管理价值、市场竞争价值、环境责任竞争力价值和社会投资价值。

企业在选择这四个方面的内容时，要注意使其充分体现上述四大价值。

如何选择合适的报告内容才能充分体现企业的价值呢？企业的不同价值体现在企业与不同利益相关方的沟通和互动中，因此企业社会责任报告应该围绕企业的价值及其所涉及的利益相关方披露企业履行相关责任实践的内容。

对于不同的利益相关方，企业履行的责任各有不同，履行责任的层次包括必尽的法律责任、应尽的道德责任和愿尽的自愿责任。这决定了企业社会责任报告的信息披露也是有层次的，包括必须披露的内容、应该披露的内容和选择披露的内容。其中，必须披露的内容对应的是企业的必尽责任，主要是法律法规有明确要求的责任实践；应该披露的内容对应的是企业的应尽责任，主要是对企业履行道德、伦理责任实践的反映；选择披露的内容对应的是企业的愿尽责任，主要是对企业自发性的、完全主动履行的责任实践的反映。这种对企业社会责任报告内容层次的分类是符合中国对企业社会责任概念的理解的，与中国目前的企业社会责任管理水平是相匹配的，可以有效地促进企业与利益相关方的沟通，同时帮助企业充分发挥企业社会责任报告的作用。

● 6.2.2　选择企业社会责任报告内容的原则

企业社会责任报告内容的选择应该遵循以下六大原则：

1）实质性原则

实质性原则是指报告所披露的议题和指标能够反映企业对经济、环境和社会的重大影响，或者对利益相关方的判断及决策有重要影响。实质性原则要求社会责任报告能够识别出利益相关方群体，指出利益相关方的要求与期望，披露与利益相关方沟通的渠道和方式，针对利益相关方所关心的议题披露相关情况，针对利益相关方的责任理念与方针及其与企业战略的相关性，披露采取的责任措施及取得的责任绩效。

2）可信性原则

可信性原则指报告所披露的信息是可信的，能够获得利益相关方的信任。可信性原则要求企业在社会责任报告中进行客观中立的表述，如实披露企业的负面信息和利益相关方对企业的评价，明确标注报告信息的来源，并邀请企业社会责任专家或者第三方审验机构对报告的内容进行评价或审验。

3）可比性原则

可比性原则指报告所披露的社会责任绩效能够实现与同类报告的对比。可比性包括纵向可比、行业内可比和跨行业可比三个方面。其中，纵向可比要求企业自身在不同时期的责任报告可以比较；行业内可比或跨行业可比往往要求企业参照一定的依据来编制报告，比如参照《中国工业企业及工业协会社会责任指南》编制报告，可以实现在不同工业行业之间企业社会责任绩效的比较，参照《中国银行业金融机构企业社会责任指引》编制报告，可以实现在金融行业内部企业社会责任绩效的比较。

4）可读性原则

可读性原则指报告具有被利益相关方阅读和欣赏的价值。这就要求报告使用信息导航工具对内容进行清晰定位，综合运用文字、图片和表格对信息进行恰当表达，在篇幅、载体、风格、色彩、版式等方面处理得当，既体现企业文化，又方便利益相关方阅读。

5）创新性原则

创新性原则指报告在编制中能够对企业的社会责任信息进行再创造，充分展示企业的个性和特点。创新性主要包括理念创新、结构创新和形式创新三个方面。虽然不是每一份报告在内容选择上都能实现创新，但是体现出创新性的报告一定是一份质量较高的报告。

6）完整性原则

完整性原则指报告要遵守社会责任报告的一般格式和规范，完整地披露企业在社会责任方面的基本信息，避免在结构上出现重大缺陷。一份遵循完整性原则的社会责任报告一般包括企业概况、报告参数、战略与治理、高管声明、利益相关方、风险机遇分析、实践内容和计划内容等组成部分。

6.2.3 企业社会责任报告中的管理内容

企业社会责任报告中的管理内容要从企业社会责任的角度阐释企业的愿景、价值观、使命和战略，应包含以下几个方面：

1）宏观背景

企业的行为发生在社会大背景下，因此企业有必要通过报告反映出自身对宏观经济、环境和社会的现状、发展和趋势的认识，以及了解这些因素对企业行为产生的影响，从而使报告的读者即各利益相关方，对企业的目标、措施和绩效进行全面的理解和理性的评价。对宏观背景的分析能够反映企业识别风险和把握机遇的能力。

在通常情况下，在宏观背景分析中，企业应该关注以下方面：

（1）年度内发生的国内外重大事件，以及这些事件对企业经营管理所造成的影响。

■■ 范例6-1

华润集团2021年可持续发展报告——服务国家战略（一）

认真落实国家"双碳"目标和战略部署。成立"双碳"领导小组和工作小组，制定集团碳排放管理整体工作方案，华润电力完成全国碳市场首笔10万吨碳配额大宗协议交易。

全面落实国家乡村振兴战略。持续帮扶广昌、海原两县巩固拓展脱贫成果，与清流签订振兴中央苏区帮扶计划，推进乡村振兴的有效衔接。延安华润希望小镇如期竣工，南江希望小镇全面启动。

资料来源　华润（集团）有限公司网站.

（2）国际可持续发展中的重要议题，企业对这些重要议题的认识和理解，企业是如何通过生产经营对这些重要议题进行回应和影响的。

■■ 范例6-2

华润集团2021年可持续发展报告——服务国家战略（二）

大力推进香港业务重塑。成立香港工作委员会，制定香港业务发展战略，加大在港投资。华润创业成功收购位于北部都会区仓储物业，并与多家香港高校合作成立科创投资平台。华润物业通过收购大幅提升在港物管业务规模及影响力。

国际化发展稳步推进。疫情下集团现有海外项目平稳有序运营，华润创业投资项目 Oatly 在美上市。

资料来源　华润（集团）有限公司网站.

（3）本行业的可持续发展状况和趋势，企业在行业环境下的应对策略。

■■ 范例6-3

中国石化2022年可持续发展报告——支持联合国可持续发展目标

表6-1　　　　中国石化的行动与联合国可持续发展目标(SDGs)对应表

联合国可持续发展目标	2022年我们的行动
无贫穷	积极参与乡村振兴工作，全年投入无偿及有偿帮扶资金2.11亿元，引进无偿及有偿帮扶资金2.31亿元，完成消费帮扶11.56亿元。石化帮扶产品名录包含1 963款产品，覆盖22个省、149个脱贫县
零饥饿	支持帮扶乡村地区发展特色农业，在甘肃省东乡县10个乡镇实现16 175亩的藜麦种植，带动4 964户群众增收，全年销售东乡藜麦超过7 000万元

续表

联合国可持续发展目标	2022年我们的行动
良好健康与福祉	保障员工生命安全和身体健康，员工职业病危害因素检测率100%、有效防控率100%、职业病体检率100%、健康高危人员干预率100%；连续15年，中国石化保持境外公共安全零死亡；中国石化心理健康（EAP）委员会采取积极心理关怀举措，促进员工身心健康
优质教育	丰富员工培训方式，全年共组织重点培训项目33个54期次，培训5 732人次，网络学院累计培训6 375 520人次，学习时长超6 000万学时。积极开展教育帮扶，累计投入帮扶资金5 000万元用于乡村学校硬件改造，培训教师超过2 000人次，公司员工结对帮助学生1 500余人，向受援学校派驻支教志愿者245人次，驻校总时长1 196天
性别平等	遵守性别平等原则，设立工会女职工委员会，全面保障女性员工权益，消除就业、晋升等环节的性别歧视，并鼓励女性员工参与企业民主管理；保障女职工孕产等特殊权益，关注女员工身心健康
清洁饮水和卫生设施	建立水资源用量年度目标，以每年不低于1%的幅度削减工业新水取用量；使用非常规水资源代替新鲜水，优化用水结构，减少新鲜水用量。改善东乡县供水设施，让布楞沟流域的村民用上自来水
经济适用的清洁能源	大力发展天然气，积极布局新能源业务，提升洁净能源的供给占比。新建天然气产能74.4亿方，累计建成加氢站98座，生物航空煤油产能达到10万吨/年
体面工作和经济增长	通过投资、纳税、提供就业和促进本地化采购、开展社区支持项目等方式，助力当地经济发展；开展就业帮扶，针对农民工、社会成熟人才等提供工作岗位。积极招聘女性员工、外籍员工、少数民族员工，提供平等就业机会
产业、创新和基础设施	支持构建清洁低碳能源供给体系，深化充换电站、加氢站等新型基础设施和服务，助力绿色交通、氢能交通发展。已建成6家智能工厂，并在近2万座加油站推广建设数字化、无接触的智能加油服务站
减少不平等	尊重人权，禁止雇佣童工和强制劳动；禁止性别、地区、宗教、国籍等任何形式的歧视；提升在性别、民族等维度的员工多元化程度，保障员工平等发展机会
可持续城市和社区	积极配合新能源汽车行业发展，推进新能源汽车充换电配套设施和加氢站建设。投资1亿元帮助甘肃省东乡县修建通村道路，解决当地民众出行问题

续表

联合国可持续发展目标	2022年我们的行动
负责任消费和生产	持续强化HSE（健康、安全和环境）管理体系，确保安全生产、职业健康和环保指标绩效不断改善。积极倡导绿色采购、责任采购，与供应商携手履责，承包商通过职业健康安全管理体系认证的比例长期保持100%。定期发布可持续发展报告，提升公司透明度
气候行动	研发和推广碳减排技术，强化温室气体排放监测与管理。大力发展节能环保产业，推进CO_2资源化利用技术开发与产业化，建设CCUS（二氧化碳捕集、利用与封存）全产业链工程，回收$CO_2$153.4万吨。公司持续实施能效提升计划，全年共开展能效提升项目479项，实现节能94.6万吨标煤
水下生物	开展长江、黄河等重点流域企业现场督查，助力长江与黄河流域生态保护；加入终止塑料废弃物联盟，共同保护海洋环境和海洋生物；严防海上溢油事故发生；提高废水回收利用力度，尽可能减少新鲜取水用量；开展土壤地下水调查工作，严防土壤地下水污染问题
陆地生物	所有新建、在建项目均按要求开展环境影响评价与生物多样性影响评估，并对生态环境敏感目标进行识别，优先避绕环境脆弱区和生态涵养区。针对退役设施开展生态环境现状调查与监测，开展生态修复、恢复工作。公司生物多样性实践入选《企业生物多样性保护案例集》，该案例集在加拿大蒙特利尔《生物多样性公约》第十五次缔约方大会（COP15）第二阶段会议"中国角"边会活动上发布
和平、正义与强大机构	遵守商业道德准则，持续提高诚信合规管理水平；对腐败和违反商业道德的事件实施"零容忍"政策，杜绝任何形式的腐败行为。推动供应商、承包商提高安全管理、环境保护表现水平
促进目标实现的伙伴关系	支持联合国全球契约等国际倡议；与国际组织、行业协会、研究机构、企业伙伴等保持密切合作，共同探索前沿技术研发；开发易派客、石化e贸等电商平台，助力产业链实现合作共赢

资料来源　中国石化集团网站.

2）企业社会责任理念

　　企业社会责任理念或者企业社会责任观是企业社会责任实践的统领，体现了企业对企业社会责任的理解及其在一般概念基础上结合企业自身情况的升华。在报告中明确企业社会责任理念有利于利益相关方对企业的社会责任实践进行提纲挈领式的了解，同时充分展示出企业对企业社会责任的把握和管理能力。

■ 范例6-4

华润集团2021年可持续发展报告——奋进新征程

这是我们的第15份社会责任报告，也是第1份可持续发展报告。

我们将本年度社会责任报告升级为可持续发展报告，在延续以往CSR指标披露的基础上融入ESG指标，探索ESG本土化。

我们如实披露在社会责任管理与实践方面的新作为、新成果，彰显红色央企的使命担当。

我们致力于在新征程上开好局、起好步，进一步提升集团社会责任管理能力，持续展现集团负责任的企业公民形象，推动企业创造更大的综合价值，助力企业可持续发展。

资料来源　华润（集团）有限公司网站.

3）战略

企业社会责任报告披露的内容从来都不是游离于企业的核心业务与管理之外的，企业战略的可持续性决定企业社会责任实践的目标和内容。因此，在报告中需要对企业的战略加以阐述，使利益相关者进一步理解企业履行社会责任的战略性。只有在明确的战略指引下，企业社会责任实践才能真正地为企业创造价值。

■ 范例6-5

国家电网有限公司2022年服务新能源发展报告——国网行动（节选）

加强全社会节能提效，提升终端消费电气化水平。推动低碳节能生产和改造：落实国家能源双控政策，全面实施电网节能管理。持续拓展电能替代广度深度：2021—2030年，累计替代电量超过1万亿千瓦时。开展综合能源服务："十四五"期间力争实现10千伏及以上高压供电客户能效服务能力全覆盖。

加强源网协调发展，提升新能源开发利用水平。做好新能源接网服务工作：2025年，国家电网经营区风电、太阳能发电总装机容量将达到9亿千瓦左右。支持分布式新能源和微电网发展：2025年，国家电网经营区分布式新能源装机容量达到1.8亿千瓦以上。不断扩大清洁能源交易规模：2025年，国家电网经营区新能源发电量占总发电量比例超过15%。

加强能源电力技术创新，提升运行安全和效率水平。实施科技攻关行动计划：2021—2030年安排研发经费投入3 000亿元以上。加快关键技术攻关：重点突破一批技术、推广应用一批技术。开展关键装备和标准研制：制定国家电网技术成熟度评价体系，遴选出一批前景广阔、成熟度高的新技术新产品，加快推广应用。编制"新型电力系统技术标准体系框架"。

加强配套政策机制建设，提升支撑和保障能力。推动健全电力价格形成机制：

按照"谁受益、谁承担"原则,由各市场主体共同承担转型成本。推进全国统一电力市场建设:加快推动建设竞争充分、开放有序的统一电力市场,在全国范围优化配置清洁能源。构建能源电力安全预警体系:滚动分析未来2年电力供需和电网安全形势,及时向政府汇报和预警。

加强组织领导和交流合作,提升全行业发展凝聚力。强化工作组织落实责任:发挥公司碳达峰、碳中和领导小组统筹协调作用,建立一体谋划、一体部署、一体推进、一体考核的协同工作机制,实现全公司一盘棋。深化宣传引导与开放合作:积极与政府机构、行业协会、科研院所、产业链上下游企业研讨交流,集思广益、群策群力、凝聚共识、形成合力,推动新型电力系统高质量发展。

资料来源　国家电网有限公司网站.

4)公司治理

与财务报告相比,企业社会责任报告中的公司治理内容一方面要反映所有者与经营者之间的权力与责任关系的合理配置、企业决策的有效性和科学性、包括合规性管理在内的内部监控机制,另一方面要注重反映企业管理层对于非财务事项的管制原则和流程,协调与所有利益相关者利益关系的机制,包括如何处理商业道德和利益相关者沟通方面的相关事宜、相关的责任人和组织机构,以保证企业决策的科学化,从而最终保证企业各利益相关者的利益最大化。

■ 范例6-6

中国石化2022年可持续发展进展报告——ESG治理结构

董事会是公司ESG治理的最高决策机构,负责ESG事宜的整体规划及工作统筹。

董事会设可持续发展委员会,由董事长担任主任委员,负责监督和审议公司ESG战略、目标及年度工作计划等,向董事会汇报ESG执行成果和重大计划;战略委员会、审计委员会亦参与公司应对气候变化、保障健康安全等ESG相关事宜的审议与决策。

公司总部负责统筹协调和推进落实ESG相关工作,并由能源管理和环境保护部、安全监管部、人力资源部、企改和法律部等相关部门具体负责各专项ESG议题的管理。

所属企业根据ESG管理制度、ESG总体规划及目标任务,负责具体工作的执行和落地。

资料来源　中国石化集团网站.

5)利益相关者

利益相关者的参与是企业社会责任报告中管理内容的重要组成部分。企业社会责任管理的核心是利益相关者管理。利益相关者管理的有效性不仅可以体现企业的管理能力，更是实现利益相关者价值的基础。报告要清晰地表述企业对利益相关者的识别，对他们的要求和期望的充分理解，以及为满足他们的要求和期望所采取的措施。

■ 范例6-7

国家电网2021年社会责任报告——利益相关方参与

利益相关方的识别和遴选。供电企业的日常经营活动会涉及诸多利益相关方，为确保工作有序开展，国家电网从对供电企业日常工作具有重要影响与受到供电企业决策和活动重大影响两个维度进行利益相关方识别。

利益相关方参与方针。国家电网利益相关方参与及合作的基本原则：诚信透明、合理分工、可持续、互利共赢、优势互补。

利益相关方提出的主要议题和关切问题。政府：公司治理，乡村振兴，重大活动保电，电网建设。股东：公司治理，科技创新，电网重点工程建设，电力体制改革，服务"一带一路"建设，海外运营。用户：安全可靠的能源供应，优质服务，透明运营，重大活动保电。伙伴：科技创新，全球能源互联网，服务"一带一路"建设，价值链伙伴合作。员工：员工发展，公司治理，党的建设。环境：电能占终端能源消费比重，清洁能源发展与消纳，全球能源互联网，气候变化与生物多样性保护。社会：重大活动保电，乡村振兴，透明运营，公益慈善捐赠。媒体：重大活动保电，透明运营，公司治理，优质服务。

资料来源　国家电网有限公司网站.

● 6.2.4　企业社会责任报告中的经济内容

面对已有的财务报告，在确定企业社会责任报告中的经济内容时，企业通常会面临两个主要问题：一是如何选择财务报告中已有的经济内容编入企业社会责任报告中去；二是如何在企业社会责任报告中补充新的经济内容。解决这两个问题的关键是，严格把握选择企业社会责任报告经济内容的原则，即在回应利益相关方对企业履行经济责任的要求和期望的同时展示企业的竞争价值。

因此，企业需要从财务报告中选取能够回应利益相关方经济信息披露需求的内容，并且补充那些能够反映企业品牌、客户和市场紧密联系、融洽发展的内容。这些能够体现企业竞争价值的信息来自企业与投资者、客户、合作伙伴等利益相关方建立的经济关系和进行的经济活动。

企业社会责任报告中的经济内容可以从与企业经济绩效直接相关的利益相关者（主要包括所有者、客户和合作伙伴）入手，披露企业为了实现对利益相关者最优的经济影响所采取的不同层次的责任实践，展示企业有能力为利益相关者带来积极的、具有可持续性的经济影响，进而反映出企业识别风险、抓住机遇而获得持续经济效益的能力。

1）所有者

财务报告已经为所有者提供了大量的财务信息，但这些信息更多反映的是过去的财务绩效，无法提供非财务信息，从而无法为所有者的决策提供更为全面、系统的支持。因此，企业社会责任报告需要从内容上弥补财务报告的不足，提供更为丰富的信息。

企业履行所有者责任的实践信息披露可以分为三个层次：

（1）必须披露的内容

这部分内容要包含企业对所有者基本权利（包括法律赋予企业所有者的一切基本权利）的保障情况，为所有者创造经济效益的情况。对于竞争市场的描述是所有者最感兴趣的信息之一，市场规模、市场发展趋势、市场竞争程度、市场占有率等相关因素都会影响企业的市场策略，从而影响企业的收益。

■■ 范例6-8

东风汽车集团有限公司2021年可持续发展报告——市场开拓

2021年，东风汽车集团有限公司（简称东风公司）全年销售327.53万辆，行业排名第三。

旗下郑州日产汽车有限公司实行双品牌发展战略，拥有NISSAN、东风两大品牌，多年来稳居国内皮卡市场前三位，具有从产品研发、供应链管理、生产制造到营销服务的全价值链业务体系，主销车型为皮卡和越野型SUV。2021年，皮卡市场累计销量55.4万台，同比增长12.9%，公司皮卡累计销量50 067台，同比增长14.2%，跑赢大市。2021年，公司累计皮卡市占率为9.0%，行业排名第三、合资企业排名第一。同时，终端上险量统计显示，郑州日产2021年累计上险市占率为10.4%，同比增长1%，增速明显。

旗下岚图汽车科技有限公司整合东风公司造车技术和优势资源，以用户为中心构建创新的商业模式，自2021年7月开启交付以来，年度累计交付总量达6 791辆，位列中国品牌中大型SUV第二位，高端电动SUV第四位。用户累计行驶里程超过1 400万千米，足迹已经遍布全国263个城市。

旗下东风商用车有限公司围绕牵引、载货、工程、专用4大品系11款主销车型，结合商品上市运营节奏，开展旗舰王者版川藏线挑战、燃气车气耗竞技赛、东风天龙DDi75国六载货车节油挑战等营销活动，拓展市场。

旗下东风鸿泰控股集团有限公司推进结构调整，增强企业抵御风险能力；把握行业趋势，全力开发新能源市场；携手东风总部，推进低碳服务业务价值转型；延展零部件业务，持续完善零整协同机制。2021年，获取零部件新业务101项，产品生命周期收入预计为83.7亿元。

旗下东风越野车有限公司着眼军方市场拓展，联合上装企业培育重点项目列装，全年实现军品销量7 199台，达到历史新高；聚焦应急救援、公安特警、野外作业领域，完善民品营销体系建设，实现市场导入从"0"到"1"的突破；不断拓展军援军贸市场，全年实现海外销量278台，持续挖掘增长点。

资料来源 东风汽车集团有限公司网站.

（2）应该披露的内容

这部分内容应该披露企业在建立透明的沟通和信息披露制度、保障所有者享有平等权益的制度等方面的措施。所有者的平等权益不局限于获得投资收益，还包括知情权和参与权等其他权益。保障中小投资者的利益也是其中不可忽略的议题之一。

■■ 范例6-9

东风汽车集团有限公司2021年可持续发展报告——股东权益维护

中小股东保护。为保证中小股东权利，东风公司特别界定了召开类别股东大会的条件、大股东回避表决条件以及类别股东大会召开程序。召开类别股东大会使利益相关股东回避表决、中小股东充分表达自己的声音，有效保障了中小股东的权益。另外，东风公司根据上市公司规则要求聘请的外部独立董事，在涉及如关联交易的独立董事表决中起到了"独立人"的作用，可有效保护中小股东权益。

股东回馈数据。东风公司董事会制定并发布《东风汽车集团股份有限公司股息政策》，明确规定在东风公司股份维持足以应付公司资金需求、未来增长、股权价值以及公司业绩、现金流等条件下，每年度拟分发不少于当年可分配净利润的15%作为股东股息。2021年，东风公司向公司股东分红派息1次，2021年特别分红0.4元/股，合计分红为0.4元/股，分红金额为34.46448亿元，自上市以来累计分红约190.42亿元。

资料来源 东风汽车集团有限公司网站.

（3）选择披露的内容

这部分主要是关于引导和鼓励所有者进行可持续性投资或责任投资的内容，这是企业对所有者所履行的最高层次的责任，已经超越了企业和所有者之间最基本的法律或经济关系。如何持续获利也是企业所有者最为关注的问题，进行可持续性投资或责任投资是实现持续获利的有效途径之一，是为所有者带来持久性经济利润的创新性解决方案。

■■ 范例6-10

东风汽车集团有限公司2021年可持续发展报告——新能源汽车研发

东风公司积极布局新能源业务，加速推进新能源车的研发与应用。2021年，东风公司坚持电动、混动、氢动技术路线并进，基本完成"三电"产业化布局，建设两个"三电"工业园；在氢燃料领域，国内首款量产的全功率燃料电池乘用车东风"氢舟"实现示范运营。2021年，东风公司新能源车在售车型达30多款，共销售18.3万辆，同比增长2.3倍，位居行业第四位。东风公司坚持"品质、智慧、和悦"的企业价值观，遵循"商道共赢"的商业文明准则，与合作伙伴携手并进，共探发展。

资料来源　东风汽车集团有限公司网站.

2）客户

企业价值的最终实现是在与客户进行商品和服务的买卖过程中实现的，企业对客户产生的经济影响是显而易见的。企业在提供产品和服务的过程中所展现的履行客户责任的意愿、能力和产生的绩效，直接影响客户对企业形象的感知及对企业产品的购买意愿。因此，企业社会责任报告需要展现企业如何负责任地为客户提供产品和服务。

企业履行客户责任的实践信息披露主要归为两个方面：产品和服务信息、营销信息。每个方面的报告内容均可以分为三个层次。

（1）产品和服务信息披露

①必须披露的内容。这部分内容要反映企业如何提供达到客户期望、符合质量和安全要求的合格产品或服务，并且以合理的价格在保证企业获得正常利润的同时不损害客户的利益。这是法律对一个生产企业最基本的要求，是企业持续生存和实现盈利的根本所在，也是企业创立品牌的关键。

②应该披露的内容。这部分内容应该披露企业进行产品或服务质量管理的制度体系，以体现企业提供高质量的产品或服务的能力。

③选择披露的内容。这部分内容可以披露企业如何从可持续发展的角度出发，研发可持续的产品和服务。这不仅体现了企业的社会和环境可持续发展理念，也体现了企业的创新能力和长期市场价值。

■■ 范例6-11

东风汽车集团有限公司2021年可持续发展报告——提升服务品质

东风公司坚持以客户为中心，牢固树立客户观念、客户意识，加快推动东风公司成为"为客户提供优质产品和服务的卓越科技企业"。

智能网联，便捷服务。旗下东风乘用车公司推进精准、高效、直达客户的数字化转型，数字化驱动业务发展。2021年，发布"C位服务计划"，实现24个服务项目导入，数字化销量达2.7万台，同时推进短视频直播业务，建立53家经销商直播矩阵。

用心关怀，优质服务。旗下东风日产乘用车公司启动感心专线项目，实现"走乡到县做保养"。截至2021年，累计开展活动超过4 900站，服务偏远地区客户超18万，客户满意度达98%，用行动带给每位车主服务与关怀。

资料来源　东风汽车集团有限公司网站.

（2）营销信息披露

①必须披露的内容。这部分内容要披露企业如何向客户提供完整、真实、准确的产品或服务信息，以保障产品或服务信息的透明度。

②应该披露的内容。这部分内容应披露企业传递产品或服务信息的可获取性和传递渠道的可行性，并回应企业是如何关注特殊群体对产品或服务信息的需求的。

③选择披露的内容。这部分内容可以介绍企业如何提升客户对责任消费的理解和认识，推动客户认可和接受责任消费理念。通过报告引导和鼓励客户的责任消费行为，不仅是对客户负责，更是对企业的可持续发展负责。

■ **范例6-12**

东风汽车集团有限公司2021年可持续发展报告——主营业务

商用车：涵盖重、中、轻、微全系列卡车和客车产品。

乘用车：涵盖基本型、SUV、MPV、交叉型等全系列。

新能源汽车：涵盖纯电动轿车、纯电动客车、纯电动工程车、纯电动物流车、纯电动环卫车及混合动力城市客车、BSG混合动力轿车、插电式混合动力城市客车等。

军车产品：包括军用越野车和军用运输车。

汽车零部件：覆盖动力系统、制动系统、转向系统、悬架系统、内饰系统、汽车电子等。

装备业务：包括汽车自动线专用设备、模具、检具等。

水平事业：覆盖汽车金融、汽车物流、二手车、汽车租赁、出行服务等相关业务。

资料来源 东风汽车集团有限公司网站.

3）合作伙伴

合作伙伴对于企业来说是一个相对广泛的概念，包括供应商、承包商、经销商等在产品生产和销售过程中有合作的利益相关方。与合作伙伴共同取得经济利益，是企业对合作伙伴产生经济影响的最佳表现。因此，企业社会责任报告应该充分反映企业对合作伙伴所具有的经济责任，以及与合作伙伴共同成长和发展的承诺与行动。对这些内容的披露有助于体现企业更为长远的价值，赢取投资者、客户、非政府组织等利益相关方对企业的信任和支持。

企业履行合作伙伴责任的实践信息披露主要归为两个方面：合作原则信息、合作伙伴资质信息。每个方面的报告内容均可以分为三个层次。

（1）合作原则信息披露

①必须披露的内容。这部分内容要包含企业与合作伙伴在合作过程中所秉承的基本原则，企业履行与合作伙伴所签订的协议的情况，从而反映这种合作的合法性与合理性。这是企业赢得合作伙伴信任的基础。

②应该披露的内容。这部分内容应反映企业如何在考虑与合作伙伴实现经济效益的基础上，更多地关心合作过程中的道德和环境因素，把道德、环境因素作为选择合作伙伴的条件。企业的这种行为将使企业获得更为长远的发展。

③选择披露的内容。这部分内容可以介绍企业如何通过保持或增强合作来鼓励负责任的合作伙伴，由此带动整个供应链、整个产业的责任行为。这里所体现出的是企业对更为广阔的商业可持续行为的推动和贡献，是一个负责任的企业最为深远的价值体现。

■ 范例6-13
东风汽车集团有限公司2021年可持续发展报告——经销商建设

东风公司始终高度重视与经销商共同打造新型战略合作伙伴关系，实现共赢共享。通过为经销商提供全方位优质服务的制度建设，实现经销商能力提升，建立与经销商共生共荣、持续盈利的模式。

旗下东风乘用车公司完善经销商风险管理体系，对经营异常经销商进行妥善处置；组建小组制订经销商帮扶改善计划；通过集中培训、直播培训、分区培训等方式为经销商赋能。2021年，组织242家经销商开展"开源节流防风险1.0"教材培训。

旗下神龙汽车有限公司结合经销商运营情况、绩效评估及风险识别情况，对其进行分类管理，通过区域巡视辅导、网点对标改善等方式，开展销售、售后、二手车等经销商业务领域精准帮扶。

旗下东风柳州汽车有限公司积极推进经销商渠道建设，2021年，新增83家一级销售服务网络，地市级一级网络覆盖率达90%以上；新增88家地市专营形象店和200家县域直营店形象店，打造持续稳定、互惠互利的伙伴关系。

东风公司本着合作共赢、效益效率、公平公开的理念，不断深化与广大供应商的战略合作，以达成双方协作共赢的最终目标。

资料来源　东风汽车集团有限公司网站.

（2）合作伙伴资质信息披露

①必须披露的内容。这部分内容要披露企业所选择的合作伙伴的资质情况，保证合作伙伴的资本结构、买卖权限以及对产品的控制都符合我国相关法律的规定。

②应该披露的内容。这部分内容应该披露企业如何从经济角度出发鼓励、促进合作伙伴履行社会责任的行为，如适当分摊合作伙伴因社会责任审核认证所增加的成本；如何通过审核、培训、辅导等活动提高合作伙伴的社会责任水平。这种信息的披露可以提高客户对企业产品或服务的认同度，有利于维持甚至扩大企业自身的市场份额。

③选择披露的内容。这部分内容可以反映企业为所在供应链、产业链社会责任水平的提高所做的贡献，自觉地成为供应链履行社会责任的典范，并为合作伙伴提

供可以效仿的先进经验。

■ 范例6-14

东风汽车集团有限公司2021年可持续发展报告——供应商建设

旗下东风汽车股份有限公司制定《供应商选择程序》，严格执行供应商筛选标准；与供应商签订廉洁共建协议；对供应商定期进行评价。2021年，该公司对23家供应商开展质量监察活动，提升供应商质量管控能力。

旗下东风本田汽车零部件有限公司修订完善《供应商管理规定》，针对不同业务领域供应商制定评价办法，实现采购业务评价的"全覆盖"，强化新供应商准入管理。

旗下东风汽车财务有限公司为解决供应链融资痛点，经过分析供应商应收账款保理融资痛难点、研讨可行性方案和调研现有案例，完成供应链金融平台开发立项。2021年，该公司累计办理供应链金融业务50.62亿元，同比增长8.6%，减轻供应链上游中小微企业现款压力。

资料来源　东风汽车集团有限公司网站.

● 6.2.5　企业社会责任报告中的环境内容

不管是生产型企业，还是服务型企业，在生产或提供服务的过程前、过程中和过程后都会对环境产生或多或少的影响。环境的可持续性决定企业发展的可持续性，这已经成为商界的共识。面对不可避免的环境影响，企业需要依托自己的专业优势，以创新的思维和实践尽力减轻对环境的影响，在履行社会责任的同时，使经济效益也得以提升。

正如没有一个企业能完全斩断与环境的联系一样，环境内容是企业社会责任报告中有机的组成部分。利益相关者可以根据企业社会责任报告反映出的企业环境影响的可持续性来判断企业经营的可持续性。因此，企业社会责任报告的内容不仅要客观地披露已经发生或者无法回避的环境影响，还要披露企业对此采取的应对措施。这种应对措施既包括被动地处置、治理，也包括主动寻找可替代的、创新性的解决方案。

报告所反映的企业对环境影响的重视程度及应对态度，将在很大程度上影响利益相关者对于企业及其品牌的判断。在报告中，从环境责任竞争力价值视角进行环境内容的披露，是一种值得尝试和鼓励的方式，有利于企业积极主动地与利益相关者进行环境信息的沟通。

企业履行环境责任的实践信息披露按照经营管理流程可以分为产前、产中和产后三个方面，每个方面的报告内容均可以分为三个层次。

1）产前环境责任

（1）必须披露的内容

这部分内容主要披露企业在产前是否依法获取自然资源、是否超标使用有毒有害物质、是否在相关的项目中进行环境影响评价等情况。

（2）应该披露的内容

这部分内容主要与企业对资源保护活动的资助情况、对研发可再生能源的支持情况相关。这不仅反映了企业的环境保护意识，还展示了企业对保持环境和资源可持续性的一种战略性思考。

（3）选择披露的内容

这部分内容可以披露企业对可再生资源（比如木材、水、太阳能等）的使用情况。有些可再生资源在刚刚被开发出来的时候，由于技术不成熟或者规模有限，往往成本相对较高，越是在这种情况下，企业对此类资源的采购和使用越显可贵。

■■■范例6-15

华润集团2021年可持续发展报告——构建绿色供应链

集团各级企业积极推行绿色采购、绿色包装及绿色运输理念，并向供应商传递绿色环保和可持续发展的价值观，带动合作伙伴共同履行生态环境保护责任。

安徽华润金蟾药业有限公司与供应链上下游公司共建包装再生体系，共同打造中药生产、回收利用的纯绿色闭环，包材回收率达100%、药渣回收利用率在90%以上，获得国家级"绿色供应链管理企业"称号。

资料来源　华润（集团）有限公司网站.

2）产中环境责任

（1）必须披露的内容

这部分内容是企业社会责任报告中环境内容的基础部分，是对企业产生的环境影响的最直接和最客观的描述，包括企业在生产产品、提供服务、日常办公中对环境资源的获取情况，产生的废水、废气和固体废弃物方面的排放达标情况，以及相关环保措施的实施情况。

（2）应该披露的内容

这部分内容侧重于披露企业环境管理体系的情况，包括建立与完善、应用范围等方面，从而体现企业对环境影响管理的系统性、全面性。

（3）选择披露的内容

这部分内容可以披露企业为实现生产零排放，甚至实现生产过程对环境保护的正效应所做出的努力，如通过缩短产品运输链、缩减员工出行、提倡在家工作、召开网络会议等方式节约能源，减少对环境有害物的排放。

■■ 范例6-16

东风汽车集团有限公司2021年可持续发展报告——节能减排

东风公司各单位结合自身实际和业务特点，从汽车产品全价值链的各个环节开展节能减排改善活动。

旗下东风本田发动机有限公司投入600万元，导入节能型T6热处理炉。新处理炉天然气使用量对比旧炉下降20%以上，折算成单台用气节约1.33Nm³/台，年节约天然气41.2万立方米。

旗下东风日产乘用车公司开展涂装烘房间接燃烧器排烟余热回用项目，通过热管换热器回收间接燃烧器的高温排烟热量，用回收的热量对新风进行预加热，从而减少燃气用量，节能率达到17.4%，一年减排1 237吨二氧化碳。

资料来源 东风汽车集团有限公司网站.

3) 产后环境责任

（1）必须披露的内容

这部分内容主要关注企业依法回收处理废旧产品的情况，尤其是对废旧产品处理预算的披露，可以反映出企业减少资源依赖的战略投资理念。废旧产品的回收或再利用问题，已经成为近年来环境保护主义者讨论的焦点，是利益相关方重点关注的议题。

（2）应该披露的内容

这部分内容应反映企业对废旧产品主动进行处置的情况，即对废旧产品进行综合利用的情况。对废旧产品的综合利用可以节约原材料，减少环境污染，为企业带来经济效益。对这类信息的披露有助于提高企业的声誉，使企业产品更受客户和环保部门欢迎。

（3）选择披露的内容

这部分内容可以反映企业自愿对废旧产品处理的新技术进行研发的情况，以及企业的这种举措对改进整个行业乃至整个国家的废旧产品处理技术的积极影响。企业的这种前瞻性的做法会给企业带来新的商业机会，帮助企业增强竞争优势。

■■ 范例6-17

东风汽车集团有限公司2021年可持续发展报告——三废管理

东风公司重视废水、废气、固体废弃物等污染物排放管理工作，以"深化污染防治攻坚战"为重点，持续探索创新管理方法、提升绿色生产能力，尽可能减少生产运营对环境的影响。

废水治理

旗下东风本田汽车零部件有限公司通过技术改造，将涂装线纯水制造系统所产生的废水单独收集，直接回用于制冷站和动力站冷却塔，每日减少涂装污水排放36吨，降低自来水用量和污水处理成本。

废气治理

东风公司各单位持续强化废气管理，严格开展重污染天气分级评价、废气无组织排查等工作，并落实相关减排与整改措施。2021年，东风公司下属3家单位被属地政府列为重污染天气重点行业绩效评级A级企业。

固体废弃物治理

旗下岚图汽车科技有限公司投资450万元，按规范建设1 732平方米的固体废弃物库房，针对工业固体废弃物处置过程中存在的边界模糊问题，进一步优化工业固体废弃物清单，促进固体废弃物管理精细化。

旗下东风柳州汽车有限公司利用高温热解技术进行危险废弃物减量化、无害化处置和资源化再利用，使公司危险废弃物排放总量下降60%以上。

资料来源　东风汽车集团有限公司网站.

需要特别指出的是，不仅生产型企业需要披露这些内容，服务型企业也需要披露整个服务过程对环境产生的影响。只不过与生产型企业相比，服务型企业对环境产生的直接影响较轻、较简单，更多地体现为在生产办公中对环境的直接影响，以及所使用的原则、方法、工具间接引起客户对环境的影响。

● ● 6.2.6　企业社会责任报告中的社会内容

与管理内容、经济内容和环境内容相比，企业社会责任报告中的社会内容涉及的利益相关方较多。报告需要披露企业与这些利益相关方沟通、利益相关方参与企业经营管理方面的内容，以及在沟通、参与的过程中，利益相关方如何发挥它们的能力以贡献于企业的发展，从而反映出企业所具有的社会资本价值。

1）员工

许多企业把员工当作最大的财富，这是对人力资源价值的认可。员工在劳动中创造新的价值，通过其服务潜力为企业带来经济效益。企业要获得持久的竞争优势，就必须重视发挥员工的能力。只有对员工负责任的企业才能够获得人力资源价值。

一般来说，报告中的员工内容主要有两类读者：一类是企业员工；另一类是其他利益相关者。员工通过报告可以了解企业所履行的员工责任，从而有利于增强员工的忠诚度和归属感，提高劳动生产率；其他利益相关者通过报告披露的企业履行员工责任的行为，可以分析出企业所拥有的人力资源价值，进而对企业的持续创新能力和价值创造能力进行判断。

企业履行员工责任的实践信息披露包含五个方面：劳资、职业健康安全、社会保障、工会、培训与发展。每个方面的报告内容均可以分为三个层次。

（1）劳资信息披露

①必须披露的内容。这部分内容要包含企业与员工依法签订劳动合同的情况、企业依法支付员工薪酬福利的情况等，体现的是企业对员工基本权益的保障。

②应该披露的内容。这部分内容以披露企业的薪酬福利制度为主，包括制度的建立和实施，以及员工薪酬和福利增加的实际情况等。

③选择披露的内容。这部分内容可以披露企业如何倡导、帮助员工对薪酬进行合理规划和使用，实现个人资产的保值、增值，进而增强员工对企业的认同感。

■■ 范例6-18

华润集团2021年可持续发展报告——全方位保障员工权益

华润集团支持《世界人权宣言》《国际人权公约》，严格遵守《中华人民共和国劳动法》《中华人民共和国劳动合同法》等法律法规，坚决反对强迫劳动及禁止雇佣童工，建立公平合理、绩效导向的薪酬福利体系，并为员工提供"五险一金"及企业年金等社会保障和福利，搭建多种民主沟通渠道，重视员工隐私保护，全方位保障员工权益。2021年度，华润集团未发生重大劳动争议，不存在雇佣童工的现象，未收到人权问题投诉。

资料来源　华润（集团）有限公司网站.

（2）职业健康安全信息披露

①必须披露的内容。这部分内容关注企业为保障员工健康安全所采取的法律要求的、必要的基础措施，包括制定相关管理制度和工作守则、配备健康安全设施和劳保用品等。这可以体现出企业对保障员工健康和安全的重视，以及控制潜在风险的能力。

②应该披露的内容。这部分内容应侧重于披露企业职业健康安全管理体系的情况，包括建立与完善、应用范围等方面，从而体现企业对员工健康安全管理的系统性、全面性。

③选择披露的内容。这部分内容可以披露企业对降低健康安全风险的措施的研发情况。这方面的信息披露，对一些危险程度比较高的特殊行业或者实力雄厚的大企业而言尤为重要，因为降低健康安全风险的措施对于降低企业经营风险、增强企业综合竞争实力具有重要意义。

■■ 范例6-19

华润集团2021年可持续发展报告——高度重视员工职业健康

集团将推进健康企业建设纳入职业健康年度重点工作，专题进行部署，确保重点工作在基层单位有效落地。

开展职业健康专项治理保障工作环境和条件。集团针对粉尘、噪声、化学毒物等主要职业危害因素严重的岗位、重点环节、主要场所实施职业健康项目，进行专项治理，通过采取改进生产工艺、提高设备自动化水平、完善防护设施等有力措施，减少和消除职业危害因素。

开展多种形式的监督检查确保职业健康工作有效落地。集团在实践中总结形成了定期检查、专项检查、临时检查和日常巡查相结合的监督检查机制，推动职业健康工作持续有效开展。2021年，集团抽查了147家基层单位，推动职业健康管理工作的落实。

资料来源　华润（集团）有限公司网站.

（3）社会保障信息披露

①必须披露的内容。这部分内容要以企业依法参与员工社会保障的情况为主，包括社会保障的类别、社会保险费的缴纳等。把员工社会保障通过报告的披露变为一种公开承诺，可以进一步促进企业按时足额地为员工缴纳社会保险费。

②应该披露的内容。这部分内容应该围绕企业如何提供尊重当地文化习俗的必要福利的情况进行披露，比如为员工发放节庆礼品等。这类信息的披露有利于激发员工的工作热情和提高对企业的认同感。

③选择披露的内容。这部分内容可以披露企业对员工生活中的困难提供额外帮助的责任实践。这类信息的披露，对内有利于稳定员工队伍，使员工能够全身心投入工作，对外有助于企业赢得公众的赞誉，树立良好的公众形象。

■ 范例6-20
华润集团2021年可持续发展报告——开展员工心理健康援助

集团员工关爱品牌项目"润心坊"长期深入员工、深入群众、深入一线，组织开展了一系列员工关爱活动，并充分运用"e润心坊"员工身心健康线上服务平台开展工作，服务内容覆盖专业团队培养、线上线下心理咨询、身心健康讲座、骨干员工心理赋能培训、基层员工心理访谈等。2021年，平台共组织完成员工心理访谈及心理疏导7 850余人次，开设线上及现场职场身心健康课程32场次，参与员工及家属约42万人次，及时转介10位罹患中度/重度抑郁症及焦虑症员工至正规医院接受治疗，有效阻止潜在自杀风险事件发生6次。

"润心坊"还组织开展了"我为群众办实事"重点民生项目系列之"润心长征路"员工关爱大型实践活动。活动累计完成驻地企业员工调研访谈和心理辅导2 984人次，骨干员工心理赋能860人次，心理健康讲座覆盖10万余人次，回收有效心理状态评估问卷4万余份，反馈共性诉求128项，创建"润心坊-职工关爱服务站"37家，覆盖14个省21个城市。

资料来源　华润（集团）有限公司网站.

（4）工会信息披露

①必须披露的内容。这部分内容要披露企业依法成立工会、支持工会发展的情况，包括工会设置的层级、人员参与情况、工会经费的提供情况等。

②应该披露的内容。这部分内容主要关注企业如何支持工会活动，保障工会在民主管理、重大问题决策上的权益，集体合同签订情况等。

③选择披露的内容。这部分内容可以包含企业如何与未建立工会的企业分享经验、协助其建立工会的情况等。

■ 范例6-21

华润集团2021年可持续发展报告——促进生活工作平衡

华润关爱每一位员工的工作与生活，充分发挥员工联谊会、工会等组织的桥梁纽带作用，通过搭建体育活动平台、兴趣小组平台，开展团建活动等多元化方式，舒缓工作压力，丰富文化生活，增进情感交流，让员工快乐工作，快乐生活。

华润数科组建了7个爱健康活动俱乐部，包括"羽毛球俱乐部""篮球俱乐部""足球俱乐部""舞蹈俱乐部""瑜伽俱乐部""嗨跑团俱乐部""好声音俱乐部"。

华润置地成立各类文体社团171个，开展各类自组织活动，如足球、篮球、羽毛球、赛艇等，极大丰富了职工群众业余生活。

资料来源　华润（集团）有限公司网站.

（5）培训与发展信息披露

①必须披露的内容。这部分内容披露的是企业必须为员工提供的培训，如国家规定的特殊岗位技能培训，以及员工培训经费投入情况等。

②应该披露的内容。这部分内容披露的是企业促进员工培训与发展的进一步做法，包括企业提供岗位和职业技能培训的情况、公平升迁制度的建立和完善等。

③选择披露的内容。这部分内容可以披露企业为员工制定职业生涯规划、开展学历教育和培训的情况。这是企业珍视员工的重要体现。

■ 范例6-22

华润集团2021年可持续发展报告——有序开展分层分类人才培养

2021年，华润组织集团领导及直管干部参加上级单位调训，中央党校（国家行政学院）等参训干部共计17人次，累计学习800天，6 400学时。集团内部，聚焦集团直管正职干部，完成四期集团高层培训；聚焦集团直管副职干部，开展商业模式创新、业务视角下的数字化转型、组织变革等培养项目；聚焦集团重点培养群体，开展集团优秀年轻干部（第二期）专项培训、"华润之道"培训等，提升干部综合素质和专业能力。

干部教育方面，实施干部教育管理机制改革，发布了《华润集团干部教育调训工作管理办法》，实现管训分离，提升干部教育培养实效。为推动干部培养使用相结合，促进学风建设，参照中组部、中央党校（国家行政学院）中青班的管理模式，从制度和方法两个层面积极探索、实践，2021年8月发布了《华润集团干部教育培训跟班联络员管理办法》，在重点调训项目上实行联络员跟班管理，派驻联络员参加重点学习活动，及时掌握干部学习、思想情况。

年轻干部培养方面，集团聚焦选拔、培养、管理和使用四大关键环节，持续推进集团及各业务单元优秀年轻干部队伍建设工作。截至2021年底，集团优秀年轻干部在库人数共计200人，平均年龄41岁，其中香港籍22人，占比11%；党员161人，占比81%；拥有本科及以上学历者占比99%；女性43人，占比22%；晋升为集团直管干部的共计18人，占比9%。此外，各业务单元也相继开展优秀年轻干部选拔培养工作。

对于优秀年轻干部的使用，对各方面条件比较成熟的及时提拔使用；重要岗位出现空缺时，坚持在同等条件下优先使用优秀年轻干部；加强对领导班子进退情况、配备需求和优秀年轻干部储备情况的分析研判，注重配备优秀年轻干部。

集团优秀年轻干部梯队建设工作已形成集团统筹、业务单元联动、内部实践分享的工作机制。

资料来源　华润（集团）有限公司网站.

2）社区

企业要想获得持久的"经营许可"，社区是不可忽视的重要利益相关方。与社区进行良好的沟通和互动，有助于企业赢得社区的信任与支持，为企业的长久发展营造良好的外部环境。

（1）必须披露的内容

这部分内容要披露企业是否做到合理利用社区资源，并对占用的社区资源予以合理补偿。企业在利用社区资源的时候，必须做到依照相关法律法规合理利用、节约利用，不只考虑企业本身的生存和发展，更重要的是和社区中的其他机构在同样的约束条件下协同发展，保障社区的可持续发展。

（2）应该披露的内容

这部分内容应该披露企业如何发挥专业优势改善社区环境、消除社区贫困、支持社区基础设施建设，从而推动当地经济发展，同时尊重当地的文化。企业通过报告向社区传递更为丰富、透明的信息，进而从社区获得更多、更大的支持。

（3）选择披露的内容

这部分内容以企业针对社区开展的慈善公益实践活动为主。社区的发展离不开企业，除了必须尽到的责任和义务之外，企业还应该力所能及地担当慈善角色，为社区整体福利水平的提高贡献力量。

■ 范例6-23

华润集团2021年可持续发展报告——发起社区志愿者活动

2021年，集团和下属单位分别制定落实重点民生项目17项和2 517项，累计参与志愿服务活动3万余人次。

华润燃气"牛师傅"服务小分队坚持在节假日深入社区开展"一助一"结对子义务帮扶活动。2021年，"牛师傅"服务小分队进社区76次，服务用户48 900余人，维修燃气具2 968台，义务安检8 775户，排查治理隐患1.6万余起。

华润物业"润爱同行义工队"2020年度服务时长高达2 339小时，于2021年第二次获得香港社会福利署"义务工作嘉许状（团体）金状"。

2021年，华润信托正式组建"润信未来"青年志愿服务队，发展在册队员121名，开展志愿活动40余批次，服务民众10余万人次，参与2个社康中心、1个集中接种点、4个核酸检测点的志愿服务工作，服务社区群众5万多人次。

"惜食堂"是小宝慈善基金开展的首个食物回收及援助计划，以"停止浪费、解决饥饿、以爱相连"为宗旨，华润旗下的华润万家、CitySuper、太平洋咖啡均是"惜食堂"的食物捐赠机构。2021年8月，华润资本香港员工参与"惜食堂"义工服务，参与制作餐盒1 640份，免费派发给需要食物援助的长者、低收入家庭和无家可归人士。

华润化学材料主动服务当地社区。2021年公司开展"清洁家园，呵护文明"学雷锋活动、慰问敬老院、无偿献血等志愿服务活动28次，为社区送去温暖。

资料来源 华润（集团）有限公司网站.

3）政府

（1）必须披露的内容

这部分内容主要披露企业遵守政府为保证政治体制和经济稳定运行所制定的各项法律法规以及相关政策的情况。

（2）应该披露的内容

这部分内容应该披露企业如何响应政府政策的倡导，如政府所倡导的产业扶贫、基础建设等产业投资活动。

（3）选择披露的内容

这部分内容可以披露企业积极向政府提出合理化建议、响应政府号召的慈善公益活动等的情况。

■ 范例6-24

华润集团2021年可持续发展报告——惩治腐败、强化震慑

集团保持惩治腐败高压态势，对腐败行为发现一起、查处一起，锲而不舍减存

量、遏增量，全年问题线索处置数同比增长 45.8%，立案人数同比增长 46.9%，处分人数同比增长 30.3%；扎实开展"靠企吃企"专项整治，对全集团"靠企吃企"问题进行大排查、大起底，对问题线索深挖细查，严肃查处了一批"靠企吃企"问题典型案件；持之以恒加强作风建设，精准施治形式主义、官僚主义突出问题，严查享乐主义、奢靡之风，处理了 73 名顶风违纪人员。

资料来源　华润（集团）有限公司网站.

4）行业组织和非政府组织（NGO）

比较而言，企业履行对行业组织和 NGO 责任的内容往往在报告中所占篇幅并不大。这部分内容多披露企业支持这些利益相关者的发展、积极与这些利益相关者进行沟通合作、对它们的要求给予回应为主。

■ 范例6-25

华润集团2021年可持续发展报告——统筹公益资源

华润积极承担国家下达的定点帮扶和对口支援任务，主动发挥资源优势，建设华润希望小镇，为国家乡村振兴提供华润样板。此外，集团还在疫情防控、赈灾济难、促进教育、保护环境等领域广泛开展公益活动。

2021年集团进一步完善乡村振兴工作领导小组和乡村振兴工作办公室组织架构，由集团董事长担任乡村振兴工作领导小组组长，统筹协调集团资源，助力乡村振兴。集团以华润慈善基金会和香港华润慈善基金有限公司为平台，统筹管理内地和香港的慈善公益项目。

资料来源　华润（集团）有限公司网站.

6.2.7　企业社会责任报告的写作结构

1）企业社会责任报告的结构类型

企业社会责任报告的结构是报告内容的表现，一份企业社会责任报告通常包含如表6-2所示的要素。

通常来说，要素一和要素二的内容是企业的一些常规信息，包括企业的社会责任理念、承诺，企业社会责任管理方面的基本信息。一般这些信息都在企业社会责任报告的开篇部分披露，也有的企业选择将要素二中的部分信息，如管理内容，放入企业社会责任的主体部分。要素三是整个报告中包含内容最广泛的，在许多报告中，它通常占一半以上的篇幅。一般来讲，业绩描述可选择不同的形式，从而决定了报告的不同结构。以下介绍四种常用的报告结构：

表 6-2	企业社会责任报告包含的要素
要素一：总论	①高层管理人员的序言或致辞 ②企业概况、编制报告期间的重要事件 ③报告目标 ④提出可持续发展的关键问题
要素二：公司治理	①远景和战略 ②管理制度、公司文化、员工管理
要素三：业绩描述	过去一年里企业发展对环境、社会和经济的影响

第一种："三重底线"的结构。

根据可持续发展的前后关系，报告常常引用可持续发展的"三重底线"：经济、社会和环境。"三重底线"不只是用经济、社会和环境的变量去衡量和报告企业的业绩，从最广泛的意义上讲，它包括一系列的价值观、问题和过程，企业必须分析这些方面，以尽可能减少其活动可能造成的损害，同时创造经济、社会和环境价值。这意味着企业要考虑所有责任对象的需求，包括股东、客户、雇员、商业合作伙伴、政府、当地社区以及公众等。

许多企业采用"三重底线"的结构分别描述企业的经济、社会和环境业绩，这样的阐述逻辑性很强，但不足之处是常常失去了"三重底线"之间的联系。

■■ 范例 6-26

中国国际航空股份有限公司 2022 年社会责任报告（大纲）

第一部分 关于国航

关于本报告

董军长致辞

董事会 ESG 声明

走进国航

创造社会价值

荣誉奖项

联合国 2030 年可持续发展目标（SDGs）响应

第二部分 国航企业社会责任战略和实践

可持续发展管理

治理体系

社会责任管理

党建引领

全面风险管理

反贪腐与商业道德

安全发展

安全管理

安全文化

安全培训

绿色运营

环境方针

完善环境管理体系 应对气候变化

排放物管理

资源使用

保护生物多样性

践行企业绿色责任

产品责任

品质服务

责任供应链

行业协同发展

数字化转型

科技创新

员工发展

平等雇佣

培训与发展

职业健康与安全

员工激励与关爱

社区公益

乡村振兴

属地帮扶

志愿活动

支持社区

第三部分　附录

2023年展望

关键绩效表

联交所指标索引表

GRI索引表

主要政策法规及公司制度

第三方审验

我们的倾听

资料来源　中国国际航空股份有限公司网站.

第二种：利益相关者的结构。

在"三重底线"以外，利益相关者也是企业社会责任理论体系中一个非常重要的概念。企业社会责任报告是企业积极采取行动对所履行社会责任的努力进行披露的一种重要方式，有助于消费者、雇员、投资者、商业伙伴、政府、非政府组织、媒体以及所在社区等利益相关者获取和了解企业负责任的行为，并做出客观评价。同时，很多企业也将自身承担的社会责任分解为对各个利益相关者期望的回应和行动，以方便与各个利益相关者以及社会广泛沟通，因此有的报告采取了利益相关者的结构。

■ 范例6-27

华润集团2021年可持续发展报告（大纲）

1. 走进华润
2. 经济责任
3. 员工责任
4. 客户责任
5. 环境责任
6. 伙伴责任
7. 公共责任
8. 责任管理

资料来源　华润（集团）有限公司网站.

第三种：按产品和企业部门划分的结构。

在详细阐述了环境、社会和经济内容后，有的企业还着重阐述能源、水资源和部分重要产品可持续发展的解决方法，特别是阐述企业的产品有助于减少能源与资源使用的方式。如果报告结构是按照产品划分，要特别注意不要把报告变成一份销售目录。

■ 范例6-28

华为投资控股有限公司2021年可持续发展报告（大纲）

关于华为

关于报告

董事长致辞

CSD委员会主任致辞

01 可持续发展管理

2021年可持续发展荣誉与奖项

2021年华为可持续发展重要事件

可持续发展战略及进展

可持续发展管理体系

利益相关方参与

02 数字包容

科技助力公平优质教育

科技守护自然

科技促进健康福祉

科技推进均衡发展

03 安全可信

网络安全与隐私保护

开放透明

保障人们通信畅通

业务连续性

04 绿色环保

减少碳排放

加大可再生能源使用

促进循环经济

绿色环保相关认证

05 和谐生态

员工关爱

商业道德

供应责任

社区责任

附录

可持续发展目标和绩效

GRI标准指标索引

缩略语表

外部验证声明

资料来源　华为公司网站.

　　第四种：按题目划分的结构。

　　国家电网有限公司发布的第二份企业社会责任报告（2006年），分为四个部分：总经理致辞、公司概况、公司价值观、公司社会责任。其中，第四部分从反映公司社会责任的十二个基本方面展开，即科学发展、安全供电、卓越管理、优质服务、合作共赢、服务"三农"、科技创新、员工发展、环保节约、全球视野、沟通交流、企业公民。这成为一个把经典的"三重底线"报告模式创造性地整合成不同主题的范例。国家电网有限公司2021年社会责任报告的结构发生了变化，其履责行为比上述十二个方面的内容更多。

■■ 范例 6-29

国家电网有限公司 2021 年社会责任报告（大纲）

一、致辞

二、公司概况

三、履责意愿

1. 责任源于使命

2. 责任始于战略

四、履责行为

1. 学习贯彻习近平新时代中国特色社会主义思想

2. 旗帜领航抓党建强队伍

3. 学党史、悟思想、办实事、开新局

4. 全力保障电力供应

5. 抢险救灾筑牢"光明防线"

6. 圆满完成重大保电任务

7. 积极推动能源转型

8. 构建新型电力系统

9. 推进碳达峰碳中和

10. 加快推进重点工程

11. 服务绿色冬奥

12. 加快抽水蓄能开发建设

13. 服务新能源发展

14. 促进电动汽车发展

15. 核心技术攻关取得重要进展

16. 加快数字化转型

17. 改革取得重要突破

18. 助力乡村振兴

19. 持续优化电力营商环境

20. 以人为本 关爱员工

21. 人才强企推动高质量发展

22. 公益慈善展现央企担当

23. 服务"一带一路"建设

24. 透明运营 接受监督

五、履责承诺

1. 2021 年承诺

2.2021年践诺

3.2022年承诺

4.国家电网有限公司各省公司 2022 年承诺

六、附录

1.联合国"全球契约"行动绩效

2.GRI 实质性披露

3.GRI 内容索引

4.报告概况

资料来源　国家电网有限公司网站.

2）中国企业发布社会责任报告的结构特点

《金蜜蜂中国企业社会责任报告研究（2022）》显示，2022年，民营企业发布社会责任报告 1 003 份，占比43.61%，首次超过国有及国有控股企业发布报告数量，预示着我国民营企业社会责任信息披露意识增强，成为社会责任信息披露主力；879家报告发布主体属于国有及国有控股企业，占比38.22%；外资及港澳台企业发布 368 份，占比16.00%。

2022年，将 GRI 标准作为编制依据的报告占比达到34.17%，12年间已累计增长超过 18 个百分点；参考 ISO 26000 和联合国全球契约的报告同比略有下降。GRI标准是目前全球使用范围最广的可持续发展报告标准，代表了多元利益相关方的立场，能够更实质、更全面、更灵活、更有效地披露各利益相关方广泛关注的各项议题，越来越多中国企业将 GRI 标准作为参考依据也意味着中国企业的社会责任报告编制在不断加快与国际接轨的脚步。[①]

（1）按照国务院国资委《关于中央企业履行社会责任的指导意见》等编排结构

10 多年前，国家电网、中石油、中远集团等一批中央企业率先公开发布企业社会责任报告或可持续发展报告，在社会上引起了积极反响。当时，从整体上看，关于中央企业如何履行社会责任的一些问题，需要进一步理清思路，履行社会责任的内涵、方式和方法也有待规范。在这种背景下，国务院国资委广泛征求了社会各方面的意见，最终形成了《关于中央企业履行社会责任的指导意见》，为中央企业更好地履行社会责任指明了方向。该指导意见对中央企业履行社会责任的内容做了明确的说明，既体现了可持续发展报告指南的先进理念，又体现了中央企业履行社会责任的特色；既符合国情，又符合企情。2016年，国务院国资委发布《关于国有企业更好履行社会责任的指导意见》，明确要求国有企业建立健全社会责任报告制度。自 2017 年开始，由国务院国资委指导的《中央企业社会责任蓝皮书》逐年系统研究中央企业在社会责任方面的发展。2022年，国务院国资委成立社会责任局，其重点工作任务是围绕推进"双碳"工作、安全环保工作以及践行 ESG 理念

---

① 金蜜蜂. 2022 年 CSR 报告全数据来啦［EB/OL］.［2024-11-25］. https://www.163.com/dy/article/HNHBJODD0538B5BJ.html.

等，与生态环保工作紧密相连。

（2）按照《上市公司社会责任指引》等编排结构

为鼓励上市公司积极披露社会责任报告，深圳证券交易所于2006年9月发布了《上市公司社会责任指引》（以下简称《指引》）。《指引》对上市公司履行社会责任内容做了明确、细致的表述，既遵循了"三重底线"的原则，又体现了上市公司履行社会责任的实际，为深圳证券交易所上市公司编制企业社会责任报告提供了依据。深圳证券交易所上市公司发布的社会责任报告，其结构基本都遵循了《指引》的框架。

2009年1月，上海证券交易所发布了《〈公司履行社会责任的报告〉编制指引》。相对于深圳证券交易所的《指引》，上海证券交易所发布的指引并未对报告内容做出具体规定，更多的是原则性的说明，公司编制报告的灵活性更强。

2012年，香港交易所发布《环境、社会及管治（ESG）报告指引》（简称《ESG指引》），规定发行人须每年发布ESG报告，定期向利益相关方披露其可持续发展方面的绩效。《ESG指引》在环境和社会两个主要范畴的11个层面上载明了供发行人汇报其绩效的32个关键绩效指标及11个一般披露指标。2015年12月，香港交易所对《ESG指引》进行了修订，将上市公司ESG信息披露要求提升至"不遵守即解释"。2019年12月，香港交易所发布新版的《ESG指引》。新版《ESG指引》在ESG管治、风险管理、报告边界、环境及社会范畴方面均新增了多项强制性披露要求。

2016年10月，全球报告倡议组织（GRI）发布《GRI标准》。作为国际上被广泛认可和引用的可持续发展报告框架，《GRI标准》包含3项通用准则以及经济议题披露、环境议题披露、社会议题披露等议题标准，为企业提供议题披露内容及方法。

2009年，《中国企业社会责任报告编写指南（CASS-CSR1.0）》首次发布，此后经过三次升级至4.0版本，成为中国本土历史最久、行业最多、应用最广的企业社会责任报告指南，为中国企业编写社会责任报告提供了专业参考。2022年7月，《中国企业社会责任报告指南（CASS-ESG 5.0）》发布。5.0版本更新了理论框架、升级了披露标准、细化了操作指导、规范了编写流程并且更加注重价值管理，进一步完善了中国企业ESG披露标准，将指导中国企业以高质量的信息披露支撑公司ESG工作水平迈上更高台阶。[①]

总的来看，这些指引或指南对中国企业尤其是上市公司履行社会责任提供了依据，尤其对企业社会责任报告的结构影响很大。

（3）按照国家标准编排结构

《社会责任指南》（GB/T 36000—2015）、《社会责任报告编写指南》（GB/T 36001—2015）和《社会责任绩效分类指引》（GB/T 36002—2015）共同构成支撑社

---

① 安永. 上市企业ESG报告编制指引浅析［EB/OL］.［2024-11-25］. https://www.sohu.com/a/346109608_676545.

会责任活动的基础性系列国家标准。

《社会责任指南》为组织理解社会责任并管理和实施相关活动提供指南，旨在帮助组织在遵守法律法规和基本道德规范的基础上实现更高的组织社会价值，最大限度地致力于可持续发展。该标准适用于所有类型的组织。组织在应用本标准时，应充分考虑自身规模、性质、行业特征等实际状况和条件。

《社会责任报告编写指南》给出了编写社会责任报告的基本原则、步骤和方法，旨在为各类组织编写社会责任报告提供指南。该标准适用于社会责任报告的编写，其他类似报告亦可参照使用。

《社会责任绩效分类指引》为组织全面了解、监测和评价其社会责任活动，更加深入和系统地了解其社会责任目标和工作的完成状况，有针对性地持续改进其社会责任活动提供了重要技术指南，也为组织研究和开展社会责任绩效评价工作奠定了研究基础，推动组织正确履行社会责任。

（4）按行业社会责任指南编排结构

发布社会责任报告的企业众多，报告内容与结构如何既体现企业自身的特点，又反映出行业履行社会责任的特色，是中国企业社会责任发展面临的问题。在此背景下，行业性的社会责任报告指南的制定就显得尤为必要。

中国的纺织行业、皮革行业、乳制品行业、建筑行业、电子信息行业、有色金属行业等都相继发布了社会责任指南，为行业内企业履行社会责任指明了方向，为企业编制社会责任报告提供了重要参考。

（5）按照其他标准编排结构

除按以上"指南"编排结构外，有些企业或行业协会发布的社会责任报告参考了其他"指南"。例如，中国工业经济联合会、中国煤炭工业协会、中国机械工业联合会等联合发布的《中国工业企业及工业协会社会责任指南》，对我国工业企业及工业协会社会责任报告的编制影响也很大，有些报告的结构就是参照其主要框架编排的。

此外，一份优秀的企业社会责任报告除了有科学合理的内容和结构之外，还需要组织人员精心准备和发布，如果经过第三方独立验证效果则更好。

▶▶ 本章小结

企业社会责任报告（简称 CSR 报告）指的是企业对其履行社会责任的理念、战略、方式方法，其经营活动对经济、环境、社会等领域造成的直接和间接影响，取得的成绩及不足等信息，进行系统的梳理和总结，并向利益相关方进行披露的方式。企业社会责任报告是企业非财务信息披露的重要载体，是企业与利益相关方沟通的重要桥梁。近年来，随着可持续发展理念逐渐在全球普及，资本市场对企业社会责任信息披露的关注重点逐渐转向 ESG（环境、社会、治理）。中国企业积极推进 ESG 信息披露，通过 ESG 报告及社会责任报告、可持续发展报告、环境报告书等不同类型的报告公开自身的 ESG 表现，这些报告朝着专业化、多元化的方向不断拓展，但披露比例有待进一步提升。

以企业社会责任报告的由来为标准，它可分为单项报告和综合报告两种。以企业社会责任报告的反映程度是否全面为标准，它可分为广义的企业社会责任报告和狭义的企业社会责任报告。企业社会责任报告经历了萌芽、兴起、发展和趋于成熟的发展阶段，所关注的议题不断变化，形成了从单项社会责任报告（雇员报告、环境报告、环境健康安全报告）向综合社会责任报告的演变过程。

企业社会责任报告中的管理内容需要从企业社会责任的角度阐释企业的愿景、价值观、使命和战略。

企业社会责任报告中的经济内容主要向所有者、客户和合作伙伴等披露企业为了实现对利益相关者最优化的经济影响所采取的不同层次的责任实践，展示企业有能力为利益相关者带来积极的、具有可持续性的经济影响，进而反映出企业识别风险、抓住机遇而获得持续经济效益的能力。

企业履行环境责任的实践信息披露可以按照经营管理流程分为产前、产中和产后三个方面，每个方面的报告内容均可以分为三个层次。

报告中的社会内容包括的方面较多。企业履行员工责任的实践信息披露包含五个方面：劳资、职业健康安全、社会保障、工会以及培训与发展。每个方面的报告内容均可以分为三个层次。企业要想获得持久的"经营许可"，社区是不可忽视的重要利益相关方。与社区进行良好的沟通和互动，有助于企业赢得社区的信任与支持，为企业的长久发展营造良好的外部环境。另外，报告还包括对政府、行业组织和非政府组织履行责任实践的信息披露。

企业社会责任报告的结构类型主要有"三重底线"的结构、利益相关者的结构、按产品和企业部门划分的结构、按题目划分的结构。

中国企业发布社会责任报告的数量不断增加，报告结构在以往经济、社会、环境"三重底线"的基础上有了更多的创新，呈现出了自身特色。

▶ 复习思考题

（1）企业社会责任报告经历了哪几个发展阶段？各阶段的主要标志是什么？

（2）企业社会责任报告有什么作用？

（3）企业社会责任报告的管理内容有哪些？

（4）企业社会责任报告的经济内容有哪些？

（5）企业社会责任报告的环境内容有哪些？

（6）企业社会责任报告的社会内容有哪些？

（7）企业社会责任报告的结构类型主要有哪几种？

（8）中国的企业社会责任报告有什么特点？

▶ 案例分析

金龙鱼：ESG表现优秀的公司，一定是行业内的理想公司

益海嘉里金龙鱼粮油食品股份有限公司（简称金龙鱼）在2022年首次披露了ESG报告，并在董事会下设立了可持续发展委员会、可持续发展部等ESG治理架构，全面对公司ESG治理事项进行落实。

作为国内食品行业的龙头企业，金龙鱼对ESG理念是如何理解的？首份ESG报告有什么特点和亮点？通过ESG实践，公司在可循环经济、助力乡村振兴等方面有什么经验？在新的发展阶段，公司在ESG方面面临什么挑战？针对这些问题，《每日经济新闻》记者（以下简称NBD）专访了金龙鱼可持续发展（ESG）总监崔新宇。

崔新宇表示，ESG为投资者和消费者提供了观察企业整体表现的重要视角和体系，让外部在了解公司时可以从单纯看财务指标的"知其然"到"知其所以然"；如果一家公司的ESG表现优秀，那么这家公司一定是行业内的理想公司。

ESG是公司公开透明的一种承诺

NBD：ESG作为可持续发展理念，正在成为一种趋势。作为食品尤其是粮油行业龙头，金龙鱼怎么理解ESG的定义和内涵？

崔新宇：其实，每一个成功的企业在发展过程中都离不开ESG实践。企业的整体表现分为财务指标和非财务指标，而ESG反映的是一个企业除了财务以外的几乎所有指标。优秀的财务指标是结果，而ESG所代表的非财务指标是形成这个结果的过程。

从另一个角度说，ESG为外部投资者和消费者提供了观察公司整体表现的重要视角和体系。通过了解公司的ESG实践，他们可以深入了解公司的发展理念，以及在发展理念的指引下采取了哪些行动，最后，结合财务指标来识别公司是否具备长远、可持续的能力。ESG让外部了解公司从以前单纯看财务指标的"知其然"，到现在的"知其所以然"。

因此，对一家上市公司而言，做好ESG工作也是公司对公众保持公开透明的一种承诺。

NBD：今年是金龙鱼首次发布ESG报告，从社会责任报告升级到ESG报告，是基于什么考虑的？如果要打分，请问你给这份ESG报告打多少分？

崔新宇：虽然这是我们的第一份ESG报告，但其实我们展开ESG行动的时间轴远远不是从今年开始的，而是贯穿于公司过去几十年整个业务经营过程的始终。今年这份可持续发展报告可以说是对此前ESG相关工作的总结，把一直在推进的环境保护、节能降耗、慈善公益、员工关怀、公司治理等工作归纳到这个体系中来。

我个人对这份报告的质量比较满意，不过我认为外界的打分远比内部的评价重

要。这份 ESG 报告无论从内容还是呈现效果来看，都得到了很好的反响。报告披露后，几个 ESG 评级机构的评级结果都还不错。

当然，这份报告也有可以进一步改善和提高的地方。比如，对环境责任中的碳排放目标的确定，我们还在做一些基础准备工作。目前有一些公司提出了零碳排放的目标，但是金龙鱼的目标还没有正式公布，因为公司需要对范围一（注：企业范围内产生的直接排放）和范围二（注：企业消耗外购能源导致的供能机构的碳排放）的碳排放做充分的碳盘查，并在此基础上对范围三（注：源自企业价值链上下游的间接碳排放）的排放有一个相对精确的测算。特别是范围三涉及整个供应链，很难在短时间内完成测算，我们需要更多时间和第三方机构共同做相应的工作。

我们会继续努力完善，相信在明年和未来的 ESG 报告中，会不断有新的、高质量的内容呈现给大众。

ESG 是实现"理想集团"的前提和基础

NBD：公司提出"建立一个理想的集团"为企业愿景，或者说战略核心。在您看来，应如何借鉴 ESG 理念来实现这一目标？两者之间有什么关系？

崔新宇："建立一个理想的集团"是公司创始人、董事会主席郭孔丰先生提出的企业愿景，郭孔丰先生对 ESG 工作非常重视，并亲自担任公司可持续发展委员会主席。ESG 工作目标与集团愿景高度契合，一个理想的集团，不仅要保证高品质的产品，让投资者有良好的投资回报，更要注重对生态环境的保护、对企业所处的社会人文环境的改善和公司治理水平的不断提升，这恰好与 E、S、G 一一对应。所以，ESG 是一个很好的理论框架，也是一个很独特的视角，能告诉我们要想做一个理想的集团，需要从哪些方面着手。

从某种程度上来说，如果一家公司的 ESG 表现优秀，这家公司一定是某个行业的理想公司，因为一家公司要想长期保持市场份额和竞争地位，只有通过不断提高自身的 ESG 水平才有可能实现。ESG 是公司实现理想集团的基础和前提，也是我们不断前行的内生动力。

NBD：从 ESG 报告中可以看到，在"双碳"目标背景下，金龙鱼在环保投入、循环经济、绿色产业链等方面，进行了很多有益的实践，这方面粮油产业可以发挥什么作用？提供哪些可以推广的经验？

崔新宇：金龙鱼在践行 ESG 的同时，也希望通过这些实践带动同行业一起探索可持续发展，从追求短期财务指标转变成追求长期成长。

2022 年 9 月，公司的昆明粮油工厂经第三方认证，成为国内粮油行业首家碳中和工厂。中国粮油学会也专门发来贺信说："这为推动行业碳达峰、碳中和工作起到了良好的示范作用。"打造碳中和工厂的目的，除了节能减排和使用绿色能源外，公司还希望让参与其中的员工树立起低碳环保意识，再通过这些员工去影响更多人，形成良性的价值传递。

碳中和工厂的尝试，短期内也许会增加一些成本，但是意义重大。它是公司探索实现碳中和甚至净零排放的一条路径。在控制成本的情况下，公司还会在其他地区继续推广这种模式,但需要注意,可持续发展工作本身也需要可持续,不能不计代价和成本地去追求零排放,需要循序渐进。

水稻循环经济方面,金龙鱼提出了"吃干榨尽"的目标,尽可能对副产品进行再利用。将稻壳回收后进行燃烧,不仅可用于发电和供热,还能产生高附加值的稻壳炭、白炭黑等产品。我们在辽宁盘锦建设了世界上第一条用稻壳灰生产白炭黑的生产线。这种生物质来源的白炭黑受到生产轮胎、牙膏等客户的热烈欢迎,产品供不应求。有数据测算,用稻壳灰制成1吨白炭黑要比由石英砂作为原料制备1吨白炭黑减少温室气体排放 2.55 吨 CO_2e(注:二氧化碳当量)。这样,企业在探索可持续发展和循环经济的同时也实现了对生态环境最大限度的保护。此外,副产品"变废为宝"提升了大米加工产业链价值,反哺粮食主业,让"金龙鱼大米"更有市场竞争力。

产品设计结合ESG可带来长期回报

NBD:对于食品行业来说,健康和安全是ESG的核心议题。金龙鱼是零反式脂肪食用油的引领者,提出了国人的"厨房革命",这次上海举办的"进博会"也首次展示了"央厨"成果,亮相了一批预制菜品。请问,公司如何将ESG理念融入这些产品,保障食品的安全和健康?

崔新宇:在ESG理念的要求下,食安的标准只会更高。以我们的"丰厨"预制菜为例,它采用集中生产模式,无论在能耗还是食材利用率上必然比分散加工更有优势。从生产中节约出的成本又可用于对产品质量升级。一旦出现食品安全问题,对企业的经济效益和品牌价值将造成巨大损失。从这点上来说,大型企业一定会比小型作坊更加重视食品安全。

还有零反式脂肪食用油,这类产品是对国人健康饮食的一种倡导。实际上,关注消费者的健康,正是可持续发展理念的重要体现。

所以,金龙鱼在产品设计和产业布局方面,都尽可能将ESG理念带入其中,不仅能为公司带来长期的回报,还能在行业起到一定引领作用。

NBD:在社会责任方面,粮油产业和"三农"紧密相连。在全面推进乡村振兴的背景下,食品行业,尤其是粮油行业的上市公司,可以发挥什么作用?扮演什么角色?提供什么经验?

崔新宇:众所周知,粮油行业和"三农"的联系比别的产业更加紧密。作为头部企业,我们不仅要配合国家战略,更要从企业自身发展的需求主动跟利益相关方共享我们的成果。比如,打造绿色全产业链,或者通过对农产品的收购,尽可能和当地建立一种战略性的关系。

金龙鱼通过"订单农业"模式,让农户实现计划性生产,避免土地和作物资源的浪费,大幅提高生产效率。这样一来,也可以让下游的加工业更有序地完成加工,实现原料从第一产业到第二产业的良性运转。

此外,公司还通过输出品牌、人力的方式,帮助当地农产品走出去,不仅实现了精准扶贫,还促进了当地产业的转型和升级。

　　我们也清楚，一个公司的力量是有限的，我们希望以自身的实际行动带动更多的企业和个人为乡村振兴出一份力。

ESG也应坚持共同而有区别的责任

　　NBD：在ESG信息披露的平衡性原则方面，很多投资者非常希望了解公司的非财务性风险，但很多ESG报告只说一些积极的方面，请问怎么把握风险性非财务信息的呈现？

　　崔新宇：首先，我认为所有做了ESG披露的上市公司，比那些不披露的公司已经有很大的进步；其次，中国的ESG发展需要一个渐进的过程，应"坚持共同而有区别的责任"。比如说碳排放，中国企业的发展阶段跟国外企业的发展阶段有很大的差别，不可能完全按照外国的碳排放标准来要求国内企业。

　　所以，中国的上市公司在ESG披露过程中存在问题是现阶段正常的现象，需要给企业时间去不断完善。

　　至于风险性的非财务信息呈现，我认为要做到实事求是，不能刻意隐瞒。随着监管要求日益提高，企业的ESG披露会逐步严格规范。在这个过程中，企业也会不断关注自己的风险以及信息披露的准确性，否则会对自身的合规性带来负面影响。

　　NBD：在您看来，上市公司践行ESG，目前面临最大的问题或挑战是什么？对此，您有什么建议？

　　崔新宇：我觉得上市公司目前践行ESG所面临的最大挑战就是如何让ESG理念在更大范围内传导。据我了解，很多大公司的管理层对ESG理念是有充分共识的，但这只是一个开始。接下来，公司需要对员工、消费者、投资者、合作伙伴等利益相关方进行ESG理念的传播和教育，把消费行为、投资行为和公司经营行为与ESG理念融合到一起，让不同角色共同推动这些行为对公司和社会的可持续发展发挥正向影响。

　　践行ESG这件事，是一个系统性工程，不能只靠上市公司单打独斗，它更多是影响与上市公司有关联的利益方，甚至全社会。只有当ESG理念深入人心之后，处于利益链上的每一环都加入到ESG实践中，上市公司践行ESG才会阻力更小、收获更大。

　　资料来源　黄宗彦. 每经专访金龙鱼可持续发展总监崔新宇：ESG表现优秀的公司，一定是行业内的理想公司［N］. 每日经济新闻，2022-11-22（07）.

　　讨论题：

　　1.通过阅读案例，你认为ESG报告与CSR报告有什么不同？

　　2.你认为ESG与企业管理之间是什么关系？ESG报告对企业战略规划起到什么作用？

拓展阅读6-2

华润集团
2021年可持
续发展报告

下篇　企业伦理和社会责任实践篇

第7章 人力资源管理中的伦理问题

▶▶ 学习目标

- 深刻了解人本管理的原则及标准
- 分别掌握招聘、离职、职场管理中的伦理问题

▶▶ 引例

海底捞的人本管理

海底捞简介

海底捞成立于1994年，是一家以经营川味火锅为主、融各地火锅特色为一体的大型跨省直营餐饮品牌火锅店，在北京、上海、郑州、西安、简阳等城市开有连锁门店。海底捞的创始人张勇董事长，1971年出生，四川省简阳市人，20世纪80年代初，简阳城关镇第二中学毕业，进入简阳市空分技校学习。1988年，张勇技校毕业后，进入四川拖拉机厂，1994年下岗，开办了第一家"海底捞火锅"。

企业文化

海底捞始终秉承"服务至上、顾客至上"的理念，以创新为核心，改变传统的标准化、单一化的服务，提倡个性化的特色服务，将用心服务作为基本理念，致力于为顾客提供"贴心、温心、舒心"的服务；在管理上，倡导双手改变命运的价值观，为员工创建公平公正的工作环境，实施人性化和亲情化的管理模式，提升员工价值。

海底捞使命：通过精心挑选的产品和创新的服务，创造欢乐火锅时光，向世界各国美食爱好者传递健康火锅饮食文化。

价值观：

一个中心：双手改变命运。

两个基本点：以顾客为中心，以"勤奋者"为本。

内涵：倡导平等，充分授权；学习进取，持续创新；自我批判，三思而行；诚实守信，敢于负责；与人为善，知恩图报；充满激情，团队合作。

海底捞人品质：诚信、创新、谦虚、勤奋；激情、与人为善、责任感。

对员工的人本管理

只有关爱员工，员工才会真心关爱客户。只有真心关爱员工，企业才有凝聚力。爱的力量是最大的力量。爱意味着付出，企业首先要付出爱，才能收获员工对企业的爱。

给员工父母发放养老钱：公司每个月会给大堂经理、店长以上干部、优秀员工的父母寄几百元钱。

员工孩子免费上学：出资千万元在四川简阳建了一所寄宿学校，让员工的孩子免费上学。

重大疾病专项基金：每年拨100万元用于员工及其直系亲属的重大疾病治疗。

员工住宿的关爱：为员工租的宿舍全部是正规小区的单元房，并且都配有空调和上网电脑。为了不增加员工上下班的负担，从小区到上班地点步行一般不超过20分钟。宿舍还有专人负责保洁，为员工拆洗被单、打扫卫生。如果员工是夫妻，则有单独房间。海底捞每开一家店，仅为员工租房子这一项支出，每年就要花费50万元。

充分授权：普通员工有权决定赠送顾客果盘，甚至可以免单。30万元以下的开支，店长可以做主。

海底捞的每个普通服务人员都是客户服务经理，他们甚至比一般餐馆经理的权力都大。服务业制胜的重点是服务的个性化和效率，而服务的个性化能否实现的关键在于一线员工有没有快速决策的权力。海底捞的实践证明：提高企业的客户服务水平，需要适当赋予一线员工必要的决策权力，即使企业为此冒一定的风险，也是值得的。

满意度管理：海底捞公司总部对每家店的考核只有员工满意度和客户满意度两个指标。

是海底捞公司觉得财务指标不重要吗？显然不是。

企业是追求盈利的组织，每个财务指标都会牵动企业家的神经，但是，那些优秀的企业家明白：把眼光盯在那些财务指标上没有用，只会让自己急功近利，变得浮躁。只要把企业的一些基础工作做好了，财务指标的实现是自然的结果。

成就员工：企业不仅是员工谋生的平台，更是员工提升自身价值的平台、实现人生价值的舞台。

海底捞为每个员工制定了完整的职业发展规划，让每个员工都清楚自己在企业中的发展方向，让大家看到自己的未来，从而激发出员工的工作动力和热情。

海底捞将员工的职业发展分为技术、管理、后勤三条线，每个员工都可以根据自己的情况选择适合自己的职业发展路线。在海底捞，走技术路线的"功勋级员工"收入仅比店长少一点点，这就有效避免了大家片面追求管理路线的职业发展方向，克服了管理岗位的稀缺性难题。

海底捞的绝大多数经理，包括店长、区域经理这些对综合素质要求比较高的经理人，都是从基层员工提拔起来的。

袁华强是海底捞代表性人物，也是员工心目中的榜样式人物。他先从刷碗、传菜、门迎、服务员这样的底层岗位干起，后来做领班、会计、店长，几乎海底捞公司所有的职位他都做过，2004年晋级到片区经理，2009年开始担任海底捞火锅董事职务，那时他还不到30岁。他是在海底捞"靠双手改变命运"的最好证明。

对顾客的人性化服务

海底捞虽然是一家火锅店，它的核心业务却不是餐饮，而是服务。在将员工的主观能动性发挥到极致的情况下，"海底捞特色"日益丰富。

2004年7月，海底捞进军北京，开始了一场对传统的标准化、单一化服务的颠覆革命。

在海底捞，顾客能真正找到"上帝的感觉"，甚至会觉得"不好意思"。有食客点评："现在都是平等社会了，让人很不习惯。"但他们不得不承认，海底捞的服务已经征服了绝大多数的火锅爱好者，顾客会乐此不疲地将在海底捞的就餐经历和心情发布在网上，越来越多的人被吸引到海底捞，一种类似于"病毒传播"的效应就此显现。

痛苦的等待变成了愉悦：手持号码等待就餐的顾客一边观看屏幕上打出的座位信息，一边接过免费的水果、饮料、零食；如果是一大帮朋友在等待，服务员还会主动送上扑克牌、跳棋等供大家打发时间；或者趁等位的时间到餐厅上网区浏览网页；还可以来个免费的美甲、擦皮鞋。

即使是提供的免费服务，海底捞一样不曾含糊。一名食客曾讲述：在大家等待做美甲的时候，一个女孩不停地更换指甲颜色，反复折腾了大概5次。一旁的其他顾客都看不下去了，为其服务的阿姨依旧耐心十足。

待客人坐定点餐的时候，围裙、热毛巾已经一一奉送到眼前了。

服务员还会细心地为披着长发的女士递上皮筋和发夹，以免头发垂落到食物里。戴眼镜的客人则会得到擦镜布，以免热气模糊镜片。

服务员看到你把手机放在台面上，会不声不响地拿来小塑料袋装好，以防沾上油污。

每隔15分钟，就会有服务员主动更换你面前的热毛巾。

如果你带了小孩子，服务员还会帮你喂孩子吃饭，陪他们在儿童天地做游戏。

如果你抽烟，他们会给你一个烟嘴，并告知烟焦油有害健康。

为了方便顾客消除口中异味，海底捞在卫生间准备了牙膏、牙刷，甚至护肤品。

过生日的客人，还会意外得到一些小礼物。

如果你点的菜太多，服务员会善意地提醒你已经够吃。如果随行的人数较少，他们还会建议你点半份。

餐后，服务员会马上送上口香糖，一路上所有服务员都会向你微笑道别。

一个流传甚广的故事是，一位顾客结完账，临走时随口问了一句："怎么没有冰激凌？"5分钟后，服务员拿着"可爱多"气喘吁吁地跑回来："让你们久等了，这是刚从超市买来的。"

只打了一个喷嚏，服务员就吩咐厨房做了碗姜汤送来，把客人给感动坏了。

孕妇会得到海底捞的服务员特意赠送的泡菜，分量还不小。

如果某位顾客特别喜欢店内的免费食物，服务员也会单独打包一份让其带走……

这就是海底捞的粉丝们所享受的"花便宜的钱买到星级服务"的全过程。

资料来源　[1]黄铁鹰. 海底捞你学不会[M]. 北京：中信出版社，2011.[2]海底捞网站.

思考：

（1）什么是人本管理的得与失？如何让人本管理的"得"大于"失"？

（2）你认可"成就员工"是最高境界的人本管理吗？

（3）你还可以提出哪些不同的人本管理措施？

▶▶ 7.1　人本管理原则、标准与层次

●● 7.1.1　人本管理原则

现代企业管理中的人本管理概念仍然是一个舶来品，与中国古代的"人本管理"、"以人为本"或"以民为本"存在很大差别。

人本管理思想产生于西方20世纪30年代，真正将其有效运用于企业管理，是在20世纪六七十年代。可以说，人本管理思想是现代企业管理思想、管理理念的革命。目前比较常见的英文版"人本管理"有"people-oriented management""humanistic management""people-centered management"三种。也有人将人本管理总结为"3p"理论：of the people——企业由人构成；by the people——依靠人开展活动；for the people——为人而存在。我国企业界已接受这一先进理念，并将其运用于管理实践。

2021年8月23日国务院发布的《"十四五"就业促进规划》指出："建立企业全员安全生产责任制度，压实企业安全生产主体责任。深入开展安全生产专项整治三年行动，持续加强矿山、冶金、化工等重点行业领域尘毒危害专项治理，坚决遏制重特大事故发生。严格执行安全生产法，加强对高危行业建设项目的监管。推动简单重复的工作环节和'危繁脏重'的工作岗位尽快实现自动化智能化，加快重大安全风险领域'机器换人'。"这种"机器换人"的指导思想，充分体现了"坚持以人民为中心的发展思想"，切实体现了党的二十大报告提出的"坚持在发展中保障和改善民生，鼓励共同奋斗创造美好生活，不断实现人民对美好生活的向往"。

目前国内对人本管理的理解尚未形成统一的认识。本书认为，人本管理是指组织一以贯之地、全面地去了解人、尊重人、关心人、成就人，并促进人类的自由而全面发展。真正的人本管理之所以成为管理思想和管理理念上的革命，主要在于人本管理革除了以前把人当成工具来看待的主观观念，形成了真正做到把人当人看待、帮助和促进人的全面发展的客观观念。

现代人力资源管理就应该坚持这种把人当人看待、帮助和促进人的全面发展的人本管理原则，否则就是违背管理伦理。

●● 7.1.2　人本管理标准与层次

一个组织是否遵循了人本管理原则，人本管理的程度如何，这两个问题是很难把握的。以下就这两个问题分别提出粗浅的看法。

一个企业遵循人本管理原则至少应该达到以下几个标准：

（1）尽力确保员工的安全；

（2）严格履行《中华人民共和国劳动合同法》（下文简称《劳动合同法》）；

（3）建立"公平、公正、机会均等"的招聘、晋升机制；

（4）具备适才适岗的能力或机制；

（5）有健全的员工培训机制；

（6）薪酬水平合理；

（7）劳动强度合理；

（8）保障员工隐私；

（9）工作和居住环境和谐；

（10）给予员工专业的职业生涯指导；

（11）有合理、畅通的员工申诉平台；

（12）兼顾外部利益相关者的利益。

如果将企业人本管理的程度分为低、中、高三个等级的话，上述这些标准只是确保企业遵循人本管理的基本标准，能够基本保证人本管理的低等和中等层次，只有在这些基本标准之上进行超越，才可能达到"成就人"的高标准，最后实现人类的自由和全面发展。

■ 小案例 7-1

方太：善待员工

幸福生命

员工的成长是企业发展的基石，方太既关注员工的职业发展，也关注员工的生命成长，旨在帮助员工实现物质与精神双丰收，事业与生命双成长。

文化教育课程是帮助员工拥有幸福生命，实现精神丰收、生命成长的重要路径。在公司文化教育全面普及的背景下，针对不同的场景和主题方向，方太开发并优化了诸多文化课程，如"幸福家庭与幸福人生""了凡四训与幸福人生""恋爱婚姻与幸福人生""智慧父母与幸福人生""五个一成就幸福人生"等，帮助员工懂得新时代家庭幸福观（衣食无忧、身心康宁、相处和睦、传家有道），涵养仁爱之心，了解五个一背后的原理以及践行方法，深入学习婚姻的意义与和谐相处的智慧，明白和体证生命重大真理和真相等目标。学员通过课程学习增强文化自信，坚定了学习中华优秀传统文化和践行五个一的信心，达到身心和谐，实现圆满幸福的人生。

健康养生

公司在塑造与文化相吻合的工作环境（包括硬环境、软环境）的同时，也致力于员工的健康关怀。这主要体现在两个方面：一是健康生活的推广与落地；二是中医文化的传承与复兴。

2021年是方太导入中医文化的第六年。通过六年时间的文化推广及诊疗服务，员工对于中医的认可度越来越高。公司内部设有中医室，通过线上、线下等形式开展中医健康咨询诊疗服务，为员工解决健康疑惑。通过中医诊断、养生术法、锻炼功法、保健疗法及生活指导等方式为员工解决健康问题，同时在饮食、起居、情志和运动等各方面给出合理化建议，不断提升员工的自主健康意识，并对就诊员工进行跟踪回访，根据员工建议不断优化。2021年中医诊疗咨询覆盖6 800余人次，平均NPS（净推荐值）为98.63%。

中医文化也成为员工文化学习的一部分。2021年员工中医文化课程覆盖7 500余人次，平均NPS达93.04%。同时，为公司各部门定制中医文化学习及践行的"自医计划"，让更多员工知道中医、学习中医、践行中医并受益于中医。此外，方太还以丰富的中医文化推广方式，如节气养生公告、公众号、视频号、直播、线下健康养生活动……来促进中医文化的传承与复兴。可以说，中医健康观念已深入员工内心，造福着广大方太员工及其家人。

为帮助员工强身健体，方太从2014年就引入了武当太极养生功，并开发一系列功法修习课程，如八段锦、太极十八式、太极混元桩、幸福健身功……通过养生功法的学习，大部分学员的身体状况和精神面貌得到了改善，比如肩颈僵硬、腰脊椎酸痛、膝盖酸痛、手脚发冷、睡眠不安等问题，更有学员反馈，练习太极的过程使心性平和，太极已成为其日常健身的主要方式。

才能强化

2016年9月28日，方太学校挂牌成立。方太学校致力于培养德才兼备的人才，在专注提高员工的专业技能，鼓励员工在专业方向上深钻、走专业发展道路的基础上，重视员工心性教育的提升。

方太学校实行校务委员会领导下的校长责任制，公司董事长兼总裁担任校长，部分副总裁担当研修院院长，体现业务导向，执行校长和执行院长由教育培训专业人员担任，体现专业赋能，两者强强结合。

为了强化专业意识，突出专业能力，方太学校设置了三个业务研修院（产品&研究研修院、供应链研修院和营销&服务研修院），聚焦系统内员工专业技能的培养，关注共性专业的持续搭台学习。方太的领导力研修院以公司不同层级的人才需求为出发点，遵循员工能力发展规律，以干部的使命和职责、关键岗位角色模型为基础，从学员的实际工作任务出发，重点关注不同阶段的角色心性、认知和技能的提升，设计了系统化的五大人才培养项目，不断完善公司的人才梯队建设。

资料来源　方太．方太2021年企业社会责任报告［EB/OL］．［2024-11-26］．https://hsimage.fotile.com/20220701093859128127.pdf.

》》7.2　招聘与离职管理中的伦理问题

●● 7.2.1　就业权——人为什么有工作权利

关于人为什么有工作权利即就业权的问题，主要存在三种观点：

第一种观点认为，工作权利由生存权利派生而来。工作是为了获取生活必需品，是生存的需要。虽然有人不工作也能生存，但也应该有工作权利。

第二种观点认为，工作权利由发展权利派生而来。工作能促进人的发展，不工作也能促进人的发展，但有些枯燥、重复的工作并不能真正促进人的发展。

第三种观点认为，工作权利由被尊重的权利派生而来。工作权利是人的一种尊严；没有工作权利就等于没有为社会做贡献、对社会负责任的机会。譬如，法律规定偷渡者没有工作权利，在打黑工的时候，他们的工作权利被轻视，往往会被雇主要挟而接受低工资和强劳动的待遇。

有工作权利，可以不工作，也不一定能实际拥有工作。有些有闲阶层不愿意做具体工作；有些正常的劳动力可能长时间处于待业或失业状态；一些残障人士也难以找到合适的工作岗位。

●● 7.2.2　聘用自由的伦理问题

什么是聘用自由？

聘用自由指雇主可以在任何时间、任何地点甚至是没有理由的条件下雇用和解雇员工；同样，员工也可以在任何条件下自由选择雇主。双方根据自身意志自由达成协议。

从伦理方面分析，聘用自由主要存在三个方面的缺陷：

1）员工和公司之间固有的不平等关系

员工不能像雇主一样自由决定自己的择业条件；员工一般是弱者，没有与雇主讨价还价的自由。

2）外部条件的限制

当劳动力市场供不应求时，员工更加被动，只能签订一份实际上不公平的合同。一些单位甚至要扣押员工的身份证，或者用卡扣人事档案的方式"挽留"人才。

3）不道德的雇佣条件

有的劳动者因性别、种族、宗教信仰和其他与工作无关的标准而被剥夺工作机会。

7.2.3　就业歧视

依据国际劳工组织《1958年消除就业和职业歧视公约》第一条的规定，"歧视"一词包括："（一）基于种族、肤色、性别、宗教、政治见解、民族血统或社会出身等原因，具有取消或损害就业或职业机会均等或待遇平等作用的任何区别、排斥或优惠；（二）有关会员国经与有代表性的雇主组织和工人组织（如存在此种组织）以及其他适当机构协商后可能确定的、具有取消或损害就业或职业机会均等或待遇平等作用的其他此种区别、排斥或优惠。"

《"十四五"就业促进规划》指出，建立劳动者平等参与市场竞争的就业机制，营造公平的市场环境，逐步消除民族、种族、性别、户籍、身份、残疾、宗教信仰等各类影响平等就业的不合理限制或就业歧视，增强劳动力市场包容性。

工作中常见的就业歧视有：

1）性别歧视

性别歧视主要表现为职业歧视与工资歧视，尤其针对女性。现代社会针对男性的职业歧视现象也存在。很多幼儿园的员工，除了部分厨师是男性之外，其他都是女性。

知识链接 7-1

女性就业歧视如何破解

近年来，女性在就业过程中因婚育等因素遭受就业歧视的现象屡屡出现。随着相关法律制度的完善和执法力度的加大，一些显性就业歧视得到有效遏制，但求职过程中的隐性歧视却令很多女性无可奈何。

某招聘平台发布的《2022职场女性与男性性别差异数据报告》显示，近年来，尽管女性职场地位有所提高，但仍有近八成女性认为还未实现"男女平等"，易遭受"面试阶段被问婚恋或生育情况"等职场歧视。

多位全国人大代表和专家在接受《法治日报》记者采访时建议，采取"疏堵结合"的方式，在鼓励用人单位创造男女平等就业环境的同时，也要对性别歧视问题加强惩戒。

近年来，对于女性职场就业的歧视乱象，从中央到地方出台了一系列有针对性的法律法规和政策。

2019年，人力资源和社会保障部、教育部等九部门就曾联合印发《关于进一步规范招聘行为促进妇女就业的通知》，提出禁止在招聘环节限定性别。《中华人民共和国妇女权益保障法》在2022年修订了诸多内容，明确了就业性别歧视的具体情形，已于2023年1月1日起施行。

各地也在跟进探索，细化包括就业在内的女性权益保障。2023年1月，北京市人力资源和社会保障局印发《北京市人力资源社会保障行政处罚裁量基准表（涉及妇女权益保障法部分）》，其中规定，用人单位在招录（聘）过程中，以性别为由拒绝录（聘）用妇女或者差别化地提高对妇女录（聘）用标准或因结婚、怀孕、产假、哺乳等，降低女职工的工资和福利待遇等行为，最高可处五万元罚款。

资料来源 蒲晓磊.女性就业歧视如何破解［N］.法治日报，2023-04-11（05）.

2）年龄歧视

近年来，在劳动力就业市场上的就业年龄限制比比皆是：从公务员考试的年龄限制，到私人企业招聘启事中的年龄要求，再到干部提拔的年龄杠杠，仿佛没有一项工作不需要年轻人来做。年龄歧视使很多人习惯性地接受了35岁以上将无法再就业、50岁之后将会被社会抛弃的畸形思维。可是，世界卫生组织（WHO）确定的年龄分段中，15~44岁为青年人，45~59岁为中年人。我国，尤其是在人口老龄化、延长退休年龄的大背景下，更应消除年龄歧视，净化人力资源市场就业环境，让男女老少都有平等的就业机会，不再受就业年龄歧视，真正做到"选人不拘一格，用人各尽其能"。[①]

3）健康歧视

中国政法大学的刘杨教授曾经做过的一项调查显示，就业健康歧视主要来自两个方面：一是对传染病病毒感染者的就业歧视，受歧视的主要有艾滋病病毒感染者群体、乙肝病毒携带者群体、性病群体等；另一方面是对精神病康复者的就业歧视。

根据调查，我国就业健康歧视形成的原因是多方面的，其中最主要的原因如下：一是公众的偏见和误解；二是就业环境严峻的压力；三是相关法律制度存在缺陷；四是非健康群体维权意识淡漠。

■ 知识链接7-2
"中国乙肝歧视第一案"入选推动中国法治进程十大行政诉讼典型案例

2019年3月31日上午，由中国法学会行政法学研究会、中国政法大学法治政府研究院等单位联合主办的"推动中国法治进程十大行政诉讼典型案例发布会暨纪念行政诉讼法颁布三十周年研讨会"在北京举行，由原芜湖市新芜区人民法院审理的"张先著诉芜湖市人事局公务员招考行政录用决定纠纷案"入选本次推动中国法治进程十大行政诉讼典型案例。

"张先著诉芜湖市人事局公务员招考行政录用决定纠纷案"2003年由原芜湖市

---

① 袁孝冲.消除就业年龄歧视亟需立法［N］.企业家日报，2018-08-20（3）.

新芜区人民法院受理，主审法官为郑文斌，是我国首例涉"乙肝歧视"行政案件，在全国引起强烈反响，被称为"中国乙肝歧视第一案"，曾被《人民法院报》评为年度十大案件，原告张先著也被中央电视台评为年度十大法治人物。该案还于2018年被《人民法院报》评选为改革开放40周年典型案例。此案判决后，全国多个省份修改了招考公务员禁止录用乙肝病毒携带者的有关规定，国家人事主管部门进一步统一了国家公务员体检录用标准。后来，国家有关部门规定在公民入学、就业体检中不得要求进行乙肝项目检测。这些规定充分保护了乙肝病毒携带者这一特殊群体的合法权益，深刻影响着亿万普通人的生活。

资料来源　宣政国，张贝．"中国乙肝歧视第一案"入选推动中国法治进程十大行政诉讼典型案例［EB/OL］．［2024-11-17］．http://www.wuhucourt.gov.cn/DocHtml/1/19/04/00063657.html.

4）户籍歧视

户籍歧视发生在许多就业过程中，是指一些企事业单位以户籍限制为由，不考虑求职者各项综合指标的匹配度，而直接拒绝求职者应聘要求的一种就业歧视。

就业的户籍限制不但影响人才的正常流动，而且影响行业的健康发展。从就业公平角度来说，这本质上是就业歧视。

国务院办公厅于2013年5月16日发布的《关于做好2013年全国普通高等学校毕业生就业工作的通知》中明确提到，招聘高校毕业生，不得以毕业院校、年龄、户籍等作为限制性要求。2022年7月14日，最高人民法院发布《关于为加快建设全国统一大市场提供司法服务和保障的意见》。该意见明确提出，推动消除户籍、地域、身份、性别等就业歧视，促进劳动力、人才跨地区顺畅流动。

■ 知识链接 7-3

户籍就业歧视维权案例

刘唯一

2013年11月6日，西北师范大学大四女生刘唯一向北京市人力资源和社会保障局申请信息公开，要求公开能解决进京户口的企事业、政府机关等用人单位名录和条件，以及每年北京市提供的进京户口指标数量等信息。

11月24日，在北京国际展览中心招聘会门口，刘唯一举着写有"人艰不拆，求进京指标"的纸牌，呼吁职场竞争放开户籍，公平竞争。

12月18日，刘唯一向人力资源和社会保障部、国务院国资委分别寄去了一封公开信。信中反映称，国务院国资委招聘要求"具有北京市常住户籍"系户籍就业歧视，违反了国家相关法律政策。

12月20日晚9时，国务院国资委新闻中心在官方微博做出回应，称系严格按照事业单位公开招聘规定操作。针对此回应，刘唯一12月22日再次给国务院国资委寄去信息公开申请表。

杨先生

2013年10月，杨先生在广州市越秀区信息网上看到珠光街残疾人联合会正公开招聘"残疾人专职委员"的岗位。因为白化病而患有视力障碍的杨先生发现，这份工作是为社区残障人士提供服务，自己本身也是残障人士，因此能更好地为残障人士服务。本来认为这份工作十分适合自己的杨先生，却发现招聘要求表明了"申请人须具备越秀区户籍"，户籍在广西的杨先生还是选择应聘该岗位，但最终因为不是越秀区户籍而被拒绝报名。

杨先生于2013年11月把珠光街道办事处告上了越秀区法院，请求法院确认被告珠光街道办事处侵犯了原告的平等就业权，并要求珠光街道办事处取消户籍就业限制，赔偿其精神损害抚慰金3万元和维权费用5000元，以及公开赔礼道歉。

2014年4月22日下午，在越秀区法院法官的主持下，双方代理律师及原告杨先生签订了《民事调解书》，珠光街道办事处当庭向杨先生支付了1万元现金作为赔偿。

江亚萍

2013年4月8日，即将从安徽师范大学法学院毕业的江亚萍在网站上看到南京市人力资源和社会保障局下属的南京市人力资源和社会保障电话咨询中心对外招录10名"12333"电话咨询员。结果在报名过程中，江亚萍因为不是南京户籍，遭到拒绝。

对于为何拒绝外地户籍人员报名，南京市人力资源和社会保障局给江亚萍的解释是，这次招聘的电话咨询员待遇不高，如果是外地人来应聘，可能会因为生活成本高而没有办法长期干下去。另外，南京市人力资源和社会保障局认为外地人听不懂南京方言，所以只招南京户籍的。这些理由让江亚萍无法接受。

江亚萍认为自己遭遇户籍歧视，便将此事投诉到江苏省人力资源和社会保障厅，却没有得到任何回复。因投诉无果，2013年5月15日，江亚萍将南京市人力资源和社会保障局告上法庭；5月31日，南京市玄武区人民法院认为，该纠纷属于劳动争议纠纷，裁定不予受理；经过15个月的维权之战，江亚萍于2014年8月7日下午拿到了11000元的赔偿款。

资料来源 [1] 赵莉. 刘唯一再度向国资委寄出公开申请表 [N]. 兰州晨报，2013-12-23. [2] 凌越. 广东户籍就业歧视第一案：男子获赔偿一万元 [N]. 羊城晚报，2014-04-24. [3] 张秋实，蔡薇. 全国首例户籍就业歧视案尘埃落定 安徽女孩获补万元 [EB/OL]. [2024-11-17]. https://www.chinanews.com/cj/2014/08-08/6472495.shtml.

5）种族歧视

种族歧视，英文为"racial discrimination"，是指根据种族将人们分割成不同的社会阶层从而加以区别对待的行为，即种族与种族之间的歧视。体现在就业方面的种族歧视即为就业种族歧视。

2023年4月，美国联邦调查局公布的年度仇恨犯罪报告补充文件显示，2021年美国仇恨犯罪案件数量同比激增 11.6%，64.5% 的受害者因为种族偏见成为被攻击的目标。有分析指出，愈演愈烈的仇恨犯罪凸显美国人权痼疾，包括原住民、非洲裔、亚裔、拉美裔等在内的少数族裔长期遭受普遍性、系统性的歧视，美国政府应正视其国内的种族歧视、仇恨犯罪、枪支暴力等人权问题。美国联邦调查局的文件显示，美国仇恨犯罪案件从 2020 年的 8 120 起上升至 2021 年的 9 065 起，受害人数量达 1.24 万。非洲裔是该类犯罪最常见的目标，针对这一群体的仇恨犯罪从 2020 年的 2 871 起增加至 2021 年的 3 277 起。此外，2021 年是美国反亚裔仇恨犯罪最严重的一年，亚裔受害者数量是前一年的两倍多：从 2020 年的 249 起飙升至 746 起。美国加利福尼亚州立大学圣贝纳迪诺分校仇恨和极端主义研究中心主任布莱恩·莱文认为，10 年来，美国仇恨犯罪的表现形式虽有所不同，但都受到了充满敌意的政治和文化环境以及社交媒体的影响。[①]

6）原始学历及学习方式歧视

原始学历歧视即第一学历歧视，是指用人单位不根据应聘者的能力和岗位需求，而是根据应聘者取得的原始学历（第一学历）对应聘者进行的不科学评价和不合理筛选。例如，原始学历不是"211""985"等名校，即使最高学历是博士也一样会被歧视的现象，就是第一学历歧视的一种。

学习方式歧视主要是指用人单位在招聘过程中审查应聘者的学习方式是全日制还是非全日制。

教育部要求教育行政部门和高校举办的毕业生招聘活动做到：严禁发布含有限定"985 高校""211 高校"等字样的招聘信息；严禁发布违反国家规定的有关性别、户籍、学历等歧视性条款的需求信息；严禁发布虚假和欺诈等非法就业信息，坚决反对任何形式的就业歧视。教育部在《关于做好 2022 届全国普通高校毕业生就业创业促进工作的通知》中指出，在各类校园招聘活动中，不得设置违反国家规定的有关歧视性条款，不得将毕业院校、学习方式（全日制和非全日制）等作为限制性条件。

小案例 7-2

女博士就业遭第一学历歧视，博士求职被查"三代"

在华中科技大学从硕士一路念到博士，在男多女少的工科专业，作为一名女博士，曾令（化名）的科研能力相当出色，但是光鲜的博士帽并没有给她的求职增添多少砝码。她在应聘武汉一所二本高校的教师岗位时，顺利通过了院方的笔试、面试，并得到院领导的口头承诺，但办理入职手续时，却在该高校人事处卡了壳。"就因为我本科念的是一所不太起眼的学校。"曾令说。她本科时就读长沙铁道学院，该院虽后来与中南工业大学、湖南医科大学一同合并组成现在的中南大学，属

① 李志伟. 美国仇恨犯罪案件创历史新高［N］. 人民日报海外版，2023-04-20（06）.

于国家"985"高校，但她2001年本科毕业时，长沙铁道学院还没有被合并。"我知道自己的过去不够辉煌，所以现在越来越努力。没想到影响未来的，恰恰是过去的历史。"对于求职时学历被查"三代"，曾令只能苦笑。她告诉记者，除了上述的那所高校在最后关头"明示"她因为本科就读院校一般而败北以外，一些"211"院校并不会直接告诉她为什么不行，但就是不行。"招聘简章里不会明文规定，但第一道被筛下来的，通常都是本科学历一般的。"曾令说。她身边很多同学都因为本科"出身"栽跟头，大家经历得多了，还总结出一句顺口溜："三个'985'，求职不受苦。"

武汉一位在读博士生给记者讲述了他同专业同学小邱的故事：在导师和同学眼中，小邱非常优秀，在硕士、博士期间得过很多奖学金，就业时却因为第一学历是一所独立院校而屡遭挫折。很多需要该专业人才的学校，一看小邱的第一学历便直接表态：它们需要本科阶段是全日制"211"或"985"院校的博士。

著名教育学者熊丙奇认为，博士被查"三代"实际上是严重的学历歧视问题。

资料来源　陈卉. 华科女博士就业遭第一学历歧视　博士求职被查"三代"［EB/OL］. ［2024-11-17］. https://kaoyan.eol.cn/nnews/201212/t20121209_878611.shtml.

思考：你认为博士学历人群是否存在就业歧视？你或你的朋友曾经有过学历歧视的情况吗？如果你是组织领导者或人力资源总监，你会这么做吗？

●● 7.2.4　员工离职中的伦理问题

员工离职在性质上可以分为自愿离职和非自愿离职，其中自愿离职包括员工辞职和退休，而非自愿离职包括辞退员工和集体性裁员。在正常情况下，只要企业按照《劳动合同法》的程序操作，不应该存在伦理道德问题，但是在表面正常的情况背后，可能出现很不道德的问题，主体既可能是员工，也可能是企业。

1）员工以获利为目的带走或泄露商业秘密

商业秘密（trade secrets）指不为公众所知悉、能为权利人带来经济利益、具有实用性并经权利人采取保密措施的技术信息和经营信息。一些掌握了商业秘密的核心员工，一方面可能因为自己利用商业秘密或出卖商业秘密可以获得巨大利益而主动辞职；另一方面可能因为某种原因被企业辞退，出于报复而泄露或出卖商业秘密。不管出于什么原因，员工这种带走或泄露原来所在组织商业秘密的行为都是不道德的行为，后果严重的将构成侵犯商业秘密罪。

竞业禁止是调节掌握商业秘密的员工的利益和企业的商业秘密保护的重要法律措施。

竞业禁止又称竞业回避、竞业避让，是用人单位对员工采取的以保护其商业秘密为目的的一种法律措施，是根据法律规定或双方约定，在劳动关系存续期间或劳动关系结束后的一定时期内，限制并禁止员工在本单位任职期间同时兼职于业务竞争单位，限制并禁止员工在离职后从事与本单位竞争的业务，包括不得到生产同类产品或经营同类业务且具有竞争关系的其他用人单位兼职或任职，也不得自己生产与原单位有竞争关系的同类产品或经营同类业务。

目前，中国的相关法律没有对竞业禁止的对象做出明确限定，因此，雇佣双方自愿签订的竞业禁止条款，作为劳动合同的一部分，具有法律效力。由于竞业禁止协议限制的是员工的劳动权，而劳动权属于宪法保障的公民基本权利之一，因此，竞业禁止协议是否合法有效关键在于是否有损员工的基本生活利益。作为竞业禁止协议生效的一个基本条件，企业必须对员工的竞业禁止行为做出经济补偿，竞业禁止协议中必须同时写明补偿金的数额和发放办法，否则协议就是无效的。对于竞业禁止的补偿金数额，法律上也没有一个明确和权威的规定，如果补偿金的数额较少，法院通常也会判决该竞业禁止协议无效。

■ 知识链接 7-4

离职员工为牟私利泄露商业秘密，法院：依法判刑！

2022 年 9 月，宜兴法院审结了一起离职员工泄露商业机密的刑事案件，被告人刘某因犯侵犯商业秘密罪被依法判刑。

2018 年下半年，刘某到某公司工作，并与该公司签订劳动合同、保密协议、竞业限制协议，负责公司技术与销售工作。2019 年 4 月，刘某从公司自动离职，违反公司关于保守商业秘密的规定，将不为公众知悉的相关客户单位的联系电话、产品规格、产品价格等经营信息泄露给具有竞争关系的其他公司，给公司造成 103 万余元的损失，刘某从中获利 7 500 元。

2020 年 12 月 8 日，刘某被抓获，归案后如实供述了上述犯罪事实，并签署了认罪认罚具结书。审理中，刘某退出违法所得 7 500 元。

宜兴法院经审理认为，被告人刘某违反保密义务，允许他人使用其掌握的商业秘密，造成商业秘密权利人损失 103 万余元，情节严重，其行为已构成侵犯商业秘密罪。综合考虑被告人刘某犯罪情节，法院依法判处其有期徒刑一年，缓刑一年六个月，并处罚金人民币一万五千元。

资料来源 叶棋刚. 为谋私利泄露商业秘密被判刑 [N]. 江苏经济报，2022-10-12（B02）.

2）企业非人性化解雇

中国有句古话，叫"请神容易送神难"，而在企业的招聘与裁员中，还存在很多"请神难送神也难"的局面。特别是在东方文化圈里的企业，员工对工作普遍存在稳定性的需求，因此，企业在解雇员工的时候，特别容易产生各种各样意想不到的问题。企业的非人性化解雇更加激化了矛盾，造成强烈的社会反响，从而影响企业的声誉。企业非人性化解雇往往被认为是不道德的行为。

■■ 知识链接 7-5

7人诉"好厨师"非法解雇获赔

上海乐快信息技术有限公司（以下简称"乐快公司"）运营一款名为"好厨师"的App，用户可在线预约厨师上门提供烹饪服务。据孙先生称，他于2015年4月15日入职乐快公司任厨师，月工资5 000元，每天从上午10时工作至晚上6时。双方未签订书面劳动合同，公司未替他缴纳社会保险，未支付加班费以及安排休年假，并于2015年10月28日违法解除了与他的劳动关系。

为此，孙先生起诉要求确认双方存在劳动关系，乐快公司支付解除劳动关系经济补偿、未签劳动合同的工资差额、加班费等共5.2万余元并为其补缴社会保险。同时，邓先生等6名厨师也提起诉讼，法庭进行合并审理。

乐快公司认为，孙先生与公司"好厨师"平台之间是平等商务合作关系，而非劳动关系。根据双方签订的"合作协议"，孙先生无须接受公司管理，在平台客户处提供临时性厨师劳务服务且服务地点由客户指定。作为合作厨师，孙先生具有拒绝调配的权利，无工作摊派性质。据此，请求驳回起诉。

法院经审理认为，个人与某单位之间是否存在劳动关系的根本在于双方的"合作"模式是否符合劳动关系的法律要件，而不在于双方对于彼此之间法律关系的"认识"。本案中，双方虽签订了否定劳动关系的"合作协议"，但仍应审查个人与单位之间事实上是否构成劳动关系。

法院认为，乐快公司仅经营厨师类业务平台，原告主要提供厨师技能，双方具有较强的从属关系，双方建立的关系符合劳动关系的特点。乐快公司违法解除与原告的劳动关系，应支付赔偿金。因原告未举证证明其存在休息日加班的情况，故法院驳回其要求支付加班费的请求。关于补缴社会保险的诉讼请求，不属于人民法院审理劳动争议案件的范围。据此，法院判决被告支付原告违法解除劳动关系的赔偿金1万元。法院同时认定了其余6名原告与被告的劳动关系并判决被告支付赔偿金。

资料来源　颜斐. 7人诉"好厨师"非法解雇获赔［N］. 北京晨报，2017-06-14（A11）.

裁员对于任何企业来说都有可能发生，有些曾经以"不裁员"为企业文化的公司，最后也不得不裁员。裁员并不一定是不道德的企业行为，但若处理不当，就会转化成不道德行为。以下以两个案例来比较裁员的两种截然不同的结果。

■■ 小案例 7-3

联想"裁员事件"：公司不是家

2004年3月11日上午，联想部分员工被电话陆续叫到会议室，并被告知已经被裁掉。20分钟后，在经理们的陪同下，被裁员工开始三三两两地离去，整个过程不到30分钟。联想裁员行动3月6日启动计划，7日讨论名单，8日提交名单，9—10

日人力资源部门审核并办理手续，11日面谈。

这是联想集团一次大规模的裁员，约占员工整体比例的5%。联想在书面文件中表示，裁员是公司战略调整的行动之一，与员工的表现及业绩无关，同时联想集团安排了周详的补偿计划，并为离职员工提供心理辅导、再就业支持等服务。

随后一篇原联想员工撰写的文章《裁员纪实：公司不是我的家》在网上迅速流传开来。文章说，一些部门员工整体被裁，这恐怕是联想历史上规模最大的一次裁员。领导者战略上犯的错，却要员工承担。不管你如何为公司卖命，当公司不需要你的时候，你曾经做的一切都不再有意义。员工和公司的关系，就是利益关系，千万不要把公司当作家。

这篇文章在社会上引起相当大的波澜，使人们对联想企业文化、联想战略，甚至整个联想进行重新审视。2004年4月，柳传志出面向被裁员工做出回应并道歉。

资料来源　佚名. 联想员工亲历联想大裁员：公司不是家！［J］. 经理人，2004（5）：21.

■ ■ 小案例 7-4

安捷伦：裁员的最佳实践

尽管被翰威特和《哈佛商业评论》中文版评选为"2003年度中国最佳雇主"之一，安捷伦（Agilent）最出名的故事却刊登在美国《财富》杂志上：已于三周前接到了解聘书的安捷伦员工谢里尔·韦斯，在正式离职前的最后一天晚上却仍然在加班，直到晚上9点半才依依不舍地离开了办公室。在这篇报道的导语里，《财富》提出了一个所有公司领导人都希望获得答案的问题：如何在削减工资并裁员8 000人的情况下仍然使员工热情不减？

事实上，《财富》所提及的故事几乎有同样的版本也发生在安捷伦中国公司。2002年1月31日，农历腊月十九，这天晚上安捷伦中国公司人力资源总监卢开宇在办公室开会直到晚上8点钟，回到自己的座位后他发现有人一直在等他。等待卢开宇的是一位第二天就将正式离职的女员工，她将怀里抱着的一束鲜花递给了卢："今天是我在这里的最后一天，"她说，"这是我所支持的业务部门的同事送给我的花，我很感谢你为我们所做的一切。""可以告诉我这位员工的名字吗？""不行，"记者的请求立即遭到卢开宇拒绝，"不是所有的公司都愿意雇用被别人裁掉的员工。"

其实，裁员裁掉的并不一定是能力不足的员工。对卢开宇来说，给被裁掉的员工写证明信是一件常事，有些时候卢开宇甚至乐意给被裁掉的员工签离职书："如果员工希望我们证明他们是主动离职，而非因裁员被解雇，我们一样会满足。"

安捷伦的人性化管理自然并不仅仅体现在裁员上，否则这家公司也不可能连连在美国、中国等国家获评为最佳雇主。但在裁员问题上，安捷伦的处理的确比谁都更显体贴。比如，安捷伦不仅不会把即将离职者的消息告诉外界，公司的主管甚至会将此事瞒着其他员工。"除非他自己愿意主动告诉同事，"卢开宇说，"我们不希望他因为即将离职而在同事当中被另眼相看。"

裁员是安捷伦最不情愿做的事情。在2001年10月和2002年8月两次宣布裁员之前，安捷伦都希望能够通过减薪解决问题。卢开宇说："我们希望每个员工都替身边的同事考虑，每个人都少拿一点，但是每个人都能留下来。"因此，尽管目的是降低成本，减薪却变成了一个体现团队协作、奉献和信任的项目，甚至在宣布减薪的同时，安捷伦中国公司还发起了向贫困地区研究生助教事业捐款的活动。后来，这两件事情都被列入了安捷伦员工的"牺牲与奉献"精神的范例。"大家的薪水降低了，反而还要拿出一部分来扶贫，"卢开宇激动地说，"我们的员工多了不起啊。"

尽管后来还是发生了裁员，但安捷伦的这种以减薪避免裁员的应对措施被记录了下来。

安捷伦与DBM签了一份合约，由这家著名的人力资源咨询公司为全球所有即将离职的安捷伦员工提供就业指导，帮助员工迅速重建信心和能力。"DBM甚至会做一些模拟面试，细致地指导员工简历应该怎样、态度应该怎样、语气应该怎样……"

重视员工，是所有高科技公司的"通病"，因为对于高科技公司来说，最重要的资产就是人。对于即使是在经济不景气时依然将10亿美元投入研发的安捷伦来说，这一特点尤其明显。

资料来源 凌曼文. 裁掉员工 留住人心［N］. 中国计算机报，2005-09-05.

通过对上述案例的学习、比较，我们应该了解到人性化解雇要求：在规则统一的前提下，针对不同的人采取不同的方式，充分理解"人性"在其中的作用，把沟通工作做到位，就能保证裁员工作"不伤人""不伤企"。如果忽略了"人"的感受、"人性"的需求，单纯靠制度、靠法规、靠流程来做事情，永远不能做到真正的平滑顺畅。

拓展阅读7-1

跨国公司
人性化裁员
的启示

裁员是有风险的，裁员是需要系统规划的。在裁员过程中，国际上比较先进的做法是求助于专业公司提供裁员过程中的系统化服务。这样做，既可以平复员工情绪，为他们未来的职业生涯提供专业测评、规划，也可以树立企业形象，履行社会责任。

7.3 职场管理中的伦理问题

7.3.1 工作安全

员工进入企业，首先面临的就是工作安全问题。关注员工的工作安全是雇主的基本道德责任之一。

■■ 知识链接 7-6

《劳动法》"劳动安全卫生"条款规定

第五十二条　用人单位必须建立、健全劳动安全卫生制度，严格执行国家劳动安全卫生规程和标准，对劳动者进行劳动安全卫生教育，防止劳动过程中的事故，减少职业危害。

第五十三条　劳动安全卫生设施必须符合国家规定的标准。

新建、改建、扩建工程的劳动安全卫生设施必须与主体工程同时设计、同时施工、同时投入生产和使用。

第五十四条　用人单位必须为劳动者提供符合国家规定的劳动安全卫生条件和必要的劳动防护用品，对从事有职业危害作业的劳动者应当定期进行健康检查。

第五十五条　从事特种作业的劳动者必须经过专门培训并取得特种作业资格。

第五十六条　劳动者在劳动过程中必须严格遵守安全操作规程。

劳动者对用人单位管理人员违章指挥、强令冒险作业，有权拒绝执行；对危害生命安全和身体健康的行为，有权提出批评、检举和控告。

第五十七条　国家建立伤亡事故和职业病统计报告和处理制度。县级以上各级人民政府劳动行政部门、有关部门和用人单位应当依法对劳动者在劳动过程中发生的伤亡事故和劳动者的职业病状况，进行统计、报告和处理。

工作中没有绝对的安全。问题是，我们应该付出多少代价去减少风险？达到什么程度，我们才算是尽到了责任？

罗伯特·F.艾克哈德（Robert F. Eckhard）认为，所谓风险"足够"减少，应该考虑两个方面的因素：一是法律规定；二是需要平衡为了安全所付出的成本和得到的收益。

虽然分析工作中的风险程度是复杂而困难的，但是在实际工作中，企业还是可以遵循一定的原则来处理工作安全问题，具体做法如下：

（1）提前告知员工工作中存在的危险；

（2）至少提供员工最低安全保障；

（3）培训员工如何识别和防范风险；

（4）给予员工合理的经济补偿。

●● 7.3.2　电子监控和电子隐私

1）电子监控的含义与形式

电子监控技术作为信息技术的新型产物，是跟踪监控技术的主要表现形式。按照美国国会参议院1993年5月通过的《消费者与工作者隐私权法案》对电子监控的定义，电子监控是指"由他人实施的，不是通过直接观察而是通过电子观测和监督、电话监听、电话计数或其他基于视听或计算机技术的形式，收集、储存、分析或报告关于个人活动信息的一切活动，包括通过电缆、无线电、电磁、电子摄像和光学摄像系统传输标记、信号、文字、图像、声音、数据及其他具有智能性质的信息"。同时，该法案还针对电子监控规定了排除条款，即"对薪水、保险及其他福利，雇员求职资料，以及雇主可能收集的其他与人事相关、仅供管理用途的报表、图表的电子传输不在电子监控之列"。

电子监控的主要表现形式有电话监听、计算机监控、电子邮件与语音监控。

（1）电话监听。电话监听软件中最出名的是"电话会计"（telephone call accounting），是专门用来测定效率和确定通话的正当时间的系统。电话监听通过检查时间、目的地、通话时间，帮助雇主实现对员工滥打个人长途电话以及其他收费昂贵的电话行为的控制。有的系统甚至还可以让雇主旁听员工之间或员工与外界联系的电话，让雇主了解到员工谈话的对象和具体内容。

（2）计算机监控。计算机监控主要应用于职业场所，员工由于工作需要必须使用一台计算机终端，而这台计算机往往就是雇主监控雇员的视窗。计算机监控有以下几种主要形式：

①雇主应用网络管理程序监视并存储雇员计算机终端屏幕或硬盘上的信息。

②计算机程序网络系统管理员调阅用户子目录上的文档。

③拍下某个时间段内雇员电脑显示屏上的快照。

④研发型企业常使用更为先进的搜索密探程序，以便过滤邮件，阻止与工作无关的信息进入办公电脑。

⑤拦截雇员访问的所有网站并将所访问网站的主要信息记录在"案"。

⑥安置专门的击键监测软件，对进行文字处理和数据输入工作的雇员的击键次数进行监控。这种系统将使管理者获悉每个雇员工作时间内每小时的击键次数。

⑦对雇员离开计算机的时间或者在终端上没有进行工作的时间进行监控，以便雇主对雇员在工作期间的绩效进行更为全面的掌控。

（3）电子邮件与语音监控。为了方便企业内部员工之间以及企业与客户之间的业务往来，大多数企业均建立了企业电子邮件和语音邮件系统。该电子邮件和语音邮件系统为企业内部员工所共享。企业拥有该系统的维护管理权，并有权查阅其中的全部内容。

企业内部计算机终端发往其他企业或从外部接收到的电子邮件均在企业的监控范围之内。即使员工使用完电子邮件系统后相关信息看似被删除，也会在一定时间内与其他重要数据一起备份于计算机系统磁盘的某一位置。

企业的电子邮件系统中通常会有私人信件的选项，以满足员工使用其私人信箱收发电子邮件的需要。但在大多数情况下，这种以私人信箱传输的电子邮件不具有隐秘性。企业的网络管理人员可以轻易获得以私人信箱传输的电子邮件的内容。

　　有时企业会应员工的要求使用加密技术来保证员工私人电子邮件的隐秘性：将信息在发送者的终端加密，于接收者处解密，确保信件只被发送者和固定的接收者阅读。但这种技术仅对防止同事或者商业间谍偷阅电子邮件有一定的效用，企业管理人员和主管负责人仍然可以在电子邮件系统管理员和相关技术主管的协助下看到这些信息。

■■ 知识链接7-7
国外关于保护雇员工作场所的电子通信隐私的法律

1）美国的相关法律

（1）美国宪法第四修正案规定公民不受政府不合理的搜查和扣押，但是，其适用于公共部门的雇员免于遭到其雇主不合理的搜查，而不适用于私人公司的雇员工作场所电子通信的隐私保护问题。

（2）美国的《电子通信隐私法案》保护公民的电子通信隐私，但是，其有三个例外：一是提供者例外，即存储电子通信的网络或系统的提供者（雇主）可以监控该电子通信。二是同意的例外，即雇主可以基于雇员的同意，监控其使用网络或电子邮件的行为。三是正常使用的例外，即网络或电子邮件系统的提供者为了维护网络系统的正常功能可以对网络或电子邮件系统进行监控。对于公司来讲，监控雇员的电子邮件是为了保护公司的财产，或者是为了使公司提供的网络系统正常运行，即可免责。只要符合以上三种例外，雇主对雇员的电子邮件和网络使用行为进行监控就不违反《电子通信隐私法案》的相关规定。

（3）美国《侵权行为法》对侵犯隐私的相关规定可以为公民的隐私保护提供相应的救济。其构成要件是，对隐私的侵犯属于"高度的冒犯"，而雇主对雇员的网络使用行为或电子邮件系统进行的监控很难符合"高度的冒犯"这一要件。

2）加拿大的相关法律

在加拿大，保护公民电子通信隐私的法律主要有：

（1）加拿大《刑法》第183条和第184条（1）规定：任何人使用任何电子侵入的方式侵入他人电子通信的，构成犯罪。不过，加拿大的《刑法》与上述美国的《电子通信隐私法案》一样，也有两个例外：同意的例外和商业使用的例外。

（2）加拿大2004年制定了《个人信息保护和电子档案法》，主要目的是保护私人机构的个人信息。该法对收集、使用和披露个人信息做了相应的限制，即必须符合"在特定的环境下一个理性的人认为是合理的"这样一个标准。

3）欧盟的相关法律

在欧盟，保护个人隐私的法律主要有：

（1）1950年的《欧洲人权公约》第8条第1款规定：人人享有使自己的私人和家庭生活、通信得到尊重的权利。

（2）1981年的《个人资料公约》规定了自动处理个人资料的一些基本原则。

（3）1995年的《个人隐私指令》规定了在处理个人资料时尊重个人隐私的一些基本原则。

（4）2002年的《隐私和电子通信指令》规定了网络服务的提供者应该采取切实可行的措施保护个人通信秘密和隐私。

（5）欧盟国家大都设有"隐私保护官"，个人在遇到隐私纠纷时，可以向"隐私保护官"投诉。

（6）欧盟也有关于处理工作场所隐私保护的相关规定（Article 29 Working Party），主要针对的是工作场所雇员隐私和雇主权力冲突与协调规范。其主要原则有：雇员并不会因为进入工作场所就丧失其隐私，但是，隐私权也不是绝对的；隐私的保护要与其他合法的利益、权利或自由相协调；处于工作场所的雇员，必须容忍其隐私受到某种程度的侵犯，必须与其雇主分享其某些隐私；雇主有权为了维持正常的雇佣关系和合法的业务运行等合法的目的处理雇员的隐私。不过，在以上这些规定中，欧盟法院引用最多的还是《欧洲人权公约》第8条的相关规定。

总之，美国或加拿大更倾向于保护雇主的利益，而欧盟更倾向于保护雇员的电子通信隐私。

4）法国的相关法律

在法国，保护公民隐私的法律主要是《民法典》第9条（1）的相关规定：任何人均享有其私人生活受到尊重的权利。对于雇员在工作场所的电子通信是否属于"私人生活"的范围，法国的学者认为，私人生活包括家庭生活、情爱生活、宗教生活，甚至是他人的职业生活。欧洲人权法院认为，没有任何理性的原则会将他人的职业生活从他人的私生活中排除。法国最高法院也持有同样的观点：其目的是保护雇员对其通过电脑发送或接收的电子邮件享有通信秘密受尊重的权利。

资料来源　高荣林. 工作场所雇员电子通信隐私保护问题探析［J］. 重庆邮电大学学报（社会科学版），2016（4）：46-54.

关于电子监控的伦理辨析：

专家认为：电子监控可能侵犯个人的隐私权。

企业认为：电子监控是必要的。理由为：①避免滥用企业资源；②防止雇员的盗窃行为；③解决技术上的问题。

在工作场所进行电子监控，雇员的隐私权势必在一定程度上受到侵害。解决这一问题的关键在于雇主与雇员之间确定恰当的界线，确保电子监控是适当行为。

一些雇主确实向雇员通告有关监控事宜。如通话被任何一方记录或监听，则通过在线信号提示或播放语音消息告知通话双方。企业可以通过内部的备忘录、员工手册、工会条款、会议或贴在计算机上的便条使雇员获知企业内部实行电子监控的政策。

2）智能监控与个人信息保护

在人类社会发展的不同阶段，职场监控方式也不断发展。原始的监控手段主要是人工监控，随着科学技术的进步，先后产生了物理设备监控、电子监控、数字监控和智能监控。智能监控能够通过算法自主地对信息做出关联、聚合、挖掘、分析，形成新的数据乃至做出自动化决策。目前常见的智能监控手段除上网流量监控外，还有智能工牌、智能坐垫等。国外甚至有企业运用新陈代谢监测器、可植入皮下的微型芯片等收集员工生物信息的报道。[①]

依托大数据、人工智能、算法等技术的职场智能监控的盛行，深刻体现了人工智能时代劳动关系主体间的利益冲突。一方面，劳动者作为信息主体，享有法律保护的人格权、个人信息权益、通信秘密与通信自由等权益；另一方面，企业出于提高工作效率、维持工作场所秩序、履行合规要求等经营管理需要，又必须获取员工个人信息。那么，职场智能监控中合法与违法的边界在哪里？员工能否对智能监控说"不"？

智能监控系统在技术上主要包括数据收集系统和运用大数据与算法进行分析的数据分析系统，因此，职场智能监控系统安装合不合法，首先在于对劳动者个人信息的处理行为是否合法。[②]

根据《中华人民共和国民法典》及《中华人民共和国个人信息保护法》的相关规定，对个人信息的处理必须符合"合法、正当、必要"原则。天津大学法学院田野教授认为，智能监控下处理劳动者个人信息必须具备明确、合理且有与劳动直接相关的目的，以给劳动者造成最小损害为限度。智能监控只能作为一种例外的方式在具备重大事由时偶尔采用，不能成为常态化的管理手段，更不宜作为监视劳动者日常工作表现的常规方式。即使是为了防止和调查犯罪行为，用人单位也应该首先采取比监控更为温和的手段，除非是对特定人员有合理的怀疑。[③]

7.3.3　薪酬

■ 小案例 7-5

格拉索辞职事件

2003 年 9 月 17 日，时任美国纽约证券交易所（NYSE）董事会主席兼首席执行官的理查德·格拉索在董事会紧急会议上宣布辞职。据《华尔街日报》报道，格拉索因获得纽约证券交易所高达 1.395 亿美元的巨额酬金引发众怒而被迫辞职。

---

① 田野. 职场智能监控下的劳动者个人信息保护——以目的原则为中心［J］. 中国法学，2022（3）：102-118.
② 吴文芳. 企业"监控"应恪守法律边界［N］. 法治日报，2022-02-23（05）.
③ 田野. 职场智能监控下的劳动者个人信息保护——以目的原则为中心［J］. 中国法学，2022（3）：102-118.

格拉索在一份声明中称："我的辞呈已经被董事会接受，尽管万分不情愿，但我认为这么做对证券交易所和我都有好处。"

据美国媒体报道，华尔街遭遇惨烈的熊市，但格拉索却领取令人难以置信的高薪。2002年，他从纽约证券交易所获得的报酬（包括红利、股权和薪水）竟然超过了1000万美元，几乎相当于华尔街任何一家投资银行董事长的年薪。

不仅如此，由于格拉索在过去35年里，每年都会将薪水的大部分存入纽约证券交易所的退休金计划，因此他到退休时还可以领取高达8000万美元的退休金。据估算，格拉索退休时应该可以从纽约证券交易所拿到总额约为1.395亿美元的"递延薪酬"，这个数字相当于纽约证券交易所过去3年净利润的总和。在这笔巨款中，4000万美元来自高级管理人员储蓄计划，5165万美元是累计福利退休金，而其余的4790万美元则是支付给格拉索本人的"奖金"。从理论上说，纽约证券交易所只是一个为交易者提供交易场所和相关服务的非营利性监管机构，格拉索再怎么"牛"，也不过是一个高级公务员（2005年4月末，NYSE和全电子证券交易所（Archipelago）合并，才成为一个营利性机构），但他的薪水标准却开创了美国历史上公务员靠薪水变成亿万富翁的先河。当时比格拉索名气更大的美联储主席格林斯潘，年薪也不过20万美元。

格拉索高达1.395亿美元的退休薪酬计划公布以后，立即在美国引起了"大地震"，尤其是在股市中损失惨重的普通投资者，更是对格拉索在熊市年代仍然领取巨额年薪感到愤怒。他们认为，在散户投资人纷纷被套的情况下，作为监管机构的负责人，格拉索非但不和大众同舟共济，反而心安理得地领取这笔"旱涝保收"的巨额报酬，实在有失公允。

美国劳工联合会-产业工会联合会等组织表示，格拉索的高额薪酬"令人无法容忍"，这表明，美国应该尽早重新设计监管机构负责人的薪酬计划。

美国两家最大的养老基金组织——"加州公共职工退休计划"和"加州教师退休计划"也发出呼吁，要求纽约证券交易所董事长格拉索辞职。

当时的美国总统候选人、民主党参议员约瑟夫·利伯曼也表示，格拉索应该辞职。利伯曼在一份声明中说，格拉索未能在他所监管的市场上树立道德领袖的典范，他的行为动摇了投资者的信心和纽约证券交易所的根基。为了恢复市场信心，格拉索应该辞职。

资料来源　孙晓慧. 纽约证交所董事会主席兼首席执行官格拉索辞职［EB/OL］.［2024-11-17］. https://news.sina.com.cn/w/2003-09-18/1357775794s.shtml.

讨论：格拉索的高额薪酬为什么引起众怒？

企业高管的薪酬始终是世人关注的焦点之一。

对于最低工资，大家相对容易达成共识，但是否要规定工资上限，或最低工资与最高工资之间的最大合理比率是多少，不是很容易回答。

人们对于总经理高报酬的指责，不仅集中在总经理的工资是普通员工工资的多少倍上，还包括在公司利润下降或亏损时，以及在公司大量裁员以降低成本时，总经理的工资仍然增长。

在我国，企业高管特别是国有企业高管的薪酬一直是社会关注的焦点。截至 2023 年 5 月 30 日，5 000 余家 A 股上市公司披露的 2022 年"成绩单"揭开了高管薪酬、股权激励等信息的神秘面纱。Wind（万得）数据显示，2022 年 A 股董事长平均薪酬为 113.21 万元，中位数值为 82.53 万元；总经理的平均薪酬为 136.8 万元，高于董事长，其中位数值为 93.82 万元；董事长中，有 1 932 位年薪在百万元及以上，占比 38%，有 112 位年薪超 500 万元，有 28 位年薪超过千万元；总经理中，有 2 322 位薪酬达到 100 万元及以上，占比近半，133 位年薪超 500 万元，28 位年薪超过千万元。从年度高管薪酬均值（行业内所有上市公司管理层的年度总薪酬/公司家数）来看，非银金融、银行、房地产、医药生物、美容护理位列前五。[①]

在 2014 年《中央管理企业负责人薪酬制度改革方案》实施以前，央企高管薪酬存在不少具体问题[②]：

1）央企薪酬两极分化严重

上市央企董事长、总裁、总经理的薪酬数据显示，不同行业央企高管的薪酬有天壤之别。具体来看，2013 年，中集集团总裁以 870 万元薪酬位居 A 股上市央企高管薪酬榜榜首，中信证券执行董事兼董事长和中信证券执行董事兼总经理分别以 583 万元和 576 万元位列第二、第三。然而，央企高管中还有近 20 人拿着不足 10 万元的年薪，例如乐凯胶片总经理，其 2013 年的薪酬为 80 670 元，东阿董事长 2012 年和 2013 年的薪酬分别为 51 500 元和 60 000 元，加上其 2013 年在华润三九和华润双鹤领到的薪酬，仍低于央企高管年均 60 万元左右的薪酬标准。

2）央企高管薪酬与业绩脱钩

即使公司出现大幅亏损和业绩持续下滑，高管也并不需要承担任何责任，反而还拿着高额的薪酬。以煤炭行业为例，2013 年，煤炭行业上市公司盈利能力整体出现下滑，中煤能源在净利润跌幅达 61.5% 的情况下，其董事长、执行董事的薪酬反而提高至 150.6 万元。

3）行政职位和市场化的高薪难以选择

2013 年，副部级公务员的平均薪酬水平是 10 多万元，而部分央企负责人的薪酬水平达到 100 多万元，后者是前者的 10 多倍，两者收入差距偏大。

①　王颖．A 股高管薪酬：谁的年薪超千万？[EB/OL]．[2024-11-17]．https://www.huxiu.com/article/1574455.html.

②　刘学民．深化收入分配制度改革的重大战略举措——浅论《中央管理企业负责人薪酬制度改革方案》[N]．中国劳动保障报，2014-09-13（A3）.

4）央企负责人薪酬水平高于国内职业经理人

2013年我国沪深上市公司主要负责人平均薪酬水平为76.3万元，全部负责人平均薪酬水平为46.1万元，与国内职业经理人市场薪酬价位相比，央企负责人薪酬水平也偏高。

国企高管薪酬怎么定？在不少国家，这一问题仍在探索之中。特别是在一些市场经济较为成熟的国家，如何在政府干预与市场定价之间把握好分寸，也成为当地政府部门面临的一大考验。尽管国情不同，但是让国企高管薪酬更加透明化、公开化、合理化已成为一种国际化的共识。

国企高管薪酬，究竟由谁说了算？私人企业的盈亏都是老板的事情，老板愿意给职业经理人多少薪酬完全由老板和职业经理人根据市场行情来商定，但是国企高管薪酬的决定就没有这么简单。由于出资人缺位，某些上市公司资产处于管理职责不清的状态，这就形成了某些身为内部人的"打工者"为自己制定高薪酬并在公司内部获高票通过的怪现象。要合理确定垄断行业高管人员的薪酬，关键是让出资人职责到位，使国有资产管理部门在业绩评价考核中发挥应有的作用，并对垄断性国有企业的管理者薪酬水平制定一个符合国情的合理标准。

非常值得参考的做法是将总经理的报酬与公司的业绩联系起来，且由董事会成员来确定他的薪酬。就目前世界知名大公司高管薪酬的数额和结构而言，一般由董事会下设的薪酬委员会来制定。但在格拉索事例中，薪酬委员会也很难起作用，因为在选择薪酬委员会成员时，格拉索拥有"不容置疑的权威"，甚至可以最终决定让谁担任薪酬委员会主席一职。换句话说，格拉索把认可自己年薪限额的权力给了那些由他亲手选拔出来的人。此时只能借助于外部力量来监督了。

薪酬包括固定薪酬和短期、中期、长期的激励报酬。高管人员的薪酬数额和结构应当参照高管人员的个人能力评估和市场平均价格具体制定。高管的薪酬一般由三个部分组成：基本工资、年度奖金和长期激励。基本工资稳定在一个固定水平，而后两者均为可变薪酬，三部分各占薪酬总额的1/3左右。把可变薪酬设定为一个比较大的比例，其目的是使高管人员收入与企业业绩息息相关，而把长期激励作为可变薪酬的重要部分，主要是为了平衡收益，避免高管人员为了追求短期绩效而牺牲公司的长远发展。

高管薪酬的设计还应考虑个人所得税因素。高收入高税率，当一个人的工资是另一个人的几倍时，实际收入差别并没有那么大。

2014年8月29日中共中央政治局审议通过的《中央管理企业负责人薪酬制度改革方案》和《关于合理确定并严格规范中央企业负责人履职待遇、业务支出的意见》对中国国有企业高管的薪酬制定起着重要的指导作用。在业内专家看来，本次调整薪酬结构的初衷并不是"降薪"，而是更加优化薪酬结构，贴合市场发展规律。

2015年1月1日，《中央管理企业负责人薪酬制度改革方案》正式实施。改革首批涉及72家央企的负责人，包括中石油、中石化、中国移动等组织部门任命负责人的 53 家央企，以及其他金融、铁路行业等的 19 家企业。他们的薪酬结构由基本年薪加绩效改为基本年薪、绩效年薪加任期激励收入。一位央企内部人士分析说，基本年薪将根据上年度 72 家在职员工平均工资的两倍确定，也就是说央企负责人的基薪是一样的。绩效年薪不超过基本年薪的两倍。任期激励收入不超过年薪总水平的 30%。总的收入不超过在职员工平均工资的 7 ~ 8 倍。

2021 年 12 月 31 日，国务院国资委网站发布了《2020 年度中央企业负责人薪酬披露》。96 家央企分别在企业官网公布了负责人年薪情况，数据显示，2020 年度应付年薪平均值为 69.57 万元，其中有 14 家央企的"一把手"因在 2020 年内发生人事变动，其获得的薪酬非全年完整收入。如除去 2020 年内"一把手"非全年完整收入的 14 家企业，2020 年度应付年薪平均值为 72.63 万元。总体来看，央企"一把手"的应付年薪范围在 37 万元至 88 万元之间。如除去 2020 年内一把手非全年完整收入的 14 家企业，应付年薪范围在 45 万元至 88 万元之间。①

从 2013 年到 2020 年，央企高管薪酬从 60 万元左右涨到 72 万元左右，消除通货膨胀因素后，央企高管的薪酬并没有明显的增长，但是两极分化仍然严重。

●● 7.3.4　工作压力

《中国职场压力报告 2021》显示，2021 年，职场环境对职场的影响特别大，"双减"、疫情、洪水、火灾等，加上国家的部分政策改革，让职场压力瞬间升级。2018 年的职场人压力指数是 6.6，2019 年是 5.7，2020 年是 6.9，连续 3 年上升，2021 年职场人压力指数高达 7.26。被不确定性禁锢的职场人，要不断努力学习，才能掌握自己的人生主动权。

职场压力城市排名，上海勇夺第一名，职场压力指数高达 7.77，之后依次是深圳 7.65，北京 7.26，广州 6.79；25 岁至 30 岁的人，成为最大的职场压力人群；生活需求越高，压力越大。

数据显示，年薪过了 40 万元以后，收入越高，所承担的责任越大。此阶段的职场人已经没有生存方面的压力，更多的压力来自自我成就和对他人的责任感。另外，年收入在 10 万元以下的群体和 30 万 ~ 40 万元的职场人压力感最小。10 万元以下的职场人因"一无所有"而无所畏惧，30 万 ~ 40 万元的职场人是因为"拥有的刚刚好"而没有负担和压力。

在企业里面，同样，压力最大的不是老板，也不是基层人员，而是企业管理层。产品经理的压力要高于技术员。不同职业的职场人压力指数，企业高管为 7.88，产品经理为 7.58，理财规划师为 7.51，网约车司机为 7.46，医护人员为 7.38，外卖快递员为 7.29，公关媒体为 7.21，律师为 7.14，程序员为 7.00，主播为 5.74。

七成职场人因事业无成而感到压力很大，遇到职业瓶颈的自己和看不清的未来

① 佚名. 96 家央企"一把手"年薪公布！最高达……惊讶！[EB/OL]. [2024-11-30]. https://baijiahao.baidu.com/s?id=1721432882911730965&wfr=spider&for=pc.

是职场人最大的压力来源，而让自己感觉压力最大的，不是其他人，也不是领导，而是自己。

另外，女性职场人面对职场PUA（精神控制）、职场性骚扰和职场生育歧视方面的压力感明显高于男性职场人。[①]

心理学认为压力是个体对外界刺激的反应过程，包括对威胁的感知和相应的身心反应。紧张是压力导致的消极后果之一，如自我评价降低、挫折、肌肉紧张、血压升高、心不在焉、工作绩效降低等。从长远角度来看，更严重的紧张状态还包括工作倦怠。

适度的压力水平可以使员工精力集中，增强肌体活力，提高忍耐力，减少错误的发生，但过度的工作压力将导致人的新陈代谢出现紊乱，心率、呼吸频率增加，血压升高，头痛，易患心脏病等生理症状，出现工作满意度下降、紧张、焦虑、易怒、情绪低落等心理症状，还会出现生产效率下降、缺勤、离职、饮食习惯改变、烦躁、失眠等行为症状。

英国一项研究显示，每年由压力造成的健康问题通过直接的医疗费用和间接的工作缺勤等形式造成的损失达GDP的10%。要解决员工压力过大问题，可以从个人和组织两个角度进行应对。

个人角度压力管理的主要策略包括：

（1）生活方式管理：养成有规律的生活习惯，平时加强体育锻炼，增强体质，提高抵御压力的能力。

（2）工作方式管理：正确评估工作中的压力，摆正心态，积极学习消除压力的技巧与方法，主动出击消除压力。

组织角度压力管理的主要策略包括：

（1）角色定位：让员工准确了解自己的角色定位，明确自己的岗位和工作职责。

（2）设定目标：给员工设定合理的但具有挑战性的目标，让员工了解目标并及时反馈目标的进展情况。

（3）工作再设计：工作扩大化或工作轮换，给员工提供新的发展空间；设计更加人性化的工作。

（4）弹性工作制：让员工自由支配工作时间，满足员工的发展需求，提高他们的工作满意度和工作积极性。

另外，让员工参与管理、积极实施员工帮助计划等也是使员工减少工作压力、提高健康水平的有效措施。

拓展阅读7-2

人民日报评
996制度

---

① 佚名. 2021年中国职场压力调查报告，其实让你压力最大的是你自己 [EB/OL]. [2024-11-30]. https://baijiahao.baidu.com/s?id=1712225474296571159&wfr=spider&for=pc.

■■ 知识链接7-8

给员工心理减压的四种有效方法

1）创造放松环境

典型的如风行欧洲多国的"让健康植物走入办公室运动"。一个轻松、舒适、绿色的环境不仅可以带来视觉上的享受，还可以给员工带来轻松的心情，缓解员工的心理压力。

2）直接给员工进行心理减压

可以成立一个心理咨询中心，帮助员工解决家庭、工作、个人等遇到的问题，使员工有一个健康的心态上班；开设培训班，让员工的知识及时得到更新，避免知识技能落伍造成工作上的压力。

3）企业提供福利，让员工快乐上班，是留住人才的好方法

从这个角度来说，福利待遇已经不局限在实实在在的物质上的给予，还要考虑员工切身得到的减压服务，因此，企业可以定期给员工提供按摩、健身、娱乐等方面的生活享受。

4）给员工创造环境"放纵发泄"

允许上班时吃零食，或建立俱乐部、健身房等，可以给员工提供"放纵发泄"的环境。企业可以通过网络促进有效沟通，在内部局域网上建立员工的个人主页、论坛、聊天室、建议区及公告栏等，这样员工的不满就有了发泄的地方，企业管理者也可随时了解到员工的心声。企业管理者不可能每天都巡查各个部门，但通过网络可以随时了解到员工的需求，并及时排解矛盾。

资料来源 中启心理. 企业流行给员工心理减压［EB/OL］.［2024-11-17］. http://www.psy9.cn/zhichangrenji/rj/521.html.

7.3.5 劳动关系

世界范围内有大量的企业兼并重组，有的企业经营绩效下降，有的企业关门破产。企业已经不再承诺永久聘用员工，短期雇佣造成雇主与雇员之间劳动关系紧张，甚至威胁到员工生存，随之带来很多伦理问题。

面对现实中的短期雇佣、劳动关系紧张，雇主陷入"两难"境地。一方面，竞争加剧，经营压力变大，为了降低成本、提高利润，雇主不得不延长员工工作时间，降低员工待遇，甚至解雇员工，例如，签订只有一年或者两年期限的劳动合同。这些措施极大地降低了员工的满意度与积极性，缺乏安全感的员工的忠诚度受到很大影响。另一方面，尊重员工的呼声愈来愈高，工会力量的强大和员工自我意识的加强使雇主不得不采取回应措施。

面对不争的事实，雇主逐渐做出改变。他们不再把员工作为获得利润的工具，而是希望在平等的基础上促进企业和员工的共同发展，建立一种新型的雇佣关系。

（1）企业虽然不能保证永远不解雇员工，但可以为员工提供学习新技术和新知识的机会，为员工提供施展才华的空间，客观上为他们以后寻找其他工作做好准备，缓解员工对未来的不安全感。这意味着员工可以和企业一起担负起自己职业发展的责任，并尽力保证自己和所在企业部门的竞争力。

（2）员工必须对自己技能方面的优势与劣势有清醒的认识，并有计划地强化自己的业绩表现和长期的可雇佣性，随时准备发现自己的潜质，以保持与环境同步发展。

（3）员工关注企业的目标和经营情况，在满足自身需求的同时尽可能帮助企业实现经营目标。强调可雇佣性，意味着员工必须不断学习，避免知识老化和知识面过于狭窄造成的岗位转换"刚性"。新型雇佣关系不仅降低了有价值员工的跳槽风险，而且可能降低员工们的薪水要求。"可雇佣性"的承诺本身就是促使员工留在公司的一个很大的诱因，如果员工为了更高的薪水而跳槽到其他不关心提高员工价值的公司里，在技术更新如此迅速的今天，他们终究要面临被淘汰的威胁。所以，在放弃了传统的雇佣制度后，基于"互惠忠诚"的新型雇佣关系培养了员工个人与组织之间更持久的平等互利关系：企业给予员工增强可雇佣性的机会，来换取员工更好的业绩表现以及在企业工作期间对企业发展目标与群体的忠诚和投入。

为了规范劳动关系，继"无固定期限"劳动合同之后，我国于2014年9月1日起实施新的"工伤"规定（《最高人民法院关于审理工伤保险行政案件若干问题的规定》），进一步保护劳动者权益。根据规定，下列四种情形下发生事故的，可认定为工伤：①在合理时间内往返于工作地与住所地、经常居住地、单位宿舍的合理路线的上下班途中；②在合理时间内往返于工作地与配偶、父母、子女居住地的合理路线的上下班途中；③从事属于日常工作生活所需要的活动，且在合理时间和合理路线的上下班途中；④在合理时间内其他合理路线的上下班途中。这些规定更好地体现了21世纪人本管理的原则。

🔵🔵 7.3.6　工会问题

工会是保护职工权益的重要组织。《中华人民共和国工会法》（以下简称《工会法》）第三条规定："在中国境内的企业、事业单位、机关、社会组织（以下统称用人单位）中以工资收入为主要生活来源的劳动者，不分民族、种族、性别、职业、宗教信仰、教育程度，都有依法参加和组织工会的权利。任何组织和个人不得阻挠和限制。"

《工会法》第十一条规定："用人单位有会员二十五人以上的，应当建立基层工会委员会；不足二十五人的，可以单独建立基层工会委员会，也可以由两个以上单位的会员联合建立基层工会委员会，也可以选举组织员一人，组织会员开展活动。女职工人数较多的，可以建立工会女职工委员会，在同级工会领导下开展工作；女职工人数较少的，可以在工会委员会中设女职工委员。"

《工会法》第四十三条规定："工会经费的来源：（一）工会会员缴纳的会费；（二）建立工会组织的企业、事业单位、社会组织、机关按每月全部职工工资总额的百分之二向工会拨缴的经费；（三）工会所属的企业、事业单位上缴的收入；（四）人民政府的补助；（五）其他收入。"

目前，工会工作还存在以下问题：第一，工会组织有名无实，职工的各种权利得不到应有的落实；第二，工会主席兼职化，对工会会员权益关注不够；第三，工会活动形式化，职工精神文化活动严重不足；第四，工会人员队伍薄弱，缺乏创新型人才。

■ 小案例7-6

青岛某新材料有限公司职工劳动报酬纠纷案

案例类别：劳动报酬与工时休假

维权服务使用平台：齐鲁工惠App·法律维权案例库大数据研判平台、齐鲁工惠App·线上法律体检系统。

案例简介：

2020年7月份，青岛某新材料科技有限公司的13名职工因劳动报酬拖欠问题与该公司发生纠纷，想通过诉讼途径解决，即墨区总工会通过齐鲁工惠App·法律维权案例库大数据研判平台了解到相关情况并及时介入，安排调解员调解纠纷，帮助职工要回工资和经济补偿金，共计89.1万元。

具体内容：

青岛某新材料科技有限公司的多名职工多次在齐鲁工惠App·法律维权案例库中搜索"企业破产，职工工资怎么保障""企业拖欠工资如何维权""企业多久不发工资可以投诉"等信息，同时有多名职工在即墨工会微信公众号上进行相关法律咨询，即墨区总工会利用人工智能技术自动研判，预先识别纠纷问题后及时介入，联系企业注册地工会了解信息后发现该企业因经营不善濒临破产，拖欠工人工资，职工已向企业方表示要通过投诉、上访或诉讼等方式进行维权。工会通过平台将案件指派给调解员调解，因职工人数较多，所以采用推选职工代表的方法与企业方进行调解，企业不同意调解。随后，工会再次于线上指派了律师，代理职工向法院申请对企业土地采取保全措施，并与企业方进一步沟通。企业方最终同意调解，并达成了调解协议。

处理过程：

调解员在调解前向职工讲解法律法规，统一职工方的调解意见。经过一个月的调解，2020年11月13日职工方和企业方达成调解协议。2020年12月正处于新冠肺炎疫情期间，工会决定通过法治齐鲁工惠App·体检线上平台远程对该企业进行免费法治体检，通过体检发现企业管理一直不规范，容易发生劳资纠纷、导致职工和企业利益受损。体检律师根据平台采集的信息，制作出体检报告初版，经专家评审后，将修改后的最终版体检报告交付企业。经过法治体检，该企业调整了规章制度，完善了相关劳动条款。

处理结果：

职工代表与企业方达成了调解意见，在法院做出的调解书中约定企业在春节前将拖欠的工资和经济补偿金全部发放到位，逾期承担违约责任。案件最终结果是13名职工全部在约定的时间拿到了被拖欠已久的工资和经济补偿金，数额高达89.1万元。企业经过齐鲁工惠App·法治体检平台解决了在劳动人事方面发现的问题，对企业的人事管理重新做出调整，完善了规章制度，使经营更加规范。此举得到了企业和职工的极高评价。

资料来源　山东省青岛市即墨区总工会．青岛某新材料有限公司职工劳动报酬纠纷案［EB/OL］．［2024-12-03］．https://www.workercn.cn/c/2022-01-24/6860759.shtml.

●● 7.3.7 　职业道德

职业伦理规范的建立有两个原因：

第一，专业化职业的从业者掌握了专业化的知识，而这种知识不易为行业以外的人士所掌握。例如，医生的专业知识不但种类繁多而且难度很大，他们必须通过不断的理论学习和实践锻炼才可能成为合格的医生。人们往往对医生充满信任，希望可以将自己的生命健康托付给他们。因此，社会有理由要求只有胜任治病救人职责的人才能行医。社会必须通过类似执业资质认证这样的程序确认从业者的知识、能力以及其他素质，以确认其能否胜任医生这样的职业。

第二，专业化职业的从业者为自己设立了较高的标准。既然行业为自己制定了比普通工作高得多的标准，也就意味着他们需要在社会一般道德的基础上附加别人所期望的特殊行业道德要求。例如，医生不是为了赚钱而行医，而是为了救死扶伤，即使有的人无力担负相应的费用，医生也应当为他们治疗。此外，医生在规定的工作时间之外遇到意外情况时还必须履行职责，所以医生付出的时间和精力超出了一般职业。基于上述情况，人们往往将专业人员看成品行端正的典范。①

职业伦理规范应该具备的特征：

1）职业伦理规范必须具有强制性

职业伦理规范中包含行业信息和行业准则，这些行业规范需要被清晰而准确地表达出来，并且强制执行，否则就成了一纸空文。

2）职业伦理规范应该能维护全社会的利益，尤其是该行业所服务的对象的利益

除非公众能够从该行业（或其服务中）获益，否则公众就不会给予这个行业足

---

① 乔治．经济论理学［M］．李布，译．5版．北京：北京大学出版社，2002：539-548.

够的自主权。

3）职业伦理规范不能是损人利己的

职业伦理规范不能牺牲社会利益而获得行业自身利益，例如限制行业内部竞争的各种条款显然损害了公众的利益。

4）职业伦理规范应该是具体的

职业伦理规范不应该对不道德行为仅做泛泛的规定。行业应当对本行业与众不同的行为有所规定，并且对可能引起的不道德行为做出防范和限制。行业拥有更多自主权是因为行业自身清楚这些道德问题。如果在职业伦理规范中没有对这些问题做出相关规定，说明行业并不是真正想进行约束。

5）职业伦理规范必须易于执行，并且确实在该行业内执行了

职业伦理规范必须有相关的惩罚规定，才不会流于形式。最严厉的惩罚是将违规者开除出行业并将其所犯错误公之于众，通常的惩罚手段是批评和警告。

7.3.8　性骚扰

性骚扰原指男上司或者男雇员用淫秽的语言或者下流的动作挑逗、侵犯女雇员，甚至强行要求与其发生性关系的行为，后引申为社会上以各种性信息侮辱异性（主要是妇女），或者向异性提出性要求的行为。美国女权主义者麦金农教授是给性骚扰下定义的第一人，他认为："性骚扰最概括的定义是指处于权力不平等关系下强加的讨厌的性要求，其中包括言语的性暗示或戏弄，不断送秋波或抛媚眼，强行接吻，用员工失去工作的威胁做后盾，提出下流的要求并强迫发生性关系。"

常见的性骚扰行为包括身体接触、语言接触、非语言行为、性贿赂与性要挟等。

性骚扰是性伤害的一种形式和性暴力延续的一部分。性骚扰会在生理、心理和感情上给受害者造成极大的伤害。员工不受性骚扰的规定不但对其他员工和主管规定了义务，也给用人单位规定了提供一个没有性骚扰的工作环境的义务。

小案例 7-7
美国女子举报性骚扰遭辞退，获赔 1.68 亿美元

据英国《每日邮报》2012 年 3 月 2 日报道，美国联邦法院对一起性骚扰案件进行审判，陪审团要求原告安妮·乔普里安原先工作的医院赔偿她 1.68 亿美元。此案也因此成为美国历史上赔款数额最高的职场性骚扰案。

1) 举报性骚扰遭辞退

安妮·乔普里安时年45岁，曾是美国加利福尼亚州首府萨克拉门托市慈善医院的一名外科医生助理。她在上诉文件中提到，2006年至2008年期间，她频繁地遭到了医院里一些医生和工作人员的性骚扰。

"经常会有人对我动手动脚，要不就是从背后摸我，要不就是随便搂我的腰，甚至还有人强行把我拉近他的大腿处，用下流的语言骚扰我，"安妮说，"其实，我是个十分低调谦卑的普通人，我热爱自己的工作，唯一的追求就是照顾好我的病人。所以我并不知道他们为什么要这么对我。"

最终，安妮忍无可忍，便写信将自己这两年来忍受的种种不堪报告给了医院人力资源部的负责人。谁知，她的举报并没有得到医院的重视，她反而在一周之后莫名其妙地被医院辞退了。

2) 法院判处巨额赔偿

院方的记录显示，安妮被辞退的理由是她曾在某个周日没有按要求来医院工作，但医院也承认因此就辞退她可能是院方处理不当。对此安妮坚持认为自己被辞退正是因为那次性骚扰举报。

联邦法院陪审团最终决定判处医院所有者赔偿安妮1.25亿美元，另外还要求院方再赔偿4 270万美元作为安妮的失业补偿和精神损失费。医院院长丹尼·鲍威尔表示，院方对于法院的审判结果非常失望。他说："我们一直致力于为员工营造一个良好的工作环境，以保护我们的员工免受性骚扰或其他不当行为的伤害。我们会继续上诉。"

安妮的律师劳伦斯·博姆对于赔偿金额非常满意，并表示这一案件的判决结果将会对今后类似案件的审判产生历史性的影响。他还指出，院方在这么多项证据和众多勇敢指证他们的证人面前还坚持要上诉，真的非常令人失望。"无论赔偿的金额有多么巨大，此案已经给安妮的一生造成了挥之不去的阴影。她已经很难再对别人建立信任感，这是多少金钱都弥补不了的。"

资料来源　佚名. 美国女子举报性骚扰遭辞退，获赔1.68亿美元［EB/OL］.［2024-11-17］. http://news.jcrb.com/jxsw/201203/t20120304_817199.html.

▶ 本章小结

人本管理是指组织一以贯之地、全面地去了解人、尊重人、关心人、成就人，并促进人类的自由而全面发展。

人们的就业权主要由生存权、发展权或被尊重权三种权利派生而来；常见的就业歧视有性别、年龄、健康、户籍、种族、学历歧视等；员工离职中主要存在员工带走或泄露商业秘密和企业非人性化解雇两种不道德的现象；职场管理中存在工作安全、电子监控和电子隐私、薪酬、工作压力、劳动关系、工会、职业道德和性骚扰等八大伦理问题。

▶ 复习思考题

（1）人本管理的含义及标准是什么？
（2）人为什么有工作权利？
（3）如何理解聘用自由？
（4）工作中常见的就业歧视有哪些？
（5）分别从员工和企业的角度论述员工离职中的两种伦理问题。
（6）简述职场管理中的八大伦理问题。
（7）电子监控有哪几种主要表现形式？从伦理学角度如何看待电子监控问题？
（8）如何建立一种新型的比较符合当下伦理原则的雇主雇员关系？
（9）职业伦理规范应该具备哪些特征？

▶ 案例分析

英语教师"非升即走"符合人本管理吗？

2014 年 7 月，清华大学新一批教师续任/解聘工作已经完成。校方大概没有预料到，方艳华老师的转岗和闫浩老师的离开引发学生热议。

"非升即走"政策是否需要调整、教师评价体系中学生的发言权有多大，成为公众讨论的热点。

1）50 余封学生请愿书反对解聘老师

据清华大学学生刊物《清新时报》报道，2014 年 4 月初，清华大学外文系讲师方艳华在外文系通过述职答辩，但因为之前签订的合同中规定"就职 9 年未评职称的老师必须离职"，所以，从 2004 年起任讲师的方艳华已到了"非升即走"的最后期限。

1993 年，以清华大学、北京大学为首的国内高校开始酝酿人事制度改革，试图为高校引入一种流动、开放且具有活力的竞争与淘汰机制。1994 年，清华大学出台规定，讲师、副教授在规定时间内其学术成果不足以提高职称，应自行走人，即"非升即走"，后来将"非升即走"调整为"非升即转"，对那些走不了的人进行分流，为此专门成立人才流动中心。

2004 年 7 月 12 日，刘求生将清华大学告上法庭。此前，刘求生在清华大学经济管理学院任教 6 年，2003 年，清华大学不再与他续约。

刘求生自称是"清华大学人事改革赶走的第一位副教授"，但并不是清华大学唯一不续聘的教师。1998—2002 年没有续聘（含未满合同）的教师占签聘人数的 10.8%。

这次，清华大学人事处最终未同意方艳华的续聘申请，并在校务会上下达了不再续聘的决定。

这一消息被外文系 2011 届毕业班学生庞博偶然获知，随后她发起了一项活动。

"我在毕业生的小班群里讲了这件事，问大家能不能自愿地写一些东西反映方老师的真实面貌。我们班很多同学发了邮件。后来方老师教过的其他学生很多都想办法联系到我，发来请愿书，写得很朴素真挚。"

庞博对中国青年报记者讲述发起请愿活动的初衷。她现在在北京大学高等人文研究院担任院长英文助理，"现在我们班很多人都从事教育工作，方老师这门课很深地影响了我们对学生的教学"。

5天里，帮助方艳华请愿留任的毕业生来信有50多封。其中，2011届毕业生王蕾的《请求清华留任方艳华老师》一文在人人网广泛流传，在很短时间内便获得4 200余次浏览量，约200次的转发及评论。

在请愿信中，王蕾感慨："寄望于学校政策制定者能体察民情，考虑学生的感受。毕竟，评价一个老师时，最有发言权的难道不是她的学生吗？"

王蕾说，毕业生都叫方艳华"小方姐姐"，"通过英文写作课，我们学习用全新的视角观察这个世界，拷问那些不经审视的观点，重塑自己的价值观。小方老师的课让我第一次感受到：大学果然不一样！这是一个思想自由碰撞、激发火花的地方"。

在这篇请愿信下留言的上过该课的同学都认同王蕾的观点。一名学生留言说："一个老师在教学上投入的精力越多，自然会在学术科研上投入的精力越少。也许很多老师能够在学术上有很大成就，为已经光鲜的清华再添一笔，但是，对学生来说，我们更渴望的是像方老师一样的老师，带领我们走入真正的英语写作。学校的'非升即走'政策能否将学生的意愿考虑进去呢？"

不只是方艳华，中国青年报记者获悉，外文系另一位老师同样在此次续聘中转岗为职员。

这次不再续聘的，还有清华大学最受欢迎的微积分助教闫浩。从清华大学周培源应用数学研究中心博士毕业后，闫浩在该校航天航空学院流体力学博士后流动站工作。

闫浩的微积分习题课在清华赫赫有名，他被学生称为"清华第一助教"，航天航空学院还曾特批他主讲过一门线性代数课程。

在2014年6月举行的清华大学数学系领导小组会议上，因为没有科研成果，闫浩未获得聘任。学校有意安排闫浩转任职员，闫浩拒绝了。"不能上课而留在清华，是很痛苦的一件事"，"不让我教课，是对我能力的最大浪费"，闫浩告诉中国青年报记者。

这件事同样在清华校内和人人网上引发了讨论，闫浩还因此和另一位数学系老师进行了辩论。许多学生为他"打抱不平"。

学生小胡为此写了一篇日志——《突然想为闫浩写一篇日志》："清华学术大牛越来越多，教书教得好的老师却感觉越来越少，很多老师忙发论文，忙拉课题，忙培养研究生，真正能在培养本科生上花这么多时间而且又如此优秀的老师，很少很少了。"

2）"非升即走"的争议

被学生诟病的人事考核制度并不是清华大学的特例，"非升即走"的制度在各大高校均已施行。从规则来看，聘任合同中有明确规定，方艳华等老师的遭遇属于正常的人事变动。

这类包括"分级流动"和"末位淘汰"的人事制度已在欧美高校通行半个世纪以上，旨在鼓励竞争、促进流动，保证最优秀的师资力量。

清华大学自1993年起便有此构想，1999年制度成熟。清华大学规定，在为期3年的合同期内，初级职务最多2个聘期，中级职务最多3个聘期，如不能向上一级晋升则不予续聘。副教授以上经过一定期限后可长期聘任。

中国青年报记者查询到，南开大学规定，除特殊老专家、学者外，九成员工实行聘任制。首聘期为2年，考核合格可续聘4年，6年期满且历年考核合格可考虑续签长期合同，未能晋升副高级专业技术职称的不能签长期合同。

浙江大学在引进人才时也规定，"如果博士一个聘期期满仍晋升不了副教授，不再续聘"。

2003年，北京大学人事制度大幅改革后，同样实行聘任制，"具有博士学位的讲师工作2年之后、具有硕士学位的讲师工作5年之后，有2次申请晋升副教授的机会；新聘副教授工作5年之后，有2次申请晋升教授的机会。如果第一次申请不成功，第二次申请须在相隔1年之后；如果第二次申请也不成功，属于固定聘期者，1年后不再续聘原岗位"。

北京大学前党委书记在描述这次改革时曾表示："北大改革的最终目标是——北大每个终身教授都是一流学者。"

中国人事科学研究院院长吴江赞成"非升即走"的制度。他对中国青年报记者表示："从大的方面看，这是治庸的方法，不养庸人，优化教师队伍。"

中南大学原副校长陈启元则认为，这一制度"最大的优点就是能够让人在压力下成长，没有压力人没法成长。弊端是，如果处理得不好，可能会在年轻教师里形成功利主义的倾向，追求某一项指标。但这是可以处理好的"。

制度背后，起决定性作用的还是高校的职称评定标准。方艳华和闫浩即是因为科研成果不够，未达到升任标准。据中国青年报记者在中国知网上的查询结果，近5年来，方艳华和闫浩均未有论文发表。

目前，国内多数高校的教师岗位主要分为三类：教学科研岗位教师、专任教学岗位教师和专任科研岗位教师。但在教师聘任上，每类岗位的考核标准并无明显差异。以北京大学为例，该校教师职务聘任条件显示，不论是理工类学科或者人文社科类学科，申请副教授职称者均必须作为主要作者在国内外重要学术刊物上发表至少6篇学术论文。

对于庞博这些为老师请愿的学生来说，"这样的聘用制度，是不是真正地在选用一些好的老师"是他们所关心的大事。"我们想为学弟学妹留下一个好老师。现在的制度会不会有一些出入在里面？我们能不能去解决一些问题？"庞博说。

3）考核教师，看科研能力还是教学水平

以科研能力而非教学水平为衡量标准，是此次争论的核心问题。

庞博认为："现在教师的评定可能没有办法真实地反映出老师教学的好坏，她课业上的成果可能可以通过几篇论文来反映，但是真正在教学上她影响了多少学生，从本质上改变了多少学生对写作的看法，从长远上让学生受益了，这些是很难反映的。"

另一位闫浩的学生告诉中国青年报记者："作为一个传道授业的人，能让学生学到知识，学生用你教会的学习方法再去学习其他知识，这才是老师的本职工作。"

王蕾也认为教学能力非常重要，"像方艳华老师这样已经在清华园内勤勤恳恳教书育人多年的人，才是学校最珍贵的财富，应当悉心爱护。职称固然是评价一个老师的标准之一，但未必能全面衡量他的贡献"。

在水木论坛上，有网友表示："其实最初应该定好教学和科研所占的比重。像这种在一线教学的优秀老师，其实对于学生来说是好事。""职称评定的标准、导向是否有问题；教学、科研是否应该有所区分；一些专业的学术论文，甚至包括大部分纵向课题，究竟有多大价值；过分强调这些所谓的科研成果，而忽视教学效果，是否有违'教师'这个职业的核心价值——这是政策制定者应该考虑的问题。"

一名态度中立的同学评价闫浩去留时说道："不仅是清华，世界上大部分研究型大学在招收faculty（教员）的时候都以学术水平作为主要依据，教学水平也是考虑因素之一，但优先级比较低。"

这一表态与目前国内高校的教学与科研环境相吻合，尤其是研究型大学，对科研能力的要求高于对教学水平的要求已是常态。科学网上不时便有教授展开关于科研与教学的讨论，有的老师甚至将"科研>教学"比作大学里的不等式。

"这几年科研逐步成为大学更核心的部分，很多教授把精力用在科研上，实际上就存在重科研轻教学的问题，而且越是'985''211'高校越严重。老师要开展课题研究，但课题研究是要为人才培养服务的，而不是现在这样脱节的。"21世纪教育研究院副院长熊丙奇说。

在吴江看来，科研应该是为教学服务的，但做科研不能丢了教学。"目前我国存在的情况是，科研活动和培养人才经常是脱节的，有多少科研成果是为了教学？学生有多少是享受老师科研成果的？这是值得我们反思的问题。"

熊丙奇认为，目前的考核和管理问题主要是行政治校导致的，对教师的考核是行政指标，管理上没有以学生为本、教育为本。对于"非升即走"制度，他指出："我们现在对新进教授、老教授都是一模一样的考核。我们可以在某个阶段实行'非升即走'，但一旦经过了考核，就必须实行学术自由、学术自治。国内有的学校在尝试，但做的不多。"

在对教师的考核上，吴江建议："考核的关键是考核两者之间的融合度。如果他的教学跟他的科研活动、跟他发表的论文没有关系，这种教学再好也不能认可。反过来，他的科研和他的教学业务不相关，那么他发表再好的论文，也不是好

老师。"

资料来源　施文荻，景嘉伊，高四维. 清华解聘教师引争议［N］. 中国青年报，2014-07-28（07）.

讨论题：

（1）"非升即走"政策在哪些职业中实施效果较好？在大学的行政岗位、公务员、军队、企业、清洁工中实施这一政策可行吗？

（2）有效实施"非升即走"政策的关键因素是什么？

（3）"非升即走"政策符合《劳动合同法》的规定吗？

第8章 市场营销中的伦理问题

▶ 学习目标

- 掌握营销伦理的内涵
- 了解产品中的伦理问题
- 了解定价中的伦理问题
- 了解渠道中的伦理问题
- 了解广告促销中的伦理问题
- 了解服务中的伦理问题

▶ 引例

2021年十大汽车质量事件

事件一：华晨宝马iX3多次召回

华晨宝马iX3于2020年11月份上市，从2021年2月宣布首次召回以来，在1年多的时间内被召回了4次，所涉及的问题涵盖安全带无法正常工作、制动系统故障、电池控制单元软件存在设计问题、行驶中动力中断。其中，针对电池系统所存在的质量问题，在汽车被召回后依旧投诉不断。

事件二：奔驰2021年召回量最高

2021年我国汽车召回总量为873.6万辆，其中奔驰召回278.12万辆，是2021年汽车召回量最多的汽车生产企业，同时，其召回原因也多种多样，基本涵盖了各大生产环节。除燃油车之外，其新能源车也存在召回情况。

事件三：特斯拉深陷刹车门、上热搜

2021年4月上海车展上特斯拉女车主维权引发全网讨论，一时之间各种"讨伐"其产品质量的声音不绝于耳。此外，在2021年，特斯拉在国内也进行了10次召回，总计召回数量为54.38万辆，其中包含12.81万辆进口车，是召回量最多的新能源汽车品牌。

事件四：蔚来EC6/ES8碰撞后致车主遇难

2021年7月和8月，蔚来EC6、ES8的两起致车主遇难事故引起社会广泛关注。此外，在2019年4月至2019年6月的短短2个月中，蔚来ES8还曾接连发生3起起火事故。

事件五：奥迪变速箱机电控制单元故障频发

中国汽车质量网投诉平台收到大量一汽-大众奥迪车主反映其车辆存在变速箱

顿挫、异响、漏油、有拖拽感等问题的投诉信息，涉及奥迪 A3、A4L、A6L、Q3、Q5 等多款车型，而且这些问题在较长时间内仍未得到解决。

事件六：宝马 3 系烧机油频发，车主苦不堪言

华晨宝马除 iX3 的电池系统存在严重质量问题外，旗下 3 系/5 系车型出现严重的烧机油情况。然而，华晨宝马所给出的处理方式不仅无法解决相关问题，还致车主投诉不断。

事件七：高田气囊召回任重道远

自 2014 年"高田气囊门"东窗事发起，至今仍有厂家针对该问题进行召回。2020 年因此事进行的召回次数就多达 5 次，涉及迈凯伦、大众、凯迪拉克、宝马等品牌，召回汽车 73 191 辆，而全球使用高田气囊的车辆可能达 1.2 亿辆。

事件八：荣威发动机渗油、抖动投诉剧增

2021 年，大量荣威车主在中国汽车质量网投诉其车辆存在发动机渗油、抖动，乃至服务态度等问题。

事件九：燃油泄漏隐患致召回　雷克萨斯品质光环荡然无存

2021 年，雷克萨斯因树脂燃油箱可能导致燃油泄漏召回 CT200h 车型引起广泛关注，据中国汽车质量网了解，雷克萨斯不仅在 CT200h 上采用树脂油箱，雷克萨斯 IS、ES、UX、LX、GS 等车型的油箱均为树脂材料。

事件十：大众探岳、途观 L 颗粒捕集器问题致投诉不断

中国汽车质量网收到大量车主反映其购买的一汽-大众探岳、上汽大众途观 L 存在颗粒捕集器致油耗飙升的问题，而企业所给出的方案无法解决该问题。

资料来源　佚名. 315 汽车在行动——盘点 2021 十大汽车质量事件 [EB/OL]. [2024-11-23]. https://www.aqsiqauto.com/newcars/info/9841.html.

思考：除了汽车质量问题，你认为在各个召回事件中还存在哪些商业伦理问题？

>> 8.1　营销伦理的内涵

营销伦理（marketing ethics）是商业伦理学的一个应用分支，是指对营销策略、营销行为及机构道德的判断标准。

营销伦理涉及企业高层管理者、营销经理和其他营销人员的道德问题，因为他们的道德水准将影响企业的营销行为。营销伦理影响企业各个方面的活动，包括市场调研，目标市场选择，产品策略、价格策略、分销策略以及促销策略（包括人员推销、广告、营业推广等策略）的制定和运用。

以下针对营销组合策略的各个具体环节中存在的伦理问题进行分析。

"义"和"利"作为中国思想史和古代哲学的重要问题，是中国传统文化的精髓，对深入探讨当代营销活动有着非凡的参考价值，也成为营销伦理观的重要组成要素。

营销伦理是将伦理置于营销领域进行延伸探讨。营销伦理观中的"义"是指营销过程中所涉及的各种伦理规范和道德准则。消费者和竞争者是营销过程中所涉及的最为重要的两个要素，以下将从这两个方面分别阐述。

1）与消费者之间的"义"

消费者作为商业企业的营销终端，充当着重要角色。商业企业和消费者的关系涉及方方面面，是现代社会中最为广泛和典型的利益关系。企业和消费者一旦在营销过程中出现了利益和道德方面的矛盾与冲突，必须自觉遵守相应的伦理规范。

（1）恪守承诺

企业在向消费者提供商品和服务时，要做到"有信必诺，有诺必践"。它要求企业必须实事求是，根据自身能力做出承诺，绝不能随便开"空头支票"。

（2）信誉至上

信誉至上可以从三个方面理解：第一，明礼诚信，货真价实。第二，价格合理，质价相符，明码标价，童叟无欺，一视同仁。第三，广告宣传实事求是，科学属实。

（3）合理消费

企业在满足消费者需求的同时，一方面要引导消费者建立良好的消费观念，科学理性地消费，另一方面要倡导生态营销、绿色营销。

■ 小案例8-1

2021年全国"诚信兴商十大案例"

2021年10月，商务部、中央宣传部等单位开展主题为"讲好诚信故事，弘扬诚信文化"的"诚信兴商宣传月"活动，发布2021年"诚信兴商十大案例"。

案例一：打造"让百姓放心的肉菜示范超市"

案例主体：华润万家生活超市（广州）有限公司

打造物美价廉的农副产品网点；设置质量安全控制四道关，有效保证食用农产品的质量安全；积极承担抗疫保供社会责任，满足消费者的购买需求，实现市民"菜篮子"供应不断档。

案例二：要让百姓吃得放心，企业就要下"狠心"

案例主体：西安爱菊粮油工业集团有限公司贾合义

抬高标准，提高质量，建立面粉产品质量管理制度，全方位、精细化地管理面粉质量；对规模化生产"放心豆芽"反复进行实验论证，豆芽大批量推向市场后，得到当地百姓的普遍欢迎；自主研制出我国第一台日加工面粉1 000袋、日产50多万个"放心馒头"的大型智能化馒头生产线，实现机械化生产"放心馒头"，推出一次性包装馒头，真正让百姓吃得放心。

案例三：用诚信守护中国宝宝"奶瓶"

案例主体：黑龙江飞鹤乳业有限公司冷友斌

把做好奶源作为践行诚信的第一步，自建万头奶牛牧场，把奶源安全牢牢掌握在自己手中，收获了消费者对企业产品质量的信任；把提升奶粉质量作为践行诚信的安全保障，潜心打造产业集群，设立411道检测程序，不断提高奶粉质量，实现企业59年"零安全事故"；把找准奶粉定位作为践行诚信的企业责任，不断强化产品科研能力，建立中国母乳数据库，探索更适合中国宝宝体质的个性化营养解决方案。

案例四：铸就"诚信之舟"，按时履约订单

案例主体：宇通客车股份有限公司

苦练内功，提升企业诚信水平，完善内部管理制度和流程，形成有效的内部动态监督机制，完善贸易安全管理体系，通过海关AEO（Authorized Economic Operator，认证的经营者）认证；信守承诺，克服实际困难，按时交付国外订单，受到国外客户好评，维护了企业信誉，进一步树立了中国出口企业的良好形象。

案例五：信用管理为企业发展"保驾护航"

案例主体：泰尔重工股份有限公司

将诚信作为选人用人标尺，在同等条件下，对诚信守本之人优先录用，不讲诚信之人坚决不用，把住诚信源头关；用诚信规范与客户商业往来，制定销售信用管理制度，对客户进行分类管理；重诚信，培育"至诚、至善、至精、至美"的企业文化，建立多维度的薪酬福利、激励分配体系，让每个员工、每个股东都能共享公司的发展成果。

案例六：信誉为本，打造企业长青密码

案例主体：信誉楼百货集团有限公司

企业恪守"以信誉为本，切实维护消费者和供应商的利益"经营宗旨，培训员工诚诚恳恳做人做事，对待消费者像迎接亲友一样诚心实意，怀着一颗至诚之心与供应商交往，把践行诚信转化为实实在在的举措。

案例七：小小"诚信口罩"树立诚信口碑

案例主体：厦门市嘉晟对外贸易有限公司

企业秉持诚信经营的理念，深耕外贸综合服务领域，为中小企业提供线上线下融合的供应链整体解决方案，以诚信帮助生产企业获取订单，助力中小企业提质增效、提高国际市场竞争力。新冠疫情暴发以来，企业出口防疫物资数百批次，未发生一起防疫物资质量投诉退运，未发生一起防疫物资违规申报。

案例八：打造"老百姓自己的市场"

案例主体：徐州宣武集团有限公司

企业以提升市场美誉度和实现"零投诉"为目标，通过加强教育、健全机制、制度创新，树立"诚信为先"的经营理念，优化放心消费环境，营造"学比赶帮超"诚信氛围，打造淮海经济区"老百姓自己的市场"。

案例九：经销国名酒31年无假货，诚信重承诺31年无投诉

案例主体：吉林省白山方大（集团）有限公司

企业坚持"守法诚信、以德经商"的经营思想，坚守"名牌强企、诚信立企、文化兴企"的发展理念，着力打造内部防伪系统，对所售国产名酒一律实行厂家进货、全程监控，保证产品源头清晰、品质有保障，对员工持之以恒进行诚信教育，以诚信文明的服务赢得市场和消费者的信任。

案例十：逆境守诺，难不改约

案例主体：大连集发环渤海集装箱运输有限公司

作为船舶运输企业，将诚信经营融入企业发展血脉，努力克服新冠肺炎疫情给海运行业带来的不利影响，信义当先、履约践诺，坚持定点定班的服务承诺"不打折"、中标约定的服务价格"不退缩"，塑造诚信文化，推动信用体系建设"不停步"，经受住一次次诚信考验，树立企业良好口碑。

资料来源　商务部市场建设司. 2021年全国"诚信兴商十大案例"发布［EB/OL］.［2024-11-18］. https://m.mofcom.gov.cn/aarticle/jiguanzx/202109/20210903202974.html.

拓展阅读8-1

2022年人民法院反不正当竞争典型案例

2）与竞争者之间的"义"

商业竞争中伦理问题频发，良性竞争有利于市场经济的发展，而恶性竞争则会深深危害市场经济的秩序。如2010年，伊利、蒙牛两家乳业巨头上演的"罗生门"事件；2010—2014年，奇虎360与腾讯之间的"3Q大战"；2012年8月15日开始的京东、苏宁、国美之间的价格战等。因此，人们逐渐意识到运用法律和伦理手段去规范企业竞争的重要性。

（1）平等互利

平等竞争包括竞争主体间的法权平等和机会平等。法权平等是指企业无论规模大小、地位高低，都有平等参与竞争的权利，这是市场竞争中最根本的伦理准则。机会平等是指企业是自主经营、自负盈亏的相对独立的经济主体，所有企业应该自由流动技术、劳动力、原材料等资源。只有在平等竞争的前提下，企业之间才可能相互依存，互惠互利，获得共赢。

（2）竞争合作

市场经济不仅是竞争经济，也是合作经济。一般意义上的竞争往往是一种零和游戏，竞争意味着"彼之所得为我之所失，我之所得即彼之所失"，但商业企业之间的竞争并非零和游戏，可以通过竞争者之间的合作使双方受益。良性竞争可以促进技术升级、产品升级、服务升级，使得企业强身健骨，优化配置；同时，合作才能优势互补，取长补短，形成合力。企业在一起"将蛋糕做大"的过程是合作，而"分蛋糕"的过程则变成了竞争。例如，在很多行业所设置的行业协会，其主要任务便是依据伦理规范而非法律条款来对行业竞争进行调节和裁决，并且引导行业合作。

■ 小案例8-2

<h3 align="center">竞争抑或合作</h3>

案例之一：美国可口可乐公司与百事可乐公司曾为了争市场而展开半个世纪的激烈竞争，可它们的竞争"未必是要打倒敌人"。当大家对百事可乐-可口可乐之战津津乐道时，双方都是赢家，因为饮料大战引起了全球消费者对可乐的关注，大家都来喝可乐。可乐大战给我们的启迪是，"消灭"对手并非促进自身发展的唯一途径。在有些情况下，接受对手的存在并善待对手同样能够促进自身的发展。

案例之二：我国葡萄酒业东西地区的竞争逐渐加剧。西部企业利用价格作为竞争手段以低价进攻市场，而东部老品牌企业不甘示弱，利用品牌优势积极迎战。在你来我往的激烈市场竞争中出现了"煮酒论英雄"等不和谐的音符，有的企业使用造谣、诽谤等违法手段去中伤对方，有的不惜付出巨大的代价，"舍命"相拼。同室操戈，相煎何急？在这种残酷的竞争中终究没有赢家，只会两败俱伤。"鹬蚌相争，渔翁得利"，在"东西对抗"的阴影下，洋酒露出了微笑。

案例之三："神州"和"万家乐"在20世纪90年代是旗鼓相当的两家大型热水器生产厂家。当年，"神州"的广告语为"款款神州，万家追求"，而"万家乐"的广告语为"万家乐崛起于神州"。它们各自的广告语中都包含了对方的产品品牌，这样双方都能扬名获利。你把客户送到我这里，我把客户送到你那里。它们在竞争中合作，实现了双赢。

资料来源　佚名. 合作与竞争［EB/OL］.［2024-11-18］. https://wenku.baidu.com/view/09ab71eeaead1f346933f7d.html?_wkts_=1685877809295.

》》8.2　产品中的伦理问题

产品策略是市场营销组合中最基本的要素。从产品定位、产品设计到产品生产、产品包装直至产品到达消费者的各个环节中，企业必须时刻以伦理准则作为指导，否则将无异于"杀鸡取卵"，终将衰败。

●8.2.1　产品定位中的伦理问题

产品定位是指企业根据消费者对于某种产品属性的重视程度，或者某种产品属性在消费者心目中的需求位置，为自己的产品树立特定的形象，使之与竞争者的产品相比较有自己的特色。

从最初以企业为中心的生产观念、产品观念和推销观念，到市场营销观念，再到社会营销观念，越来越强调企业要以保护或提高消费者和社会福利的方式，比竞争者更加有效地满足目标市场的需求和欲望。因此，产品定位必须同时考虑消费者和其他所有利益相关者的需求。

通常，需求包括四大类：第一是不合法的需求，比如毒品、黄色书刊录像等；第二是对顾客本身有利但对他人和社会有害的需求，比如一次性消费品导致资源浪费、环境污染；第三是对他人和社会无害但对顾客有潜在不利影响的需求，如高脂肪食品；第四是对顾客有利、对他人及社会也有利的需求。很显然，产品从最初的定位开始就要以社会营销观念为指导，尽可能集中于最后一类需求。

8.2.2　产品设计中的伦理问题

产品设计是产品价值链的源头，良好的产品设计是企业成功的基石。产品设计人员应该严格秉持科学诚信的态度和客观的伦理准则去设计质量可靠、美观大方、方便易用的产品，一旦抛弃了伦理准则，将会带来一系列负面问题。

1）产品设计有缺陷，忽视消费者安全

产品设计除了外表美观、功能强大，最重要的是要考虑消除安全隐患，避免设计过程中的先天缺陷。正如管理中所说的蝴蝶效应和马蹄铁效应，小小的产品设计缺陷是导致很多灾难性安全事件的主要原因。例如，1986年美国"挑战者"号航天飞机失事，造成事故的直接原因是Morton Thiokol公司生产的一个"O"形密封环损坏了。该密封环的损坏是由发射时气温过低而造成的，厂商在产品设计时没有充分考虑气温因素。此外，儿童最亲密的伙伴——各种色彩斑斓的玩具——背后，产品安全问题危机四伏，设计上的缺陷会导致儿童遭受窒息、夹伤手指、烧伤及被噪声伤耳等意外伤害，成为严重威胁儿童健康安全的杀手。

2）缺乏生态环境保护

在现实生活中，大量的商品满足了消费者的多样化需求，改善了消费者的生活水平，却加剧了环境污染、生态破坏和资源浪费。例如，不可降解的塑料原材料造成长达200年的土地污染，氟利昂制冷剂对大气臭氧层的长期毁坏，化学清洁剂对大气、河流的污染隐患等。当然，在我们身边也有很多值得钦佩和尊敬的环保设计案例。

■ 小案例8-3

北京冬奥"绿"在何处？

1）全部场馆实现100%"绿"电供应

2022年北京冬奥会和冬残奥会共有北京、延庆、张家口三大赛区、39个场馆，这些场馆全部实现了城市绿色电网全覆盖，赛期全部使用绿色电力，这是奥运史上首次实现全部场馆100%绿色电力供应，是奥运史上零的突破。

绿电即绿色电力，是指通过风力发电、水力发电和太阳能光伏等手段，由可再

生能源转化成的电能。

根据测算，从 2019 年 6 月第一笔绿色电力交易开始，到 2022 年北京冬残奥会结束，北京、延庆、张家口 3 个赛区的场馆估计共使用 4 亿千瓦时绿电，可以减少燃烧 12.8 万吨的标准煤，减排二氧化碳 32 万吨。

2）新建场馆均取得三星绿色建筑设计标识

据介绍，北京冬奥会和冬残奥会全部新建场馆均采用高标准的绿色设计和施工工艺，在场馆建设中坚持"建筑节能、建筑节地、建筑节水、建筑节材，保护环境"，所有新建场馆均取得最高等级的三星绿色建筑设计标识。同时，改造场馆也通过改造达到绿色建筑标准，将绿色冬奥理念贯彻到底。

此次冬奥会最大化利用了 2008 年北京奥运会场馆和设施，国家体育场"鸟巢"举办冬奥会的开、闭幕式；国家游泳中心"水立方"直接变身"冰立方"，游泳池上架设冰壶赛道；国家体育馆和五棵松体育中心变成"冰球馆"，用作冰球场地；2008 年的一个临时场馆"曲棍球场"变身为"速滑馆"；北京冬奥村、主媒体中心等土地均为 2008 年预留出来的……此外，"冰球馆"和"速滑馆"均利用光伏板建设了"绿色"屋顶。这些改造从源头上减少了碳排放。

3）"氢"车成为赛事用车主力

据了解，2022 年北京冬奥会和冬残奥会赛事所使用的交通服务车辆包括氢燃料车、纯电动车、天然气车、混合动力车及传统能源车。其中，节能与清洁能源车辆在小客车中占比达 100%，在全部车辆中占比达 85.84%。氢能源汽车成为赛事服务用车的主力，共有 16 家加氢站为其提供加氢服务。

氢能源具有零排放、长续航、高便利的特点，是新能源汽车未来发展的重要方向。据估计，北京冬奥会和冬残奥会期间使用的氢燃料车、纯电动车等赛事交通服务用车减排约 1.1 万吨二氧化碳，相当于 5 万余亩森林一年的碳汇蓄积量。

4）"绿"色生活，轻享低碳，趣玩冬奥

北京冬奥组委还积极向全社会推广可持续理念，于 2020 年 7 月 2 日全国低碳日正式上线"低碳冬奥"微信小程序，通过碳普惠方式，鼓励和引导公众践行绿色低碳的生活方式，为低碳冬奥贡献力量。

据介绍，"低碳冬奥"小程序记录用户在日常生活中的绿色出行、垃圾分类、光盘行动等低碳行为轨迹。用户通过截图上传信息、授权获取微信步数、自主打卡确认、参与知识答题等方式，获得碳积分和"低碳达人"等荣誉勋章，并可用碳积分兑换相应的奖励。

资料来源　周亚楠. 北京冬奥"绿"在何处？［EB/OL］.［2024-12-06］. https://www.cenews.com.cn/news.html? aid=225137.

●●8.2.3　产品生产中的伦理问题

除了产品设计的环节，厂商在产品生产过程中也会由于利益的驱动而进行各种违背生产管理目标和企业目的的不道德生产行为，主要表现在以仿制手段生产的假冒产品和偷工减料、粗制滥造而导致的伪劣产品。据世界贸易组织统计，全球受假冒伪劣产品影响的市场已达到 3 000 亿美元，假冒伪劣产品年营业额占世界贸易总额的10%。在中国，烟草、酒精、农产品、食品、化妆品等行业是假冒伪劣产品的"重灾区"。三聚氰胺奶粉事件、地沟油事件、苏丹红事件、瘦肉精事件、毒韭菜事件、黑芝麻染色事件、福尔马林浸泡小银鱼事件、毒豆芽事件等，各种食品安全生产问题频发，影响范围之广让人触目惊心。

对于产品生产中的安全伦理问题，除了国家和政府要加大产品安全立法、完善产品技术标准、健全检测机构、严格监督制度、完善检测手段、正面开展产品安全道德思想教育之外，企业更要以高标准的伦理道德水准严格要求自己，自检自查，尽量消除生产环节的可控不安全要素，一旦发现安全缺陷，应及时主动召回。

8.2.4 产品包装中的伦理问题

厂商应从以下几方面着手做出合乎伦理的包装决策。

1）产品包装应能保护产品和消费者的人身安全

在产品包装上应标注有关产品的搬运、储藏、开启、使用、维护等安全注意事项，有醒目的安全警示和使用说明，包装设计应便于搬运、储存、开启、使用和维护。例如，"常温储存"远不如"禁止加热或0℃以下冷冻，避免阳光直晒及高温"的警示语具体，后者的警示性更强。2020年8月22日傍晚，广东一名2岁幼童误将颜色鲜艳的"洗衣凝珠"当作糖果塞进了嘴里。随后，孩子出现呛咳，伴随呼吸困难。经过无创呼吸机辅助改善呼吸、洗胃清除残余物质、护胃、防治感染、补液支持等治疗后，孩子才脱离生命危险。类似的悲剧提醒厂商要在产品包装上标注更加醒目的警示语，同时，消费者也要更加留意包装提示，以免酿成大祸。

2）禁止使用欺骗性包装

很多企业在产品包装上常从不重视包装的一个极端走向过分关注包装以至"金玉其外、败絮其中"的另一个极端。企业始终要牢记的是，质量是产品制胜的关键要素，外部包装只是"锦上添花"的辅助手段。

3）避免浪费

通常，产品包装成本不应超过产品总成本的15%～20%，如若超过总成本的30%，则可认为是过度包装。每逢中秋，商场里各式各样豪华的月饼礼盒琳琅满目，此时也是限制"过度包装"呼声最高的时候。

首先，过度包装最大的危害在于浪费资源、污染环境，每每中秋节过后，月饼外包装盒垃圾比比皆是，堆积如山。其次，过度包装还能导致商品价格虚高，损害消费者利益。如"天价榨菜"，原本一斤成本 3 元的咸菜，冠以"沉香"之名，赋以精美包装，再附送纯银碗筷，售价高达 2 200 元。最后，过度包装可能会助长奢侈腐败之风。

■■ 知识链接 8-1
《限制商品过度包装要求　食品和化妆品》正式实施

2021 年 9 月 2 日，国家市场监督管理总局发布《限制商品过度包装要求 食品和化妆品》（GB 23350-2021）强制性国家标准，并于 2023 年 9 月起实施。新标准涵盖 31 类食品、16 类化妆品，包括茶叶、酒类等，为企业和市场设置了两年过渡期。新标准明确，食品或化妆品内装物的体积是用净含量乘以必要空间系数来表示，必要空间系数的取值依据产品而定。以酒类商品为例，酒的必要空间系数是 13，一瓶 500 毫升的白酒允许的包装空隙率不超过 30%，可以计算出这瓶白酒外包装的最大允许体积为 9 285.7 立方厘米。此外，新标准继续执行现有标准对包装成本的要求，除直接与内装物接触的包装之外，所有包装的成本不超过产品销售价格的 20%。

2022 年 8 月 15 日，国家市场监督管理总局（国家标准化管理委员会）批准发布的《限制商品过度包装要求 食品和化妆品》（GB 23350-2021）国家标准第 1 号修改单正式实施。

修改单主要对月饼、粽子的包装做了更严格的规定，针对月饼、粽子的包装层数、包装成本、混装要求等进行了调整，具体如下：

一是减少包装层数，将月饼、粽子的包装层数由不超过四层改为不超过三层。二是降低包装成本，对于销售价格在 100 元以上的月饼和粽子，将包装成本占销售价格的比例从 20% 调减为 15%；对于销售价格 100 元以下的月饼和粽子，包装成本占比保持 20% 不变，其中包装成本一般指食品企业与包装企业签订的包装采购价格；销售价格一般指食品企业与销售企业签订的合同销售价格；同时要求月饼和粽子的包装不应使用贵金属和红木材料。三是压缩包装空隙，必要空间系数是包装空隙的核心指标，反映了包装紧凑程度，数值越小表示包装空隙越小。此次将月饼的必要空间系数从 12 降低为 7，相当于包装体积缩减了 42%；将粽子的必要空间系数从 12 降低为 5，相当于包装体积缩减了 58%。四是严格混装要求，规定月饼不应与其他产品混装，粽子不应与超过其价格的其他产品混装。

资料来源　河源市市场监督管理局. GB 23350-2021《限制商品过度包装要求　食品和化妆品》及第 1 号修改单解读［EB/OL］.［2024-12-08］. http://www.heyuan.gov.cn/hysscjdj/gkmlpt/content/0/512/mpost_512885.html#5729.

拓展阅读 8-2

市场监管总局公布商品过度包装执法典型案例

4）产品包装要符合绿色包装

绿色包装（green package）又称无公害包装，指对生态环境和人类健康无害，能重复使用和再生，符合可持续发展的包装。

绿色包装要符合 3R 原则，即减量化（reduce）、再利用（reuse）、再生循环（recycle）。包装材料必须能够回收再利用，厂商尽量研制和使用易分解、无毒害、无污染的包装材料，尽量使用标准化包装以便于回收。

5）产品包装标签清晰、准确、易读

企业在产品包装标签中必须对产品性能、产地、用途、质量、价格、规格、等级、主要成分、生产者、有效期限、使用方法、售后服务等内容、范围有清晰准确的标注，不能含糊其词、模棱两可，更不能欺骗和误导消费者。

8.2.5 产品召回

产品召回制度是指政府主管部门依照有关的法律法规，监督产品的生产者，使之对其生产和销售的缺陷产品进行回收、改造等处理，并采取相应措施消除产品设计、制造、销售等环节上的缺陷，以维护消费者权益、保护生态环境的一种行政管理制度。

从各国的产品召回制度看，被召回的产品并非前面提到的假冒伪劣产品，也不是质量不合格和有瑕疵的产品，而是指缺陷产品。所谓缺陷产品，是指因设计、生产等原因在某一批次、型号或者类别中存在具有同一性的、已经或者可能对人体健康和生命安全造成损害的不合理危险的产品。

知识链接 8-2

国外食品召回制度介绍

1）美国

美国食品召回制度是在政府行政部门的主导下进行的，负责监管食品召回的是农业部食品安全检疫局（FSIS）、食品和药品管理局（FDA）。FSIS 主要负责监督肉、禽和蛋类食品中缺陷食品的召回，FDA 主要负责 FSIS 管辖以外的食品，即肉、禽和蛋类制品以外食品的召回。

FSIS 和 FDA 对缺陷食品可能引起的损害进行分级并以此作为依据确定食品召回的级别。美国的食品召回有三级：第一级是最严重的，消费者食用了这类产品肯定将危害身体健康甚至导致死亡；第二级是危害较轻的，消费者食用后可能不利于身体健康；第三级是一般不会有危害的，消费者食用这类食品不会引起任何不利于健康的后果，比如贴错产品标签、产品标志有错误或未能充分反映产品内容等。食品召回级别不同，召回的规模、范围也不一样。召回可能在批发层、用户层（学校、医院、宾馆和饭店等）、零售层进行，也可能在消费者层进行。

美国食品召回在两种情况下发生：一种是企业得知产品存在缺陷，主动从市场上撤下食品；另一种是 FSIS 或 FDA 要求企业召回食品。无论哪种情况，召回都是

在 FSIS 或 FDA 的监督下进行的。美国的食品召回遵循着严格的法律程序，其主要步骤包括企业报告、FSIS 或 FDA 评估报告、制订召回计划、实施召回计划。企业制订的缺陷食品召回计划经 FSIS 或 FDA 认可后即可实施。

企业自身发现食品存在潜在风险且没有造成严重危害时，如果主动向 FSIS 或 FDA 提出报告，愿意召回缺陷食品并制订切实有效的召回计划，FSIS 或 FDA 将简化召回程序，不做缺陷食品的危害评估报告，也不再发布召回新闻稿。只要企业与 FSIS 或 FDA 合作，采取有利于大众的措施，降低危害风险，FSIS 或 FDA 不一定要对企业进行社会曝光。

2）德国

在德国，食品安全局和联邦消费者协会等部门联合成立了"食品召回委员会"，专门负责问题食品召回事宜。

德国的食品召回制度分为三个等级："重级"主要针对可能导致难以治疗甚至死亡的健康损伤产品；"中级"主要针对可能对健康产生暂时影响的产品；"轻级"主要针对不会产生健康威胁，但内容与说明书不符的产品。

食品召回委员会负责监督召回的实施。通常先由食品出了问题的企业在 24 小时内向该委员会提交报告，然后该委员会对其给出评估报告，并正式开始实施召回计划。

3）加拿大

加拿大每年要发布约 350 个食品召回令，其食品召回程序有着较为严密的流程，主要分为触发、调查、决策、响应和跟进五个环节，涉及的政府部门和企业各司其职，有效保障了加拿大的食品安全。

如果确需召回，则会根据风险级别确定召回级别。加拿大的食品召回通常分为三级：一级是指消费或接触一种食品可能导致严重或威胁生命的不良健康后果，或食源性疫情暴发的可能性很高；二级是指消费或接触一种食品可能导致暂时或不威胁生命的不良健康后果；三级是指消费或接触一种食品可能不会产生任何不良健康后果。

此外，加拿大较为严格完备的法律法规为召回提供了制度保障。

首先，所有在加拿大销售的食品都必须符合《食品和药物法》和《消费者包装和标签法》以及相关条例的规定，政府对食品的进口、携带入境以及家庭食品生产企业的相关要求都有具体规定，食品制造商、进口商、分销商、零售商都必须遵守这些法律和规定。

其次，加拿大卫生部负责制定有关在售食品安全和营养治疗方面的政策和标准，食品检验局则负责执行卫生部制定的这些政策和标准以及实施食品召回。

在加拿大，违反召回令被视为有罪，可判处 5 万加元以下的罚金及 6 个月以下的监禁。

4）日本

日本食品监管部门非常重视企业的召回责任，因此消费者可以看到日本报纸上经常有主动召回食品的公告。

日本目前没有专门的食品召回制度，现阶段的食品召回是日本产品召回制度的一部分，针对违反《食品卫生法》的食品进行召回。

召回类型分为强制召回和自愿召回；召回方式分为公开召回和非公开召回；召回食品按照品质、妨碍正当销售等标准分为三类。

基于完备的食品安全监督体系，日本建立了完善的食品生产、经营记录制度，保证了从食品生产到销售的每个环节都可以相互追查。

5）英国

英国是较早重视食品安全并制定相关法律的国家之一，其体系完善，法律责任严格，监管职责明确，措施具体，形成了立法与监管齐下的管理体系。

比如，英国从1984年开始分别制定了《食品法》《食品安全法》《食品标准法》《食品卫生法》等，还出台了许多专门规定，如《甜品规定》《食品标签规定》《肉类制品规定》《饲料卫生规定》《食品添加剂规定》等。这些法律法规涵盖所有食品类别，涉及从农田到餐桌整条食物链的各个环节。

在英国食品安全监管方面，一个重要特征是执行食品追溯制度和召回制度。

食品追溯制度是为了实现对食品从农田到餐桌整个过程的有效控制，保证食品质量安全而实施的对食品质量的全程监控制度。监管机关如发现食品存在问题，可以通过电脑记录很快查到食品的来源。一旦发生重大食品安全事故，地方主管部门可立即调查并确定可能受事故影响的范围、对健康造成危害的程度，通知公众并紧急收回已流通的食品，同时将有关资料送交国家卫生部，以便在全国范围内统筹安排工作，控制事态，最大限度保护消费者权益。

资料来源 蒲晓磊. 国外的食品召回制度［N］. 法治周末，2014-08-20（01）.

除了食品安全，在车辆召回方面国外召回制度也比较完善。以美国为例，从法律制度看，作为车轮上的国家，美国是世界上第一个建立召回制度的国家，其召回制度最先应用于汽车。1966年美国正式出台《国家交通及机动车安全法》，经过几十年的发展，美国已经建立起相当完备的机动车召回制度。

■■ 知识链接8-3

解析美国汽车召回制度：隐瞒代价更高

在美国，汽车安全事件发生后，厂商一般都不敢故意隐瞒，而是"自愿"配合召回"问题产品"，并立即在政府监管部门的召回网站上公布，以便通过媒体和网络渠道尽快通知到广大消费者。

厂商之所以主动召回，主要出于如下几个方面的考虑：

首先，等到出现严重质量问题时再补救，经济损失会非常严重。其一，将被处以巨额的惩罚性赔偿，如美国汽车业巨头福特公司曾因刻意隐瞒一款汽车的瑕疵而被法庭判决给予一名受害人1.25亿美元的惩罚性赔偿；其二，可能会面临旷日持久的消费者集体诉讼，与事前主动召回相比反而得不偿失。有了前车之鉴，岂可重蹈覆辙。

其次，美国公路交通安全管理局公布某种产品存在安全问题并列入"召回名单"后，联邦政府以及各州监管人员会深入销售终端，对在售车型进行检查，一旦发现"召回产品"仍在销售，厂商会被追加罚款。

最后，如果厂商不及时召回"问题产品"，被曝光后，其信用度将大打折扣。若造成了危害消费者健康的公共卫生事件，不仅某一种问题产品，甚至该厂商所有产品的销售都将一落千丈。信用丧失，将给企业造成无法挽回的损失。

因此，一套成熟的产品召回制度成为美国企业应对危机的法宝，不仅将损失控制到最小，而且能赢得消费者信任。

美国是世界上最早引入召回制度的国家之一。1966年，美国国会发布的《国家交通及机动车安全法》，对召回做了明确规定：汽车制造商必须对进入市场的缺陷汽车公布召回，通知美国公路交通安全管理局，并对所召回的车进行免费修理。该法授权美国公路交通安全管理局负责制定机动车的安全标准，并监督汽车制造商执行有关标准。几十年来，美国已经建立起了相当完备的机动车召回制度，从消费者举报、主管部门立案调查、汽车生产商自检，到召回公告的发布以及免费修理等都有明确规定。

资料来源　翟亚男. 解析美国汽车召回制度：隐瞒代价更高［N］. 华夏时报，2010-03-13.

其次，从伦理道德看，主动召回问题产品，不但不会影响企业在公众心目中的形象，反而会提升企业的信誉度，在全社会赢得诚实守信的美名。

8.3　定价中的伦理问题

定价策略直接决定市场份额的大小和盈利率的高低。企业定价大致有三种导向：成本导向、需求导向和竞争导向。由于定价策略直接与消费者的经济利益相关，容易受到媒体、监管部门等社会各界的密切关注，因此定价中的伦理问题日益突出。概括来说，定价中的伦理问题包括五大类，分别是歧视性定价、串谋定价、掠夺性定价、价格欺诈与误导性定价、暴利价格。

8.3.1　歧视性定价

歧视性定价（discriminatory pricing）是指对同一商品的不同买主索要不同的价格，它在经济学中也被称为差别定价。只要在不同的市场之间存在需求差异就可能出现歧视性定价。

歧视性定价本身不带有任何感情色彩，对其是否存在伦理问题，仁者见仁，智者见智。赞成者认为，在一个充分竞争的市场上，消费者可以根据不同的需求来选择产品和企业，企业也可以制定不同价格以吸引消费者的注意，比如在不同的消费时间进行差别定价；反对者认为，消费者是平等的主体，应该享有企业平等的服务和平等的价格。

价格歧视在发达国家如美国出现得较早，也较普遍，一些国家已经具有相对完善的法律法规对其进行调整。例如，美国的《反托拉斯法》要求卖方将同类产品以公平而相等的价格出售给买方，禁止卖方对不同买方实行不同的价格，但因卖方销售成本的差别而形成的价格差异是允许的。

■■讨论8-1

大数据精准"杀熟"有哪些手段

老用户比新用户价格高，苹果用户比安卓用户价格高，下单默认捆绑上次服务……大数据精准"杀熟"，你遇到过这些陷阱吗？

都说老顾客很重要，不过互联网厂商"大数据杀熟"的新闻却引来网友的一片热议……

新客户专属优惠

部分企业网站在宣传语中直接标注针对新客户有特别优惠。比如，用户注册成功后即可获得系统赠送的各种满减礼券，或者首次注册的用户可获得充值返现。还有企业网站为新用户提供优惠待遇。虽然每家企业针对新用户的优惠不尽相同，但基本都规定，每位新用户只能享有一次优惠。

广告联盟分享用户数据

有网友表示，在某电商网站给母亲买过衣服，从此以后推荐的全是中年人服装。还有网友表示，在一个汽车论坛上搜索过某某汽车，再打开另一电商网站，该电商网站立刻推荐之前搜索过的某某汽车的配件产品。网友认为，在平台内部存在基于大数据的推荐很正常，但对不同平台之间互通用户信息无法接受。

根据用户特点提供特定服务

有的企业会根据不同用户的特点推荐不同产品或做出不同售后处理意见。例如，拥有较强支付能力的用户，搜索时会看到更多的奢侈类商品；在社交网站拥有较多粉丝的"大V"，在客服人员处理其投诉时会更快、更好地被响应。有网友甚至表示，对于投诉较少的客户，电商网站发次品的概率较高，而对于那些对质量较为敏感的客户，发优等品的概率较高。

多次浏览后价格自动上涨

在"杀熟"套路曝光帖中，旅游类App成为吐槽重灾区。网友"卖铁小王子"发帖，罗列了市面上常见旅游App的价格圈套：在一些软件上，订房页面被客户浏览多了，相关酒店的房价就自动上涨。有网友甚至反映，自己清除浏览记录后，竟发现原本显示的价格也下调了不少。

浏览过程遭遇"花式"催买

有网友反映，用 App 订某个航班机票，多看几次或预订后再取消，价格便会抬高。在整个预订过程中，App 页面会不停地提示"最近又有×名客人在浏览此航班"，一些客人觉得越晚下手价格越贵，只好匆匆下单，第二天再看机票，又恢复了原来的低价。

隐藏老用户优惠券

胡先生经常乘飞机往返杭州和深圳两地，一直使用某 App 购买机票。有一次，胡先生偶然在机票订单确认页中发现，"航意险"和"延误险"两项被默认勾选上了。"有一天，当我把勾选取消后，系统提示我放弃了两张价值 8 元的折扣券。等我重新把这两项保险勾选上后，订单总价竟然比之前便宜了 8 元。也就是说，平台通过默认勾选隐藏了老客户应该享有的优惠。"

老用户比新用户价格高

有网友表示，在某 App 上用新注册的"小白"用户、普通会员用户和高级别的会员用户同时选购同场次电影，价格最便宜的是"小白"用户，其次是普通会员用户，而高级别的用户购买一张票要比"小白"用户贵出 5 元以上。

手机配置不同收费不同

有网友吐槽，某视频网站根据手机不同的配置或系统给出不同的收费待遇。开通 VIP 会员，安卓用户 1 个月、3 个月和 6 个月的价格分别是 20 元、58 元、108 元，年费是 198 元，而苹果用户则要贵出 5 元至 35 元不等。对此客服表示，其中包含了苹果收取的手续费。

默认勾选之前购买过的服务

有网站会根据用户"上一次行为"，默认捆绑相应服务。例如，刚刚注册会员的用户在购买机票时，系统仅默认显示一张机票的价格；而会员一旦勾选过一次贵宾休息室、接送机服务或酒店优惠券等附加服务，那么在下一次下单时，系统就会默认勾选之前选择过的服务。

不消费时送优惠券

还有网友反映，自己很久不消费或根本不需要消费时，网站或 App 就会赠送优惠券；而当自己需要购买产品或服务时，网站或 App 往往不会赠送或显示优惠券已过期。

资料来源　佚名. 大数据精准"杀熟"会有哪些手段［N］. 山西日报，2019-04-03（15）.

讨论：你遇到过"杀熟"的情况吗？大数据"杀熟"算不算价格歧视？

2021 年 12 月 31 日，国家互联网信息办公室、工业和信息化部、公安部、国家市场监督管理总局四部门联合发布《互联网信息服务算法推荐管理规定》，该规定自 2022 年 3 月 1 日起施行。该规定针对算法歧视、大数据"杀熟"、诱导沉迷等进行了规范管理，要求保障算法选择权，告知用户其提供算法推荐服务的情况，并向用户提供不针对其个人特征的选项，或者便捷关闭算法推荐服务的选项；不得利用算法推荐服务诱导未成年人沉迷网络，应当便利老年人安全使用算法推荐服务；不得根据消费者的偏好、交易习惯等特征利用算法在交易价格等交易条件上实施不合理的差别待遇等。

●● 8.3.2 串谋定价

串谋定价（collusive pricing）也称串通定价，是指生产者、经营者之间互相串通，订立价格协议或达成价格默契，以共同占领销售市场，获取高额利润。

串谋定价的主要特点是：一般没有正式的协议，极为隐蔽，以逃避法律的监控；无视公平竞争原则，意在通过价格联盟坐享超额利润；造成了价格信号失真，破坏了正常的经济秩序。2013年7月，美国联邦法官裁决，苹果公司与五大出版商串谋操纵电子书定价罪名成立，其赔偿金额高达数亿美元。2014年12月，法国政府反垄断机构对高露洁棕榄、联合利华、宝洁等多家企业的串谋定价行为处以9.5亿欧元罚款。2017年4月，安徽20家发电企业、12家售电公司串谋报价，同时报出0.3674元/千瓦时的价格，5月4日，安徽省能源局、安徽省物价局、华东能监局联合发文，将异常交易全部剔除。

● 8.3.3 掠夺性定价

掠夺性定价（predatory pricing）是指某家企业为了挤出或吓退意欲进入该市场的潜在对手，降低产品价格至其成本以下，待对手退出市场后再提价。

首先，掠夺性定价是一种不公平的低价行为。实施该行为的企业通常占有一定的市场支配地位，它们具有资产雄厚、生产规模大、分散经营能力强等竞争优势，所以有能力承担暂时故意压低价格造成的利益损失；而一般的中小企业势单力薄，无力承受这种牺牲。

其次，掠夺性定价是以排挤竞争对手为目的的故意行为。实施该行为的企业以低于成本的价格销售产品，虽然会造成短期的利益损失，但是可以吸引消费者，并以此为代价挤走竞争对手、控制市场，等在一定时间内达到目的后，再垄断市场价格，获取高额利润。

■ 小案例8-4

社区团购被"团罚"

2020年下半年，部分社区团购企业利用资金优势大量开展价格补贴活动，扰乱市场价格秩序，引发社会各界广泛关注。

国家市场监督管理总局根据价格监测线索，先后对橙心优选（北京）科技发展有限公司（橙心优选）、上海禹璨信息技术有限公司（多多买菜）、深圳美团优选科技有限公司（美团优选）、北京十荟科技有限公司（十荟团）、武汉七种美味科技有限公司（食享会）等五家社区团购企业涉嫌不正当价格行为立案调查。

经查，橙心优选（北京）科技发展有限公司、上海禹璨信息技术有限公司、深圳美团优选科技有限公司、北京十荟科技有限公司等四家企业，在依法降价处理鲜活商品、季节性商品、积压商品等商品外，为了排挤竞争对手或者独占市场，以低于成本的价格倾销，扰乱了正常的生产经营秩序，损害了其他经营者的合法权益，违反了《中华人民共和国价格法》第十四条第（二）项的规定。橙心优选（北京）科技发展有限公司、上海禹璨信息技术有限公司、深圳美团优选科技有限公司、北京十荟科技有限公司、武汉七种美味科技有限公司等五家企业，利用虚假的或者使人误解的价格手段，诱骗消费者与其进行交易，违反了《中华人民共和国价格法》第十四条第（四）项的规定。

2021年3月3日，国家市场监督管理总局依法对橙心优选（北京）科技发展有限公司、上海禹璨信息技术有限公司、深圳美团优选科技有限公司、北京十荟科技有限公司等四家企业分别处以150万元人民币罚款的行政处罚，对武汉七种美味科技有限公司处以50万元人民币罚款的行政处罚。

资料来源　姜馨.5家社区团购企业因不正当价格行为被处罚［N］.中国消费者报，2021-03-04（01）.

8.3.4　价格欺诈与误导性定价

价格欺诈是指经营者利用虚假或者使人误解的标价形式或者价格手段，欺骗、诱导消费者或者其他经营者与其进行交易的行为。

误导性定价是指经营者在经营活动中使用容易使公众对商品的价格产生误解的所有表示或说法。

两种定价行为差异并不明显，通常不区别使用。

价格欺诈种类繁多，隐蔽性相当强。我国价格法律中具体规定了13种价格欺诈行为：（1）虚假标价；（2）两套价格；（3）误导性标价；（4）虚夸标价；（5）虚假折扣；（6）混淆处理；（7）模糊赠售；（8）隐蔽价格附加条件；（9）虚构原价；（10）不履行价格承诺；（11）谎称价格；（12）质量或数量与价格不符；（13）假冒政府定价。

例如，在"跳楼价""挥泪大甩卖"的促销活动中，原价和现价的巨大落差是商家引诱消费者购买的一种惯用手法，但我国相关部门规定，原价不能随便标，7日之内的才有效。2021年5月，上海虹口区市场监督管理局在检查中发现，上海某医院有限公司为提升业绩，吸引病人前来就诊，在官方宣传网页开展"十项妇科检查68元公益活动火热申请中""68元妇科检查项目（原价480元）"等促销活动。经调查，上述"原价"无真实依据。虹口区市场监督管理局对其进行立案调查，并根据《中华人民共和国价格法》第四十条和《价格违法行为行政处罚规定》第七条的有关规定，依法对其做出警告并罚款人民币10万元的处罚。

8.3.5 暴利价格

对暴利价格的定义至今人们并没有完全统一的看法。有人认为暴利是指通过不正当的价格手段在短时间内获得的巨额利润。此外，1995年国务院颁布的《制止牟取暴利的暂行规定》认为，暴利价格是企业某一产品的价格水平或差价率或利润率超过同一地区、同一期间、同一档次、同种产品的市场平均价格或平均差价率或平均利润率的合理幅度。

判断暴利是否存在伦理问题，主要是看暴利的获得是否损害了消费者的选择权和知情权。在某些情况下，高利润不一定就是暴利。比如，在高科技行业中，只有高利润才能弥补前期的研发投入，才能激励企业不断推动科技进步。

总而言之，以上五类价格伦理问题可以归结为两大类。其中，歧视性定价、串谋定价、掠夺性定价主要损害了正常的竞争，而价格欺诈与误导性定价、暴利价格主要涉及对最终消费者的影响。虽然我国在相关法律法规里有对以上定价行为的制裁，但企业必须承担应有的社会责任，其定价策略不仅要适合竞争的需要，更要确保消费者和企业的正当权益。

8.4 渠道中的伦理问题

分销渠道是指产品从制造商手中转至消费者手中所经过的各个中间商连接起来形成的通道。分销渠道的不同成员之间因认识、目的、利益均不相同而存在固有冲突，加之缺乏有力的监督惩罚机制，就会产生伦理问题。渠道管理中的非道德行为如下：

8.4.1 违背合同契约

各渠道成员根据自己的利益和条件相互选择，并以合约的形式规定双方的权利和义务。如果一方违背合同条约，损害另一方的利益，就会产生伦理问题。例如，生产商和中间商互相推诿售后服务责任，缺乏基本的诚信和责任意识；或者经销商为了自身的利益，弃合约于不顾，进行跨区域窜货等。

8.4.2 转嫁渠道成本

在传统的渠道模式下，渠道成员是靠价差赚取利润的，但有的渠道成员依靠生产商的返利、补贴、店庆资助和虚报广告费等形式获利。这种通过获得额外奖励来弥补执行"低价"策略所导致的损失的做法，大大加重了生产商的负担，属于不道德行为。

8.4.3　流通假冒伪劣产品

我们在前面的伦理问题中谈到了假冒伪劣问题。产品从生产环节出来，往往要经过批发、零售等环节。有的渠道成员为了自己的利益，为假冒伪劣产品搭起了桥梁，违背了营销伦理和市场规律，严重扰乱了市场秩序，成为让假冒伪劣产品畅行无阻的直接帮凶。

小案例 8-5

制假售假犯罪十大典型案例

在 2024 年"双 11"来临之际，公安部公布了依法打击网上侵权假冒犯罪 10 起典型案例。

（1）辽宁公安机关破获邵某宏等人销售假冒品牌服装案。2024 年 6 月，辽宁抚顺公安机关根据权利人企业举报线索破获该案，抓获犯罪嫌疑人 13 名，捣毁犯罪窝点 15 处，现场查获假冒品牌服装 2 万余件，涉案金额 1 500 余万元。经查，2020年 10 月以来，犯罪嫌疑人邵某宏等人从上游售假人员手中低价购买大量假冒品牌服装，雇佣多名网络主播利用电商平台进行直播销售，累计销售假冒品牌服装 50余万单。

（2）黑龙江公安机关破获郑某阳等人生产、销售假冒品牌麻辣烫底料案。2024年 4 月，黑龙江哈尔滨公安机关根据权利人企业举报线索破获该案，抓获犯罪嫌疑人 3 名，现场查获假冒品牌麻辣烫底料成品 200 箱、假冒包材 2.1 万份，涉案金额 1 000余万元。经查，2021 年 1 月以来，犯罪嫌疑人郑某阳等人在互联网上联系、订制假冒多种品牌麻辣烫底料包装袋、纸箱，购买原材料生产假冒品牌麻辣烫底料，通过社交平台等网络渠道向外销售。

（3）浙江公安机关破获赵某飞等人生产、销售假冒品牌浴霸案。2024 年 4 月，浙江慈溪公安机关根据走访权利人企业发现线索破获该案，抓获犯罪嫌疑人 15 名，捣毁犯罪窝点 10 处，打掉犯罪团伙 2 个，现场查获假冒品牌浴霸整机 1 000 余台及大量零部件，涉案金额 1 000 余万元。经查，2022 年 10 月以来，犯罪嫌疑人赵某飞等人大量购进浴霸裸机及零部件，非法印制假冒品牌浴霸外包装纸箱、说明书，生产、组装为成品后利用电商网店向外销售。

（4）安徽公安机关破获郑某彬等人生产、销售假冒品牌手机案。2024 年 6 月，安徽淮南公安机关根据群众举报线索破获该案，抓获犯罪嫌疑人 9 名，捣毁犯罪窝点 3 处，涉案金额 5 200 余万元。经查，2021 年 6 月以来，犯罪嫌疑人郑某彬等人大量收购二手品牌手机配件进行组装，购进假冒品牌手机条形码、标签和包装盒等包材翻新包装后，通过电商店铺向外销售，累计销售假冒品牌手机 1.7 万部。

（5）福建公安机关破获王某祥等人生产、销售假冒品牌轮胎案。2024年1月，福建三明公安机关根据权利人企业举报线索破获该案，抓获犯罪嫌疑人6名，捣毁犯罪窝点5处，现场查获假冒品牌轮胎4 000余件、制假机器12台，涉案金额2 200余万元。经查，2023年5月以来，犯罪嫌疑人王某祥等人购进轮胎钢制模具，组织生产多种规格假冒品牌电动车及摩托车轮胎，在电商平台注册多家商铺向外销售。

（6）江西公安机关破获吴某剑等人生产、销售伪劣燃气具案。2024年6月，江西上饶公安机关根据工作中发现线索破获该案，抓获犯罪嫌疑人11名，捣毁犯罪窝点3处，打掉犯罪团伙2个，涉案金额3 100余万元。经查，2023年10月以来，犯罪嫌疑人吴某剑等人购买点火阀、燃气软管、能效标签等配件、标识，组装生产假冒多个品牌燃气具，通过电商网店对外销售，累计销售假劣燃气具1.7万台，经鉴定，涉案燃气具多项指标不符合国家标准。

（7）山东公安机关破获杨某珊等人生产、销售盗版玩具案。2024年6月，山东菏泽公安机关根据权利人企业举报线索破获该案，抓获犯罪嫌疑人29名，捣毁犯罪窝点7处，现场查获盗版玩具10万余件，涉案金额7 600余万元。经查，2019年11月以来，犯罪嫌疑人杨某珊等人注册多家公司，大量生产盗版玩具，翻版设计产品外包装、印制组装说明书，封装后通过电商网店和小商品城实体店铺对外销售。

（8）广东公安机关破获陈某钦等人生产、销售假冒洗护用品系列案。2024年8月，广东广州公安机关根据深挖既往案件发现线索，循线破获案件9起，抓获犯罪嫌疑人20名，捣毁犯罪窝点14处，现场查获假冒洗护发用品8.3万余瓶（袋）、商标标识15万余个，涉案金额8 500余万元。经查，2022年7月以来，犯罪嫌疑人陈某钦等人购进原料和假冒包材，租赁民房、厂房设立生产窝点，大量生产假冒品牌洗发水、发膜等洗护产品，通过电商平台、社交平台等向外销售。

（9）四川公安机关破获王某绮等人销售假冒品牌化妆品案。2024年4月，四川宜宾公安机关根据工作中发现线索破获该案，抓获犯罪嫌疑人3名，捣毁犯罪窝点7处，现场查获假冒品牌化妆品8万余件，涉案金额1 000余万元。经查，2023年10月以来，犯罪嫌疑人王某绮等人大量购进假冒知名品牌化妆品，通过电商、外卖平台注册多家"隔日达""小时达"店铺对外销售。

（10）四川公安机关破获吕某娟等人生产、销售伪劣牦牛肉干案。2024年5月，四川绵阳公安机关根据群众举报发现线索破获该案，抓获犯罪嫌疑人10名，捣毁犯罪窝点6处，涉案金额2 000余万元。经查，2022年1月以来，犯罪嫌疑人吕某娟等人设立制假作坊，购进封装机等制假设备，以购买的散装鸡肉干为原料加工、包装假冒品牌手撕牦牛肉产品，在电商平台开设多家店铺向外销售。

资料来源　梁秋坪，郝萍."双11"谨防假货 公安部公布10起网上侵权假冒犯罪典型案例[EB/OL]. [2024-11-30]. http://yn.people.com.cn/n2/2024/1112/c361322-41038718.html.

8.4.4　采用灰市场营销手段

灰市场营销，又称灰色营销，是指在道德上有问题或者在法律上虽有问题却由于某种原因难以受到法律制裁的营销活动。在分销渠道中，典型的灰色营销手段有收受礼品、请吃、吃请、收受回扣等。2013 年 7 月，跨国药企葛兰素史克曝出行贿事件，其部分高管被依法立案侦查。该事件揭露出处方药商业贿赂的灰色营销模式，使整个医药圈陷入道德质疑，也给其他采用灰色营销作为竞争手段的企业敲起了道德警钟。

8.5　促销中的伦理问题

企业的促销组合包括广告、营销推广、人员推销、公共关系等，本小节主要就最容易产生伦理问题的广告和人员推销两个环节做介绍。

8.5.1　广告中的伦理问题

1）虚假广告

虚假广告是指广告内容是虚假的或者是容易引起误解的。它分为两类：一是欺骗性虚假广告，指商品宣传的内容与所提供的商品或者服务的实际质量不符；二是误导性虚假广告，指可能使宣传对象或受宣传影响的人对商品的真实情况产生错误的联想，从而影响其购买决策的商品宣传。这类广告的内容往往夸大失实，语义模糊，令人误解。

小案例 8-6

市场监管总局曝光 2023 年"神医""神药"广告违法典型案例

（1）香港佰弘有限公司广告违法案件。北京市海淀区市场监管局调查查明，香港佰弘有限公司通过互联网发布的普通食品广告中，含有"保健食品不是药品，不能代替药物治疗疾病"内容，引导消费者误认为该普通食品是保健食品。2023 年 11 月，北京市海淀区市场监管局依据《中华人民共和国广告法》有关规定，对香港佰弘有限公司作出罚款 528.55 万元的行政处罚。

（2）上海智美颜和医疗美容门诊部有限公司等广告违法案件。上海市市场监管局调查查明，上海智美颜和医疗美容门诊部有限公司在利用直播营销方式对超光子、热玛吉等医美服务项目进行推广的过程中，主播通过体验分享形式以个人形象和名义对医美服务项目作推荐、证明，并作出含有表示功效、安全性保证等内容的表述。此外，该以直播营销方式发布的广告未经广告审查机关审查。2023年7月，上海市市场监管局依据《中华人民共和国广告法》有关规定，对涉案的1家广告主、1家直播间、2家MCN机构、2名主播等6个主体作出罚款276.43万元的行政处罚。

（3）杭州千岛湖春鑫蜂业有限公司广告违法案件。浙江省杭州市拱墅区市场监管局调查查明，杭州千岛湖春鑫蜂业有限公司在其自有网站发布的广告中含有不真实的"蜂皇浆9大药理作用""用户真实服用反馈""合作研究鉴定机构"等内容，同时还存在使用国家机关工作人员的名义或者形象开展广告宣传，以及非医疗、药品、医疗器械广告使用医疗用语等违法行为。2023年9月，浙江省杭州市拱墅区市场监管局依据《中华人民共和国广告法》有关规定，对杭州千岛湖春鑫蜂业有限公司作出罚款26万元的行政处罚。

（4）河南薇梦迪生物科技有限公司广告违法案件。河南省焦作市博爱县市场监管局调查查明，河南薇梦迪生物科技有限公司利用广告牌、互联网等发布的"露蓝琪"系列产品广告中含有"'一步到位'一次性祛斑技术采用了全球最稳定、最安全、最科学、最彻底的色斑分解技术"等内容，并违法使用绝对化用语。2023年10月，河南省焦作市博爱县市场监管局依据《中华人民共和国广告法》有关规定，对河南薇梦迪生物科技有限公司作出罚款25万元的行政处罚。

（5）北海佳禾药业连锁有限责任公司广告违法案件。广西壮族自治区北海市合浦县市场监管局调查查明，北海佳禾药业连锁有限责任公司在互联网上发布"安宫牛黄丸"处方药广告，违反处方药只能在国务院卫生行政部门和国务院药品监督管理部门共同指定的医学、药学专业刊物上作广告的法律规定。2023年7月，广西壮族自治区北海市合浦县市场监管局依据《中华人民共和国广告法》有关规定，对北海佳禾药业连锁有限责任公司作出罚款20万元的行政处罚。

（6）北京丰科星范医疗美容门诊部有限公司广告违法案件。北京市丰台区市场监管局调查查明，北京丰科星范医疗美容门诊部有限公司在互联网上发布未经审查的"隐痕眼袋微创项目、全身吸脂项目"等医疗广告，并在医疗广告中对医疗技术、诊疗方法、诊疗效果等进行宣传，同时还存在利用患者、卫生技术人员形象为医疗项目作证明的情况。2023年10月，北京市丰台区市场监管局依据《中华人民共和国广告法》有关规定，对北京丰科星范医疗美容门诊部有限公司作出罚款20万元的行政处罚。

（7）烟台伯士医疗美容门诊部有限责任公司广告违法案件。山东省烟台市芝罘区市场监管局调查查明，烟台伯士医疗美容门诊部有限责任公司通过互联网发布"A型肉毒毒素"广告。注射用A型肉毒毒素属于医疗用毒性药品，其广告违反医疗用毒性药品不得作广告的法律规定。2023年12月，山东省烟台市芝罘区市场监管局依据《中华人民共和国广告法》有关规定，对烟台伯士医疗美容门诊部有限责任公司作出罚款20万元的行政处罚。

（8）玉林爱尔眼科医院有限公司广告违法案件。广西壮族自治区玉林市市场监管局调查查明，玉林爱尔眼科医院有限公司在其自建网站发布"ICL晶体植入术 近视矫正 全飞秒"等医疗广告，含有"ICL晶体植入术就是在眼内给眼睛戴上'隐形眼镜'来矫正视力，它不切削角膜，保留眼部完整结构，舒适安全，可防紫外线"等表示功效、安全性的断言或者保证的内容，且未经广告审查机关审查。2023年10月，广西壮族自治区玉林市市场监管局依据《中华人民共和国广告法》有关规定，对玉林爱尔眼科医院有限公司作出罚款13万元的行政处罚。

（9）新疆福宏林口腔医疗投资管理有限公司乌鲁木齐奇台路口腔门诊广告违法案件。新疆维吾尔自治区乌鲁木齐市沙依巴克区市场监管局调查查明，新疆福宏林口腔医疗投资管理有限公司乌鲁木齐奇台路口腔门诊在其自有网站等互联网媒介上发布广告，对医师资质的宣传中含有"One day apple 即刻种植传承人""台湾中国医药学院学士"等内容，且无法提供证明材料。2023年3月，新疆维吾尔自治区乌鲁木齐市沙依巴克区市场监管局依据《中华人民共和国广告法》有关规定，对新疆福宏林口腔医疗投资管理有限公司乌鲁木齐奇台路口腔门诊作出罚款12万元的行政处罚。

（10）天津敬信大药房连锁有限公司第十五分公司广告违法案件。天津市北辰区市场监管局调查查明，天津敬信大药房连锁有限公司第十五分公司利用互联网发布阿苯达唑药品广告，含有"选用阿苯达唑驱虫的三大优势：阿苯达唑 杀虫打卵，更高效；副反应少；两片一疗程，仅服一次。VS.盐酸左旋咪唑效果 对虫卵无效；安全性 可能引起脑炎；疗程 多次服药"等将阿苯达唑药品的功效和安全性与其他药品作比较的内容。2023年3月，天津市北辰区市场监管局依据《中华人民共和国广告法》有关规定，对天津敬信大药房连锁有限公司第十五分公司作出罚款10万元的行政处罚。

（11）云南兴浩商贸有限公司广告违法案件。云南省昆明市五华区市场监管局调查查明，云南兴浩商贸有限公司通过发放广告传单、发布互联网广告等形式对骆驼奶粉进行广告宣传，其中含有"降血糖""调理三高"等内容，违法对普通食品宣称疾病预防治疗功能。2023年6月，云南省昆明市五华区市场监管局依据《中华人民共和国广告法》有关规定，对云南兴浩商贸有限公司作出罚款10万元的行政处罚。

（12）重庆海贝儿健康管理咨询有限公司广告违法案件。重庆市江北区市场监管局调查查明，重庆海贝儿健康管理咨询有限公司在互联网上发布广告，暗示消费者可通过试管婴儿医疗技术对胎儿进行性别选择，与提倡男女平等的社会价值观念背道而驰，违背社会良好风尚。同时，广告中还存在虚构受益者案例的情形。2023年9月，重庆市江北区市场监管局依据《中华人民共和国广告法》有关规定，对重庆海贝儿健康管理咨询有限公司作出罚款10万元的行政处罚。

资料来源 国家市场监管总局. 市场监管总局曝光2023年"神医""神药"广告违法典型案例［EB/OL］.［2024-11-30］. https://www.samr.gov.cn/xw/zj/art/2024/art_a68c3d6b97c24ec89fbb52182b9a24b8.html.

虚假广告的欺骗手法主要有以下四种：

（1）广告主虚假。广告有意伪造或隐瞒企业名称，提供企业的虚假信息或产品的虚假商标等。

（2）广告内容虚假。这类广告内容和事实明显相悖，可能对产品性能、产地、用途、质量、有效期、生产者等做虚假表述；也可能用虚构的消费者、患者来证明产品或服务的效果，例如很多药品保健品广告；还可能使用虚假的数据、统计资料、调研结果、检测报告等说明产品或服务的质量、性能或效果。

（3）广告模特虚假，即明星虚假代言。近年来，娱乐圈明星虚假代言事件层出不穷，如"无限畅"果蔬片、"爱钱进"网络借贷平台、"茶芝兰"奶茶、"壮骨拔毒贴"、"三鹿奶粉"、"藏秘排油"减肥茶、SK-Ⅱ护肤品、霸王洗发水、"胖达人"面包等，都涉及虚假宣传或欺诈。由于明星的示范效应，大量消费者上当受骗。

（4）广告形式虚假。最典型的便是新闻广告，即广告内容用新闻报道的形式发布，如人物专访、科普宣传、纪实报道等。

虚假广告屡禁不止，要想有效治理，需要政府机构、代言明星、消费者团体、广告行业自律组织共同努力。2015年4月24日，《广告法》修订草案三审稿在十二届全国人大常委会第十四次会议表决通过。修订后的《广告法》自2015年9月1日起施行。修订后的《广告法》对药品、医疗器械广告准则做了完善，并新增保健食品、医疗、教育、培训、房地产等广告准则；增加了广告荐证者的行为规范和法律责任，这意味着明星在代言时要遵守更多规范，不得为未使用过的商品和服务做证明。明星代言明知或应知广告虚假仍在广告中对商品、服务做推荐、证明的，由工商行政管理部门没收违法所得，并处违法所得1倍以上2倍以下的罚款；损害消费者合法权益的，依法承担连带责任。2018年10月26日，十三届全国人大常委会第六次会议第一次修正《广告法》，将"工商行政管理部门"改为"市场监督管理部门"，将"广电部门"改为"广播电视主管部门"。2021年4月29日，十三届全国人大常委会第二十八次会议第二次修正《广告法》。与上一版相比，新版《广告法》做了以下修改：删去第二十九条中的"并向县级以上地方市场监督管理部门办理广告发布登记"，删去第五十五条第三款、第五十七条、第五十八条第三款中的"吊销广告发布登记证件"，删去第六十条。

■■ 知识链接8-4

七部门为明星代言"划红线"

2022年10月31日，按照中央宣传部文娱领域治理有关工作部署，市场监管总局会同中央网信办、文化和旅游部、广电总局、银保监会、证监会、国家电影局等七部门联合印发《关于进一步规范明星广告代言活动的指导意见》（以下简称《指导意见》）。

《指导意见》规定，明星不得为以下五种情形商品进行代言：不得为法律禁止生产、销售的产品（含禁止提供的服务）进行广告代言；不得为未使用过的商品（未接受过的服务）作推荐、证明；不得为无证经营的市场主体或者其他应取得审批资质但未经审批的企业进行广告代言；不得为烟草及烟草制品（含电子烟）、校外培训、医疗、药品、医疗器械、保健食品和特殊医学用途配方食品进行广告代言。

同时，《指导意见》还对"明星代言行为"进行界定并厘清了代言违法的惩罚主体。《指导意见》指出，除明星作为广告主为自己生产或者销售的商品进行广告推介外，明星在商业广告中通过形象展示、语言、文字、动作等对商品或者服务进行推荐或者证明，应当依法认定为广告代言行为。广播广告虽不出现明星形象，但表明明星姓名并以明星名义推介商品的，应当认定明星进行了广告代言。明星以扮演的影视剧角色在广告中对商品进行推介的，应当认定明星本人进行了广告代言。明星为推荐、证明商品，在参加娱乐节目、访谈节目、网络直播过程中对商品进行介绍，构成广告代言行为。

基于此，如果明星代言出现违法情况，应依法追究广告代言违法行为各方主体责任。《指导意见》规定，相关部门要加强广告代言活动全链条监管，严厉查处明星代言的虚假违法广告，依法追究广告主、广告经营者、广告发布者、广告代言人以及相关互联网信息服务提供者的法律责任。对于明星虚假、违法代言的，要坚决依法处罚到明星本人，不得以处罚明星经纪公司替代对明星的处罚。对于明星虚假、违法代言情节恶劣的，要加强公开曝光，依法依规列入个人诚信记录，加强失信联合惩戒。

资料来源　姚倩，张君花. 七部门为明星代言"划红线"[N]. 北京商报，2022-11-01（03）.

2）比较广告

比较广告，也称对比广告、竞争广告，其基本含义是广告主通过广告形式将自己的公司、产品或者服务与同业竞争者的公司、产品或者服务进行全面或者某一方面比较，以凸显其产品或服务优于或异于竞争对手的产品或服务的特征、品质或者质量等。

好的比较广告，有利于企业展开竞争，一旦掌握不好尺度，则易引起争端，因此比较广告常被称为"悬崖边上的舞蹈"。

"统一"和"康师傅"是方便面市场的两大巨头，统一方便面曾经有这样一则电视广告：师徒两个厨师煮面条，年轻徒弟煮的面条让师傅也动心，于是有旁白"统一方便面，连师傅都自叹不如"。其针对性不言而喻。

百事可乐为了突出它"年轻新一代"的定位，曾经制作了一则著名广告：一个小男孩在自动售货机上买可乐，因为个子矮够不到高处的百事可乐，于是把一瓶可口可乐踩在脚下当垫脚，拿到了百事可乐。

恒大冰泉的广告语"我们搬运的不是地表水"直接指向农夫山泉的广告语"我们不生产水，我们是大自然的搬运工"。

拓展阅读8-3
七部门联合印发《关于进一步规范明星广告代言活动的指导意见》

戴尔也曾投放一则楼宇广告：售货员卖出一支冰淇淋，一个肥胖的中年男子拿起冰淇淋舔了一口才递给消费者。很显然，广告剑指联想，其拥有中国最庞大的PC分销商队伍，戴尔希望告诉消费者，分销商占了消费者的大便宜。这则广告曾经在业界引起轩然大波，并被外界视为当时联想与戴尔营销大战的导火索。无独有偶，在这之前，惠普也曾打出"连想，都不要想"的谐音广告针对联想。

处在伦理边缘的比较广告，如果不会造成不正当竞争或者不会误导消费者，则是可以接受的；如果相反，则越过了伦理的边界，甚至超过了法律的范围。

3）针对儿童的广告

儿童广告是指针对0～14岁儿童的商品宣传，旨在影响、指导儿童的消费，并通过影响儿童从而影响其父母的购买行为的广告。

好的儿童广告有利于儿童形成良好的道德价值观。譬如，"雕牌"洗衣粉广告中，小女孩争着为妈妈洗衣服的情节，育人向上至孝。

由于儿童缺乏对信息的认知和判断能力，因此很多专门针对儿童的不良广告会对儿童造成不良影响。

（1）对物质消费过分追逐

每天各色的儿童电视广告以新奇刺激的面目出现，广告中那些令儿童欢喜的活泼可爱的广告形象，或为卡通人物，或为动物，或为儿童；令儿童馋涎欲滴、为之动心的广告商品，或形状独特，或色彩斑斓，或口味新奇，或包装怪异，无不刺激着儿童强烈的占有欲。

（2）喜新厌旧，追求新鲜

广告中过多传播只有消费新产品才快乐的观念不断误导儿童，使其认为不断换新是天经地义的，同时把能否满足其物质利益作为衡量父母和其他亲友好坏的标准。

（3）强调小霸王意识，以自我为中心

广告中常有这样的镜头，儿童大声叫喊"我要喝……我要吃……"，如果得不到满足，就坐在地上撒娇要赖，于是父母只好赶紧顺从地说"好好好，现在就给你去买"。儿童如愿以偿，破涕为笑，对镜头露出满意的笑容，一副霸气十足的模样。这些儿童广告都在鼓励和骄纵儿童的"皇帝"意识。

除了法律上的不断完善，目前，很多企业也在践行企业社会责任，从自身做起，限制针对儿童的广告。

■■ 知识链接8-5

以案释法：对未成年人发布这些广告属违法行为

近年来，有些经营单位在逐利心理的驱使下，罔顾国家法律法规，采取任意夸大宣传等非法手段误导消费者。未成年人正处在成长阶段，接受、模仿能力很强，但判断力不足，而不良广告很容易对他们造成不良影响，因此保护未成年人的身心健康发展是每个广告人的责任和义务。下面，通过公布中山市市场监管局查处的案例，让大家了解《中华人民共和国广告法》对未成年人保护的要求。

中山朗朗视光眼科专科门诊部有限公司为宣传所提供的医疗服务，在未经审查取得《医疗广告审查证明》的情况下，擅自在其经营场所内发布 3 幅医疗广告，其中 1 幅广告含有"角膜塑形镜是唯一获得医疗界认可非手术、安全有效控制近视加深的方法"等与实际情况不符的内容，1 幅广告含有"中山大学中山眼科中心林小铭主任医师、教授、博士研究生导师，附属眼科医院门诊部主任……大咖驾到朗朗眼科门诊"等文字内容及林小铭本人的肖像图片的内容，广告中含有"中山大学中山眼科中心的门诊部主任林小铭"的名义及形象。上述行为违反了《中华人民共和国广告法》第四条第一款、第四十六条及《医疗广告管理办法》第七条第六项的规定。经综合考虑当事人的违法事实、性质、情节和社会危害性等因素，中山市市场监管局责令其停止发布违法广告，并处以罚款 15 000 元。

以案示警：经营主体发布的广告不得含有虚假或者引人误解的内容，不得欺骗、误导消费者。如需发布医疗、药品、医疗器械、农药、兽药和保健食品广告，以及法律、行政法规规定应当进行审查的其他广告，应当在发布前由广告审查机关对广告内容进行审查，未经审查不得发布。医疗广告的表现形式不得出现利用患者、卫生技术人员、医学教育科研机构及人员以及其他社会社团、组织的名义、形象作证明等情形。

此外，我们还须知：

不得在中小学校、幼儿园内开展广告活动，不得利用中小学生和幼儿的教材、教辅材料、练习册、文具、教具、校服、校车等发布或者变相发布广告，但公益广告除外。

在针对未成年人的大众传播媒介上不得发布医疗、药品、保健食品、医疗器械、化妆品、酒类、美容广告，以及不利于未成年人身心健康的网络游戏广告。

针对不满 14 周岁的未成年人的商品或者服务的广告不得含有下列内容：

（1）劝诱其要求家长购买广告商品或者服务；

（2）可能引发其模仿不安全行为。

资料来源　中山市市场监督管理局. 以案释《中华人民共和国广告法》：对未成年人发布这些广告属违法［EB/OL］. ［2024-11-18］. http://www.zs.gov.cn/zszjj/gkmlpt/content/2/2140/mpost_2140834.html#1018.

4）媚俗情色广告

在信息泛滥的今天，消费者的注意力已经成为稀缺资源。为了吸引消费者的眼球，媚俗、充满低级趣味的广告林林总总。

2018 年 4 月，某著名地产商在地铁里打出"春风十里醉，不如树下学生妹"的广告语，还附有"母校旁，大学里，操场上，樱花下"的内容。这条明显涉嫌三俗的广告一经挂出，就受到舆论的抨击。

2021年8月，江西某公司委托某科技公司对妇炎洁女性个护保养系列产品提供运营、策划、推广、销售等服务。2022年4月，该科技公司在推广销售"妇炎洁玻尿酸玫瑰滋养洗液"产品时，在商品详情页面的广告宣传中使用大量低俗、恶俗、媚俗用语，贬损妇女人格尊严，造成了恶劣的社会影响。检察机关通过发出检察建议，督促行政机关依法查处企业广告违法行为，两家涉案企业共被罚款130万元，主动配合整改，依法下架相关产品，并通过解聘、降薪等方式追究了20余名涉案相关人员的责任。①

●● 8.5.2　人员推销中的伦理问题

人员推销是指企业派出推销人员与潜在消费者交谈，进行口头陈述，以推销商品，促进和扩大销售。当销售人员为达到销售目的，对顾客纠缠不休或刻意隐瞒有关产品的实际情况时，推销人员就实施了非道德性推销手段，容易被消费者诟病。在人员推销中常见的伦理问题如下：

1）高压推销

当推销人员采取欺骗、诱惑、炒作或强制等方法迫使消费者去购买他们并不需要也不想买的产品时，就产生了道德问题。

■ 小案例8-7

江门强迫交易案

2022年9月21日，广东省高级人民法院发布第三批打击整治养老诈骗典型案例，江门法院"被告人廖某程等强迫交易案"入选。该案中，被告人廖某程与他人组成恶势力犯罪集团，恐吓欺骗中老年人高价购买廉价玉器，老年人的"钱袋子"因此受到损失。

2018年4月至8月，被告人廖某程在经营管理某工艺品商行期间，为牟取非法利益，先后纠集被告人华某等人担任讲师、被告人戴某等人担任销售经理。上述人员组成恶势力犯罪集团，以该商行为据点，安排讲师和销售经理采用言语恐吓、威胁等手段，对"中老年旅游团"游客忽悠蒙骗，令游客产生畏惧心理，或先强行收取游客钱款，强迫中老年人买下该商行以假充真、以次充好的廉价玉器，从中获利。据了解，廖某程等人组成的恶势力犯罪集团先后共强迫38名受害人购买其廉价玉器，交易金额共计30.8万元。

江门市江海区人民法院审理此案后认为，被告人廖某程等7人无视国家法律，以威胁手段强卖商品，情节严重，其行为均已构成强迫交易罪。廖某程为实施强迫

---

① 孟刚. 妇炎洁低俗广告涉案企业被处罚［N］. 中国消费者报，2022-12-06（03）.

交易犯罪而纠集华某等人组成较为固定的恶势力犯罪组织，共同故意实施 3 次以上强迫交易犯罪，是恶势力犯罪集团。故，以强迫交易罪分别判处廖某程等人有期徒刑 2 年 6 个月至 1 年，并处罚金。

资料来源　凌雪敏，黄妙姿.保护老年人"钱袋子"安全［N］.江门日报，2022-09-23（A07）.

在推销活动中，推销人员迫于实现目标的压力或面对高额提成的诱惑，常会利用消费者的知识漏洞，夸大产品功能，误导消费者。

■ 小案例 8-8

警惕虚假宣传

2022 年，云南省市场监管局公布了一个虚假宣传的典型案例。

腾冲星炫珠宝有限公司于 2021 年 8 月 24 日在当地市场监管部门注册登记取得营业执照，在"拼多多"平台从事经营翡翠原石活动。该公司在"拼多多"平台有两个直播账号，分别是"翡小哥珠宝旗舰店"和"翡老大珠宝旗舰店"。直播过程中，主播使用"捡大漏""血漏""不得了""必须大涨""这种美货谁拿谁发""这种美货谁捡谁发财""这种品质货做大牌 10 万+"等暗示的宣传用语来描述销售的翡翠原石在品质、价格方面的优势，做夸大、引人误解的宣传。为了使消费者相信直播间销售的翡翠原石是第一手货源，该公司以员工冒充"老缅"货主，虚构一个主播和"老缅"货主现场砍价的虚假场景，诱导消费者购买翡翠原石，做虚假的商业宣传，构成欺骗、误导消费者的事实。

处罚决定：当事人的行为违反了《中华人民共和国电子商务法》第十七条、《中华人民共和国反不正当竞争法》第八条之规定，依据《中华人民共和国电子商务法》第八十五条、《中华人民共和国反不正当竞争法》第二十条和《中华人民共和国行政处罚法》第三十二条的规定，责令当事人改正上述违法行为，并处以罚款 30 000 元。

资料来源　云南省市场监管局.云南省市场监管局公布 2022 年民生领域"铁拳"行动典型案例（第一批）［EB/OL］.［2024-12-05］. http://yn.yunnan.cn/system/2022/04/14/032024919.shtml.

拓展阅读 8-4

江苏公布一批虚假宣传防疫功效广告案件

2）顾客歧视

人员推销中的顾客歧视具有两层含义：第一，对不同的消费者在服务态度或提供方便性上有差异，经常会"以貌取人"；第二，对同一消费者在其购买前后的态度上有差异，从购买前的"鞍前马后"变成购买后的"冷若冰霜"。这两种行为都是不可取的。

3）送礼款待

为了与顾客之间建立长期良好的人际关系，推销人员经常送礼给顾客以示谢意。围绕送礼的伦理问题在于：在怎样的临界点上，送礼行为会变成行贿？尽管可以通过礼物的价值来判断送礼和行贿的区别，但这种标准并不准确。

常见的款待活动包括宴请顾客吃饭、打高尔夫球、旅游及赠送样品、带顾客看比赛等。款待和送礼类似，判断其是否触及伦理边界，在于款待是否被用来对顾客施加额外的影响和压力。然而，在现实中，这种压力往往是顾客的主观感受，很难判断。

》》 8.6 服务中的伦理问题

通常，服务可以从服务企业提供的"纯服务"和生产企业提供的产品售后服务两个方面分类阐述。纯服务是一种无形的产品，服务的品质是企业收入的重要影响因素，而售后服务是提高消费者满意度或改进产品品质的重要保证。无论服务是哪种形态，企业和消费者都要进行直接接触，因此服务中的伦理问题应该引起企业的格外关注。

●● 8.6.1 各服务行业的"纯服务"伦理问题

伦理问题比较突出的纯服务行业主要集中在与消费者生活密切相关的行业，其最大的问题就是屡见"霸王条款"。

所谓霸王条款，就是一些经营者单方面制定的逃避法定义务、减免自身责任的不平等合同、通知、声明和店堂告示或者行业惯例等，限制消费者权利，严重侵害群众利益。电信、餐饮、旅游、保险、航空、衣物清洗等行业是霸王条款最多的服务行业，历来受到广大消费者的诟病。

霸王条款之所以在我国横行霸道，屡禁不止，主要原因在于：第一，有关部门对治理霸王条款力度不足，虽然消费者保护协会常会挺身而出，但其作为社会团体既无执法权也无行政权；第二，大多数霸王条款都产生于垄断行业，垄断者在与消费者的交易中占据完全主动的地位；第三，有的企业利欲熏心，缺乏诚信和基本的道德标准，导致不公平交易屡见不鲜；第四，消费者的宽容和忍耐也是助长霸王条款的关键要素。因此，政府、企业、消费者只有携手共进才能减少乃至革除各行业的霸王条款。

■■ 知识链接8-6

对霸王条款说"不"

2021年8月，《人民日报》整理出购物、旅游、手机、买房、餐饮、生活等多个行业的53个霸王条款，包含以下内容：

快递篇

"先签收后验货""验货可以，得先交开箱费""易损易腐货物在途中损坏、腐烂，本公司概不赔偿""因节假日造成的延误，承运人不承担责任""超过30天不提货者，本公司有权自行处理""包装未损坏、箱内货物损坏与本公司无关""货损在总价值的3%以内属正常的损耗，损失自负"。

旅游篇

"机票改签费70%，退票费80%""本社对行程和报价保留解释权""行程变更，恕不通知""与旅行社签署保密协议""旅行中因不可抗力产生的费用，游客自理""本酒店只提供车辆停放，产生损失概不负责"。

公用事业篇

"公交卡月底清零""逾期缴纳水费每日加收5%的违约金""因供水设施损坏造成停水，使用水方受到损失的，供水方不承担责任""由第三方原因造成事故或停气，供气人不承担赔偿责任""供水管道破裂或管道抢修、连接工程造成的临时停水，供水方不承担责任""供气服务协议变更，以供气人公告为准"。

购物篇

"特价商品，概不退换""定制商品先付清购货款，再发货""未在规定时期内支付尾款，预付订金不予退还""本商场拥有本次活动的最终解释权""金银饰品概不退换""买一赠一，对赠品不实行三包""购物后保安查验小票并盖章"。

租房买房篇

"通过本中介以外的渠道，看房行为无效""业主、客户及双方近亲属、朋友、同事签字，视为本人签字认可""小区车位、车库、公共场地等均归开发商所有""质量争议以项目原监理单位验收或检测意见为准""卖方因第三方原因导致迟延交房、迟延办证无须承担责任""不交装修押金不给钥匙"。

其他篇

医院收费："交费一律四舍五入"。婚纱摄影："订金本公司一律不退"。留学服务机构："在任何情况下不予退还已收费用"。健身俱乐部："只有办理移民或死亡方可退卡""更衣柜内如有遗留物品将被视为遗弃物品，不予保留"。预付款消费卡："本店对该卡有修改权和终止使用权"。

餐饮娱乐篇

"进饭店禁止自带酒水""进电影院禁止自带食品""包间最低消费×××元""消毒餐具另收费""消毒餐具工本费一元""减少订席数须提前十五天告知，否则按原订席数全额收费""请保管好自己的物品，丢失本店概不负责"。

手机篇

"移动电话上的保修贴纸不得撕毁、损坏，否则不予保修""SIM卡一经启用不予退货""预存话费均不可退还""手机靓号预存高额话费""设定月消费最低额度""终身不得更换套餐""送修产品受损只赔维修、更换费"。

资料来源　佚名.速看！人民日报公布53个霸王条款！[EB/OL].[2024-11-25].https://baijiahao.baidu.com/s?id=1708648881851255911&wfr=spider&for=pc.

扩展阅读8-5

中消协发布
十大典型案例
及维权指引

8.6.2　售后服务中的伦理问题

售后服务是指生产商、经销商把产品（或服务）销售给消费者之后，为消费者提供的一系列服务，包括产品介绍、送货、安装、调试、维修、技术培训、上门服务等。售后服务又被称为后营销，涉及对现有顾客的关系营销，如建立顾客资料库、顾客满意度调查等。售后服务中的伦理问题主要有以下两种：

1）各种花招规避合同约束

售后服务的内容一般通过正式合同的形式确定，但在实际操作中，不少企业瞒天过海，规避合同条款，使消费者的利益蒙受损失。

小案例8-9
线上手机维修收费不透明　售后服务无保障

线上手机维修平台存在缺乏售后服务与投诉通道、收费明细公布不全、手机维修后质保无明确说明、更换的电池非原装电池等问题——这是深圳市消费者委员会2021年5月17日公布的10个线上手机维修平台NPS（Net Promoter Score，净推荐值，亦可称口碑）暨神秘客调查的结果。

本次调查是在深圳市消费者委员会的指导下，由福田区、宝安区消费者委员会委托深圳市品质消费研究院开展的。调查主要针对消费者关注度较高的10个线上手机维修平台：极客修、闪修侠、闪电修、丰修、HI维修、网修家、极吼吼、马上修、加速度和51修。

调查结果显示，10个线上手机维修平台的平均NPS为30.70，消费者推荐意愿良好，对行业整体认可度较高。其中，NPS得分前三名依次为：丰修（44.00）、闪电修（42.00）、极客修（38.00）。NPS调查的各维度数据显示，维修价格是消费者选择线上手机维修平台的首要原因，推荐比例为84.13%；其次是维修便捷性（83.49%）和服务态度（81.56%）。

神秘客调查采用百分制考核标准，10个平台平均分值为88.30分，整体体验较好。神秘客调查得分的前三名依次为：丰修（97）、闪电修（96）、极客修（95.8）。在各项考察指标中，得分率最高的是平台操作体验，为98%；其次是收费标准（92.73%）和上门速度（89.80%），得分最低的是售后服务，为79.14%，主要原因是部分平台缺少投诉通道。

神秘客调查分别从平台操作体验、上门速度、收费标准以及售后服务四个维度进行考察。其中，平台操作体验主要考察神秘客在下单时选择是否方便（App下单或微信小程序下单）、操作界面使用是否便捷、手机维修指示是否明显；上门速度主要考察平台接单须等待时间、周末及非工作时间响应速度、是否在预约时间点到达；收费标准主要考察收费是否透明、是否含隐性消费；售后服务主要考察是否有投诉通道、是否有质保期。

在平台操作体验方面，各平台平均得分率为98%，8个企业得分率为100%。调查发现，极吼吼维修平台与HI维修平台操作体验时有机型限制。

在收费标准方面，各平台平均得分率为89.30%，收费标准介绍等信息基本齐全，总体表现良好。10个平台收费标准的主要扣分点在于收费明细公布不全，仅展示普通常规硬件收费，其他维修收费明细须与客服进行沟通后才能获取。

在上门速度方面，闪电修平台排名第一，得分率为93.56%，表现优秀；加速度得分率较低，为85%。

在手机维修后质保方面，10家平台均是口头保证，并无其他文件说明。

本次调查还发现，超过九成受访者表示愿意选择线上维修手机平台维修手机；下单后，希望15分钟内接到维修师傅的联系电话，接受最长等待时间为35～50分钟；与维修师傅取得联系后，希望能在1小时内上门维修，上门时间最长不能超过2小时。

资料来源　黄劼.线上手机维修收费不透明 售后服务无保障［N］.中国消费者报，2021-05-19（03）.

2）服务有猫腻，收费不合理

很多售后服务利用消费者对技术知识的缺乏，蒙骗消费者，各种收费名目让人应接不暇。实际上，无论是完全免费的售后服务，还是收费的售后服务，最重要的是要在服务前坦诚相告，并具有合理的收费标准，从而使消费者可以根据自己的实际情况来选择和购买售后服务。

以上所述的所有营销手段涉及的伦理问题，之所以会出现，与相关部门监管不力、法律不健全、社会伦理大环境不完善、企业伦理道德观念淡薄、消费者维权意识不强等都相关，只有各方共同努力，才能打造良好的营销伦理环境。

拓展阅读8-5

西安哭诉维权事件

▶ 本章小结

营销伦理（marketing ethics）是商业伦理学的一个应用分支，是指对营销策略、营销行为及机构道德的判断标准。

营销伦理观中与消费者之间的"义"指恪守承诺、信誉至上、合理消费等；与竞争者之间的"义"包括平等互利、竞争合作等。

在营销中常见的伦理问题可以从营销组合要素进行分析，包括产品中的伦理问题、定价中的伦理问题、渠道中的伦理问题、广告促销中的伦理问题和服务中的伦理问题。

产品中的伦理问题可以从产品定位、产品设计、产品包装、产品生产、产品召回几个方面进行阐述。其中，产品设计是价值链源头，要从设计上避免缺陷，使产品符合生态环保要求；产品包装应能保护消费者和产品安全；禁止使用欺骗性包装；避免浪费，符合减量化、再利用、再生循环的3R原则；包装标签要清晰、准确、易读。

一旦产品设计存在缺陷，就要进行产品召回。产品召回制度是指政府主管部门依照有关的法律法规监督产品的生产者，使之对其生产和销售的缺陷产品进行回收、改造等处理，并采取相应措施消除产品设计、制造、销售等环节的缺陷，以维护消费者权益、保护生态环境的一种行政管理制度。各国的召回制度给中国的产品召回提供了指导。

定价中的伦理问题包括歧视性定价、串谋定价、掠夺性定价、价格欺诈与误导性定价、暴利价格。歧视性定价（discriminatory pricing）是指对同一商品的不同买主索要不同的价格。串谋定价（collusive pricing）也称串通定价，是指生产者、经营者之间互相串通，订立价格协议或达成价格默契，以共同占领销售市场，获取高额利润。掠夺性定价（predatory pricing）是指某家企业为了挤出或吓退意欲进入该市场的潜在对手，降低价格至其成本以下，待对手退出市场后再提价。价格欺诈是指经营者利用虚假或者使人误解的标价形式或者价格手段，欺骗、诱导消费者或者其他经营者与其进行交易的行为。暴利价格是企业某一产品的价格水平或差价率或利润率超过同一地区、同一期间、同一档次、同种产品的市场平均价格或平均差价率或平均利润率的合理幅度。

其中，歧视性定价、串谋定价、掠夺性定价主要集中在企业的定价行为损害了正常的竞争，而价格欺诈、误导性定价和暴利价格主要涉及企业的定价行为对最终消费者的影响。

渠道中的伦理问题主要包括违背合同契约、转嫁渠道成本、流通假冒伪劣产品、采用灰色营销手段等。

广告中的伦理问题包括虚假广告、比较广告、针对儿童的广告、媚俗情色广告等。虚假广告是指广告内容是虚假的或者是容易引起误解的。欺骗手法有广告主虚假、广告内容虚假、广告模特虚假、广告形式虚假四类。比较广告也称对比广告、竞争广告，其基本含义是广告主通过广告形式将自己的公司、产品或者服务与同业竞争者的公司、产品或者服务进行全面或者某一方面比较，以凸显其产品或服务优于或异于竞争对手的产品或服务的特征、品质或者质量等的广告。好的比较广告有利于企业展开竞争，但一旦掌握不好尺度，则易引起争端，因此常被称为"悬崖边上的舞蹈"。针对儿童的广告因为会对儿童传递错误的价值理念，诸如对物质消费过分追逐、喜新厌旧、小霸王意识等而存在伦理问题。人员推销中的伦理问题有高压推销、故意误导、顾客歧视、送礼款待等。

服务中的伦理问题可以从"纯服务"和售后服务两个方面理解。服务中的霸王条款、收费不合理等问题应该引起消费者的重视。

总之，所有营销手段中涉及的伦理问题，之所以能够大肆盛行，与相关部门监管不力、法律不健全、社会伦理大环境不完善、企业伦理道德观念淡薄、消费者维权意识不强等相关，只有各方共同努力，才能打造良好的营销伦理环境。

▶▶ 复习思考题

（1）简述营销伦理的内涵。

（2）分别从消费者和竞争者的角度，阐述义利观中的"义"有哪些体现。

（3）简述产品设计中应该避免哪些伦理问题。

（4）简述产品包装中应该避免哪些伦理问题。

（5）什么是产品召回制度？美国的产品召回制度给我们什么启示？

（6）分别对歧视性定价、串谋定价、掠夺性定价、价格欺诈与误导性定价、暴利价格进行解释，并举例说明。

（7）如何避免虚假广告？针对明星代言虚假广告，你有什么好的建议？

（8）为什么在服务业中霸王条款会横行呢？

（9）请选择一个典型案例，对其营销中存在的伦理问题进行分析并提出解决的思路。

▶▶ 案例分析

达芬奇天价家具造假被查　被曝为假洋货

1994 年，达芬奇家具在新加坡开设了首家零售店，几年后扩展到马来西亚、文莱、印度尼西亚，以及中国的主要城市和地区（北京、上海、广州、深圳、成都、重庆、香港）。达芬奇家具通过与经销商合作连续开设了 7 家超级商店，并成为中国顶级家居概念零售商。

2011 年 7 月 11 日，中央电视台《每周质量报告》栏目报道达芬奇天价家具涉嫌造假，被曝为假洋货。记者调查发现，达芬奇公司销售的天价家具中有相当一部分不是产自意大利而是产自广东东莞，所用原料不是达芬奇公司宣称的名贵实木而是高分子树脂材料。经检测，消费者购买的达芬奇家具甚至被判定为不合格产品。

事发：天价家具散发刺鼻气味

北京唐女士从达芬奇家具专卖店购买了 40 多件家具，花了 280 多万元，其中一套沙发价值 30 多万元，一张单人床也要 10 多万元。这些天价家具一进家门就散发出强烈的刺鼻气味，而且那张价值 10 多万元的单人床，合同中约定的尺寸是 1.5 米，实际却只有 1.2 米。对此，达芬奇家具专卖店工作人员解释道："国内的尺寸和国外的尺寸是不一样的。"同时，北京达芬奇家具公司提供了一份家具进口手续资料，但唐女士仍怀疑这些家具的"意大利身份"。

于是，唐女士将从达芬奇公司购买的床和电视柜等家具送到国家家具及室内环境质量监督检验中心进行检测，结果有三项不符合国家标准，其中电视柜使用的材料是密度板，并非实木，被判定为不合格产品。

探访：专卖店称家具产自国外

记者在北京、上海、重庆等地的达芬奇家具专卖店进行探访，销售人员均宣称他们销售的卡布丽缇家具100%是意大利生产的，使用的材料是"天然高品质原料"。

记者调查：

产地：洋品牌家具产自东莞

记者在达芬奇公司宣称的生产地意大利坎图镇调查发现，意大利坎图镇的卡布丽缇公司和达芬奇公司确实有合作关系，但其生产的家具上的雕花并不是实木雕刻的，而是由一种特殊的树脂材料做成的。这与此前北京达芬奇家具公司的销售人员的说法不同。

最终调查显示，达芬奇公司销售的卡布丽缇家具都是由广东东莞长丰家具有限公司生产的，在达芬奇家具专卖店卖到30多万元的双人床，在长丰公司只需3万元左右。

材料：树脂材料变身名贵木材

同时，记者发现，达芬奇公司生产的家具所使用的原料不是意大利名贵木材，而是一种高分子树脂材料和大芯板、密度板。一走进车间，就能闻到这些化学物质混合的刺鼻味道。而且，家具的雕花部分也不是用手工雕刻的，而是采用模具成型的。这些都与达芬奇公司工作人员所宣称的不同。

长丰公司负责人说，他们的生产完全是按照达芬奇公司的要求进行的。在达芬奇公司发给该公司的电子邮件中，达芬奇公司负责人明确要求长丰公司在生产家具时，"能不用实木的地方就不用实木""可以不用手工雕刻""可以采用倒模的方式"。这些由高分子树脂材料和大芯板、密度板加工成的家具经过打磨、烤漆等工序，摇身一变，成为所谓的名贵木材加工的天价家具。

长丰公司总经理彭杰说，他们从2006年开始为达芬奇公司生产家具，由当初一个系列增加到现在的三个系列，品牌分别有卡布丽缇、好莱坞、瑞瓦，现在和达芬奇公司的年交易额在5 000万元左右。

流程：先出口再进口到上海"一日游"

记者调查发现，达芬奇公司为掩盖他们从长丰公司购进家具的事实，专门设计了一整套流程。达芬奇公司给长丰公司的"预付款明细账"显示，达芬奇公司声称从长丰公司购买的是布板、挂架等小部件，而不是家具。长丰公司负责人说，其实达芬奇公司从他们这里购买的就是家具，只不过在账上不敢写明，主要就是害怕暴露他们销售的所谓"洋品牌"天价家具实为国内制造的真相。

长丰公司将家具交付给达芬奇公司之后，达芬奇公司将这些家具从深圳口岸出港，运往意大利，再从意大利运回上海，从上海报关进港回到国内，这些家具就有了全套的进口手续，成为达芬奇公司所说的100%意大利原装、"国际超级品牌"家具了。

检查：上海工商部门调查达芬奇家居

2011年7月10日，上海工商部门出动近70人，对达芬奇位于上海的母公司、两家分公司、三个展示厅以及两个仓库进行了紧急检查，对涉嫌侵犯消费者权益的产品进行调查取证。执法人员在其位于上海市青浦的仓库内查获了部分涉嫌伪造产地的家具产品，对相关家具产品进行登记保存并取样送检。调查显示，达芬奇家居旗下部分家具产品的确是在广东东莞贴牌生产的，其质量并不过关，产品涉嫌伪造产地。

回应：达芬奇家居发表声明——"意大利品牌家具均为原装"

2011年7月11日，记者采访了达芬奇家居北京区市场部负责人王雷。他表示，媒体报道中部分内容与实际情况不符。报道播出后，公司对这一事件非常关切，将会慎重处理。

后续情况

2011年7月13日，家居厂商达芬奇就央视曝光其"假洋品牌"身份及部分产品质量不合格一事在北京召开情况介绍会。达芬奇家居有限公司总经理潘庄秀华在现场承认与包括东莞长丰在内的国内家具厂有合作。一度，新闻发布会变成了潘庄秀华声泪俱下哭诉创业史的舞台。

此次说明会上没有安排任何采访环节，亦未对此前央视曝光的内容进行回应。潘庄秀华痛哭讲述完毕后，一行人随即匆匆离场。

公开道歉

2011年7月18日下午，达芬奇家居方面在微博上发出公开道歉信，称"公开向消费者道歉，并将对产品标注问题开展内部清查整顿"。有消费者认为，"达芬奇的道歉信中丝毫未提及消费者最为关心的退换货问题，看不出道歉的诚意"。

资料来源　李麒麟，李杨. 达芬奇天价家具造假被查　被曝为假洋货 [N]. 新京报，2011-07-11.

讨论题：

（1）请分析达芬奇家具造假事件中存在哪些伦理问题。

（2）该事件给其他家具企业哪些启示？企业应该如何进行诚信经营？

第9章　跨国经营中的伦理问题

▶ 学习目标

- 了解经济全球化的内涵及对跨国经营的影响
- 熟悉考克斯圆桌商业原则
- 了解跨国经营中的典型伦理问题

▶ 引例

联合利华承认梦龙中外用料"双标"

2021年8月初，有网友在社交媒体发布消息称，联合利华公司旗下的梦龙冰淇淋中外用料不同。其国内版巧克力层里面的冰淇淋是由大比例的植物油制成的，只含有少量奶粉，而在欧洲市场销售的冰淇淋产品却是以牛奶为原料制作的。

联合利华全球副总裁曾锡文接受央视财经记者采访时表示，中国梦龙冰淇淋用的是复原奶，是奶粉加水；欧洲用的是水加浓缩奶。由于欧洲鲜奶难以运到中国来，中国产的鲜奶存在供应问题。这意味着，对于此前网友的质疑，联合利华承认了梦龙冰淇淋中外用料"双标"。该消息曝出后，再次引发热议。

根据配料表，梦龙中国冰淇淋产品奶粉含量仅为3.7%，排在植物油之后。专家表示，植脂的价格相对乳脂更便宜，包括椰子油等，大部分都没有乳脂贵。其实梦龙事件并非个例，在冰淇淋等冷冻产品行业内，原料价格以及所在地相关的行业标准成为重要的影响因素。

中国农垦乳业联盟经济专家组组长宋亮表示，用奶粉复原的奶，在蛋白含量和浓缩奶的蛋白含量一致的情况下，成本每吨在8 000元到1万元，浓缩奶的价格每吨在1.3万元到1.4万元，差距为每吨3 000元到6 000元。在行业观察人士看来，有的"双标"是可以接受的，比如不同国家的产品标准设定不一样，"中国版"和"海外版"可能存在一定差别；但在与国标设定不冲突的情况下，如果是原料选择上有"天花板"和"地板"之分就不应该了，尤其面对的是中国这样的海量市场。无论哪个国家的消费者都不愿意被区别对待。

此事从法律上来说，如果产品配料标注用牛奶，却被检查出用的是奶粉，则涉及侵犯消费者知情权，构成欺诈行为。不过，从梦龙产品说明上看，没有发现其存在消费欺诈行为。但是，不存在欺诈，不意味着没有问题。即便产品标注的配料与实际使用配料一样，没有触碰法律红线，符合行业标准，但外企产品内外有别的"双标"行为，还是影响了中国消费者的体验感，进而导致其品牌在中国消费者心目中的形象大打折扣。

梦龙用料"双标"事件并非个例。此前麦当劳、耐克、苹果、可口可乐等洋品牌也都存在"内外有别"现象，涉及价格、质量、服务标准等，被消费者诟病为"看人下菜碟"。这说明一些洋品牌对中国消费者缺乏最基本的诚意，一方面在中国市场上赚得盆满钵满，另一方面又采用不同标准区别对待中国消费者。

资料来源　[1]涂端玉，赵方圆，许晓芳. 联合利华承认梦龙中外用料"双标"[N]. 广州日报，2021-08-21（A5）. [2]李万祥. 中国市场不应有"双标"[N]. 经济日报，2021-08-22（02）.

思考：

（1）作为跨国公司，联合利华的做法是否符合伦理规范？

（2）联合利华在进行跨国经营时，应该承担什么样的企业社会责任？

》9.1　经济全球化与跨国公司

21世纪是经济全球化的时代，经济全球化如同一把"双刃剑"，一方面推动着世界经济和世界贸易的巨大发展，另一方面不可避免地为跨国公司的跨国经营带来了很多冲击和挑战。

● 9.1.1　经济全球化的内涵

经济全球化（economic globalization）是指世界经济活动超越国界，通过对外贸易、资本流动、技术转移、提供服务、相互依存、相互联系而形成的全球范围的有机经济整体。经济全球化是当代世界经济的重要特征之一，也是世界经济发展的重要趋势。经济全球化是指贸易、投资、金融、生产等活动的全球化，即生产要素在全球范围内的最佳配置。

● 9.1.2　经济全球化给跨国经营带来的机遇

经济全球化给跨国经营带来了巨大的机遇，主要表现在以下几个方面：一是有利于吸引和利用外资，引进世界先进管理理论和经验并实现管理的创新；二是有利于加速工业化进程，优化产业结构；三是有利于深入地参与国际分工，发挥本国现实和潜在的比较优势，拓展海外市场，增强企业的竞争力；四是有利于抓住新技术革命带来的机遇，发挥后发优势，提高技术水平等。

● 9.1.3　经济全球化给跨国经营带来的挑战

经济全球化不仅给跨国经营带来了机遇，同时也带来了挑战。

1) 外部管理风险

东道国和母国的政治、经济、文化等环境的差异，常常导致东道国和母国的消费观念和结构存在差异，给跨国公司在东道国的经营活动带来风险，易导致跨国经营的失败。因此，跨国公司必须根据东道国市场的特点，对其营销活动进行调整，以适应其跨国发展。

2) 内部管理风险

内部管理风险主要指一个社会的民族特性、风俗习惯、宗教信仰、价值观念、道德标准、教育水平、语言、社会结构等因素给跨国公司在管理上带来的风险，主要包括价值取向差异、沟通障碍、管理观念不同等。

■ 讨论9-1

Facebook陷数据"泄露门"，被曝操控美国大选且隐瞒事实

2018年3月22日，Facebook创始人马克·扎克伯格首次亮相处理5 000万用户账户数据泄露公关事件，他承认Facebook没有保护好用户数据，并承诺将对开发者执行更为严格的数据访问权限。对此，Facebook用户表示：为时已晚，背后牵扯到太多商业、政治阴谋！

数据"泄露门"

据悉，数据泄露事件均始于2007年的一款名为"我的个性"的Facebook应用程序（App）。当时，剑桥大学讲师亚历山大·扎根为实验新的方法研究人的性格和行为模式，选择在Facebook上开发性格测试App，通过用户填写、选择试题的方式，推断用户人格特征，最终推送测试结果。

值得注意的是，每一个类似的应用程序都是以用户大数据为基础的。据报道，当时大约有32万用户点击同意将自己Facebook的账户信息提供给亚历山大·扎根。但是，仅有32万用户同意提供账户信息，何以能牵扯到5 000万用户呢？

数据收集套路

媒体在报道中获悉，亚历山大·扎根虽以开发热门App赢取了32万用户的资料，但这一切并不能满足他的野心，他还做了以下事情：

（1）免费为用户提供"我的个性"App下载功能，但要求用户拥有185位好友以上才能下载使用，这也就是5 000万用户的来源；

（2）在亚马逊公司旗下网站"Mechanical Turk"和"Qualtrics"上发布问卷调查，请求用户同意该应用程序查看其账户资料。

只要用户上"套"，亚历山大·扎根就可通过用户习惯推断出用户的性别、性格、生活习惯、宗教信仰，甚至政治倾向等。

Facebook 紧急封停

当然，在这个 App 风靡整个 Facebook 时，主人家怎能不察觉呢？

2015 年，Facebook 正式封停了这个 App，并要求销毁相关数据，但所谓的销毁，就是要求开发者将文件寄回即可。

倒卖用户数据

据悉，在收集 5 000 万用户数据后，亚历山大·扎根将其回收至母公司剑桥分析（Cambrige Analytica），并不顾违反法律将所有数据打包倒卖出去，其中就涉及 2016 年美国大选。当时，剑桥分析利用获取的用户信息，向这些用户精准投放广告内容。比如，X 是美国的一位选民，喜欢在 Facebook 高频率浏览枪支相关内容，据此就可以轻松推测出这是一名喜爱枪支的选民，于是剑桥分析会通过不法手段向其推送"希拉里要禁枪"等内容。长期以来，通过此方式，选民潜移默化地认为希拉里有多么不亲民，于是 X 在选举总统时很可能倾向特朗普。这一切亦不是空穴来风，在案件曝光后，当地 Channel 4 记者曾暗访剑桥分析的高管，并录制了当时的视频，曝光了一系列非法对付政敌、性贿赂官员和选举人等的行为。

Facebook 沦陷

最可恶的是，Facebook 在两年前就知晓此事，但始终未对外披露这一信息！它最终也落得了一个悲剧的下场：在短短几天内，Facebook 股票价格累计下跌 9%，市值直接蒸发 640 亿美元！

资料来源　七号微观察. Facebook 数据"泄露门"，被曝操控美国大选且隐瞒事实！[EB/OL].〔2024-11-18〕. https://baijiahao.baidu.com/s? id=1595634742452612337&wfr=spider&for=pc.

讨论：Facebook 的上述行为存在哪些伦理上的问题？

拓展阅读 9-1

英国出台历史上首个机器人伦理标准

》》9.2　跨国经营中的伦理准则

在跨国经营中，跨国公司必须面对一些伦理困境：东道国的伦理规范和经营方式与母国是否不同？如果伦理规范有差异，应该以哪一种规范为准？如果跨国公司仍继续奉行母国的伦理规范，则称为伦理绝对论；若选择入乡随俗，按照东道国的伦理规范来行事，则称为伦理相对论。

9.2.1　伦理相对论、伦理绝对论及伦理置换

1）伦理相对论

伦理相对论认为，不同的看法和观点都有合理的一面，没有绝对正确或错误的道德伦理标准，因此不存在绝对的权利和对错。若以伦理相对论指导跨国公司的日常经营活动，则要求跨国公司在进行跨国经营时奉行东道国的伦理标准，即入乡随俗。但是，这种观念也常常降低跨国公司的道德水准，如行贿行为、使用童工，或

者让工人在极其恶劣的工作环境和薪酬水平下从事生产等。

2）伦理绝对论

伦理绝对论则强调伦理规范的客观性和普适性，认为不管文化差异有多大，总会存在一些适用于一切民族和时代的普遍价值观和行为观，任何一个企业必须服从并遵守这些准则。对于跨国公司而言，这意味着跨国经营时其仍然继续奉行母国的伦理标准，这虽然能够有效减少经营活动中的道德冲突，但容易产生伦理优越感，将母国价值观念凌驾于他国之上。

因此，无论是伦理相对论还是伦理绝对论都失之偏颇，并在一定程度上使跨国公司在跨国经营时无所适从。例如，沙特阿拉伯主张大多数管理岗位不能雇用妇女，否则违法；即使妇女经过允许可以工作，也必须穿黑袍戴面纱。那么在沙特阿拉伯经营的跨国公司该不该雇用女性呢？如果不雇用，又是否会在国际上被指责为性别歧视呢？

3）伦理置换

伦理置换是通过寻求在有别于出现伦理困境的层次上的解决办法，去解决某个困境。按照伦理置换的观念，所有在不同国家和地区间的政治、经济、文化、风俗习惯等的差异所导致的跨国经营中的伦理困境，以及靠单个国家难以解决的经济全球化所产生的问题，都呼吁国际性共同伦理规范的出台。

●● 9.2.2 跨国经营的共同伦理规范

为了制定一个统一的伦理道德标准，很多国际组织努力提出一个统一的指导方针。跨国公司道德规范和准则的数量迅速增长，比较有代表性和影响力的有商界自主制定的《考克斯圆桌商业原则》，以及《联合国全球协议》《经济合作与发展组织跨国企业准则》《克拉克森原则》、社会责任国际标准SA 8000、国际劳工组织制定的劳工公约等。

■ 知识链接9-1

考克斯圆桌商业原则

第一部分　序言

就业与资本的流动使经济活动及其影响不断地全球化。在这种背景下，法律和市场的制约很必要，但是还不能充分指导商业行为。

公司的基本职责是对公司行为和政策负责，并尊重利益相关者的尊严与利益，而共同的准则（包括对共同繁荣的承诺）对小规模人群和全球人群同样重要。由于上述原因，同时由于商业可以有力地带动积极的社会变化，我们提出以下原则作为商业领导者的讨论基础和履行公司责任的行为基础，我们也肯定道德准则在经济决策中的合法性与中立性。没有道德准则，就没有稳定的经济关系和全球的可持续发展。

第二部分 总则

原则 1 公司责任：从股东变为利益相关者

公司的一个作用是创造财富和就业，并以合理的价格及与价格相应的质量向消费者提供适合销售的产品和服务。为发挥该作用，公司必须保持其经济健康和活力，但是公司生存并不是公司的唯一目标。公司的另一个作用是与公司顾客、雇员和利益相关者分享创造的财富，提高他们的生活水平。供应商和竞争者应该本着诚实公正的精神履行义务，相信这样才会带来更多的商机。公司是地方性、全国性、地区性和全球性社区（人群）中勇于负责任的成员，影响着所在社区的未来。

原则 2 公司对经济和社会的影响：面向革新、公正与全球性社区

建立在海外的发展、生产或销售公司应通过创造就业机会、提高当地人们的购买力为所在国家的社会进步做出贡献，同时应关注所在国家的人权、教育、福利，激发社区生命力等。此外，公司应通过革新、有效地使用自然资源、自由公平地竞争，为所在国家和全球的经济、社会进步做出贡献。这种贡献是广义的，包括新技术、生产、产品、经销和通信等。

原则 3 公司行为：从遵守法律条文发展为信任精神

除了合法的商业秘密外，公司应认识到，真诚、公正、真实、守信与透明不仅有利于提高经济活动的信誉度和稳定性，而且有利于提高商业交易（尤其是国际商务）的效率和平稳性。

原则 4 遵守规则：从贸易摩擦发展为贸易合作

为避免贸易摩擦，促进更为自由的贸易，保证商业机会均等，各方得到公平相同的待遇，公司应遵守国际、国内规则。此外，公司还应认识到，尽管有些行为合法，但仍可能带来不利后果。

原则 5 支持多边贸易：从孤立走向世界

公司应支持世界贸易组织的多边贸易系统和其他类似的国际合约。公司应积极配合，提高贸易的合理自由度，放宽国内政策，减少这些政策对全球经济造成的不合理障碍。

原则 6 关注环境：从保护环境发展到改善环境

公司应保护并在可能的情况下改善环境，促进可持续发展，防止自然资源的浪费。

原则 7 防止非法运行：从利润发展到和平

公司不可参与或包庇贿赂、洗钱等腐败活动，也不可从事武器交易和用于恐怖活动、贩毒或其他有组织犯罪的物品交易。

第三部分 利益相关者

顾客 我们相信应充分尊重顾客的尊严。顾客不仅指那些直接购买产品或服务

的人群，也包括从正当渠道获得产品与服务的人群。对于那些不直接从我们公司购买但使用我们产品与服务的顾客，我们将尽最大努力选择那些接受并遵循本文件规定的商业经营标准的销售、安装/生产渠道。我们有以下义务：

- 向顾客提供质量最好的、符合他们要求的产品与服务；
- 在商业的各方面公正对待顾客，其中包括高水平的服务和顾客不满意时的补救措施；
- 尽一切努力保证顾客的健康与安全（包括环境质量）在顾客消费了我们提供的产品与服务后得到保持或改善；
- 在提供的产品、营销活动和广告中避免侵犯人的尊严；
- 尊重顾客的文化完整性。

雇员   我们相信每位员工的天赋尊严，因此我们有以下责任：
- 提供工作机会和薪水，改善他们的生活状况；
- 所提供的工作条件应尊重雇员的健康与尊严；
- 与雇员坦诚沟通，了解他们的思想、不满和要求；
- 与雇员有冲突时应相互信任，协商解决；
- 避免歧视行为，确保公平对待、机会均等，不受性别、年龄、种族和宗教的影响；
- 在公司内部鼓励雇用残疾人，将他们安排到能发挥作用的岗位；
- 保护雇员在工作场所的安全和健康；
- 对往往由商业决策引起的严重失业问题保持关注，并与政府和其他机构共同解决相关事宜。

物主/投资者   我们应尊重投资者对我们的信任，因此我们有以下责任：
- 专业、勤勉地管理公司，以确保物主/投资者得到他们应得的而且具有竞争力的回报；
- 向物主/投资者披露相关信息（只受法律与竞争情况限制）；
- 保存并保护物主/投资者的资产；
- 尊重物主/投资者的要求、建议、不满和他们的正式决定。

供应商   我们相信公司与供应商、分包商的合作关系是以相互尊重为基础的，因此我们有以下责任：
- 在定价、许可、售卖权等所有业务中追求公正性；
- 确保我们的商业行为不带任何强制性、不涉及任何不必要的诉讼，并以此促进公平竞争；
- 与高价值、高质量、高可靠性的供应商建立长期、稳定的关系；
- 与供应商分享信息，并将供应商纳入公司的计划过程，建立稳定的关系；
- 按时按照贸易条款向供应商付款；
- 寻找、鼓励并优先选择在实际工作中尊重雇员尊严的供应商和分包商。

竞争者   我们相信公平的经济竞争是增加国家财富的基本要求之一，它能使公平分配物品与服务最终成为可能，因此我们有以下责任：

- 培养开放的贸易与投资市场；
- 改良竞争行为，使其有利于社会和环境，与竞争者之间相互尊重；
- 戒除公司为保证竞争优势而意图或切实给予他方的可疑款项与好处；
- 尊重物产所有权和知识产权；
- 拒绝采用不诚实或不遵守职业道德的手段获取商业情报（如工业间谍）。

社区/共同体　我们相信，公司作为一名集体成员，即使力量不大，也能够为所在社区投入改革力量，改善当地的人权状况，因此公司对公司所在地的社区负有以下责任：

- 尊重人权与民主制度，并尽可能改善人权与民主状况；
- 承认国家对整个社会的合法义务，支持、执行通过商业与社会的其他行业之间的和谐关系促进人类发展的公共政策；
- 与社区中致力于提高健康、教育、工作场所安全等标准的力量合作；
- 促进可持续发展，在保护和改善自然环境、保护地球中起领导作用；
- 支持所在社区的社会秩序、治安防卫和多样性；
- 尊重地方文化的完整性；
- 支持所在社区，做优秀的社区成员，具体方式有慈善捐款、文教捐助、雇员参与民事与社区事务等行动和活动。

资料来源　佚名. 考克斯圆桌商业原则［EB/OL］.［2024-12-08］. https://wiki.mbalib.com/wiki/考克斯圆桌商业原则.

9.3　跨国经营中的典型伦理问题

9.3.1　雇用中的不道德——血汗工厂

"血汗工厂"（sweatshop）一词最早于1867年出现于美国，是侵犯工人基本人权和剥削他们劳动成果的代名词，其不道德之处主要表现在剥削与奴役、使用童工、漠视工作安全等。跨国公司存在"血汗工厂"的问题在中国由来已久，很多集中在东部发达地区的大型制造企业都曾因此被曝光过，然而这一现象一直没有得到根除。

1）剥削与奴役

剥削与奴役具体表现为工作时间长、工作强度大、工资低于最低标准、强迫性劳动、体罚与言语上的凌辱等。

■■■ 讨论9-2
多个知名跨国品牌陷入"血汗工厂"丑闻

2011年8月，巴西一个名为A Liga的调查性电视节目曝光服装品牌Zara在巴西30多家外包工厂的工人从事着"奴隶"般的工作。工人在肮脏杂乱的厂房里每天工作14小时，一周工作7天。Zara一条牛仔裤在巴西的售价约为200雷亚尔（126美元），而其生产成本仅为1.8雷亚尔（1.14美元）。生产成本由生产系统中涉及的劳力均分。Zara公司发言人事后承认巴西工厂确实存在"聘用奴隶工的情况"，同时承诺将加大对生产系统的监督力度，确保此类事件不再发生。

2011年7月，运动用品厂商耐克旗下品牌匡威（Converse）的印度尼西亚工厂被投诉虐待员工。据《文汇报》报道，虐待事件涉及两家工厂，其中1家雇用了1万名工人。这些工人每小时只能拿50美分，还经常被主管暴力惩罚，主管还会随意解雇工人，员工即使有诊断证明也请不到病假。6名女工曾因未能准时完成生产任务，被罚在烈日下暴晒。耐克方面承认这两家工厂的工人遭受严重的身体和言语虐待，其他生产线亦发生类似事件，但声称无力阻止。

2011年8月，深圳一间向迪士尼供货的港资玩具厂被香港媒体揭发雇用童工、工人严重超时工作及工作环境恶劣，其中工人平均每月加班120个小时，超过法定上限3倍。据报道，该工厂在招聘工人时，会让新入职员工签署一份"自愿加班协议"，以逃避劳动部门监管。协议显示，工人同意每月加班超过法定上限36个小时，但工人揭发说，他们平均每月加班其实高达120个小时。

2011年9月，两名古驰（GUCCI）深圳旗舰店的辞职员工爆料称遭遇非人性管理：喝水要申请，上厕所要报告，孕妇一站就是十几个小时，吃个苹果就会被解雇……直指古驰深圳旗舰店是"血汗工厂"。

2014年12月19日，BBC《全景》（BBC Panorama）节目组进行的一次"卧底"调查显示，苹果公司的中国代工厂商和硕联合旗下工厂里的工人待遇十分糟糕。调查显示，该工厂在工作时长、身份卡、工人宿舍、工作会议和童工等方面均违反了标准规定。

2016年8月11日，据美联社韩国记者李玉琼（Youkyung Lee）报道，由于韩国政府和三星电子的不作为，三星半导体和LCD工厂的200多名员工患上了严重疾病，包括白血病、红斑狼疮、淋巴瘤及多发性硬化症，其中至少76人已经死亡。一位前员工因患上多发性硬化症而丧失视力，该员工称，三星工厂从未教育过他们哪些化学物质对身体有害。

2022年12月，《卫报》披露，英国连锁超市Tesco的海外供应链曝出强迫劳动丑闻。一家位于泰国的Tesco牛仔裤供货商涉嫌以极低薪酬雇用大批移民外劳长时间工作。涉事工厂130名前员工已正式在英就劳务纠纷提告Tesco。据报道，这是英企首次因海外供应链非名下工厂涉嫌强迫劳动，在英国被提起诉讼。

资料来源　综合网络新闻报道整理而得。

讨论：血汗工厂背后的深层原因是什么？应该如何治理？

2）使用童工

国际劳工组织和联合国儿童基金会发布的《童工：2020 年全球估计、趋势和前进道路》报告指出，全球童工人数在过去 4 年中增加了 840 万，达到 1.6 亿。受新冠肺炎疫情的影响，还有 900 万儿童面临成为童工的风险。为保障儿童应有的健康福利与受教育权利，国际劳工组织于 1973 年颁布了《最低年龄公约》（C138 号），规定就业的最低年龄不得低于完成义务教育的年龄。2002 年，我国国务院令第 364 号也公布了《禁止使用童工规定》，规定禁止使用不满 16 周岁的未成年人从事工作。

为了帮助儿童摆脱危险的工作环境，跨国公司一方面应该在平等尊重的基础上与其代工厂和供应商建立合作关系，并为其提供额外的未成年人教育经费和健康保护经费；另一方面应该加大力度对供应商企业进行外部审核，努力承担起跨国公司应有的社会责任。

■■ 小案例 9-1

非法雇用童工扯下美国人权"遮羞布"

2022 年 10 月，美国一工会投资集团 SOC 揭露了美国亚拉巴马州两家工厂雇用童工事件。据外媒调查，其中一家金属冲压工厂雇用童工多达 50 人，年龄最小的是一名只有 12 岁的女孩。

美国非法雇用童工的"前科"不少，农业、烟草行业历来是童工问题的重灾区。据美国非营利组织统计，全美预计有 50 万～80 万名未成年人在农场工作。据《华盛顿邮报》报道，2003 年到 2016 年间，美国有 452 名儿童因工伤死亡，其中 237 名童工死于农业事故。同时，美国多州烟草农场存在大量雇用儿童从事收割和晾晒烟叶等情况，很多儿童出现尼古丁中毒现象，甚至被发现肺部感染。

有非营利组织指出，在美国，很多非法受雇的童工从 8 岁就开始工作，每周工作时长达 72 小时。许多人长期接触农药等危险化学品，患癌概率因此提高。此外，他们还要在缺乏规范保护措施的情况下操作危险工具或重型器械，面临较大工伤风险。其身心健康遭受极大摧残，更遑论接受适龄教育。

这些沦为非法劳工的孩子中，有相当一部分是外来移民，暴露出美国根深蒂固的种族主义问题。此次曝光的金属冲压工厂童工事件中，有多名孩子是危地马拉裔。在美国的许多农场，不少童工来自墨西哥等拉美国家。更有甚者，许多少数族裔童工来自人口买卖。据美国国务院统计，每年从境外贩卖至美国的人口多达 10 万，其中约 50% 为未成年人。许多人被贩运到"血汗工厂"或受家庭奴役，成为"现代奴隶"。他们不仅面临非法合同、低收入、长工时、不安全工作环境等问题，还承受着歧视、性侵，甚至面临生命危险。

保护儿童合法权益是现代法治国家的共识。然而，就是美国这样一个现代国家，成了儿童人权的"黑洞"。美国现行《公平劳动标准法》禁止14岁以下的人在多数行业工作，但该规定不适用于农业劳动。近两年，美国多个州还批准了新法案，延长未成年人工作时间，以缓解疫情引发的"用工荒"。2021年10月，美国威斯康星州通过了一项法案，允许14岁至15岁的人群工作时间延长至夜间23点。2022年7月，美国新泽西州签署法案，允许16岁至17岁人群一周工作50个小时、14岁至15岁人群一周工作40小时。当月，美国密歇根州也推出新法案，允许年仅16岁的未成年人在卖酒场所或企业工作。

在国际上，美国在儿童权益和劳工保护问题上也是公认的"差等生"。迄今，美国仍拒绝签署联合国《儿童权利公约》《1930年强迫劳动公约》等重要的国际法律文书。在国际劳工组织10个核心国际劳工公约中，美国仅批准2个，是批准公约数量最少的成员国之一。在2021年6月举行的第109届国际劳工大会上，美国由于雇用童工问题遭到与会各方广泛批评。

资料来源　林子涵.非法雇佣童工扯下美国人权"遮羞布"［N］.人民日报海外版，2022-11-01（10）.

3）漠视工作安全

工作场所的安全防护、工人职业病的有效预防以及工人心理压力的及时疏导，都涉及工人的工作安全。拥有社会责任感的跨国企业及其合作供应商都应有完善的安全管理制度和应急措施，并保证工艺流程尽量符合安全要求。然而，一方面，很多跨国公司为了节约成本，对于法律标准低的发展中国家的工作安全问题不够重视；另一方面，跨国公司在向发展中国家输出先进技术时，往往会忽视必要的生产安全培训和安全监管。2008年1月5日，《纽约日报》发表文章直指跨国公司在中国供应商的劳工问题。文章称，据上海社科院公布的数据，在珠江三角洲地区，工人每年因工作安全保障缺失会有4万根手指被切断。上海市浦东新区应急管理局披露的调查报告显示，2023年2月4日傍晚，特斯拉上海工厂焊装车间发生一起机械伤害事故，直接原因是两名工人交接班没有严格执行相关安全规定。针对特斯拉这起事故，调查组认为，特斯拉的风险管控措施依赖于员工遵章守纪的自觉性来确保安全，存在管控漏洞。

面对雇佣中的不道德问题，在金字塔顶层控制一切的跨国公司必须负起相应的社会责任，而不是推诿给代工厂或供应商，及时有效消除和制止生产过程中危及员工生命和企业财产安全的隐患和行为，从而保护劳工利益，减少直至取缔"血汗工厂"。

●● 9.3.2　营销中的不道德——各种歧视

营销中的不道德现象主要表现在各种歧视上，包括产品歧视、服务歧视、价格歧视、广告歧视等。价格歧视已经在第8章分析过，本小节重点分析其他几种。

1）产品歧视

由于产品信息的不对称以及东道国相关法律的不完善，有些跨国公司对产品质量实行"双重标准"，它们在本土都采用极高、极严的产品质量标准，并且向社会保证其产品不含对人体有毒、有害的物质。然而，为降低成本、获取最大利润，一到东道国它们就降低标准要求，使东道国消费者利益受损。

近年来，随着媒体和政府部门的关注，跨国公司的问题产品屡屡遭到曝光。如，2013 年，上海出入境检验检疫局多次检出 H & M 品牌进口婴儿服装甲醛、pH 值、色牢度等项目不合格，其中甲醛含量超标的进口婴儿服装多达 15 批；2014 年，上海福喜食品公司被曝将过期食品掺入"洋快餐"原料中，麦当劳、肯德基、必胜客等纷纷中招。2022 年 6 月 1 日，海关总署通报 2021 年 6 月至 2022 年 5 月间检出的部分进口婴童用品质量不合格典型案例，涉及服装、童鞋、玩具、牙刷、食品接触产品等 5 类 82 批次进口婴童用品。

2）服务歧视

服务歧视是指跨国公司针对同样的产品在不同国家提供的服务实施双重标准。2014 年，央视"3·15"晚会曝光了尼康 D600 相机"黑斑门"。该相机号称高画质、全画幅，但很多消费者发现，拍出的照片出现很多黑色斑点，多次返修仍然出现。面对用户质疑，尼康公司再三拒绝退换，并把责任推给了雾霾。然而，远在大洋彼岸的美国消费者购买的尼康 D600 相机拍出的照片出现黑斑后，尼康却能为他们免费将 D600 更换为 D610。2017 年，央视"3·15"晚会曝光了耐克的"气垫门"事件：耐克发售的一款运动鞋，其宣传声明中声称其后跟带有 zoom air 气垫，但中国消费者实际切开却没有该气垫，涉嫌虚假宣传。更为关键的是，美国的消费者购买的该款耐克鞋却带有 zoom air 气垫。

3）广告歧视

广告歧视主要指跨国公司广告的内容涉嫌亵渎东道国的传统文化与风俗，或涉嫌种族歧视、性别歧视、宗教歧视等。

如立邦漆使立柱上的中国龙跌落到地面的广告，"中国狮"向丰田 Prado 车致敬的广告，Dolce & Gabbana 的模特用奇怪的方式使用筷子吃披萨的短视频等，都大大惹怒了东道国的消费者。

因此，想要解决广告歧视问题，最简单有效的方法就是放弃文化中心主义，学会尊重他国的传统文化、习俗和宗教信仰，并真正设身处地地为东道国的消费者着想。

●● 9.3.3　环保中的不道德——破坏东道国环境

1）有害产品销售转移

　　有害产品销售转移是指出于对本国消费者的利益保护，跨国公司的母国已经禁止销售或使用某些有害产品，但是跨国公司为了获得利润，不顾此类产品的危害性，转而将其投放到发展中国家市场进行销售。这种做法就产生了跨国经营中的伦理问题。

　　比较有代表性的有害产品有药品、化学产品、烟草等。比如，美国食品药品监督管理局、职业安全和健康署等机构制定了严格的标准来监管药品或有毒化学产品。但发展中国家缺乏相关法律法规，监管相对宽松，给跨国公司的销售带来了可乘之机。它们将产品改头换面，改变产品成分、名称或原产地，采取欺骗手段达到占领市场的目的。再比如烟草，与抽烟有关的健康问题导致其在美国以及其他传统发达国家的销量下降。由于在发达国家要面对公众的反对和政府更为严格的监管，跨国烟草公司将扩张性的营销活动目标锁定在发展中国家和转型经济体，旨在补偿在发达国家中的利润损失。

　　■■ 知识链接9-2

香烟标志的裁定标志着出口商的胜利

　　2003年，欧盟提出新立法，自10月起拟在欧盟范围内禁止使用"柔和"和"轻度"香烟标志，这意味着，菲利普莫里斯公司的淡味万宝路和日本烟草的柔和七星必须在欧盟重新命名和重新包装。

　　后来，欧洲法院重新裁定，欧盟生产的香烟只要是销往欧盟以外的，就可以使用"柔和"或"轻度"标志。这项裁定结束了英国政府、欧盟委员会和本土烟草制造商英美烟草公司、帝国烟草公司之间长达15个月的法律冲突。此裁定对英美烟草公司和帝国烟草公司两大烟草巨头而言，是一个巨大胜利和利好消息，因为它们对亚洲和中东市场的出口量占据了其香烟整体销量的很大份额。以英美烟草公司为例，其在英国生产的500亿支香烟中有90%出口销往欧盟以外的国家或地区。在过去的几年中，烟草制造商已经将重心从欧洲和美国转向亚洲，亚洲的香烟消费量迅速上升而且立法更为宽松。

　　法院有证据显示，使用这些暗示一些香烟比其他同类产品毒害更小的术语，会对消费者产生误导，并且鼓励其吸烟。该禁令的目的是确保消费者获得有关烟草制品毒害性的客观信息。此外，法院还裁定，香烟包装上必须有健康警告，并且有效覆盖包装面积的30%。

　　很显然，欧洲法院和欧盟委员会的裁决对于欧洲消费者给予了更大的公平性和知情权，但对于其他国家，尤其是发展中国家的消费者而言，有失公平和伦理。

资料来源　克兰. 国际企业伦理——全球政治经济中的决策［M］. 崔新健，等译. 2版. 北京：中国人民大学出版社，2013：121-122.

2）有害产业生产转移

除了将有害产品的销售进行转移外，跨国公司另一个擅用的手段是将对环境破坏大的有害产业生产转移。有害产业生产转移是指某些有害产业从一个国家和地区通过国际贸易和国际投资等多种方式转移到另一个国家和地区的过程。发达国家之所以能够向发展中国家转移污染产业，就像是"周瑜打黄盖——一个愿打一个愿挨"。一方面，发达国家经济发展到了一定水平，更加关注对污染行业的控制和管理，治理污染的惩罚措施也更加严格，高污染行业在国内生产经营成本过高，很难继续立足。另一方面，发展中国家由于经济落后，对于经济发展的渴望远远大于对环境污染的关心。同时，发展中国家的环境管制宽松，补偿机制缺乏，使企业在资源环境方面的投入成本较低。跨国公司通过产业转移既节约了环保成本，又保护了本国环境，可谓"一箭双雕"。

3）转移电子垃圾

电子垃圾，又称为电子废弃物，是指被废弃不再使用的电器或电子设备。其种类繁多，大致可分为两类：一类是所含材料比较简单、对环境危害较轻的废旧电子产品，如电冰箱、洗衣机、空调机等家用电器以及医疗、科研电器等，这类产品的拆解和处理相对比较简单；另一类是所含材料比较复杂、对环境危害比较大的废旧电子产品，如电脑显示器、电视机内的铅，电脑元件中含有的砷、汞和其他有害物质，手机原材料中的砷、镉、铅，以及其他多种持久性和生物累积性的有毒物质。

国务院办公厅 2017 年印发《禁止洋垃圾入境推进固体废物进口管理制度改革实施方案》，明确了禁止洋垃圾进口的时间表。计划 2019 年年底前，逐步停止进口国内资源可以替代的固体废物。2017 年、2018 年和 2019 年，全国固体废物进口量分别为 4 227 万吨、2 263 万吨和 1 348 万吨，与改革前 2016 年的 4 655 万吨相比，分别减少 9.2%、51.4% 和 71%，顺利实现 2019 年改革目标。2020 年 11 月 24 日，生态环境部、商务部、发展改革委、海关总署发布《关于全面禁止进口固体废物有关事项的公告》，明确要求自 2021 年 1 月 1 日起，禁止以任何方式进口固体废物，禁止我国境外的固体废物进境倾倒、堆放、处置。

近年来，海关总署将打击洋垃圾走私作为一号工程，部署开展多次"蓝天行动"打击洋垃圾走私。2018 年先后实施 5 轮次集中打击，共立案侦办走私洋垃圾犯罪案件 481 起，查证各类走私废物 155 万吨。在 2019 年 3 月开展的打击洋垃圾走私"蓝天行动 2019"专项第一轮集中行动中，打掉涉嫌走私犯罪团伙 22 个，抓获犯罪嫌疑人115名,查证废塑料、废矿渣等各类破坏生态环境的涉案货物33.81万吨。[①]在2020年6月10日开展的禁止洋垃圾入境"蓝天2020"专项第一轮集中打击行动中,打掉涉嫌走私犯罪团伙38个,抓获犯罪嫌疑人80名,查证废矿渣、污油水等涉案货物104.14万吨(其中,现场查扣废矿渣等涉案货物59.88万吨)。[②]

■■ 知识链接9-3

洋垃圾祸害发展中国家

据英国《卫报》报道,土耳其近年来接收了大量来自欧盟和英国的垃圾。2021年,欧盟对土耳其的塑料垃圾出口量从2017年的约3.9万吨猛增至45万吨,涨幅高达1200%。

2022年10月14日是第五个国际电子垃圾日。联合国训练研究所专家凯斯·巴尔德说:"在欧洲范围内,电子废弃品回收利用率达到50%至55%,但在低收入国家,我们估计只有不到5%,有时甚至低于1%。"与此同时,每年数以千吨计的电子垃圾从发达国家运到发展中国家,加重后者的回收压力。

发达国家垃圾出口问题由来已久。美国《科学》杂志子刊《科学进展》曾发布一份研究报告指出,美国2016年制造的塑料垃圾中只有不到一成被回收,海量垃圾被运往发展中国家,这一做法已持续30年之久。

近年来,东南亚国家成为发达国家出口垃圾的"重灾区"。据非政府组织"绿色和平"东南亚分部统计,东盟国家2018年的废塑料进口量相较2016年增长了171%,总量由83万吨上升到226万吨。

非洲国家也深受其害。据美媒报道,2020年美国与肯尼亚开始贸易协议谈判,美方提出投资肯尼亚垃圾回收处理产业,要求肯尼亚放松对塑料制品生产消费和跨境贸易的限制,即事实上允许美国把塑料垃圾出口至肯尼亚。

为阻止危险废物流向发展中国家,早在1989年,联合国环境规划署就通过了《控制危险废料越境转移及其处置巴塞尔公约》,目前已有190个缔约国。除了危险废物,该公约也将塑料废物、生活垃圾与电子废物等纳入管控框架。

"发达国家向发展中国家出口垃圾的根源,在于处理成本的'剪刀差'。发达国家有降低垃圾处理成本的需求,造成垃圾非法出口屡禁不止。"清华大学环境学院巴塞尔公约亚太区域中心区域废物管理室主任董庆银在接受本报采访时分析,发展中国家受制于自身发展水平,环保设施尤其是废物资源化利用处置设施不健全,相关技术与知识储备欠缺,如使用不恰当的废物处理方式,会对环境与人体健康造成极大危害。

中国曾是世界最大的固体废物进口国。2017年,中国明确提出分批次逐渐禁止各类洋垃圾进口,并于2021年1月1日起全面禁止进口固体废物,实现进口洋垃

---

① 陶凤,王晨婷.上半年我国洋垃圾进口下降近三成[N].北京商报,2019-08-18.
② 刘一获.海关总署开展禁止洋垃圾入境"蓝天2020"专项第一轮集中打击[EB/OL].[2024-12-06].http://m.cnr.cn/news/yctt/20200611/t20200611_525124597.html.

坂清零的目标。在中国的积极示范下，一些东南亚国家也开始采取行动，对内打击相关产业、对外限制垃圾进口。

长期来看，要解决垃圾出口问题，发达国家要承担相应责任。一方面，发达国家可以通过技术转移或资金支持协助发展中国家建立高标准的废物处置设施；另一方面，发达国家需要承担自身废物处置的责任，推进环保体系的建设与完善。

资料来源 黄晗奕．"洋垃圾"祸害发展中国家［N］．国防时报，2022-11-23（19）．

4）环保双重标准

早在2007年8月，公众与环境研究中心就曾整理公开污染企业名单，名单收录那些被环保部门查出有违法行为并且公开通报过的企业，其中包括著名的百事、雀巢、通用、三星等"世界500强"在华企业。"中国企业比我们还差"成了部分跨国公司在华污染时一个堂而皇之的借口。

环保违规的跨国企业很多在国际上都是以注重环保自称或著称的，为何进入中国后会放弃其环境承诺，降低环保标准？原因有三：一是环境高危产业并未从政府鼓励转移的名单中消失。在有些省份鼓励转移的企业列表中，有多项可能对环境与自然资源造成严重威胁的行业，例如服装、陶瓷水泥、五金、电子、塑料制品、油漆等。二是目前中国整体环境监管能力弱，处罚力度小，导致企业违法成本低，而守法成本较高。对于实力雄厚的跨国企业来说，相对于巨额的环保达标投资，一年一两次几万元的处罚可以忽略不计。三是公众对企业环境行为不关注。也就是说，在国外，企业出现环保问题会导致品牌形象受损，遭到民众"抛弃"，而在中国，公众更关注企业产品的质量和价格，环境问题并不影响其对企业产品的选择。

9.3.4 经济中的不道德——对东道国经济造成负面影响

1）转移价格

转移价格又称转移定价或内部调拨价格，是跨国公司依据其全球战略目标，在母公司与子公司之间或各个子公司之间进行关联交易时使用的价格。

转移价格不是独立的买卖双方按自由竞争的原则确定的价格，也不是由生产成本决定的，所以在很大程度上不受国际市场供求关系的影响。它依据的是跨国公司的整体战略，最终目的是实现跨国公司整体利润的最大化。通过转移价格，跨国公司进行内部关联交易时，可以系统地操纵价格，转移利润，从而逃避所得税或关税。

跨国公司采用转移价格的手段之一是提高在高税率国家（地区）子公司的成本，降低在低税率国家（地区）子公司的成本，从而实现利润转移，降低公司整体应缴税额。其中，提高高税率国家（地区）子公司的成本可以通过在跨国公司内部高价进口原材料、低价出口产成品进行，从而降低子公司利润，甚至制造亏损，这种方式无疑会造成东道国税收的重大损失，如图9-1所示。

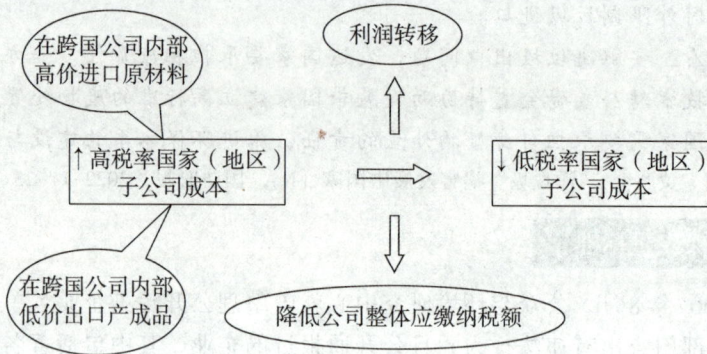

图9-1 跨国公司转移价格手段图

英属维尔京群岛、汤加、开曼群岛等因为零税率政策和极为宽松的监管环境给低税率国家的业务带来了避税空间，被称为"避税天堂"。例如，假设设于中国香港的跨国公司欲将其半成品销售给俄罗斯子公司，该公司可先将货物以低价销售给汤加子公司，再由汤加子公司以高价卖给俄罗斯子公司。当然，货物实际上是由中国香港直接运往俄罗斯的，但通过这一账面周转，便可使中国香港公司因低价销售而无盈利，俄罗斯公司因高价购买而无盈利，同时逃避了在母国和东道国的税收。再如，著名的苹果、星巴克、谷歌等跨国公司都将转移定价作为其惯用的手段。

■■ 小案例9-2

2022年全球重大转让定价案件

面对新冠肺炎疫情和通货膨胀等原因造成的经济衰退，各国政府都在努力增加财政收入，税务官员纷纷加大力度打击避税行为，2022年以来转让定价案件补税入库金额不断刷新历史纪录。

法国麦当劳转移利润案

法国税务机关对全球著名的快餐连锁企业麦当劳2009年至2020年的转让定价安排进行审计调查后，2022年6月16日这家美国快餐公司同意向法国税务机关支付12.45亿欧元（约合87亿元人民币），该和解协议解决了对麦当劳公司逃税的指控。

这份共计12.45亿欧元的和解协议包括5.08亿欧元的公共利益罚款以及7.37亿欧元的逾期税款和罚款。在2009年至2020年期间，该公司利用在美国、卢森堡和瑞士三地的避税架构进行避税交易，卢森堡为实际税负几乎为零的壳公司。2009年麦当劳将特许权使用费率从5%提升至10%，这使得麦当劳可以将利润转移至卢森堡，法国税务机关判定此行为不符合独立交易原则，并将其定性为逃税。

卡特彼勒和解协议

卡特彼勒于2022年10月27日披露的财报显示：美国国内收入局（IRS）对和解下的所有问题评估的最终税款为4.9亿美元，利息为2.5亿美元，总计7.4亿美元（约合人民币52亿元），调整年度为2007至2016财年为期十年，且没有任何处罚。

补税款项于 2022 年第三季度支付，2.5 亿美元的相关利息预计将在 2022 年底支付。

卡特彼勒是全球最大的机械制造商之一，卡特彼勒公司与 IRS 的这项税务争端可追溯到 2007 年。和解协议包括解决设置在瑞士的壳公司从零件交易中获得利润的有争议的税务处理问题。卡特彼勒前高管曾指控该公司在 2000 年至 2009 年期间利用瑞士和百慕大的离岸子公司来逃避税款。2018 年 1 月，IRS 曾向卡特彼勒开出了 23 亿美元的税单，涉嫌避税行为有关的补税和罚款。5 年后，这项税务争端终于以 7.4 亿美元和解而结束，且没有任何处罚。

力拓集团转让定价和解协议

澳大利亚税务局（ATO）2022 年 7 月 20 日在官网发布消息，宣布与澳大利亚矿业集团力拓集团达成 10 亿澳元（约合人民币 47.76 亿元）税收和解协议，该和解是澳大利亚税收历史上最大的和解之一。

该公司被指控将利润转移至其位于新加坡的营销中心。力拓将为过去的 12 年（2010 年至 2021 年）向 ATO 支付 6.13 亿澳元的税款，这是对 ATO 发布的原始修订评估缴纳的 3.78 亿澳元税款的补充调整，总额增加到近 10 亿澳元。ATO 副局长 Rebecca Saint 表示："这些问题的解决意味着普通澳大利亚人可以有信心，即使是最大的公司也会被追究其应缴税款的责任。"

贝莱德转让定价案

英国税务海关总署（HMRC）2022 年 7 月 19 日发布了上诉裁判所对 HMRC 与贝莱德转让定价案件的裁决。本案是金融交易转让定价案件中的一个重要进展，此次判决证实：交易的经济性在法院如何裁决中发挥着核心作用。

贝莱德与 HMRC 就其收购巴克莱国际投资管理而提供的公司间贷款是否符合独立交易标准的问题存在分歧。贝莱德首先以 2.2% 的利率发放了 4.2 亿美元的短期贷款，其次是 16 亿美元的贷款，利率为 4.6%，14 亿美元的贷款，利率为 5.2%，5 亿美元的贷款，利率为 6.6%，最长到期日为 10 年。但在 2012 年，HMRC 采取行动改变了其中 3 笔贷款的利率。HMRC 质疑最初的利率，声称这些贷款是受税收驱动的，独立公司不会进行这些交易。HMRC 将利率从 4.6% 更改为 3%、从 5.2% 更改为 3.5% 以及从 6.6% 更改为 4.4%。

2020 年 11 月，初审裁判所作出有利于贝莱德的裁决，并允许对全部利息支付进行税收减免。上诉裁判所发现，初审裁判所在法律上存在错误，因此允许 HMRC 提出上诉。上诉裁判所同意 HMRC 的立场，即不应为这些集团间贷款的利息支付减税，HMRC 将对那些寻求避税的人采取行动。根据上诉裁判所的裁决，在英国开展业务的跨国公司可能需要重新评估重大金融交易是否符合独立交易原则，以及长期的转让定价安排是否可能受到税务机关的审查。

资料来源 陈东，孙妍. 2022 四大转让定价案件：现实争议与解决途径［N］. 中国税务报，2023-03-01（08）.

从上面的案例可以看出，合理避税和偷税漏税既有相同点也有不同点。偷税漏税是违反法律规定的，不论是故意的或无意的行为，都是通过做虚假财务报表隐瞒利润，达到少缴和不缴税款的目的。而合理避税是在法律允许的情况下，以合法的手段最大限度地获得税收的优惠来达到纳税人少缴纳税款的目的。合理避税和偷税漏税最大的区别在于合法与违法。以转移价格为手段，即使是合理避税，不一定触犯法律，也明显地触及了伦理道德的底线。

2）商业贿赂

商业贿赂是指经营者以排斥竞争对手为目的，为争取交易机会，暗中给予交易对方有关人员和能够影响交易的其他相关人员财物或其他好处的不正当竞争行为。

商业贿赂具有三个行为特征：

（1）主体是经营者，贿赂对方单位或者个人。作为商业贿赂主体的经营者不限于企业法人，还包括从事经营活动的事业单位法人、社会团体法人。

（2）目的是销售商品或者购买商品，即为达到商业目的，通过贿赂手段获取优于其他经营者的竞争地位。

（3）手段有以下几种：一是给付或收受现金；二是给付或收受各种各样的费用（促销费、赞助费、广告宣传费、劳务费等）、红包、礼金或有价证券（包括债券、股票等）；三是给付或收受实物（包括各种高档生活用品、奢侈消费品、工艺品、收藏品等，以及房屋、车辆等大宗商品）；四是以其他形态给付或收受利益（如减免债务，提供担保，免费娱乐、旅游、考察等财产性利益，以及就学、荣誉、特殊待遇等非财产性利益）；五是给予或收受回扣；六是给予或收受佣金不如实入账，假借佣金之名进行商业贿赂等。当然，商业贿赂与其他贿赂都属于贿赂的范畴，触犯刑律的都要给予刑事制裁，但二者在行政责任上是不同的。商业贿赂由市场监督管理机关根据《反不正当竞争法》给予行政处罚，其他贿赂要受党纪政纪处分。

商业贿赂引发了一系列伦理问题。从本质上讲，贿赂是一种不公平的营销手段，它的动机是绕开有关商业竞争的法律规定以确保自身的商业利益。在一个特定的交易环境下，贿赂导致的不公平会使某些企业失去潜在的市场。进一步，这种做法有违市场竞争理论，即卖方应该通过提供最好的产品或服务，以最低的价格赢得市场。当接受贿赂的政府官员签订相关的公共产品合同时，由于贿赂所产生的额外成本会给纳税人带来高于正常竞争条件下的花费，久而久之会损害政府机构的公信力。

■■ 小案例9-3

跨国公司"贿赂门"

跨国公司进行商业贿赂并不是什么新鲜事，然而，值得关注的是，慑于发达经济体的严刑峻法，跨国公司如今已经将商业贿赂的主战场转移到了发展中国家，尤其是像中国这样的新兴经济体。

随着中国经济的高速崛起，开拓中国市场的利益可观，为了多分"一杯羹"，有的跨国公司实施了商业贿赂的攻略。

2013年7月，名声显赫的重量级跨国药企葛兰素史克在华行贿的消息备受关注，该公司高管行贿数额巨大，行贿手段极为隐蔽，受牵连者面广人多，一夜之间就颠覆了它在人们心目中的良好形象。据不完全统计，沃尔玛、雅芳、IBM等多家在华跨国企业都出现过类似事件，而医药行业成为"贿赂风波"的重灾区。2012年以来，除葛兰素史克之外，礼来、辉瑞均被曝光了行贿丑闻。

如果说中国商场中的"潜规则"导致了跨国公司的群体被动性"异化"，那么中国市场中的特殊利益结构则使跨国公司的商业行贿由被动走向了主动。这不由得让人担忧是否已像跨国公司的辩词那样：不懂潜规则，在中国做不成生意？跨国公司是否能把行贿的责任归咎到"入乡随俗"上？

CCI行贿事件

2009年8月，经美国司法部的文件"踢爆"，美国控制组件公司（CCI）在1998年至2007年间，向30多个国家行贿236次，其中包括中国的9家央企。

从手段上来看，CCI行贿案几乎可以编一部"潜规则指南"，从隐蔽性强的间接支付到中间环节少的直接支付，无所不包。例如所谓的咨询费，CCI员工在邮件中称：在对中国某石油物资公司的项目销售过程中，公司报价52万美元，但是客户把价格拉高到74.904万美元，同时要求将22.9万美元的回扣以咨询费方式返还。此外，还有以考察为名"周游列国"，提供奢华的招待，安排受贿公司员工或者亲属坐飞机头等舱、住豪华酒店，到美国夏威夷、拉斯维加斯、迪士尼等景点度假。当然，它不会忘记从下一代入手，CCI曾通过加州富国银行向纽约马隆银行的账户支付2.45万美元，用于支付客户孩子在美国读大学的学费。有时最简单的方法最有效，在机场，CCI曾几次将美元支付给受贿人的代表。

最后，CCI认罪，同意支付1 820万美元刑事罚金。

西门子案

2008年，美国证券交易委员会起诉德国电信工程业巨头西门子在过去10年中，曾向中国客户行贿7 000多万美元，获得了总计超过23亿美元的订单，涵盖医疗设备、高压输电线路、地铁列车和信号系统等领域。

最后，西门子同意支付大约13亿美元的罚金了结困扰自己两年多的贿赂案，创下了有史以来的最大商业贿赂罚单。

大摩地产"贿赂门"

据中国经济网的报道，2012年4月26日，摩根士丹利（Morgan Stanley，又称"大摩"）的高管彼得森承认主动逃避了大摩的内控监督，向中国政府官员行贿。彼得森称，曾秘密安排为自己和一位中国官员牟取数百万美元，对外谎称系大摩收取的经纪费用。通过行贿，彼得森在上海完成了多个重量级房地产项目，包括锦麟天地雅苑、上海世贸大厦等。

时隔不久，彼得森的上司宣布离职，并同意支付370万美元罚金，且被剥夺金融业从业资格。之后其他3名高管相继离职。大摩全球房地产投资总裁索尼·卡尔西之后宣告离职。

力拓刺痛中国

2009年7月5日，矿业巨头澳大利亚力拓矿业集团4名在华员工（其中包括1名澳大利亚人），因为涉嫌从事间谍活动、窃取中国国家机密，被上海市国家安全局拘捕。8日，上海警方向新闻界证实了这一行动。一时间，全球为之哗然，澳大利亚媒体蜂拥炒作，政要高调施压，喧嚣"完全无法接受"中国的做法。

仅在2007年，力拓从中国市场铁矿石的销售中就获得了超过600亿元的收益，同时巧妙地利用中铝注资收购化解了一场债务危机，实现了超过3 021亿元的市值收益；2008年上半年，力拓通过再次增资又从中铝获得了102亿元的现金。这样粗略统计，力拓在中国市场获益近4 000亿元。鉴于中国至少有16家钢铁企业涉案，仅一个钢铁行业就让中国多支付约7 000亿元。

更让人吃惊的是，由于上述商业贿赂行为扰乱了市场，损害了中国钢铁行业的竞争力，2009年铁矿石谈判终止，仅首都钢铁集团和莱芜钢铁集团的损失就达10.18亿元。

上海市第一中级人民法院于2009年7月29日下午对被告人胡士泰等非国家工作人员受贿、侵犯商业秘密案做出一审判决，分别以非国家工作人员受贿罪、侵犯商业秘密罪等数罪并罚判处被告人胡士泰有期徒刑10年，并处没收财产和罚金人民币100万元；判处王勇有期徒刑14年，并处没收财产和罚金人民币520万元；判处葛民强有期徒刑8年，并处没收财产和罚金人民币80万元；判处刘才魁有期徒刑7年，并处没收财产和罚金人民币70万元；违法所得均予以追缴。

艾利·丹尼森公司事件

2009年8月，美国不干胶标签材料巨头艾利·丹尼森公司因向中国地方官员行贿以获取项目的行为触犯了美国《反海外腐败法》，被美国监管当局处以20万美元的民事罚款。

德普案

2005年5月，美国司法部披露，全球最大的诊断设备生产企业德普公司天津子公司从1991年开始，11年间向中国国有医院医生行贿162.3万美元，让这些机构购买德普公司的产品，德普公司从中赚取了200万美元。

德普公司2005年5月20日宣布，为了解决违反美国《反海外腐败法》的问题，该公司及在中国的独资公司分别与美国司法部和美国证券交易委员会达成协议，同意支付约480万美元，包括向美国司法部支付的200万美元罚款、向美国证券交易委员会上缴的204万美元"非法所得"及75万多美元利息。

IBM贿赂门

1998年至2009年间，IBM以提供跨国旅游、娱乐、礼品及现金酬劳等形式向中国、韩国部分官员行贿，涉案至少114起，违反了美国《反海外腐败法》。

最后，虽然IBM未承认或否认美国证券交易委员会的指控，但同意支付1 000万美元以达成和解。

朗讯事件

美国朗讯公司曾因贿赂事件在中国名声扫地，其主要行贿方式是"出国考察"。从 2000 年到 2003 年，朗讯邀请了约 1 000 名中国国有电信公司官员赴美国或其他地方旅行，为此花费超过 1 000 万美元。

2007 年 12 月 21 日，美国司法部刑事部助理主控官艾莉斯·费雪宣布，朗讯与司法部达成和解，条件是朗讯为其违反美国《反海外腐败法》付出 100 万美元罚金。美国证券交易委员会亦与朗讯就同案达成和解，朗讯另行受罚 150 万美元。

家乐福案

2007 年 8 月，法国零售业巨头家乐福中国总部发出通告称，北京区域的 8 名经理级员工因涉嫌收受供应商贿赂被警方拘留。此案涉案金额超过百万元。

沃尔玛案

2003 年 12 月，昆明沃尔玛管理服务有限公司在报审该公司项目时，为云南省对外贸易经济合作厅原党组书记、厅长彭木裕之妻在香港导购，并为其支付了 10 余万元人民币的购物费。东窗事发后，彭木裕获 10 年刑期。

资料来源　佚名. 跨国公司"贿赂门"[EB/OL].［2024-11-18］. https://finance.eastmoney.com/news/1365%2C20130716307089088.html.

从以上的案例中可以看出，跨国公司的商业贿赂是值得全球关注的伦理问题，其违反了社会道德，严重破坏了市场的公平竞争原则，危害了消费者的根本利益。目前，针对商业贿赂，国际上已经出台了多项法律，详见知识链接 9-4。

■■ 知识链接 9-4

国外如何遏制商业贿赂

美国：立法创造有序环境

1977 年，美国国会通过《外国腐败行为法案》（又称《反海外腐败法》），该法案成为美国政府打击商业贿赂行为的利器。该法案几经修订，其条款广泛适用于在美国证券交易所上市的公司，或在美国销售证券或经营业务的公司，以及被要求向证券交易委员会提交报告的公司。该法案由美国证券交易委员会和美国司法部联合实施。

为了加强对跨国企业商业贿赂的管理，2012 年 11 月，美国司法部和美国证券交易委员会公布了美国《反海外腐败法》的指引细则，对法案的关键内容做出正式界定，为从初次涉足海外经营的小企业到大型跨国企业集团等各类企业如何遵守这一法案给出了更加详细的指导，内容具体到哪些行为被认定为商业贿赂，以及对企业送礼、商务旅行和娱乐接待方面的开支规定。

德国：建立涉贿企业黑名单

1999 年《OECD 防腐败公约》在德国生效，德国国内企业间的贿赂所得以及企业在海外的贿赂所得要被一并没收，且当事人要被追究刑事责任或被处以罚款。

同时，德国一些联邦州开始对涉及商业贿赂的企业设置黑名单。凡涉及贿赂的企业都将被列入黑名单，并保留5年。其间，黑名单上的企业将被排除在公共招标项目的中标企业之外，从而对企业施加经济压力，使其在项目投标过程中不使用贿赂手段。

此外，德国还加强对举报人和证人的保护，规定不能公开举报人和证人的姓名，同时允许通过电子邮件或者其他匿名方式进行举报。再加上媒体形成的舆论监督力量，德国商业贿赂行为很难藏身。

日本：着重打击官商勾结

日本早在1948年就制定了《政治资金规正法》，并对其多次进行修改。该法要求政治团体提交政治资金收支报告书，明确政治资金的流向，限制向政治活动捐款以及举办筹集政治资金的聚会，禁止将政治资金投资于股票等，如果违反就会受到惩罚。该法还规定外国自然人、外国法人或者主要构成人员是外国自然人或外国法人的组织禁止向政治活动捐款。

违反《政治资金规正法》者，会根据刑法中的受贿罪受到处理。跨国公司在日本不敢轻易采取商业贿赂的不正当行径。

丹麦：对商业贿赂"零容忍"

丹麦在反腐败和反商业贿赂方面制定了严格的规章制度，以保护企业的合法利益。这些规章制度完全遵从《联合国反腐败公约》等国际反腐公约。

针对有海外运营业务的丹麦公司，丹麦也有专门的反腐败政策——零容忍政策：明确禁止丹麦公司的海外商务行贿行为，并帮助丹麦公司在进行海外商务活动时拒绝商务行贿。因此，有专门的丹麦咨询人员进驻其他国家，帮助在当地开展商务活动的丹麦公司防范违法行为。

资料来源　佚名. 国外如何遏制商业贿赂？[N]. 新华每日电讯，2013-09-03.

商业贿赂行为是我国法律所明令禁止的，尤其在2019年4月23日修订的《反不正当竞争法》发布实施之后，商业贿赂行为更成为我国市场监督管理部门打击的重点领域。任何企业经营者从事商业贿赂，都要承担法律责任。

更重要的是，不管在怎样的经营背景下，跨国企业都必须牢记，商业贿赂是不道德的商业行为，应该始终以更高的法律和伦理道德标准去要求和约束自己从事经营、参与竞争。

▶ 本章小结

经济全球化（economic globalization），是指世界经济活动超越国界，通过对外贸易、资本流动、技术转移、提供服务、相互依存、相互联系而形成的全球范围的有机经济整体。经济全球化是当代世界经济的重要特征之一，也是世界经济发展的重要趋势。经济全球化给跨国公司既带来了机遇，也带来了风险。风险包括外部管理风险和内部管理风险。

在跨国经营中，跨国公司面对伦理困境，既可以奉行伦理相对论，入乡随俗，也可以奉行伦理绝对论，我行我素，但两种标准都失之偏颇。因此，国际组织应该制定更多统一的伦理道德规范。其中，《考克斯圆桌商业原则》是主要的国际共同规范之一。

跨国经营中的典型伦理问题可以分为四大类：一是雇用中的不道德，包括剥削与奴役、使用童工、漠视工作安全等；二是营销中的不道德，主要包括产品歧视、服务歧视、广告歧视等；三是环保中的不道德，主要包括有害产品销售转移、有害产业生产转移、转移电子垃圾、环保双重标准等；四是经济中的不道德，主要包括转移价格和商业贿赂。

其中，有害产品销售转移是指出于对本国消费者的利益保护，跨国公司母国已经禁止销售或使用某些有害产品，但是跨国公司为了获得利润，不顾此类产品的危害性，转而将其投放到发展中国家市场进行销售。有害产业生产转移是指某些有害产业从一个国家和地区通过国际贸易和国际投资等多种方式转移到另一个国家和地区的过程。电子垃圾，又称为电子废弃物，是指被废弃不再使用的电器或电子设备。

转移价格又称转移定价或内部调拨价格，是跨国公司依据其全球战略目标，在母公司与子公司之间或各个子公司之间进行关联交易时使用的价格。

商业贿赂是指经营者以排斥竞争对手为目的，为争取交易机会，暗中给予交易对方有关人员和能够影响交易的其他相关人员财物或其他好处的不正当竞争行为。

▶▶ 复习思考题

（1）简述经济全球化的含义。

（2）简述经济全球化给跨国经营带来的外部和内部管理风险，并举例说明。

（3）如何认识《考克斯圆桌商业原则》？

（4）如何减少跨国公司在华的"血汗工厂"现象？

（5）简述服务歧视，并就一个具体的案例，指出减少和消除服务歧视的方法。

（6）简述转移电子垃圾的含义和危害。

（7）简述转移价格的内涵。跨国公司可以通过什么手段转移价格、偷税漏税？

（8）简述商业贿赂的内涵和行为特征，并谈谈如何借鉴国外反商业贿赂方面的经验来遏制在华跨国公司的商业贿赂行为。

（9）选择正反各一个案例，从伦理的角度分析其在跨国经营中值得借鉴的做法和问题。

▶▶ 案例分析

葛兰素史克捞金术

2014 年 5 月 14 日，湖南省长沙市公安局发布消息，历经 10 个多月的侦办，葛兰素史克（中国）投资有限公司（以下简称 GSKCI）涉嫌对非国家工作人员行贿、对单位行贿等案已侦查终结，并依法移送检察机关审查起诉。

据介绍，GSKCI 在中国销售的药品大多冠以海外原研药名义，在药品进口前通过转移定价的方式提高药品报关价格，在将巨额利润在境外预提的基础上，设定高额销售成本用于支撑贿赂资金。

GSKCI药品在中国销售的价格远高于在其他国家销售的价格，最高的达到其他国家的7倍。GSKCI能够将真实成本仅10余元的药品在中国卖出10倍以上的高价，实现数以亿计的销售收入。其销售收入虽然逐年飙升，但只获得微利甚至亏损。

葛兰素史克中国公司高管指认，该公司从2009年开始调整销售策略，涉嫌用金钱贿赂开道，提高销量。另外，该公司为应对工商部门调查，成立专门的危机公关小组，采取涉嫌商业贿赂的方式拉拢工商行政人员，意图逃避处罚或减轻处罚。

2014年5月14日下午，葛兰素史克（中国）方面在发给新京报记者的邮件中引述"葛兰素史克公司发言人"的表述称："今天我们与公安部进行了会面，其间他们向我们通报了调查的进展，我们非常严肃地对待这些指控。这让我们非常担心，它们违背了葛兰素史克的价值观。公司将继续就此案全力配合政府相关部门。"

招数1 "转移定价"——同一药品中国出厂价是韩国的7倍多

新康泰克、芬必得、贺普丁……提起GSKCI旗下的"明星"药品，中国老百姓十分熟悉，它们在中国高昂的定价也令人印象深刻。

记者从有关方面获得的一份2012年5月GSKCI"专利药品（含专利过期药品）境外市场价格填报表"清晰地反映了这一点。

以知名药品贺普丁为例，它在中国的出厂价是142元人民币，经物价部门核准的最高零售价为207元；而在韩国其出厂价只有18元，在加拿大不到26元，在英国不到30元，在德国、日本等国家，其出厂价也远远低于中国。这并非个例。GSKCI的另一种药品贺维力也呈现同样的情况，相较于日本的出厂价103.5元，它在中国的出厂价高达182元。

GSKCI的药品价格在中国为何如此之高？价格又是如何确定的？

多名涉案的GSKCI高管供述，新药进口到中国前，大多冠以海外原研药名义，通过转移定价的方式提高药品报关价格，将巨额利润预提在境外。这是跨国公司实现利润最大化的一种主要方法：在原产国分公司把要赚的利润确定好，把确定后的（原产国）零售价作为销往另一个国家分公司的成本价；在这个基础上，再实行一套价格策略，确保在另一个国家能够盈利。

对GSKCI而言，除了通过进口成品药获得利润外，还有一种方式是进口原料再加工。西力欣的原料由GSKCI在塞浦路斯的分公司生产，瓶装业务由意大利分公司负责，从塞浦路斯到意大利进行一次价格转移，从意大利分公司到中国贴标签，再进行一次价格转移。多次价格转移之后，每个分公司都赚钱，总利润相当可观。GSKCI通过这种做法不仅大幅提高进口药品价格、获取巨额利润，而且将应当在中国境内产生的大部分利润留在境外，达到少缴税的目的。

因此，GSKCI财务报表上的数据也就不难理解——2009年至2012年，公司主营业务收入约为39.78亿元、48.62亿元、55.29亿元、69.75亿元，而同期的营业利润约为1.09亿元、-0.47亿元、0.6亿元、-1.88亿元。

除了通过"转移定价"把利润留在国外，GSKCI还在中国进行了另一次"价格转移"：报关进口价格虚高的药品后，通过其设在中国的工厂将药品加工包装出售给GSKCI。这部分"价格转移"不仅使其中国工厂实现了利润，通过GSKCI药品出厂价与GSKCI中国工厂出厂价之间的差价，还预提了在中国的贿赂销售费用和目标利润。由此可见，把价格虚高的药品卖出去是GSKCI的最大目标，从表面上看GSKCI只获得微利或亏损，实际上卖得越多赚得越多。

招数2 "黑金营销"——为让医生多开药，借"讲课费"行贿

人们不禁要问，这些贵得离谱的药品怎么能打开中国市场，甚至坐上了行业老大的位置？

李某是此次被移送审查起诉的46名疑犯之一，身为湖南某市级医院肝病中心副主任医师的他，涉嫌非法收受GSKCI医药代表行贿的现金数万元以及GSKCI提供的免费旅游。

据李某供述，从2012年3月起，GSKCI为刺激贺普丁的销量，每开出一盒给他20元，每增加1名病例入组（给1名新病人开贺普丁）给他100元。他每月可以开出150～200盒，增加5～8名病例。而GSKCI医药代表谭某在按月给他送钱的同时，还会递上一张"讲课单"让他签字，言明这是"讲课费"。

有的医生会回避赤裸裸的金钱交易，但希望提高自己的业内名声，这时，学术会议的作用就体现出来了。GSKCI邀请医生参加会议的费用由公司支付，礼品由公司提供，会后的旅游也由公司埋单。

2009年，葛兰素史克全球总裁上任，对销量增长提出很高的要求。为此，GSKCI总部派来实际控制人马克锐。马克锐到中国的第一项任务就是转变政策，提出"销售为王"的口号，从以利润为主变成以销量为主，销售指标不断增加，以弥补美国、欧洲市场销量的大幅下降。

"没钱就别想提高销量。"时任GSKCI副总裁的张国维说。财务出身的马克锐向销售人员了解情况，他们反映，必须用钱跟医生拉关系，销量才能增长，而GSKCI原来用在这方面的资金较少，市场活动也不跟销售挂钩，这样就不可能提高销量。马克锐了解这些信息后，马上研究制定新政策，把市场费用和销售挂钩。

不仅销售部门要一切以销售为主导，所有的部门也都要为销售提供支持。按照马克锐的要求，原来独立的市场部被分解到各销售部门，以学术推广为主的市场活动转变为与销售挂钩，陆续组建市场准入部、处方药医学部、多元化部和大客户团队辅助销售。在队伍建设方面，2008年基本维持在900～1 000人，2009年突然开始加速"扩军"，每年招入数百到上千人不等，至2012年，销售人员总数已达5 500人。在财务预算方面，医药代表每月有3 000～5 000元可以用在医生身上。"当然这是不够的，还可以申请更多费用，但总和不超过药价的一定比例，例如，肝炎业务部的比例是5%～8%。"张国维说。

为了挖掘销售潜力，GSKCI还设定了上不封顶的超额销售奖金，以及"精英俱乐部"政策，俱乐部成员每年涨两次工资，可以得到更多奖金和出国旅游的机会；反之，员工如果完不成销售指标，则面临被解雇或无法升迁的命运。据估算，GSKCI为打开销路投入的行贿费用占到药价的30%，每年的总金额高达数亿元人民币。这也换来了丰厚的回报，2009—2012年，GSKCI的销售收入从39亿元增长到近70亿元。

招数3 "以贿掩贿"——公司审计部门教员工"如何行贿不违规"

公司从上到下把"合规"当成一层老虎皮披在身上，而不是真正建立机制、采取措施，所谓"合规"仅仅停留在口头上。公司一方面制定各种规章，经常组织员工学习，另一方面则是教他们如何使不合规的行为看起来"合规"。

例如，市场准入部、处方药医学部准备了5～6套医生讲课用的课件，以便在报销时注明用了哪套课件而显得不是太假。如果用发票报销"讲课费"时有做得不合规的地方，财务部、审计部通常会通过电话教销售代表怎么改，改好了再寄回去。

为了扩大贿赂销售规模，GSKCI推出了"第三方管理模式"。这种模式实际上就是包销：由GSKCI支付推广服务费给第三方公司，第三方公司再把费用给医生，这还是变相的行贿。这种合作不仅有助于规避风险，还能大大增加给医生的钱。

虽然从上到下极力掩饰，但GSKCI涉嫌商业贿赂的行为还是引起了北京、上海等地工商部门的注意。面对危机，GSKCI制定了一系列措施加以应对。策略主要有四条：一是要公关，大事化小；二是以商业贿赂避免处罚；三是要销毁涉及商业贿赂的证据；四是要以拖的方式来少提交或者不提交证据，避免公司被以商业贿赂为名进行处罚。

2012年2月至11月，北京市工商局朝阳分局连续两次立案调查GSKCI涉嫌商业贿赂问题，GSKCI通过中间人找到了办案人员，以财物打通关系，结果是对其涉嫌商业贿赂的行为不调查、不处理，将其行为改成不正当竞争，罚款30万元。

葛兰素史克案大事记

2013年6月28日：长沙警方表示葛兰素史克有高管涉嫌经济犯罪而被当地公安机关调查。7月11日：公安部网站发布消息，葛兰素史克部分高管在华行贿被立案侦查。7月23日：葛兰素史克称在华公司的部分高管可能会通过逃避公司流程和监管进行不当操作而触犯中国法律。7月29日：报道称有18名与葛兰素史克在华贿赂案相关的人员被拘捕。10月25日：葛兰素史克公布了2013年第三季度财报，数据显示公司在中国的药品销售额大幅下跌61%。

身陷囹圄多日，一些涉案高管进行了深刻反思和忏悔。他们坦承，公司的商业贿赂行为无论是对中国的广大患者、政府，还是对国内药企，都造成了巨大危害。

资料来源　涂重航，张泉薇. 葛兰素史克捞金术曝光［N］. 新京报，2014-05-15（A20）.

讨论题：

（1）从企业伦理的角度分析，葛兰素史克的做法存在哪些不道德行为？

（2）结合案例谈谈如何遏制跨国经营中的伦理问题。

拓展阅读9-2

中国民营企业
在非洲如何应
对社会矛盾

第10章 企业环境责任与可持续发展

▶ 学习目标

- 了解企业环境责任发展历程
- 定义和描述可持续发展以及企业可持续发展相关概念
- 了解企业可持续发展商业模式
- 识别企业在可持续发展中的商业机遇
- 描述企业可持续发展的生态效率、仿生以及服务性三原则
- 定义企业可持续发展战略，了解企业可持续发展战略的双赢范畴。

▶ 引例

如何破解垃圾焚烧厂难题

事件1：随着城市的发展和人口的增加，杭州与其他城市一样曾面临"垃圾围城"窘境，同时也碰到了这样的问题：专家反复论证认为建立垃圾焚烧厂是解困的最佳途径，但周边群众却争议四起。

2014年5月，余杭区中泰街道一带群众反对中泰垃圾焚烧厂项目选址，曾发生规模性聚集。少数群众甚至阻断交通、围攻执法管理人员……

如何化开不信任的"坚冰"，打破项目停滞的僵局？杭州采取的措施是充分尊重群众意愿、以群众利益为准绳。省、市主要领导均郑重承诺："项目没有征得群众充分理解支持的情况下一定不开工！没有履行完法定程序一定不开工！"

与此同时，对新形势下如何做好群众工作，他们展开了新探索：不是用简单的行政命令，而是依靠耐心细致的群众工作，用事实去说服教育群众。

2014年7月至9月，中泰街道共组织了82批、4 000多人次赴外地考察，让群众实地察看国内先进的垃圾焚烧厂。"不看不知道，一看放心了。"现身说法，让群众一个个打消了先前的顾虑。

群众的"健康隐忧"要对症下药，"发展隐忧"更要化解。为了提升群众的获得感，杭州市专门给中泰街道拨了1 000亩的土地空间指标，用来保障当地产业发展。区里还投入大量资金帮助附近几个村子引进致富项目，改善生态、生产、生活环境。

2017年下半年余杭区中泰垃圾焚烧项目投入点火试运行。杭州能有效化解这起备受关注的事件，走出困局，源于把人民利益放在第一位的执政理念。中泰垃圾焚烧项目现在成了"惠民工程"，一批批项目争先恐后在这里落户，群众真正尝到

了甜头。以前，人们争着往外迁，现在则是争着往回迁。仅小小的中桥村，已回迁200多人。

事件2：我住在伦敦南部，几乎每天我都要乘火车经过位于德特福德的垃圾焚烧厂。该垃圾焚烧厂每年焚烧大约42万吨城市居民垃圾，并把它转换成热能和电能供给当地居民。我不认为该垃圾焚烧厂会对我的健康构成威胁；相反，我认为这是对城市垃圾有效的利用，否则它们将被倒进垃圾填埋场，释放甲烷等有毒气体。

实际上，德特福德的垃圾焚烧厂在1994年刚建成时也曾引起争议。2002年，非政府组织"绿色和平"曾组织过直接的抗议活动，提醒人们关注二噁英污染。当地居民也投诉焚烧产生的粉尘污染，并质疑伦敦议会。而今天，在地方选举中，这座垃圾焚烧厂的建立并没有成为一项大的议题，也没有引起社会的不安。事实上，在过去10年里，英国通过焚烧处理城市垃圾的能力已经翻了一倍以上。

在欧洲，各国都有自己的"欧洲污染物释放和转移登记"数据库。我可以随时登录这个数据库，检查大气中潜在的有毒物质、水以及土壤的情况等数据。我只要动动鼠标就可以告诉你，2012年德特福德的垃圾焚烧厂向大气中排放了15吨氨，但没有二噁英。

此外，这些数据都是经过独立核实和反复核对的。如果我对此不放心，我还有权阅读该焚烧厂对环境影响的全面评估报告，包括在当地的调研报告等。如果我想了解更多的信息，我还可以提交行使知情权的申请。同时，该设施也对公众开放，公众可以参观。

资料来源　[1]王慧敏，江南.杭州破题"邻避效应"[N].人民日报，2017-03-24(01).[2]吉尔.我为什么不抗议居住地建垃圾焚烧厂？[EB/OL].[2024-11-18].https://m.huanqiu.com/article/9CaKrnJF83U.

思考：

（1）关于建立垃圾焚烧厂的选址和相关问题，应该如何决策才能得到民众的支持？

（2）不考虑群众利益的决策会产生怎样的后果？

现代化工业的发展成就了人类文明史上前所未有的物质资源的极大丰富，与此同时也带来了各种环境污染与资源匮乏的问题，威胁着当代乃至后代的生存与延续。21世纪初，地球经历了自6 500万年前地球史上第五次生物大灭绝以来物种灭绝最快的时期，人类也面临着各种环境问题的威胁。联合国环境规划署（United Nations Environment Programme，UNEP）2012年发布的《全球环境展望报告5》（GEO-5）指出，如果人类继续保持当前的全球消费和生产趋势，可能会击穿环境方面几个至关重要的承受能力极限。一旦超出环境的可承受范围，生命赖以生存的地球机能将发生意想不到甚至是不可逆转的改变，而这必然会导致整个人类社会的动荡（如图10-1所示）。同年，世界自然基金会（WWF）发布的《地球生命力报告2012》也指出，全球生物多样性在1970年到2008年间下降了28%，热带地区下降了60%；人类对自然资源的需求从1966年以来翻了一番，我们正在使用相当于1.5个地球的资源来维持我们的生活。如果按照这种模式发展下去，预计到2030年，我们将需要两个地球的资源来满足人类每年的需求。

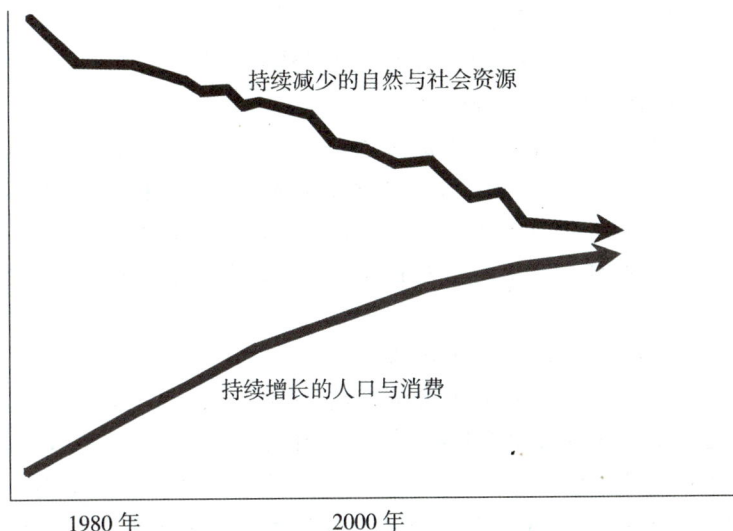

图10-1　持续增长的人口、消费与不断减少的自然、社会资源之间的矛盾

资料来源　该图基于环保组织"自然步伐"（The Natural Step）提出的概念制成。

从工业经济的发展历史来看，大多数企业把环境与自然资源问题看作不必要的负担，乃至经济增长的阻碍。这造成了自然资源与人口和消费之间日益突出的矛盾。为了防止图10-1中两条曲线进一步接近，就要通过创新和不断变革，转变传统商业理念，从而转变经济增长方式。本章讨论的主要伦理问题就是当代企业对环境与自然资源应该承担的责任，以及如何通过经营理念的转变，实现企业、社会与自然的可持续发展。

10.1　企业环境责任发展历程

现代企业自出现至今，在生态环境问题上的伦理观发生了很大的变化。企业环境责任是随着环境保护主义的盛行在20世纪后半叶提出的，在21世纪初逐渐催生了新的商业模式。企业的环境伦理观可以被归纳为三个阶段：非绿阶段、漂绿阶段和超绿阶段[①]。

10.1.1　非绿阶段（20世纪70年代及以前）

非绿阶段是企业内在成本外部化的阶段，企业行为的外部不经济性随处可见，

---

① 贾锋. 责任与竞争力 [R]. 西安：第六届全国MBA商业伦理与企业社会责任（案例）教学研讨会，2014.

这个阶段也是环境破坏处于"无法无天、无人监管"状态的阶段。20世纪西方出现的八大公害事件正是该阶段的主要标志。

■■ 知识链接10-1

20世纪西方八大公害事件

1) 马斯河谷烟雾事件（1930年）

在比利时马斯河谷工业区，有炼油厂、金属厂、玻璃厂等许多工厂。1930年12月1日到5日的几天里，河谷上空出现了很强的逆温层，13个大烟囱排出的烟尘无法扩散，大量有害气体堆积在近地大气层，对人体造成严重伤害。一周内有60多人丧生，其中心脏病、肺病患者死亡率最高；许多牲畜死亡。这是20世纪最早记录的公害事件。

2) 洛杉矶光化学烟雾事件（1943年）

夏季，美国西海岸的洛杉矶市250万辆汽车每天燃烧1 100吨汽油。汽油燃烧后产生的碳氢化合物等在太阳紫外线的照射下发生化学反应，形成浅蓝色烟雾，这使该市大多数市民出现眼睛发红、咽喉疼痛、头痛等症状，后来人们称这种污染为光化学烟雾。1955年和1970年洛杉矶又两度发生光化学烟雾事件，前者有400多人因五官中毒、呼吸衰竭而死，后者使全市3/4的人患病。

3) 多诺拉烟雾事件（1948年）

美国的宾夕法尼亚州多诺拉城有许多大型炼铁厂、炼锌厂和硫酸厂。1948年10月26日清晨，大雾弥漫，受反气旋和逆温层控制，工厂排出的有害气体扩散不出去，全城14 000人中有6 000人眼痛、喉咙痛、头痛、胸闷、呕吐、腹泻，17人死亡。

4) 伦敦烟雾事件（1952年）

自1952年以来，伦敦发生过12次大的烟雾事件，罪魁祸首是燃煤排放的粉尘和二氧化硫。烟雾逼迫所有飞机停飞，汽车白天开灯行驶，行人走路都困难。烟雾使呼吸疾病患者猛增。1952年12月那一次，5天内有4 000多人死亡，两个月内又有8 000多人死去。《英国卫报》登出的一小段文字显示"伦敦当时的棺材都已经卖光了"，因为超出正常死亡人数太多。这是人类工业化历史上大气污染最严重的事件之一。

5) 水俣病事件（1953—1956年）

日本熊本县水俣镇一家氮肥公司排放的废水中含汞，这些废水排入海湾后经过某些生物的转化，形成甲基汞，在海水、底泥和鱼类中富集，又经过食物链使人中毒。当时，最先发病的是爱吃鱼的猫。中毒后的猫发疯痉挛，纷纷跳海自杀。没有几年，水俣镇连猫的踪影都不见了。1956年，出现了与猫的症状相似的病人。因为开始病因不清，所以用当地地名命名。1991年，日本环境厅公布的中毒人员仍有2 248人，其中1 004人死亡。

6）骨痛病事件（1955—1972 年）

镉是人体不需要的元素。日本富山县一些铅锌矿在采矿和冶炼中排放废水，废水在河流中积累了重金属镉。人长期饮用这样的河水、食用用含镉河水浇灌的稻谷，就会得骨痛病。病人骨骼严重畸形、剧痛，身长缩短，骨脆易折。

7）日本四日市哮喘事件（1961 年）

1955 年以来，该市石油冶炼和工业燃油产生的废气严重污染城市空气，重金属微粒与二氧化硫形成硫酸烟雾。1961 年很多人哮喘病发作，1967 年一些患者忍受不了而自杀。1972 年该市共确认哮喘病患者 817 人，死亡 10 多人。

8）日本米糠油事件（1968 年）

当时，先是几十万只鸡吃了有毒饲料后死亡。人们没深究毒的来源，继而在北九州一带有 13 000 多人受害。这些鸡和人都是吃了含有多氯联苯的米糠油而遇难的。开始时病人眼皮肿、手掌出汗、全身起红疙瘩，接着肝功能下降、全身肌肉疼痛、咳嗽不止。这次事件曾使整个西日本陷入恐慌中。

资料来源　根据网络资料整理.

以美国为例，雷切尔·卡逊（Rachel Carson）1962 年出版的著作《寂静的春天》被认为是触发环境保护革命的标志。作者在书中用凄美的文字描述了被当时农业化工企业广泛生产并使用的化学杀虫剂和其他有害物质在食物链中富集和最后对人体及遗传造成的伤害。该书一经出版，就激起了民众的强烈反响。仅出版半年的时间，精装本就售出了 50 万册，并掀起了美国民众对农业化工企业的强烈控诉。之后，地球之友、绿色和平等环保组织相继诞生，人们也越来越支持这类组织。

■■ 知识链接 10-2

《寂静的春天》摘选

即使在冬天，道路两旁也是美丽的地方，那儿有无数小鸟飞来，在出露于雪层之上的浆果和干草的穗头上啄食。郊外事实上正以其鸟类的丰富多彩而驰名，当迁徙的候鸟在整个春天和秋天蜂拥而至的时候，人们都长途跋涉地来这里观看它们。另有些人来小溪边捕鱼，这些洁净又清凉的小溪从山中流出，形成了绿荫掩映的生活着鳟鱼的池塘。野外一直是这个样子，直到许多年前的一天，第一批居民来到这儿建房舍、挖井、筑仓，情况才发生了变化。从那时起，一个奇怪的阴影遮盖了这个地区，一切都开始变化。一些不祥的预兆降临到村落里：神秘莫测的疾病袭击了成群的小鸡，牛羊病倒和死亡。到处是死神的幽灵。农夫们诉说着他们家庭的多病。城里的医生也愈来愈为他们病人中出现的新病感到困惑莫解。不仅在成人中，而且在孩子中也出现了一些突然的、不可解释的死亡现象，这些孩子在玩耍时突然倒下了，并在几小时内死去。

一种奇怪的寂静笼罩了这个地方。

……

　　从 20 世纪 60 年代末开始，美国公众就广泛地参与到环境保护运动中，以表达自己对环境的关注和对现状的不满，尤其是对企业忽视环境问题，将本该内部化的成本外部化，令整个社会承担着经济增长带来的环境和健康问题，表达了强烈的抗议。1970 年 4 月 22 日成为美国此次环保运动的标志——大约 2 000 万美国民众走上街头，举行声势浩大的游行示威和抗议活动，这是"人类历史上规模最大的有组织的示威游行"，这一天也因此被联合国定为地球日。①

　　人类工业化在 20 世纪 70 年代之前出现了很多问题，引发了很多科学研究，最终导致公众意识的变化，进而形成立法的基础。有了法律的管制，就有了对企业的约束，因此，经过一系列事件以后，人类进入了一个治理污染的新阶段。

●● 10.1.2　漂绿阶段（20 世纪 80—90 年代）

　　随着人们环保意识的逐渐形成，环保机构纷纷建立，相应的法律法规逐渐完善，企业的违法风险增大，环境保护逐渐过渡到漂绿阶段。这个阶段也被学者认为是 20 世纪 60 年代之后第二次环保活动浪潮，几乎所有国家的政府都采纳了环境保护政策，绿色消费者运动也开始崛起②。

　　1972 年，联合国人类环境会议在瑞典斯德哥尔摩举行，这是世界各国政府共同讨论当代环境问题、探讨保护全球环境战略的第一次国际会议。会议通过了《联合国人类环境会议宣言》（简称《人类环境宣言》），呼吁各国政府和人民为维护和改善人类环境、造福全体人民、造福后代而共同努力。以此次会议为标志，西方国家和我国在 20 世纪 70 年代初陆续成立了环境监管机构，颁布了相关的法律法规。例如，美国在 70 年代就先后通过了《清洁空气法》（1970 年）、《职业安全与健康法》（1970 年）、《工业污染控制法》（1970 年）、《水污染控制法》（1972 年）、《联邦环境杀虫剂控制法》（1972 年）、《濒危物种法》（1973 年）、《饮用水安全法》（1974 年）等。环境保护已经成为跨部门的、以保护生态系统为导向的、综合性的整体行动。1978 年发生的美国纽约拉芙运河（Love Canal）污染事件成为导火索，促成美国国会在 1980 年通过了一个人类历史上前所未有的环境法律——《综合环境反应、赔偿和责任法》（CERCLA）。该法因其中的环保超级基金而闻名，通常又被称为《超级基金法》。《超级基金法》的颁布对很多企业，尤其是那些有百年历史的企业或有钱的大企业造成了巨大的威慑力。例如，20 世纪 80 年代末期，美国国家环保局经过调查发现，哈德逊河 200 英里（约合 322 千米）的河段底泥中有多氯联苯（有毒致癌化学物质）。哈德逊河穿越纽约与新泽西，最终流入大西洋。这是一条风景优美的河，它的两岸有许多富人庄园，洛克菲勒庄园就坐落在那里。河底的多氯联苯是 1946—1977 年由通用电气（GE）下属的电容生产厂排放的。据估计，美国

---

①　羽仪. 20 世纪 60—70 年代美国环保运动史述评 [J]. 湖南社会科学，2009（1）：177-180.
②　ELKINGTON J. Cannibals with forks: the triple bottom line of 21st century business [M]. Chatsworth: Capstone，1997.

联邦政府在1977年禁止使用多氯联苯以前，通用电气排放了约2 000吨多氯联苯，这些有毒致癌化学物质在该河段沉淀下来。按照美国《超级基金法》中溯及既往的规定，虽然不要求通用电气承担其他责任，但要求其进行污染物清除，初期估算费用是5亿美元，但是这遭到了通用电气的拒绝。美国国家环保局和通用电气之间经过了长期的诉讼和谈判，最终通用电气败诉，不得不在2009年动工清理污染物，把200英里河段的底泥挖出来，送到有资历的污染物工厂去处理。结果是原来可以花5亿美元解决的问题，现在已经花了13.3亿美元，而且还不够。美国国家环保局估计整个工程需要移除数十亿立方码①的受污染土壤。②在美国历史上，卷入《超级基金法》的大企业有很多。

在这个阶段，企业意识到如果不遵守与环境保护相关的法律法规，将意味着巨大的风险和成本，所以，漂绿阶段的企业将环境问题看作一种风险控制，并没有像现在许多企业所做的那样，把环境与可持续发展和创新作为企业增强竞争力的重要方面。它们就像穿着一件白色衣服的人，想把衣服变成绿色的，就到染缸里漂一漂，让自己看上去是一个环保人士。

■ ■ 小案例10-1

陶氏化学公司应该承担后续赔偿责任吗

1897年创建于美国的陶氏化学公司（Dow Chemical Company）是一家以科技为主的跨国公司，位居世界化学工业界第二位（美国杜邦居第一位）。一直以来，陶氏化学公司都以具备社会责任感而著称，但近年来陶氏化学公司经常遭到环保主义者的抗议，原因就是在1999年，陶氏化学公司收购了另外一家美国公司——联合碳化物公司（UCC），而该公司是1984年举世瞩目的印度博帕尔毒气泄漏事件的肇事者。据印度官方统计，剧毒气体当即造成4 000多人死亡；该事件造成死亡总人数约2.5万人，有20万人致残；博帕尔地区有约100万居民受到不同程度的影响。联合碳化物公司所在地未被清理干净的化学品依然持续污染着当地环境。然而，1989年在印度政府与联合碳化物公司达成赔偿协议时，仅按照10万名受害者进行计算，联合碳化物公司就此事件向印度政府支付了4.7亿美元的赔偿金，但博帕尔地区的受害者人数远远大于这个数字。有媒体报道称，从2004年开始，印度政府寻求陶氏化学公司为博帕尔地区的化学品清理出钱，但陶氏化学公司以从未参与联合碳化物公司的印度经营为由拒绝了。至今，此事仍没有得到彻底解决。2013年7月23日，博帕尔地区法庭又开始对陶氏化学公司进行传讯。2014年，博帕尔毒气泄漏事件的幸存者持续举行示威游行，要求政府和责任企业为他们及后代的健康与环境问题埋单。

资料来源 根据印度新闻网站The Economic Times的资料以及中国相关新闻报道整理。

思考：你如何看待陶氏化学公司对博帕尔毒气泄漏事件的态度？印度民众乃至

① 1立方码=0.7645536立方米——编者注。
② 莱默. 通用电气加速纽约河道污染治理［N］. 王柯伦，译. 英国金融时报，2010-12-24.

政府对其提出的诉讼是否有道理？在这个事件的后续处理中，谁应该成为主要责任人？

●● 10.1.3　超绿阶段（进入21世纪以来）

尽管大多数国家的企业到目前为止仍处于漂绿阶段，但随着能源的短缺和环境承载力的下降，一些西方国家率先进入超绿阶段，减少污染物排放成为企业社会责任的主要表现，也是企业提高自身竞争力的新机会。

进入21世纪，世界发生了许多变化，其中非常显著的变化来自地球生态系统。2005年，联合国颁布了《千年生态系统评估综合报告》，对地球的生态系统做了一次全面的评估。该报告指出，地球自然资源每年提供价值15万亿英镑的物产，如新鲜的水、清洁的空气和鱼等，但是人类活动破坏了大约2/3提供上述资源的生态环境，包括湿地、森林、草地、河流和海岸等。目前，地球上10%~30%的珍稀野生动物濒临灭绝；24个生态系统中的15个正在持续恶化。大约60%的人类赖以生存的生态服务行业，如饮用水供应、渔业、区域性气候调节以及自然灾害和病虫害控制等，无法进行可持续性生产，前景每况愈下。联合国环境规划署（UNEP）前执行主任克劳斯·特普费尔说："过去，自然资源经常被视为免费的，是可以用很小的代价或者零代价获取的。该报告清楚地表明，这种情况必须得到改变，因为自然资源正变得日益稀缺，社会也需要更高的环境保护标准。"该报告中有一部分是写给工商企业的，其中得出了以下重要结论：第一，对企业来说，生产原料所依赖的生态系统的功能降低、短缺以及高昂的成本会对企业的经营造成影响。第二，随着整体生态环境的变化乃至退化，产品价格低、质量好并非就能得到利益相关者的支持，如果在环境问题上逃避责任，消费者的反应会对企业的股价造成巨大影响。不少工商界人士承认，他们过去的许多做法并不正确，需要重新考虑和重新执行。通用电气前首席执行官杰夫·伊梅尔特曾说："我们将把注意力集中在独特的能源、技术和制造业以及基础能力等方面，开发类似太阳能、混合动力机车、燃料电池、排放量更低的飞机发动机、更轻和更强韧的材料、高效照明以及水质净化技术这样的未来解决方案。"[①]

所以，对于一个有历史眼光的企业来说，如何能站得更高、看得更远，超越绿色，把来自环境的压力转化成发展机遇并作为提高竞争力的核心驱动，是未来企业在可持续发展中非常重要的考虑因素。目前还有一个新的趋势，就是企业环境责任的延伸和供应链绿化，如小案例10-2所示。

---

① 佚名. 保护生态环境有助提高企业收益［N］. 中国环境报，2005-07-15（04）.

■■ 小案例 10-2

麦当劳：誓要整改打嗝牛

麦当劳连锁餐厅是英国牛肉的最大买家之一，一年需要宰杀 35 万头牛做汉堡，而这些牛在饲养过程排放出的温室气体也成了麦当劳的一块心病。

根据政府通报的数字，牲畜饲养所排放的温室气体占英国碳足迹的 4%。而美国一项调查将其变得更加明确：将打嗝的牛排放出的温室气体分摊到麦当劳每个汉堡上，那么每个汉堡都相当于排放出了 3.1 千克的二氧化碳！

所以，麦当劳曾推出一项为期 3 年的科研计划，在英国和其他地方的 350 个牧场改进饲养技术，并与乡村环境咨询公司 Eco2 Project 联手，完成 250 个牧场的走访工作并制订有效、可持续的低碳饲养方案。

自 2015 年以来，麦当劳主导了一系列环保改革，包括用新鲜牛肉取代汉堡中的冷冻牛肉、从鸡肉中剔除抗生素、引进没有高果糖玉米糖浆的面包等。

2018 年 3 月，麦当劳宣布他们将与加盟商和供应商合作，在 2030 年之前将餐厅和办公室的温室气体排放量减少 36%，采取的措施包括改用 LED 灯照明、使用更高效的厨具和可持续的食品包装等。

牛肉的生产将是麦当劳节能改造的重点。供应商正在试验新的放牧方式，让牧群在各牧场间轮转，这有利于土地恢复并减少牛的废气排放。牛肉生产方式的改良将使得麦当劳在供应链环节的温室气体排放量降低 31%。麦当劳说上述努力所达到的效果相当于一年内少了 3 200 万辆汽车上路。

资料来源 [1]《商业价值》杂志. CSR 竞争力——做最适合自己的企业社会责任 [M]. 北京：科学出版社，2012. [2] 佚名. 麦当劳说要在 2030 年减排 36%，还改变了牛肉生产方式 [EB/OL]. [2024-12-06]. https://baijiahao.baidu.com/s?id=1595535657871993324&wfr=spider&for=pc.

❯❯ 10.2 企业可持续发展新模式

进入 21 世纪，随着环境问题的日益凸显和环境与企业利益的关系日益密切，一种新型的商业模式出现了，这就是可持续发展的商业模式。在该模式下，衡量企业成功的标准不再仅仅是财务指标，而是经济、社会以及环境的可持续性。

人们越来越强烈地意识到，未来社会的发展取决于一个复杂系统的可持续性，它至少包含三个互相依存、高度脆弱的子系统——自然环境、社会或政治体制，以及全球经济。其中任何一个崩溃必将导致其他两个瓦解，这是不言自明的公理。[①] 这就需要政府、企业和非政府组织乃至整个社会共同合作、一起努力，而企业的作用也越发凸显出来。

---

① 赛德勒. 持续竞争力 [M]. 李宪一，等译. 北京：北京大学出版社，2004：34.

■■ 知识链接10-3

为什么需要可持续发展

通常有三个因素用于解释和证明为何人类需要可持续的而非一时增长的经济发展模式：

第一，全球依然有数亿人生活在极度贫困之中，缺乏食物、水、医疗以及住房是他们每天不得不面临的痛苦。要解决这些问题必须有重大经济发展。

第二，世界人口仍在高速增长，从1998年的60亿人口增长到2011年的70亿人口，到2030年预计将增加到80亿人口。大部分人口增长区域都在世界最贫困地区，这使得第一点所提到的问题更加严重。为满足日益增长的人口的需求，同样需要重大经济发展。

第三，所有经济活动都必须依赖地球生物圈的生产能力。然而不幸的是，有充分的证据显示，世界经济所实施的活动类型与活动量已经超过了地球支撑人类生命的能力极限。

基于上述三点现实状况，人们有三种可行的路径：（1）发展中经济体，如中国、印度等，要停止向发达经济体发展的步伐。（2）相信企业现行的经济发展模式能在不超越环境极限的情况下扩展到世界各地。（3）寻找经济和企业活动的新模式，既满足世界人口的需求又不损害生物圈。很显然，可持续发展和可持续的企业经营模式选择了第三条路径。

资料来源　哈特曼，德斯贾丁斯，苏勇，等. 企业伦理学［M］. 北京：机械工业出版社，2011：221.

● 10.2.1　相关术语

随着新的可持续商业模式的兴起，一些新的术语逐渐涌入经济学和管理学的词汇中，这些术语也是在本章内容中重复出现的重要概念。

可持续性、可持久性：这是指一家公司、一个国家或一个地区达到了使其现在进行的活动能够得以长期持续的程度。

可持续发展：这是最早由挪威前首相布兰特夫人领导的联合国世界环境与发展委员会（The United Nationdu's World Commission on Environment and Development，WCED）于1987年发布的报告《我们共同的未来》提出的概念。该委员会为可持续发展提供了为全球所公认的标准定义——可持续发展是指既满足当代人的需要，又不损害后代人满足其需要的能力的发展。这一概念在20世纪80年代和90年代初期仅被应用于人类活动对自然和生态环境的影响，后被应用于更广泛的范围，包括人类活动对社会和经济的影响。

三重底线：1997年，英国学者约翰·埃尔金顿最早提出了企业可持续发展的"三重底线"的概念。他认为一个企业要实现可持续发展，不是只考虑如何实现盈利的最大化，而是始终坚持三重底线原则（或称作三重盈余原则），即企业盈利、社会责任、环境责任三者的统一。①

可持续发展战略："管理者可以用来将社会和环境投资与企业的基本战略协调起来的机会。"②对可持续发展战略的选择并非只关注生态效率，而是将生态投资和企业的背景、能力以及它的基本战略协调起来。通过使用清晰的标准专注于一个具体的可持续发展战略，管理者有更多的机会在股东面前为生态投资辩护，并同时满足其他利益相关者的诉求。

■ 小案例 10-3
Everlane：让肮脏的时尚行业变清洁

Everlane 是由 Michael Preysman 在 2011 年创立的可持续性时尚品牌，从一件简单的 T 恤开始，如今产品线已经拓展到男装、女装、包袋、鞋履等品类。2016 年销售额突破 1 亿美元，并获得 1 700 万美元的 D 轮融资，目前估值已接近 20 亿美元。2019 年入驻天猫国际。在其 2021 年企业影响力报告的开端，该公司就提出：时尚是肮脏的生意，我们的目标就是让它比我们发现它时变得更干净。（Fashion is a dirty business. Our ambition is to leave the industry cleaner than we found it.）

为了做到这一点，Everlane 单点破局，即在销售中采用极度透明策略，包括定价透明、活动透明、供应链透明等。比如，Everlane 会在官网上清晰地拆解出生产每件单品的每个环节所需的成本，消费者还能看到产品对应的工厂工作环境的照片或视频。Everlane 为工厂成立了"黑色星期五"基金（资金来源于黑五当天所出售的产品全部利润），用于改善工厂的工作环境，提高员工福利。同时，关注环境问题和气候变化问题。Everlane 还加入了科学碳目标倡议（SBTi），提出了企业自身的碳承诺：

到 2030 年，单产品碳排放量减少 55%。

到 2030 年，商店和总部的绝对排放量降低 46%。

到 2050 年，实现净零排放。

资料来源　根据 Everlane 公司网站（https://www.everlane.com/carbon）资料整理.

● 10.2.2　可持续发展下的企业机遇

如果仅看重企业的法律责任或道义责任的话，那么环境问题将永远被看作企业的负担或者影响企业发展的伦理约束，而可持续发展模式可以实现让企业将环境问题看作商机的重要理念转变。

① ELKINGTON J. Cannibals with forks: the triple bottom line of 21st century business [M]. Chatsworth: Capstone, 1997.

② ORSATO R J. 可持续发展战略：企业"变绿"何时产生回报 [M]. 李月，译. 北京：机械工业出版社，2012：34.

第一，可持续发展是一个审慎的长期发展战略。企业为了确保"基业长青"，必须采取可持续的行为。如果不能适应资源供应减少和消费需求增加同时存在的状况，企业将无法继续生存。海洋渔业就是一个典型的例子。

第二，发展中经济体巨大的市场潜在需求必须在可持续的经济增长方式中才能得到长期满足。如果继续以传统的经济增长方式满足发展中经济体急速增长的消费需求，那么只能以破坏生态环境为代价，并因不可逆的环境危害而最终使得人类社会反受其害。因此，从满足如中国这样广大的市场需求和保护生态环境的角度出发，寻求新的可持续技术、产品和商业模式成为必然选择。党的二十大报告指出，"生态环境保护任务依然艰巨"。为实现"在2030年左右碳排放达到峰值，2030年碳强度较2005年下降60%~65%"的巴黎会议相关承诺，近年来我国政府节能减排政策力度空前，能源消费与经济增长间已呈现弱退耦趋势，开始进入以"慢变量"影响为主、总量上升趋缓的达峰拐点前期的新阶段。①

第三，坚持可持续发展的行为也可以为企业节约大量成本。例如，全球领先的通信解决方案提供商思科（Cisco）公司一直推动通过思科WebEx、思科网真和思科统一通信等远程协作技术，减少员工出差和通勤，进而减少碳排放。这些可持续行为为思科节约了大量日常开支。

第四，可持续性企业存在竞争优势。率先走向可持续发展的企业，既能够吸引有环保意识的消费者，又能吸引有相同价值观的员工，让他们为在该企业工作时感到自豪和满意，并能通过在该企业工作实现自我价值最大化。同时，企业也能吸引有远见的投资者。例如，全球领先的户外产品公司天伯伦（Timberland）一直以来将环境保护作为其品牌价值的重要体现，并分别通过减少碳足迹和生产由环保材料制成的耐用的、可回收的产品来实现其环境保护的理念。该公司还创建了绿色指标评级系统，来评估其鞋履从原材料提取到最终产品装配各个环节对环境产生的影响。为了维护公司员工生活、工作的社区环境，天伯伦在1992年开发了一个"服务之路"项目，直到现在，该公司的每一位员工每年有40个小时的带薪休假，用来参加社区服务。天伯伦的可持续发展行为使其成为美国最受欢迎的雇主公司之一。

第五，可持续发展是良好的风险管理策略。拒绝可持续发展会给企业带来许多风险，尤其是在政府监管下，这么做会影响企业的发展，并给企业声誉带来负面影响。越来越多的消费者不再以企业提供的产品本身质量的好坏作为消费的唯一标准，而是更加注重企业在社会责任方面的价值体现。率先步入可持续发展的企业还有可能成为设立行业标准的企业，引领行业发展。例如，英国石油公司作为最早实施企业内部温室气体排放权交易的企业，借助企业内部排放权交易体系（internal emissions trading system），提前7年完成了在1998年制定的到2010年将企业温室气体排放量降低到1990年的10%以下的目标，并因为在该方面卓越的表现成为参与

---

① 杨顺顺. 中国碳减排的阶段特征与转型方向［N］. 中国社会科学报，2019-07-31（4）.

并影响英国政府制定温室气体排放企业相关标准的重要角色。

■ 小案例 10-4

餐饮业如何杜绝浪费——可持续餐厅的实践

餐饮行业估计是世界上资源浪费最严重的领域。例如，英国"废弃与资源行动项目"研究发现，英国家庭垃圾中有四成为食物垃圾，其中每天有 440 万个苹果、510 万个土豆、280 万个西红柿、160 万根香蕉和 120 万个橙子被英国家庭扔进垃圾箱。英国《卫报》2013 年的数据显示，英国人每年丢弃的食物总价值高达 151 亿英镑。中国作为饮食文化大国，在这方面的浪费也是非常惊人的。中国农业大学一项调查显示，全国一年仅餐饮浪费的食物蛋白质和脂肪就分别达到 800 万吨和 300 万吨，相当于倒掉了 2 亿人一年的口粮。

英国有一家餐厅的实践向我们证明了餐厅也可以注重环保，践行可持续发展理念。橡子屋（Acorn House）餐厅的主人亚瑟·波茨·道森，秉持可持续的理念开设了这家餐厅。

餐厅装潢：地板和椅子主要采用各类可回收再利用的材料。木制产品，例如餐桌，采用挪威契约林地的木材制造而成。整间餐厅都使用风力发电。油漆则选用化学成分最少的品牌，以保证长期在此工作的员工不会受到过多伤害。除此之外，许多餐厅内的装饰物和设备都是回收利用的，例如花盆是用废旧轮胎制作的。

菜单设计：餐厅设计了可以让消费者挑选食物分量的菜单，保证大家各取所需，而不是每次都由厨师做出相同分量的菜肴，以尽可能地减少浪费。

废物处理：餐厅专门设置了废物室，处理每天的废弃物。废弃的食品在这里进行干燥脱水并储存，用来做堆肥，在厨房后院里种植果蔬。橡子屋餐厅后院里所有的土壤其实都是食物残渣，是餐厅的废弃垃圾。这间废物室每周可以处理 70 千克左右的厨余垃圾。除此之外，该餐厅还自行建立了滤水系统，进行雨水的回收利用，用来浇灌植物。

水的循环利用其实是可持续餐厅很重要的一环。依据这个理念，道森又开设了一家名为"水屋"的餐厅，用水力发电，用水降温，用水提供暖气，排风系统也不用空调，而是通过与餐厅外面河道上的热能转换来实现，以实现零碳排放。

道森开设这两家餐厅之后，还打算以中国五行学说为理念，开设以火、金、土为主题的餐厅，而且正在筹建一家不产生浪费的超市，以使之成为世界上最环保的超市为目标。道森想通过自己的商业实践证明有环保意识的商业活动是可行的。道森坚信，减量、重复使用、拒绝浪费、回收再利用，这些应该是可持续的商业活动秉持的重要理念。

资料来源 文字部分整理自 TED 视频《对可持续餐厅的展望》，数据整理自新华网。

思考：

（1）道森的可持续餐厅理念与中国传统文化之间有什么相通之处？

（2）在你所从事的行业中，你认为如何实践这种可持续发展理念？

诸多事实证明，地球生物圈现在处于脆弱期，这与工业革命以来以消费主义社会为特点的全球经济增长模式直接相关。这里涉及的伦理问题主要包括资源分配的公平性、当代人与后代人满足需求之间的公正性，以及生态环境保护的价值观与相关权利等。而这些问题的利益相关者正是地球上所有的生命。通过选择可持续发展的商业运作模式，企业成为调节人类社会与自然界之间关系的关键力量。

● ● 10.2.3 企业可持续发展原则

可持续发展的确切定义虽然会根据特定的行业或企业发生变化，但有三项基本原则是可以用来指导企业可持续发展实践的：

原则一：生态效率原则

生态效率（ecoefficiency）在过去一段时间里已经成为企业词汇表的一部分。这个术语的传播在一定程度上要归功于世界可持续发展工商理事会（EBCSD）1996年给出的非常简化的定义："以少生多"（doing more with less）。但是，这个定义并不能真实反映生态效率的真实意义，甚至将其与资源产出率画上了等号。尽管资源产出率是衡量工业过程和产品对环境影响的一种主要指标，但并不是唯一指标。生态效率除了可以通过过程优化实现外，也可以通过替代或减少用在产品生产中的原材料数量来实现，即"去物质化"（dematerialization）。更全面地来看，生态效率可以通过减少在生产、消费、制造前以及消费后等阶段整个系统对环境的影响来实现。[①]因此，经过改进的、可通用的生态效率定义是"以更小的环境影响来做得更多"[②]。通过专注于生态效率的提升，企业可以有效降低组织流程的经济成本和对环境的影响。由于降低成本非常重要，大多数企业不需要号召就能自觉地采纳相关战略。

例如，根据零排放研究计划（Zero Emission Research Initiative，ZERI）的研究结果，在传统的啤酒厂，使用过的谷物（酿造100升啤酒大约会产生18千克废料）往往被低价出售给养猪场或养牛场。尽管这对啤酒厂来说在经济上是划算的，但这种废料既不是动物理想的食品，也不够环保，因为牛不能很好地消化这些谷物，在消化过程中也会产生甲烷——一种导致温室效应的气体。作为这种做法的替代选择，ZERI建议将这种废料用于培养蘑菇，因为它们富含蛋白质和纤维。利用并不复杂的设备，可以将蘑菇在生长过程中降解的纤维素及富含蛋白质的基质所产生的酶分离出来。这不仅是对环境更友好的解决方案，而且种蘑菇也有更高的市场价值，由此得到的五类酶还可以被用作肥皂的添加剂。总之，通过回收啤酒行业过去被认为是废弃物的蛋白质，啤酒厂可以获得新的收入来源，并最终获得新的商业机会。[③]

---

① CORBETT C J，KLASSEN R D. Extending the horizons：environmental excellence as key to improving operations [J]. Manufacturing & Service Operations Management，2006，8（1）：5-22.
② ORSATOR J. 可持续发展战略：企业"变绿"何时产生回报 [M]. 李月，译. 北京：机械工业出版社，2012：41.
③ ORSATOR J. 可持续发展战略：企业"变绿"何时产生回报 [M]. 李月，译. 北京：机械工业出版社，2012：43.

小案例10-5

广西贵糖集团的循环经济

广西贵糖集团的生产系统主要由制糖系统与制浆造纸系统组成，生产流程产生的废弃物主要有甘蔗渣、废糖蜜、酒精废液、制浆黑液、制浆中段废水、白泥等，这些废弃物直接排放会造成环境污染。贵糖集团根据各种废弃物的特性，规划了内部循环经济生态链，由制糖循环经济生态链和造纸循环经济生态链组成。同时，贵糖集团创建了一系列子公司或分公司，如制糖厂、酿酒厂、纸浆厂、造纸厂、碳酸钙厂、水泥厂、发电厂及蔗田等，来循环利用制糖过程中的废物，从而减少污染，从中获益。

每条循环经济工业链的上游生产过程产生的废物均用作下游生产过程的原料。贵糖集团将制糖过程产生的废糖蜜作为原料来生产酒精，将酒精生产过程产生的酒精废液用来生产甘蔗专用复合肥，复合肥又用来肥田。至此，以甘蔗田种植甘蔗为起点，经过甘蔗制糖，废糖蜜制酒精，酒精废液制复合肥，复合肥返回蔗田，形成了一条闭环的制糖循环经济生态链。

贵糖集团将制糖过程中产生的蔗渣用来造纸，造纸过程产生的白泥作为生产水泥的原料。在造纸循环经济生态链中，蔗渣用来制浆，纸浆送造纸厂进行造纸；制浆厂产生的黑液通过碱回收将其中的碱和热能回用于制浆，白泥用来生产水泥；制浆过程产生的废水送动力车间通过以废治废过程得到净化后达标排放。

贵糖集团以发展循环经济为导向的生态型制糖企业建设，为我国制糖工业结构调整和行业结构性污染问题的解决提供了宝贵的经验，使传统产业通过调整、组合焕发出新的生命力。

资料来源　吴汉洪，苏睿. 制糖业循环经济发展研究——以广西贵糖集团循环经济为例［J］.广西社会科学，2013（4）：30-34.

原则二：仿生学原则

生态效率原则不仅给单个企业带来效益，还能带来超越企业边界的跨行业效益。来自一个企业的废弃物、副产品和能源可以进入另一个企业的生产过程，从而使企业协同构成闭环系统，这通常被叫作生态工业园（Eco-Industrial Parks，EIP）。正如自然生态环境中的循环一样，物质不灭，且在自然界中不断转换，一项活动的废物成为另一项活动的资源，这条原则因此被称为仿生学（Biomimicry）原则。

仿生学原则的最终目标是完全消除废物，而不仅仅是减少废物。丹麦凯隆堡市的生态工业园从20世纪70年代开始发展，并在1989年被第一次定义为生态工业园。虽然已经历时很久，但它至今仍是生态工业园的标杆。在这座城市中，保障淡水长期供应的需求促成了一个行业共生、企业仿生的优秀案例。一家煤电厂、一家炼油厂、一家生物技术制药厂、一家石膏和塑料板生产厂、一些水泥厂、一家硫酸厂、市政供热部门、一家养鱼场、一些温室（大棚）、当地农场和其他的企业都参与合作，优化能源和资源使用。不需要政府制定任何政策，这些组织之间签订了促进原材料和能源有效流动的合同，随着资源的优化利用并降低它们对环境的影响，各组织内部的成本也都下降了。

■ 知识链接10-4

中国企业可持续发展的黄金十年

2012—2022年，中国发展成就斐然。

在习近平新时代中国特色社会主义思想指导下，党和国家各项事业发生了新的历史性变革，改革开放和中国式现代化建设取得了新的历史性成就，全面建成了小康社会，实现了第一个百年奋斗目标，开启全面建设社会主义现代化国家、向第二个百年奋斗目标进军的新征程。

这十年，也是企业可持续发展的黄金十年，企业发展环境和空间发生了根本性的变化：确立新发展理念、加速绿色低碳转型、助力社会繁荣进步成为企业发展的主题。

新理念引领企业治理机制渐成。党的十八大以来，企业社会责任和可持续发展受到高度重视，一系列政策推动企业形成以新发展理念为引领的治理机制。《中共中央关于全面推进依法治国若干重大问题的决定》把"加强企业社会责任立法"作为完善我国法律体系的重点任务之一。

"创新、协调、绿色、开放、共享"的新发展理念，逐步成为引领企业发展的价值体系，融入企业治理机制。全面加强国有企业党的建设，强化了我国国有企业的光荣传统和独特优势，筑牢了企业的"根"和"魂"。在加快建设世界一流企业的过程中，产品卓越、品牌卓著、创新领先、治理现代，成为企业可持续发展的重要标志。

新愿景推动企业低碳转型加速。党的十八大以来，"绿水青山就是金山银山"理念深入人心，生态文明制度体系基本形成；中国做出力争2030年前实现碳达峰、2060年前实现碳中和的庄严承诺，并构建完成碳达峰碳中和"1+N"政策体系。企业正在从节能减排、环境保护入手，提升到制定落实"双碳"目标发展战略和行动方案，投身到一场深刻的经济社会变革之中，加大绿色低碳创新和转型力度。

新征程助力企业贡献社会发展。2020年，中国脱贫攻坚取得全面胜利，创造了人类减贫史上的奇迹，并转入实施乡村振兴战略的新阶段，向第二个百年奋斗目标的新征程迈进。在脱贫攻坚伟大事业中，企业积极参与，扮演了生力军的角色，发挥了巨大的作用，用行动证明企业和社会发展进步之间共融的生态关系。

在乡村振兴战略中，施展企业能力的空间更大，企业继续加大参与和支持力度，释放企业资源和效率优势，支持乡村振兴和企业发展相互促进。许多企业在与社会联动过程中，持续推动社会价值创新，共同探求走向共同富裕的发展思路与实践路径。

在这黄金十年，中国企业发生了巨大改变，新理念、新愿景、新征程正推动中国在可持续发展道路上不断增强能力，行稳致远，贡献中国发展，贡献全球可持续发展目标的实现。

资料来源　王秋蓉. 企业可持续发展的黄金十年［J］. 可持续发展经济导刊，2022（C2）：1.

原则三：可持续服务原则

该原则涉及从产品到服务的业务模式转变。传统的经济管理模式认为，消费者的需求就是对产品的需求——洗衣机、电视机、音响设备、地毯、消费类电子产品、汽车、计算机等。服务型经济（service-based economy）把消费者需求看作对服务的需求——清洗衣服、欣赏影音作品、铺地板、娱乐、交通、电子文件处理和远距离沟通等。这种转变推动企业重新设计业务流程，从而创造更耐用、更易于循环的产品。企业从传统的售卖产品转向售卖服务，其实就是秉持了"从摇篮到摇篮"的循环经济理念：让消费者"只求使用不求拥有"；生产者的目的不是生产产品，而是创造价值；消费者的目的也不是购买产品，而是享受效用。

在这个领域有一位知名的创新者——Interface公司首席执行官雷·安德森（Ray Anderson）。在其领导下，Interface公司成功实现了从出售地毯到提供地毯租赁服务的转型。起初，Interface公司对地毯进行销售，地毯破旧后就被顾客扔进垃圾箱。这对企业生产耐用或易回收再利用的地毯几乎没有任何推动作用。然而，Interface公司转型为提供地毯租赁服务后，公司就必须生产耐用、易回收再利用的地毯。这要求Interface公司为所推销产品的整个生命周期负责，因为Interface公司保留地毯所有权，并且要负责维修。Interface公司现在生产的地毯更加耐用，而且最终可以实现回收再生产。对地毯重新设计以及向租赁服务转型也提高了生产效率，显著降低了原材料和能源成本。此外，消费者也能以更低的价格和更小的负担获得服务，从中受益。同在地毯行业，当今世界最大的地毯制造商——萧氏集团（Shaw Contract Group）也将环境保护作为产品生产的重要理念和企业价值的重要体现。萧氏集团的地毯从面料到底材100%可以回收。回收后的废旧地毯能在萧氏集团的工厂内根据不同面料和底材加以处理，其中85%的产品直接被再制成新地毯，14%的产品被降解成其他产品，1%的产品直接被转为能源使用。在过去7年里，萧氏集团回收利用了超过27万吨消费后的地毯产品，大大降低了对环境的影响。

➤➤ 10.3　企业可持续发展战略——环境责任的最佳实践

如前文所述，企业的可持续发展有三重底线，要在经济、社会、环境中寻找平衡，企业的可持续发展战略也要在企业与社会和自然之间谋求共赢。

意大利学者雷纳托（Renato）对此进行了较为清晰的界定，如图10-2所示。其中，纵轴代表企业在环境保护或修复上可以采取的行动，这些行动最终带来的是公共利益（含环境利益）。例如，工厂将排放的污水进行净化再注入河流就是典型的关乎公共利益尤其是自然环境的典型案例。横轴代表可以产生私人利益的行动，比如公司通过节约用电而减少了开支。当公共利益大于私人利益时，这种行动更接近三角区的上边界，以直线E表示。与其相反的情形处于三角区的下边界，以直线B表示。处于两条直线之间的区域代表既能带来公共利益也能带来私人利益的企业可持续发展战略的双赢区域。当企业进行的环境投资位于图10-2中的三角区域内时，企业的"绿化"就不仅对公共利益有益，还会为企业带来回报。环境投资越靠近横轴的右侧，它们就越有利可图（私人利益最大化）；越接近纵轴（公共利益），就越有利于环境可持续发展（公共利益最大化）。

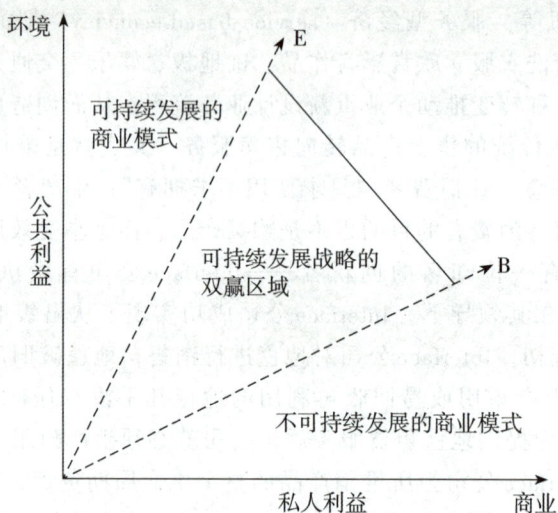

图10-2　企业可持续发展战略的范畴

资料来源　ORSATOR J.可持续发展战略：企业"变绿"何时产生回报［M］.李月，译.北京：机械工业出版社，2012：12.

原则上，一个企业可以在脱离双赢三角区、非常接近纵轴的位置运行，这会产生更大的公共利益，但不一定能够得到股东的认可，毕竟在股东看来，企业的经营应该以创造经济价值为目标。但是，如果企业只追求利润而不考虑对环境的影响，那么在图10-2中它就会落在横轴上。尽管当前还有不少企业仍然纯粹追求商业目标，但从长远来看，它们迟早都会遭到更多利益相关者（包括股东在内）的抗议。

总之，理念、技术等多维度的创新，可以使以往被认为无利可图的领域产生回报。例如，成立于1951年、现已成为液态食品包装领域全球知名供应商的利乐（Tetra Pak），一直以可持续发展的方式开展它的商业活动。利乐巴西分公司从1957年开始营业，持续投资于环境保护，最重要的就是使消费后的无菌纸盒回收再利用。但截止到1997年，仍有几个技术和商业障碍限制了废弃材料的回收。主要的问题就是如何将纸纤维从包装盒中提取出来，并为包装盒中剩余的聚乙烯和铝的混合物寻找出路。经过尝试，2000年，利乐发现可以将这种混合物用于制造屋顶瓦和平板瓦，还可以用作塑料制品的原材料。最终，经过10多年研发后，水力再生浆技术使无菌包装盒的物质循环链成为可能。美国铝业公司原本是无菌包装盒的铝箔供应商,现在它也成为回收铝的买方,并将其用于生产新的铝箔,而另外一种产出品——固体石蜡则被出售给巴西本国的化工行业,用作造纸的蜡乳化液。利乐在这方面的努力大大提升了包装盒的回收率,有着重要的意义:不仅降低了对环境的影响程度,其倡导的回收网络也为社会开辟了新的财富来源并减轻了贫困程度。利乐从1997年开始每年投资120万美元用于研究无菌包装的物质循环链,其建设的水力再生浆厂给利乐带来了回收投资的机会。不过,有趣的是,利乐对这种类型的投资回报并不感兴趣,这只是该集团在企业环境责任方面追求卓越理念的一部分。

企业可持续发展的战略性思维不仅可以使原来无利可图的领域产生效益,还可以改变传统商业模式对自然和社会造成的伤害,使得"伤害变商机"成为可能,并创造出新的产业,从而有利于调整产业结构,促进经济的优化发展。例如,在我国,节能服务产业是伴随着能源问题迅速发展起来的,因为能源问题给我国经济社会和自然环境带来了巨大压力。节能服务产业是为企业和项目在节能减排等方面提供服务和支持的产业。近几年来,节能服务产业作为一个绿色、新兴的朝阳产业,作为我国战略性新兴产业的重要组成部分,已经成为节能减排工作的有力抓手,成为中国经济发展新的增长点,并成为拉动社会就业的强劲动力。许多节能服务公司(energy service company,ESCO)应运而生,成为推动我国节能服务产业发展的主力军。随着我国节能工作的深入开展和对节能减排要求的提高,节能服务公司的发展空间将进一步扩大。

拓展阅读10-2

联合国全球契约组织发布《中国战略》

▶▶ 本章小结

通过本章的学习不难发现,企业在对待生态环境问题上的态度是动态变化的,将环境问题逐渐从看作单纯的且不愿意负担的成本因素转向看作影响企业长期发展的战略要素。企业在可持续发展之路上,必须同时关注其创造的经济效益、环境效益和社会效益的统一协调,偏向任何一个方面而忽视其他方面,都会直接制约企业的发展,甚至导致企业的解体。

企业要将可持续发展战略转化为行动,虽然具体操作可能会因企业的不同而有所差异,但这是在资源与环境承载力有限的情况下,我们赖以生存的地球能够保障人类社会与经济可持续发展的必经之路。认识到这一点,企业就可以尽早创新思维,变革战略,把握商机,实现转型,在新的商业模式中获取更长远的发展。

▶▶ 复习思考题

(1) 企业环境责任的演进都经历了哪些阶段?每个阶段有什么特点?是什么促成了这种变化?

(2) 可持续发展对企业意味着什么?企业面临哪些机遇和挑战?

(3) 企业如何将环境责任转变为环境战略?如何看待可能产生的巨额支出?

(4) 可持续理念是否只在发达国家才能得以顺利实施?如何看待我国企业发展

与环境之间的关系？

（5）结合你的工作经验，谈谈你目前所在的行业在对待环境问题上的表现如何，存在哪些问题，有哪些突出的创新性举措。

▶ 案例分析

中国对铜的需求加剧智利环境压力

走近丘基卡马塔铜矿旁的"鬼城"，风从耳边呼啸而过。"鬼城"位于智利的阿塔卡马沙漠，海拔约 2 800 米；城中空置的房屋和店铺都悬挂着"禁止入内"的标识，街边的警示牌也都写着"前路已封"。

这里曾居住着 25 000 名在附近的丘基卡马塔铜矿（全世界最大的露天铜矿）工作的工人，然而 2008 年 2 月，住在这里的最后一家人也搬走了。采矿给这一地区带来了严重的污染，已不再适于居住。因此，智利国家铜业公司（Codelco，智利最大的公司和铜生产商）将员工和家属迁到了 17 千米以外的沙漠绿城——卡拉马。

"鬼城"的贸易仍旧活跃

城虽然空了，但铜矿还在全力运行。这座铜矿是 Codelco 的重要组成部分。为满足公司最大的客户——中国的需求，整个公司都在开足马力生产。

公司的口号是"发展 Codelco，兴旺智利"。公司（直接或间接）雇用员工 67 000 人，铜矿储量达 7 700 万吨，占全球储量的 20%，位居世界之首。公司还声称其产量占全球铜产量的 10%，总计约 7.97 亿吨。

"但这还不足以满足客户的需求，中国需要高质量的铜。"Codelco 的代表人迭戈·干地亚如是说。他还表示："中国制造平板电脑、手机、相机等高科技产品需要优质的铜纤维，因此，生产中国客户需要的铜更加费时费力。"

中国对纯铜的大量需求也给智利的环境带来了不小的压力，这是因为智利采用高污染的生产方式来制造受热捧的高规格铜。铜矿石从丘基卡马塔铜矿开采出来后，需要在摄氏 200 度的高温下冶炼，从而将铜与硫化物和氧化物分离并将铜提纯。经过提纯的铜或被整块运往中国，或被放入模具中氧化成高密度的黑色粉末。

冶炼过程释放出大量矿物元素、颗粒物质和硫氧化物，造成环境污染并损害人类的健康。"冶炼严重污染空气。"干地亚在"鬼城"的图书馆里给我们解释提纯过程时说道。而阿塔卡马沙漠的大风又加剧了污染。大风吹起地表的颗粒物质，使提纯过程中释放的有毒气体四处弥散。

采矿的影响

卡拉马市环境部门的环境学家叶瑞·卢扎在接受采访时说："很显然，随着中国对铜的需求不断上升，环境污染会越来越严重。"

他以加夫列拉·米斯特拉尔矿为例。该矿生产的产品全部销往中国，仅 2013 年一年，该矿对华纯铜销售量就超过 12.8 万吨。那里的污染就是当地政府目光短浅、只顾采矿发展经济的有力证据。

他继续说："不幸的是，在过去的五六十年里，卡拉马的空气、土地和水都受到了严重污染。卡拉马原本是内陆地区重要的商业通道，农业也是其主要产业之一。现如今，来自国外的需求压力让这里彻底变成了矿产区。"

现年33岁的环境工程师奥兰多告诉我，他曾经负责检测丘基卡马塔铜矿的空气质量，在那座城市待了3年，如今他却形容那里"糟糕透顶"。"空气质量太差了。"他一边开车一边说道，车上坐着一群从圣佩德罗德阿塔卡马到月亮谷的游客。月亮谷是旅游胜地，几百年来滴雨未降。奥兰多的家人在智利北部开了一家旅行社，他现在就在旅行社工作。

水是主要问题。冶炼铜需要大量的水，这将消耗掉阿塔卡马沙漠上大量的水资源，而阿塔卡马沙漠已经是全球最干旱的地方了。卢扎说："加工过程需要将硫酸和水一起使用，大量的水被蒸发掉了。同时，农业灌溉用水的水质也受到影响。"

接下来是运输卡车的问题。这些卡车将铜和废料运出铜矿，在丘基卡马塔铜矿，上百辆卡车来来回回，一周7天、一天24小时，从不间断。其中德国大型卡车的装载量最高可达400吨，日本小型卡车的装载量最高也达到330吨。干地亚又告诉我："这里每天需要清除40万吨废料。"这些进出于丘基卡马塔铜矿的卡车每分钟消耗3升柴油。

虽然2013年Codelco投资了1.81亿美元用于改善安全和职业健康问题，但智利人还是在大规模的铜生产中付出了环境代价。铜矿开采和冶炼给工人们带来了严重的健康问题。实际上，6岁以下的儿童和孕妇是不允许进入丘基卡马塔铜矿的。

奥兰多说："许多矿工都生了病，患上矽肺。矿里的温度太高。以前，因为没有任何安全生产标准，许多工人都死于意外。现在终于有了相关标准。"

需求增长，结构单一

中国的城市化进程加快，每年需要消费全球40%左右的铜供应量，用于制造高科技产品、电缆、汽车、摩托车、冰箱、管道设备等。

中国如此庞大的需求从智利的统计数据中可见一斑。2013年，中智之间的贸易额比2005年两国签订自由贸易协定时上涨了22个百分点；2012年，智利80%的铜出口到了中国，总价值高达140亿美元。同年，时任中国国务院总理温家宝在出访智利时说，两国政府计划到2015年使双边贸易额翻一番。中智自由贸易协定"升级版"于2017年年底签署，于2019年3月1日起正式实施。据智利海关统计，2018年智利与中国双边货物进出口额达到历史最高值，为395.9亿美元，同比增长26.5%。中智双边贸易关系为：智利顺差，中国逆差；2018年智利对中国出口244.9亿美元，增长36.5%；智利自中国进口151亿美元，增长13.2%；智利与中国的贸易顺差为93.9亿美元。智利海关统计数据显示，2022年智利对华出口额为381.06亿美元，占该国出口总额的38.9%。

智利对外关系部下属的国际经济关系科曾在一份报告中指出："（两国贸易）增长与同期智利铜产量扩大成正比。"

很明显，智利的经济发展高度依赖对华铜出口贸易。2013年联合国拉丁美洲经济委员会的一份报告指出，智利对华出口中，金属材料占85%，其中绝大部分为铜。智利可以算得上是拉美地区最富裕的国家之一，但其出口结构过于单一——7%的GDP来自对华铜出口。目前智利已经成为中国在拉美地区的第二大贸易交往国、第二大进口产品来源国以及进口铜的最大供应国。2019年4月25日，中国五矿集团表示，2019年从智利进口的铜将达到9亿美元。2022年，我国从智利进口了844.7万吨铜矿石，占我国进口铜矿石总量的三分之一。

中国需求重塑拉美矿业版图

智利不是唯一满足中国矿产品需求的国家。2014年4月，大宗商品巨头中国五矿集团达成一项价值58.5亿美元的交易，买下了秘鲁的拉斯班巴斯铜矿。该铜矿预计头五年的年产量将达45万吨，中国五矿集团因此成为全球十大铜生产商之一。2016年1月28日，拉斯班巴斯项目宣布正式投产，这标志着中国五矿迈出了打造世界级铜矿的重要一步。

根据秘鲁国家矿业协会的统计，中国国有企业在秘鲁的投资总额达到190亿美元，成为秘鲁主要铜制品生产商，但这些企业对当地环境疏于管理。2014年3月，秘鲁当局对中铝国际将有毒废料排放到河流中的行为做出处罚，中铝国际不得不暂时关闭其在特罗莫克的铜矿。

美国地质勘探局（USGS）的最新数据显示，2022年全球铜产量达到2 200万吨，其中智利是全球第一大铜生产国，铜产量为520万吨，占全球铜产量的24%。标普全球预计，智利2022—2026年间的铜产量将以2.2%的年复合增长率增至643万吨以上。2022年，各大生产国铜矿产量排名如下：智利、秘鲁、刚果民主共和国、中国、美国、印度尼西亚、俄罗斯、澳大利亚、赞比亚、墨西哥、哈萨克斯坦。

近几年，智利的环保政策不断趋严，未来也难见宽松，这对当地的铜矿企业必然会提出更高的生产要求，或多或少都会对当地铜矿项目的生产产生一定的影响，也将给本就紧张的海外铜精矿供给增添更多的压力。

附：智利铜矿图片

资料来源　[1] 拉慧慈. 中国铜矿需求加剧智利环境压力 [EB/OL]. 王宁，译. [2024-11-18]. https://zhongwaiduihua.blog.caixin.com/archives/75973. [2] 李宇圣. 全球铜工业基本面总体良好——2022年铜产业回顾及展望 [N]. 中国有色金属报，2023-05-16.

讨论题：

（1）中国采矿业在智利的发展对当地造成了哪些影响？你怎么看待这些影响产生的原因？

（2）中国采矿业如果要有更长远的发展，你认为应该在哪些方面进行调整？

（3）中国采矿业的环境责任如何上升到环境战略、商业模式如何转变才能在跨国经营的过程中避免不必要的危害和对企业自身发展的阻碍？

第11章　互联网时代的企业伦理问题

▶ 学习目标

- 了解互联网时代及其特征
- 了解新时代企业伦理的范畴
- 掌握新时代企业伦理面临的主要问题
- 掌握处理新时代企业伦理问题的原则和方法

▶ 引例

黑客控制他人家中摄像头在线偷窥隐私

2021年9月，广东省广州市公安局网警支队会同增城区公安分局成立专案组，侦破一起利用手机木马程序远程控制摄像头的新型网络犯罪案件，抓获"静默的偷窥者"犯罪嫌疑人何某。

据了解，该案是广东省首例非法入侵常规摄像头的黑客案件。随着科技应用的不断发展，通过摄像头远程看顾老人、孩子，成为许多家庭的首选。黑灰产业人员瞄准监控摄像头的漏洞，针对具有弱口令的设备进行全网扫描，并使用带有手机木马的软件程序对监控摄像头进行非法越权访问，实现在线观看和实时回放监控视频的功能。获取相关权限信息后，犯罪嫌疑人将不同场所的监控视频进行备注售卖，而事主浑然不知。

此前，广州市公安局网警支队在开展"我为群众办实事"实践活动时得到一条线索，有黑客入侵盗取家庭摄像头密码出卖给他人进行偷窥。为破解该类新型网络犯罪的作案手法，深挖黑灰产业犯罪人员，广州警方对涉案线索进行分析，并结合作案逻辑深入剖析犯罪手法，发现了作案手机木马程序入侵监控设备的电子记录，其后在南沙区抓获何某。

何某供认，从2019年12月起，其通过组建大量群组搜集监控摄像头权限信息，对10余种家庭摄像头实施非法入侵及控制行为，获取的视频用于自己观赏或与群友交流。何某掌握500多组监控摄像头，主要涉及婚纱店、商超换衣间及家庭卧室等私密场所，其中约七成为家庭使用。

由于绝大部分使用者并不清楚摄像头可能存在的安全漏洞，也并未重新设置复杂的密码，甚至有些为了省钱，购买一些便宜劣质、没有多道安全防护的摄像头。这种对摄像头密码和安全性的不敏感，给一些不法分子留下了可乘之机，使得个人隐私曝光于偷窥者。一些不法分子甚至不需要拥有较高的计算机水平，只需要买到

"傻瓜操作"的黑客软件，并随机批量快速扫描，一些具有弱口令的设备密码很容易就被获取，同时，对监控摄像头进行非法越权访问，从而实现在线观看和回放。

办案民警介绍，黑客批量获取密码后，会将密码批量卖给下一级的"经销商"。本案中，何某文化程度不高，从事体力活。为了满足强烈的偷窥欲望，他批量购买了账户和密码，进行研究标注并与相同爱好者进行"资源"交换。

资料来源　邓君. 黑客控制他人家中摄像头在线偷窥隐私［N］. 法治日报，2021-09-15（06）.

思考：如何防止高科技领域的不道德行为？

≫ 11.1　互联网时代

从农耕时代到工业时代，再到信息时代，技术力量不断推动人类创造新的世界。互联网正以改变一切的力量，在全球范围内掀起一场影响人类所有层面的深刻变革，人类正站在一个新的时代的前沿。对于企业来说，互联网的影响是颠覆性的，互联网革命的影响力不亚于两次工业革命，互联网引起的变革是划时代的。同时，身处一个时代开启的时刻，人类对于互联网的未知远远大于已知。什么是互联网时代？什么是互联网社会？未来互联网又将给企业带来怎样深远的影响？

● 11.1.1　互联网时代的发展

互联网的发展历程，实际上就是互联网、大数据、人工智能与实体经济融合发展过程。具体来说，互联网发展经历了四个阶段：

第一个阶段为只读互联网阶段。在这一阶段，互联网与传统广告业结合，通过数据化，使传统广告业转化为数字经济。美国在线、瀛海威时空、雅虎、谷歌都在此阶段产生与发展。

第二个阶段为可读写互联网阶段。在这一阶段，内容产业完成数据化改造。维基百科、微博和微信朋友圈在此阶段产生与发展。

第三个阶段为移动互联网阶段。在这一阶段，移动互联网对几乎所有的生活服务业进行了数据化改造。在桌面互联网时代，世界是平的，我们坐在电脑前便可以浏览天下事。我们可以毫无障碍地获取信息，但不能直接参与事情本身。而移动互联网不一样，它不但能使用户了解正在发生的事情，还能让用户通过手机迅速参与其中。

移动互联网也给人们的生活方式带来了深刻变化，出现了两类极端人群。第一类是宅一族，喜欢宅在家里，哪儿也不去。以前，只有出门才能生存，如吃饭、购物、办理各种业务等；现在，只要有手机和网络，即使几个月不出门也能活得很好，饿了就叫外卖，缺什么就网购，家里脏了就叫保洁上门服务……几乎所有需求都能用手机完成，非常便捷。随着移动互联网的发展，人们的实用时间大幅减少，而娱乐时间相应增加。第二类是闪一族，他们从来不在一个地方长时间停留。无论到了哪个城市，通过智能手机就可以了解当地一定范围的所有生活服务业信息，我们只需要选择所需要的服务即可。这就是移动互联网基于生活服务业数据化给我们的生活带来的变化。

第四个阶段为万联网阶段。在这一阶段，万物皆可相连，一切皆被数据化。

前三个阶段，互联网都是围绕人在发展的，统称为人联网。今后的发展趋势就是让世界上的万事万物都联网，未来是一个万物互联的万联网阶段。数据会慢慢赋予本没有生命的东西以生命，会让已经有生命的东西变得更加有灵性。也就是说，所有一切在这一阶段都有可能被数据化。这是万联网得以实现的关键因素。无人驾驶将成为这一阶段的主要目标和特征。

■ 知识链接 11-1

众说互联网时代的到来

"互联网是人类在过去四五十年最大的成就。"（罗伯特·梅特卡夫，以太网发明人）

"互联网像蒸汽机一样掀起了一场革命。"（彼得·克斯汀，英国互联网之父）

"信息技术正在前所未有地彻底改变全球化进程中的各种联系。"（劳伦斯·H.萨默斯，哈佛大学前校长）

"与其说互联网是一场技术革命，不如说它是一场社会革命。"（克里斯·安德森，《长尾理论》作者、《连线》杂志高级制作人）

"互联网创造了一种新的社会组织，那就是无处不在的网络社会。"（纽曼尔·卡斯特尔，美国南加州大学传播学院教授）

"如果没有互联网，人类几乎将不能存在。"（艾伯特-拉斯洛·巴拉巴西，美国东北大学复杂网络研究中心主任）

"互联网必然会成为人类文明的一部分。"（凯文·凯利，《失控》作者、《连线》杂志创始主编）

"它是一切技术的基础，并将这些技术网罗起来帮助我们真正理解我们是谁、我们在何方。"（扎克·林奇，《第四次革命》作者）

"我们将进入从未见过的未来，而我们也才开始应对这种转型。"（卢恰诺·弗洛里迪，英国牛津大学互联网研究所教授）

资料来源 中央电视台经济频道《互联网时代》第一集。

互联网自 20 世纪 90 年代进入商用领域以来，迅速拓展，已经成为当今世界推动经济发展和社会进步的重要信息基础设施。经过 30 多年的发展，互联网已经覆盖大多数国家和地区。We Are Social 和 Meltwater 联合发布的《数字 2023：全球概览报告》（Digital 2023：Global Overview Report）显示，截至 2023 年 1 月，全球手机用户 54.4 亿人，占全球总人口的 68.0%，有 51.6 亿互联网用户，占全球总人口的 64.4%，有 47.6 亿社交媒体用户，占全球总人口的 59.4%。2022 年，全球手机用户同比增长3.2%，相当于1.68亿人，互联网用户同比增长1.9%，相当于9 800万人，交媒体用户同比增长3.0%，相当于1.37亿人。

互联网迅速渗透到经济与社会活动的各个领域，推动了全球信息化进程。互联网内容和服务市场发展活跃，众多企业参与到互联网服务产业链中，使得互联网服务产业发展迅速，形成了一批如谷歌、雅虎、阿里巴巴、百度、腾讯和京东等具有全球影响力的互联网企业。随着互联网的进一步普及，以及配合智能手机发展起来的移动互联网的发展，更多的非互联网企业也开始使用互联网技术，互联网已经成为企业经营不可或缺的重要组成部分。

中国的互联网虽然起步比国际互联网晚，但是进入21世纪以来，同样快速发展。中国互联网络信息中心（CNNIC）发布的第51次《中国互联网络发展状况统计报告》显示，截至2022年12月，我国网民规模为10.67亿，互联网普及率达75.6%，手机网民规模为10.65亿，网民中使用手机上网的比例为99.8%。

2022年，我国网民用网环境持续改善，用网体验不断提升，信息无障碍服务日趋完善，推动互联网从接入普及向高质量发展迈进。一是"双千兆"建设持续推进，为民众提供更高质量的用网环境。以千兆光网和5G为代表的"双千兆"网络构成新型基础设施的承载底座。截至2022年12月，我国建成具备千兆网络服务能力的10G PON端口数达1 523万个，较上年末接近翻一番水平，全国有110个城市达到千兆城市建设标准；移动网络保持5G建设全球领先，累计建成并开通5G基站231.2万个，总量占全球60%以上。二是物联网创造更多元的接入设备和应用场景，提升用户网络使用体验。截至2022年12月，我国移动网络的终端连接总数已达35.28亿户，万物互联基础不断夯实；蜂窝物联网终端应用于公共服务、车联网、智慧零售、智慧家居等领域的规模分别达4.96亿、3.75亿、2.5亿和1.92亿户。海量的新设备接入网络，进一步丰富了数字终端设备和应用场景，持续提升网民使用体验。三是适老化改造及信息无障碍服务成效显著，持续促进数字包容。工业和信息化部发布《移动互联网应用（APP）适老化通用设计规范》和《互联网应用适老化及无障碍水平评测体系》，并开展互联网应用适老化和无障碍专项行动，十余项适老化标准规范相继出台。截至2022年12月，有关部门指导企业为老年用户推出远程办理、故障排除等电信服务，组织648家网站和APP完成适老化改造。四是未成年人互联网普及率持续提升。《2021年全国未成年人互联网使用情况研究报告》数据显示，2021年我国未成年人互联网普及率达96.8%，较2020年提升1.9个百分点。

● 11.1.2　互联网时代的特征

互联网时代主要有以下特征：

1）海量信息

互联网一天发布的信息量要超过过去传统媒体一年发布的信息量的总和，它通过搜索引擎方式，快速传递信息。通过互联网，信息传递更加及时、丰富。

2）交互性

互联网的信息反馈功能让更多的信息传递从单向变成了双向，甚至是多向。这种互动性让企业可以更精准地了解消费者需求，了解市场的反馈意见。这种互动性还使得企业更加关注口碑的传播和自媒体的发展。

3）打破空间限制

工业化让人们从四面八方涌入城市。在工业化时代，必须通过集聚，使企业走规模化生产道路，但在互联网时代，空间已经不是问题，人们可以在各自的地域共同完成很多项目。所以，空间的限制已经被互联网时代打破。

4）创新性

互联网的发展日新月异，如果我们想适应这个时代，并在这个时代生存和发展，那么只有你想不到的，没有你做不到的。对于互联网，人类的未知远大于已知。

在这种情况下，人类的生活正在发生翻天覆地的变化，越来越多的人已经通过互联网改变了过去的生活模式。很多企业已经理解这种变革，并全力以赴地追赶着变革大潮。

11.1.3　互联网时代的新模式

互联网的发展引起了经济、政治、文化多方面的变革，以惊人的速度改变人们的生活方式。无论是信息的捕获、新闻的获取、商品的买卖，还是在线交流沟通，网络社交，B2B、B2C、C2C 交易服务，博客、论坛等个人网上家园，视频展播，多人在线游戏等，均受互联网影响，并且这种影响的深度和广度不断加大。

目前及未来对人类社会影响最大的几种新模式是：

1）物联网

物联网（the Internet of things）是新一代信息技术的重要组成部分。顾名思义，物联网就是物物相连的互联网。它将智能感知、识别技术与普适计算等通信感知技术广泛应用于网络的融合中，应用创新是物联网发展的核心，以用户体验为核心的创新是物联网发展的灵魂。利用局部网络或互联网等通信技术把传感器、控制器、机器、人员和物等通过新的方式联系在一起，使人与物、物与物相连，实现信息化、远程管理控制和智能化的网络。

2）大数据

大数据（big data）指的是所涉及的资料数量巨大到无法通过目前的主流软件

工具，在合理时间内撷取、管理、处理，并整理成帮助企业进行经营决策的资讯。大数据的战略意义不在于掌握庞大的数据信息，而在于对这些数据进行专业化处理。换言之，如果把大数据比作一种产业，那么这种产业实现盈利的关键就在于对数据的加工能力，通过加工实现数据的增值。

从技术上看，大数据与云计算的关系就像一枚硬币的正反面一样密不可分。大数据无法用单台计算机进行处理，必须采用分布式架构。它的特色在于对海量数据进行分布式数据挖掘，它必须依托云计算的分布式处理、分布式数据库和云存储、虚拟化技术。

3）云计算

云计算（cloud computing）是基于互联网相关服务的增加、使用和交付模式，通常涉及通过互联网来提供动态易扩展且经常是虚拟化的资源。云是对网络、互联网的一种比喻的说法。过去往往用"云"来表示电信网，后来也用来表示互联网和底层基础设施。用户通过电脑、手机等方式接入数据中心，按自己的需求进行运算。

对云计算的定义有多种。对于到底什么是云计算，至少可以找到100种解释。目前被广为接受的是美国国家标准与技术研究院（NIST）的定义：云计算是一种按使用量付费的模式，这种模式提供可用的、便捷的、按需连接的网络访问，进入可配置的计算资源共享池（资源包括网络、服务器、存储空间、应用软件、服务），这些资源能够被快速提供，用户只需投入很少的管理工作，或与服务供应商进行很少的交互。

4）电子商务

电子商务是传统商业活动各环节的电子化和网络化，是利用微电脑技术和网络通信技术进行的商务活动，是依靠电子设备和网络技术进行的商业模式。随着电子商务的高速发展，它已不仅仅包括购物，还包括物流配送等附带服务。电子商务包括电子货币交换、供应链管理、电子交易市场、网络营销、在线事务处理、电子数据交换（EDI）、存货管理和自动数据收集系统。电子商务利用到的信息技术包括互联网、外联网、电子邮件、数据库、电子目录和移动通信等。

5）移动互联网

移动互联网（mobile Internet，MI）是一种通过智能移动终端，采用移动无线通信方式获取业务和服务的新兴业务，包含终端、软件和应用三个层面。终端包括智能手机、平板电脑、电子书阅读器等；软件包括操作系统、中间件、数据库和安全软件等；应用包括休闲娱乐类、工具媒体类、商务财经类等不同应用与服务。随着宽带无线接入技术和移动终端技术的飞速发展，人们迫切希望能够随时随地乃至在移动过程中都方便地从互联网获取信息和服务，移动互联网应运而生并迅猛发展。然而，移动互联网在移动终端、接入网络、应用服务、安全与隐私保护等方面还面临一系列挑战，其基础理论与关键技术的研究对于国家信息产业整体发展具有重要的现实意义。

6）新媒体

互联网社会性媒体的发展聚合了网络生活的张力和凝聚力，两力结合使得互联网成为现实社会生活中不可或缺的重要力量，这些社会性媒体也成为人们日常上网的"风景名胜"，人气节节攀升。

自媒体（we media）又称"公民媒体"或"个人媒体"，是指私人化、平民化、普泛化、自主化的传播者，以现代化、电子化的手段，向不特定的大多数人或者特定的单个人传递规范性及非规范性信息的新媒体的总称。自媒体平台包括博客、微博、微信、百度官方贴吧、论坛/BBS、抖音、快手、小红书等。

2022年，我国各类个人互联网应用持续发展。即时通信的用户规模保持第一，较2021年12月增长3 141万，使用率达97.2%；互联网医疗、线上办公的用户规模较2021年12月分别增长6 466万、7 078万，增长率分别为21.7%、15.1%。表11-1比较了2021年12月和2022年12月各类互联网应用的用户规模和网民使用率。

表11-1　各类互联网应用用户规模和网民使用率比较

应用	2021年12月用户规模（万）	2021年12月网民使用率	2022年12月用户规模（万）	2022年12月网民使用率	增长率
即时通信	100 666	97.5%	103807	97.2%	3.1%
网络视频（含短视频）	97 471	94.5%	103 057	96.5%	5.7%
短视频	93 415	90.5%	101 185	94.8%	8.3%
网络支付	90 363	87.6%	91 144	85.4%	0.9%
网络购物	84 210	81.6%	84 529	79.2%	0.4%
网络新闻	77 109	74.7%	78 325	73.4%	1.6%
网络音乐	72 946	70.7%	68 420	64.1%	−6.2%
网络直播	70 337	68.2%	75 065	70.3%	6.7%
网络游戏	55 354	53.6%	52 168	48.9%	−5.8%
网络文学	50 159	48.6%	49 233	46.1%	−1.8%
网上外卖	54 416	52.7%	52 116	48.8%	−4.2%
线上办公	46 884	45.4%	53 962	50.6%	15.1%
网约车	45 261	43.9%	43 708	40.9%	−3.4%

资料来源　CNNIC.第51次《中国互联网络发展状况统计报告》[R].北京：中国互联网络信息中心，2023.

》》 11.2　互联网时代的企业伦理问题

互联网时代层出不穷的新模式给企业带来了日新月异的发展，也带来了诸多伦理问题，包括隐私问题、色情问题、安全问题、人权问题、诚信问题、新闻伦理问题、误导问题、信息垃圾问题等。

● 11.2.1　隐私问题

■ 小案例 11-1

个人隐私数据泄露成为全球重大的社会问题

纵观全球，隐私数据泄露的案例比比皆是，据统计，2020 年互联网数据泄露总条数约为 360 亿条，数据泄露事件给企业造成的平均损失高达 386 万美元。2018 年，脸书（Facebook）上亿用户数据泄露事件引发世界舆论的关注。2021 年 7 月，亚马逊（Amazon）公司因违反欧盟《一般数据保护条例》（GDPR），被欧盟隐私监管机构处以 7.46 亿欧元罚款，这也是欧盟有史以来最大的数据隐私泄露罚款。

在我国，隐私数据泄露所涉及的范围日益扩大，陷入困境的行业、企业也越来越多。如美团、饿了么等外卖平台曾被曝出用户资料遭泄露、倒卖，每条最低不到 1 角钱的数据，精确到了用户订餐内容、地址等私密信息。万豪集团旗下喜达屋酒店客房预订数据库曾遭黑客入侵，约 5 亿名客人的信息被泄露。

在大数据时代，互联网平台大规模采集用户数据，并将用户的个人信息长期集中化储存，而数据一旦泄露就是大规模的群体事件，不仅侵犯用户的隐私权、侵害公民生命财产安全，还将对互联网企业自身造成不可预估的经济损失，数据泄露后对企业声誉的负面影响也很难消除。

资料来源　姬煜彤. 大数据时代个人隐私数据保护的挑战与思考［EB/OL］.［2024-11-10］. https://www.51cto.com/article/704467.html.

在互联网时代，人们的一举一动都产生大量的数据且被记录在案。当企业对数据采集兴趣正酣时，越来越多的消费者却在担忧自己的隐私会在互联网这"第三只眼"的监视下"裸奔"，成为别人赚钱的筹码，而自己却丝毫未受益。企业利用大数据进行了人群细分，希望能够更精准地投放广告，但这些行为深深触犯了消费者的隐私。

1）隐私的定义

隐私（privacy）是将他人排除在知悉某人的信息或数据的某些方面之外。"隐私"概念仅适用于有可能发生人际互动关系的领域，在没有人迹的荒芜小岛上是不存在隐私问题的。有三种不同形式的隐私：

（1）躯体隐私。这是指人身体的隐私部位，不能暴露给一般外人。

（2）空间隐私。这是指与非亲密关系的人保持一定的距离。

（3）信息隐私。这是指保护和控制与个人或组织有关的信息。

2）信息隐私

在互联网时代，涉及最多的是信息隐私，个人（企业）的相关信息包括：

（1）固有特征。这个人来自何处？包括名称、出生日期、性别、国籍、地址等。

（2）获得性特征。这个人的历史，例如医疗记录和购物史。

（3）个人偏好。这个人喜欢什么？包括兴趣、业余爱好、喜欢的品牌和电视节目等。

通过上述信息可联系到有身份标识或可辨识身份的人。

3）信息数据的类型

不同类型的数据，可追溯性是不同的：

（1）匿名数据。这是指收集到的数据没有身份标识符，从未与某个人联系。例如通过邮局寄回的问卷上没有姓名和地址。

（2）匿名化数据。这是指以前可辨认身份的数据已经去除了身份标识，任何可以将信息联系到特定个人的标识符（例如身份证号码、信用卡号码，甚至手机的序列号）已经消除，第三方处理信息时不可能重建。

（3）假名数据。这是指数据记录不含明晰的身份标识；或虽然有一个明确的身份标识符，但不能用来直接将信息联系到某个特定的个人。这能保护个人数据，因为这种身份标识符不能转化为明确的身份鉴定信息。

（4）清晰的个人数据。这是最容易追溯到个人的信息，因为这种数据含有明确的身份鉴定信息。

小案例 11-2
近年来央视"3·15"晚会曝光网络安全与隐私案例

近年来，在央视"3·15晚会上，多个消费问题被曝光，其中涉及人脸数据滥用、个人简历信息泄露、手机清理软件向老人推送诈骗广告等诸多网络安全与隐私问题。

2021年：科勒卫浴、宝马4S店等商家偷偷搜集海量人脸信息；智联招聘、猎聘平台简历大量流向黑市；手机清理软件搜集个人信息实施诈骗。

2020年：手机里的窃贼插件。

2019年：具有"闪付"功能的银行卡存在被盗刷风险；AI拨打骚扰电话，中科智联等公司产品大量窃取用户个人信息；社保掌上通App搜取用户隐私。

2017年：照片可通过人脸识别系统。

2016年：公共免费Wi-Fi可盗取一切隐私。

2015年：公共场所无密码Wi-Fi很危险；联通员工私用客户信息办卡。

2014年："大唐神器"恶意扣费窃取隐私。

2013年：网易邮箱窥视用户隐私；安卓手机软件窃取用户资料。

2012年：招商银行、中国工商银行员工出售用户个人信息。

随着《中华人民共和国数据安全法》（自2021年9月1日起施行）和《中华人民共和国个人信息保护法》（自2021年11月1日起施行）等多部隐私和数据安全相关法律法规正式实施，个人隐私成为安全防护的重点内容，但数据安全和个人信息保护依旧任重而道远，只有监管到位、法规严明，才能构建一个可信的社会环境，让老百姓获得十足的"安全感"。

资料来源　互联网安全内参．盘点：近年来3·15晚会曝光网络安全与隐私案例［EB/OL］．［2023-06-10］．https://www.secrss.com/articles/29861.

消费者的姓名、身份证号码、电话号码、电子邮箱地址等相关信息，显然属于个人隐私。谁公布这些信息，谁就直接侵害了消费者的隐私权。在网络空间，尤其在大数据时代，这些信息很容易泄露个人隐私。例如，进行交易或注册登记时，要提供私人信息。不法商家掌握个人姓名、信用卡信息、身份证号码、电话号码、电子邮箱地址后，很容易对消费者进行诈骗，或者进行定向推销。

4）隐私风险

由于下列5种原因，在电子数据库和互联网上的数据隐私难以得到保护：

（1）可靠性。在开放的通信基础设施内，数据收集者的可信赖性和胜任能力难以保证。

（2）难以管制的扩散。如果数据在外部数据库或互联网上，控制其进一步使用是有可能的。然而，一方面，数据有被出售给不法商人的危险；另一方面，数据一旦扩散到许多不同的文档内，就很难消除甚至更改它们。

（3）数据挖掘。使用这种技术很可能把数据系统地组合起来，建立一个人详细的、合成的轮廓。数十年来，信息安保研究人员一直知道，即使是敏感性低的数据，只要把它们相互关联起来，就能够产生一组具有重要意义的数据，甚至比原始数据更为重要，这被称为身份重新标识。这种身份重新标识可被人利用进行恶意的"推论攻击"，即为了不正当地获得某人的材料，通过分析数据而实行的一种数据挖掘技术，类似我国所说的"人肉搜索"。在美国只需三个身份标识符，即生日、性别和邮政编码，就可通过公共可得数据库搜索出至少87%的美国公民。身份重新标识可导致有害结果，如泄露医疗记录、个人习惯、财务状况以及家庭关系等私密信息，并且容易被人利用、假冒和诈骗。

（4）身份盗窃。恶意使用偷盗来的数字身份进行信用卡欺诈等，甚至用于破坏被盗人身份。

（5）恶意攻击。现行数据管理系统无力防备黑客的犯罪行为或信息战中的侵略。

5）对于隐私保护的态度

对于是否还有必要保护个人信息的私密性，存在两种观点：一种观点认为，为实现大数据的经济潜力，企业和公共机构可以去做它们想做的事，个人可以不予理会；另一种观点则认为，要采取强有力的措施来保持个人信息的私密性。

实际上，在大数据时代，难以保护个人隐私并不是放弃个人隐私保护的充分理由。个人隐私遭到侵犯会引致多方面的损失：消费者（用户）看到他们的个人信息被盗用，可能会退出网络空间或尽可能使用虚假信息；企业和公共机构的诚信和声誉也会遭受严重损失。因此，应对个人隐私加以保护。

11.2.2　色情问题

色情问题是互联网时代一个普遍存在的问题。2014 年，好莱坞艳照门事件成为席卷全球的热点新闻，众多好莱坞知名女星的私密照惨遭泄露。窃取照片的黑客最终被判入狱 18 个月。2017 年再次发生好莱坞女星私照大规模泄露事件，一个黑客犯罪团伙入侵了这些明星的手机和电脑并曝出大量私密照，甚至还有不雅视频。对于普通大众来说，明星艳照或许只是茶余饭后的一个谈资，但在屡禁不止的黑客行为和艳照事件背后，除了窥私欲左右着事件参与者的挖掘行为之外，还有一条堪称完备的产业链。

1）互联网色情产业的利益链条

基于明星隐私的黑色产业链起步并不早，2004 年，大名鼎鼎的帕里斯·希尔顿时任男友瑞克·所罗门炮制的一张名为"巴黎一夜"的 DVD 卖掉 70 万张，让很多人看到了其中的暴利。明星的不雅照所创造的利润超出很多人的想象。国外将明星艳照称为"一巴掌"（five-timer），因为它能让网站的流量在短时间内翻 5 倍以上。如果是一线明星，这个流量甚至可能达到 10 倍。因为国外和国内诸多门户网站的盈利都是通过广告点击实现的，所以流量背后就是金钱。

如果认为好莱坞艳照门事件反映的只是木马病毒和黑客盗取财物信息的问题，那就真是低估了互联网的信息资源变现能力。明星的财务信息、个人信息、艳照、八卦新闻，甚至尚未公布的电影项目、剧本选角、拍摄进程等都可以在网络时代和广告点击分账模式下变现。

从整个互联网色情产业来看，其规模是惊人的。据 TopTenREVIEWS 统计，在全球所有网站中，12% 是色情网站；而在全球访问量排前 500 名的站点中，色情网站占据大约 1/6。在全球最昂贵的十大域名中，与色情直接关联的位居前二；在国外所有的搜索引擎请求中，1/4与色情相关；在所有的互联网下载作品中，超过1/3是色情作品。英国每日邮报曾报道，根据一份世界排名，美国是世界上色情网站最泛滥的国家，全球约60%的色情网站服务器设在美国境内。互联网的相对隐秘性使其成为人们宣泄原始欲望的渠道，而互联网的公开性又使得更多的人成为这种欲望的牺牲品。

色情产业已成为互联网和信息技术进步一个非常尴尬的摇篮，而在信息技术进步的同时，互联网兼具的私密和开放性质却没有得到有效改善。于是我们看到，越来越多的尖端技术手段进入了互联网黑色产业链的组建方和管制方，一场到目前为止看不到尽头的战争仍然在继续。

2）互联网色情问题的突出特点

（1）形式多样，范围极广。一些门户网站和各大搜索引擎含有较多色情图片、视频、文字及广告，一些频道栏目以庸俗和挑逗性标题吸引人们点击。例如，如果你看到一个微信公众号推送的文章主图是一个性感美女或是一个诸如"一个女人与七个男人同居的故事"的标题，这很可能就是商家为了吸引人们点击的一种方式。文章的内容或许与性感美女没有任何关系，而"一个女人与七个男人同居的故事"讲的就是"白雪公主与七个小矮人"。此外，一些中小网站以开展性教育、宣传性知识、推销性用（药）品等为名传播色情低俗信息。

（2）教唆引诱，气焰嚣张。部分正规网站不仅对登载色情信息熟视无睹，甚至主动迎合读者的猎奇心理，偏重感官刺激，渲染色情、暴力。一些网站利用人体艺术或者性知识打色情的擦边球；一些视频网站为了商业利益在自制节目中将暴力和色情作为吸引点击率的卖点；还有一些表面上看起来正规的网站，其发布的内容不仅给网民以感官刺激，而且教唆引诱网民进行淫秽色情活动。少数社交网站、婚恋网站成为淫秽色情信息传播的新渠道。

■ 小案例11-3
新昌破获网络女主播淫秽表演案

2021年4月，浙江省新昌县公安局在浙江省公安厅治安总队、绍兴市公安局的支持下，破获一起组织淫秽表演案。该犯罪集团组织数十名在线女主播进行尺度极大的淫秽表演，注册用户几十万名，涉案金额上亿元。从2020年8月至案发时，新昌县公安局已对33名犯罪嫌疑人依法刑事拘留，追缴违法所得千余万元。

2020年，新昌县公安局在网上巡查时发现，一些充满桃色暗示的一对一网聊App平台存在淫秽表演。新昌县公安局立即组织警力进行侦查。通过对网络空间的海量线索进行分析，新昌警方发现，这几款App都是由深圳的一家文化传播公司开发经营的。经过细致摸排，办案民警掌握了该公司股东和员工嫌疑人身份信息及人员结构。

2020年8月，新昌县公安局派出精干力量前往广东、福建等地进行抓捕，一举抓获荣某等犯罪嫌疑人4名，打掉深圳一家分公司。之后警方乘胜追击，于2020年10月在贵州、浙江、广东成功抓获犯罪嫌疑人邓某等4人。

经查，2019年3月以来，该公司架设多个手机一对一聊天App平台，在网络发布链接进行推广，吸引用户进入平台与女主播进行一对一视频聊天。在视频聊天过程中，女主播会进行言语挑逗，让男用户充值金币打赏送礼，之后女主播提供淫秽表演，对收取的金币按照相应人民币价值分成。

这个组织淫秽表演的犯罪集团内部各层级分工明确。邓某作为大股东负责公司决策及经营方向，王某、张某负责平台运行管理，荣某提供亲友身份信息用于注册公司、申请平台收款，蔡某和马某负责公司平台搭建及运行维护工作，杨某负责App宣传、管理平台客服等，冯某负责统计平台流水及给主播开工资，几十名女主播则在与男用户视频聊天过程中通过提供色情表演牟利。

资料来源　刘晖. 新昌破获网络女主播淫秽表演案［N］. 人民公安报，2021-04-21（06）.

（3）危害严重，反应强烈。色情信息的泛滥使网络环境被严重污染，给社会造成极大危害。一方面，青少年长期在低俗网络文化环境中成长，容易沉迷于色情、暴力等信息中，不利于正确人生观和价值观的形成；另一方面，网络色情的蔓延也极大地污染了社会风气。

11.2.3　安全问题

互联网中的安全问题主要表现在以下两个方面：

1）声誉风险

智能手机的普及和互联网接入人口的增多让很多人能随时随地提交他们的想法和意见，尤其是像脸书（Facebook）和推特（Twitter）这样的社会化媒体连接了全球14亿人口，其直接影响就是冲击了许多公司传统的风险管理体系。

许多消费者从来不读"条款和条件"，收到促销消息就马上提供个人信息。虽然消费者认为提供信息后也许不存在法律问题，但如果消费者感到他们的信任受到破坏，则会利用一切机会，在各种社会化媒体上表达对企业的不满，从而对企业的声誉造成不良影响。

知识链接11-2

做好上市公司声誉管理

做好上市公司声誉管理，这不仅关乎企业自身健康发展，更关系到投资者的根本利益和全市场的舆论生态环境，是影响资本市场平稳健康发展的核心变量之一。中国上市公司协会（下文简称"协会"）以支持上市公司做好新闻舆论引导为突破口，持续开展多项新闻工作，并充分发挥媒体工作合力，讲好上市公司故事，积极引导上市公司加强舆情管理，为稳定市场预期、增强上市公司及投资者信心创造有利条件。

针对部分上市公司特别是中小市值公司反映的"媒体资源有限、市场关注度较少"等问题，协会创造性提出组建"上市公司新闻工作联络员队伍"，将其作为增强上市公司声誉管理、引导投资者了解企业非财务信息的重要力量，通过用好协会新闻对外展示窗口，全力支持各联络员不断拓宽公司正面新闻报道的信息传播渠道，推动形成"增信心、稳预期、惠发展"的正向循环，并将其作为协会与上市公司紧密联系的又一重要渠道，拉近与会员的距离。

1）维护权益，推动解决上市公司难点痛点问题

为积极响应中宣部等十部门联合开展的打击新闻敲诈和假新闻专项行动，协会先后走访中国记协、中宣部传媒监管局等单位；与中宣部传媒监管局建立了初步的工作联系机制，对事实清楚、证据确凿的新闻敲诈行为，将联合有关部门依法予以严厉打击。目前，协会已设置举报邮箱和电话，对新闻敲诈上市公司的相关违法违规行为，形成常态化震慑；同时，深入了解上市公司受新闻敲诈、虚假新闻侵害的相关情况，切实维护好上市公司的合法权益。

2）积极倡导，推行科学有效的舆论引导方式

围绕提升新闻工作能力建设，协会于2022年1月25日成功举办首期"上市公司新闻宣传与舆情管理"专题培训班，围绕新闻基础写作、品牌建设与宣传、投资者关系管理、舆情管理和新媒体传播等五个方面，分别邀请人民网、新华网、全景网、抖音财经等相关领域的权威专家进行授课。培训当日，累计有超过3 300名上市公司新闻工作联络员参训。同时，为进一步提升上市公司主体责任意识，协会于2022年1月29日发布倡议，倡导全体上市公司应切实做好信息披露和新闻工作、加强声誉管理，共同维护资本市场良好舆论生态环境。

3）建立品牌，持续打造协会新闻宣传主阵地

2020年以来，协会以"上市公司在行动"系列报道为载体，先后围绕抗击疫情、复产复工、全国两会、脱贫攻坚、国企改革、驰援河南汛情等多个主题开展新闻报道，累计发布上百家上市公司优秀案例，倡导最佳实践。为进一步丰富上市公司新闻传播渠道，助力上市公司在全社会树立起良好的企业社会形象，协会在前期工作的基础上，建立上市公司新闻报道直报机制，常态化征集能够反映上市公司高质量发展的相关新闻素材，通过协会官网、公众号等媒体途径，积极展现上市公司非财务信息，努力营造全社会关心支持上市公司履行社会责任、实现高质量发展的良好舆论氛围。

4）强化合力，调动发挥新闻媒体工作积极性

开展积极的媒体关系管理，是做好新闻舆论工作的重要基础。近年来，协会联合各"重要战略合作媒体"，不断深化各方务实合作。围绕贯彻落实宣讲《国务院关于进一步提高上市公司质量的意见》精神，协会联合各新闻媒体分享上市公司好经验好做法，受到市场广泛关注。同时，协会与新华网共建"上市公司频道"，与央广网开设"中上协会客厅"，并全力支持中国证券报、证券日报、上海证券报、证券时报等新闻媒体开展上市公司新闻报道工作，合力搭建起上市公司新闻舆论引导的媒体矩阵，共同唱响上市公司高质量发展。

中国上市公司协会将一如既往在证监会党委的坚强领导下，坚守服务初心，以上市公司高质量发展需求为导向，持续深耕做实上市公司新闻舆论引导工作，并积极拓宽媒体合作关系，把握舆论引导的主动权，助力增强各方对上市公司及资本市场高质量发展的预期和信心。

资料来源　中国上市公司协会. 不忘初心、牢记使命|做好上市公司声誉管理［EB/OL］.［2023-06-10］. https://www.cls.cn/detail/981171.

越来越多的企业把声誉风险引入企业风险管理的框架中，企业声誉风险管理成为许多企业的一项重要工作。

2）安全与安保

"安全"（safety）和"安保"（security）是两个概念。安全是防范因客观因素或无意的主观因素造成的伤害、事故，保护使用者和机构的利益；而安保是防范主观恶意造成的伤害、事故，涉及保障社会或国家的安全，防止反社会分子、敌对势力或恐怖主义集团和分子利用网络对影响国计民生或国防的设施进行有预谋的、有政治目的的攻击。

某些行业的信息，比如金融数据、医疗信息以及政府情报等都可能因保密措施不完善引起安全与安保问题，大数据的分析和应用会催生一些新的、需要考虑的安全与安保问题。例如商业上利用大数据追踪顾客的消费行为，这需要遵循一定的规范，企业不能只考虑利用大数据的分析结果去研发新产品、新服务，也要考虑其他利益相关者的感受。

互联网存在一种悖论：互联网的技术平台实际上是一个受高度管控的环境，然而在这个平台上建立的网页、发送的电子邮件和社交网络表达的内容却往往被认为是完全不受管控的，不必考虑规则。于是网络犯罪频发，从制造、传播病毒，黑客入侵，诈骗，造谣惑众，盗窃身份，贩卖假药、毒品、枪支、人口、器官，教唆杀人和自杀，传播色情材料，到恐怖主义者利用网络危害国家利益。所以，必须加强对互联网的安全管理，企业也不要触犯互联网安全的底线，否则对企业、对个人以及对社会都会产生不利影响。

● 11.2.4　人权问题

从风险角度看，社会风险根源于未知或不可知。现代社会未知或不可知的情况剧增，因而现代社会转变为风险社会。如果对互联网用于社会管理不加控制，就有可能演变为对个体的极端控制，互联网有沦为集权和专制的控制工具的危险。当互联网覆盖整个社会和生活的各个层面时，越来越多的行动方案可能以"按照科学的方式行动"的名义逐步蚕食个体的自由和私人领域。

1）骚扰

大数据扑面而来，几乎所有的互联网企业都在紧锣密鼓地抢夺资源，争分夺秒地倾听大数据诉说的逻辑并将其转化为商业价值。电子商务网站通过消费者的购买记录、支付记录、浏览记录分析出用户性别、年龄和爱好，然后对消费者进行广告推送。

尽管企业的数据搜集技术将消费者个体行为去隐私化，并加工成群体行为数据，不会产生隐私伦理问题，但很多时候大数据的预测并不精准，因为不知道上网的是用户本人还是家属，他在为自己购买还是为别人购买，所以很难做到广告的精准投放。同时，消费者的需要也是不断变化的，过去对某个关键词进行搜索，不代表未来会持续关注，一旦广告失去了精准性，对于用户来说无异于骚扰。

2）无选择权

如果通过数据分析出哪个姑娘最适合你，但你对她没有心动的感觉；如果你下班的时候没有决定要去哪里，但数据预测清楚地点出了你即将出现的目的地……人们面对这些预测的时候，是否会失去选择的权利？

3）数字裂沟

大数据分析技术的特点是使用自动发现技术，呈现有潜在意义的数据群集和组合。这是处理巨量、高速、多种信息的强有力工具，但也具有潜在危险性。例如根据这些数据将顾客加以区分并了解他们的状况，很容易导致基于年龄、性别、族群、健康状况以及社会背景等的歧视。

数字裂沟指的是人与人之间存在获取信息技术的失衡关系，即有些人能够获取大量的信息，以帮助他们在各方面拔得头筹；而另一些人则对信息知之甚少，缺少获取信息的渠道。这种失衡关系在贫富之间、男女之间、受教育与未受教育之间普遍存在。信息和衣食住行、医疗、教育及安全一样，是人们生活、工作的基本品，因此信息要公正分配，信息技术要普遍可及，然而事实并非如此。

有钱人、有权者、知识阶级及政府组织等更容易从互联网中获取更多的信息，而穷人、无权者、受教育程度低者等相对不易获取信息，这样就在富有者和贫困者之间形成了一道数字裂沟。

目前，世界人口中只有少部分拥有信息通信技术，大部分人仍属于弱势群体。他们生活在这种数字现实的阴影下，没有接触信息通信技术的机会，但信息通信技术对他们的生活影响深远。数字裂沟造成了对弱势群体的歧视，形成了一种新的社会不公正现象。

4）忽略人类

互联网将现代人对感觉经验、工具理性的推崇，对自然和人的物化以直接的技术方式表达出来，这既决定了互联网的巨大价值，也注定互联网将催生诸多问题。在互联网中，所有的人和物都成为一串串二进制数字、符号和变量。持续监控和海量信息既意味着感知的成就，也意味着物的丰富性和神秘性彻底丧失，人与人之间、人与物之间、人与环境之间不可言传的感悟消失了。

有用者皆被感知，无用者从世界隐退，成为虚无。在数字虚拟的替代物面前，人与物处于同样的高度，即互联网的感知对象和响应终端。这实际上是对人的贬低。在互联网中，除了效率和效益，一切都不再有意义，人生的意义由于不能被数字化将被悬置。互联网甚至暗示了一个无人的世界：没有人，终极的互联网照样可以自行运转，万物照样可以在互联网的指令下生灭。

11.2.5　信息垃圾问题

在互联网时代，随着大数据的来临，海量的信息和碎片化的数据充斥着整个互联网。当然，这些数据中有"垃圾"也有"金子"。"金子"起到的发光作用自不必说，但是"垃圾"的危害不可低估，垃圾信息不剔除，恐怕后患无穷。简单地说，垃圾信息就是那些混在大量有用信息中的无用信息、有害信息，以及对大数据分析结果带来影响的信息。垃圾信息并不是绝对的，可能这种信息对于用户甲是无用的，但是对于用户乙是有用的。所以，不同行业的用户要学会区分自己数据中的垃圾信息。

未来将面对大量的垃圾信息，这是大数据厂商面临的一个严峻挑战。大数据厂商需要确立新的数据标准，帮助用户更加深入地分析数据，智能分辨数据的级别，自动剔除重复的、同一IP地址的或者恶意干扰的数据，这样才会大大加快数据分析的速度。从无到有，需要时间的逐步积累，这是对大数据厂商的长期考验。

1）论坛垃圾

伴随论坛文化的兴起以及网民上论坛热情的高涨，以论坛为基础的网站获得了蓬勃发展，已经成为互联网的主力军之一。正因为论坛网站与生俱来的信息平台价值，它在为网民提供衣食住行等有价值的信息的同时，也为"不法分子"发布垃圾信息提供了便捷渠道，使论坛垃圾帖泛滥起来。

论坛垃圾帖分为两类：一类是色情等违法违规帖。这类信息可以通过在网站后台设置关键词的方式屏蔽掉大部分。另一类是中介房源等小广告帖。这类信息光靠设置关键词的方式是无法屏蔽的，一方面是无法穷尽这些关键词，另一方面是关键词设置多了会严重影响用户体验，往往给网站带来适得其反的后果。所以，无论哪一种论坛垃圾帖都会对网站的正常运营和安全造成威胁，甚至让网站面临关闭的可能。

在大数据时代，论坛信息越来越丰富，也引来恶意用户的关注，论坛垃圾帖也越来越多，可以说它已经成为困扰站长和网站运营者的顽疾。在很多网站的起步阶段，"灌水"类垃圾信息是有利于网站发展的，因为它可以增加论坛的活跃度，调动用户的积极性。而"灌水"与恶意"灌水"是两码事，而且现在用户对信息的精准要求已经不容许垃圾信息有一丝一毫的存在空间，大量的垃圾信息会影响用户体验，造成用户流失。

与传统数据相比，大数据有一个重要的特点，那就是非结构化数据的出现让传统的按照原本特定的规则和参数剔除垃圾信息的方式失去了用武之地。在大数据时代，我们需要新的垃圾信息剔除方式。如今大数据正处于发展初期，各大信息技术厂商虽然竞相推出了大数据解决方案，但是针对垃圾信息剔除方面的方法几乎没有。谁能有效地解决这个问题，谁就有可能走在其他论坛的前面，占领该领域的制高点，成为新时期的引领者并获得成功。

2）互联网广告营销中的信息垃圾

在互联网时代，广告营销是对大数据应用最广泛的领域。比如你在淘宝网搜索或者购买了童装，再次登录时，淘宝网就会为你推送各类童装，与你购买或浏览过的衣服款式、价格都很相似，甚至在浏览新浪、腾讯、网易等门户网站时，内容页面的右侧也会出现一个小窗口，为你推送的仍然是价格、款式与你搜索或购买的童装类似的童装。不仅是淘宝网、亚马逊、当当网、京东……几乎所有的电子商务网站都在这么做。这是否也造成了信息垃圾？

网络弹窗广告是互联网时代一种主要的广告营销方式，它是指打开网站后自动弹出的广告，无论点击还是不点击都会出现在用户的面前。用户对这种强迫式的广告形式很厌恶，它影响用户的上网速度，还带有大量的不安全因素。网络弹窗广告包括诈骗信息、低俗信息以及各类营销广告等信息垃圾。

对于网络弹窗广告，消费者深受其害，深受其扰。2021年8月27日，国家网信办启动"清朗·移动应用程序PUSH弹窗突出问题专项整治"，详见知识链接11-3。

■ 知识链接11-3

国家网信办专项整治弹窗乱象

国家网信办于2021年8月27日启动"清朗·移动应用程序PUSH弹窗突出问题专项整治"，重点面向新闻客户端、手机浏览器、公众账号平台、工具类应用等4类移动应用程序，分类施策，明确6项整改要求：

①禁止PUSH弹窗推送商业网站平台和"自媒体"账号违规采编发布、转载的新闻信息，推送新闻信息必须采用规范稿源。

②PUSH 弹窗推送新闻信息不得渲染炒作舆情热点，断章取义、篡改原意吸引眼球、误导网民。

③未取得互联网新闻信息服务许可的工具类应用不得 PUSH 弹窗推送新闻信息。

④禁止 PUSH 弹窗推送娱乐八卦、明星绯闻、血腥暴力、奇闻逸事、低俗恶俗等有悖社会主义核心价值观内容。

⑤禁止通过 PUSH 弹窗渠道放大传播失德艺人、负面争议人物的有关言论。

⑥遇突发事件、灾难事故，不得渲染血腥现场、过度强调案件血腥细节等，不得扎堆 PUSH 弹窗推送相关信息。

资料来源　张璁. 移动应用程序弹窗乱象，国家网信办专项整治［EB/OL］.［2024-11-10］. https://wap.peopleapp.com/article/6291581/6185834.

11.2.6　诚信问题

小案例 11-4
互联网平台广告亟需监管

医美、教育等行业成重灾区

普通食品广告含有涉及疾病治疗功能等内容；保健食品广告夸张保健功能与效果；医药广告带有表演性质蒙骗患者……这些披着各种"马甲"的虚假违法广告屡屡得逞，肆无忌惮地出现在各大互联网平台。假医生、假专家等大行其道，不仅极大损害了人们权益，而且严重破坏了社会诚信氛围。

据了解，2020年，上海市场监管部门共查处各类违法广告案件 5 674 件，在查办案件中重拳打击了医疗、防疫物资、保健食品、金融、房地产等重点领域虚假违法广告行为。上海钱智金融信息服务有限公司、上海星和医疗美容门诊部有限公司、上海草润生物科技有限公司、上海传夏文化传播有限公司等因发布虚假广告、发布医疗用毒性药品广告、发布违法保健食品广告等行为，被市场监管部门依法责令停止发布违法广告，并处 15 万元至 60 万元不等的罚款。

多家企业接连被曝

随着相关部门对虚假广告惩治力度的不断扩大，多家知名企业因涉嫌发布虚假广告的问题接连被媒体曝光。2021 年 4 月 13 日，广州市市场监管局表示，央视"3·15"晚会曝光 UC 浏览器涉嫌发布虚假违法医疗广告后，经深入调查，UC 浏览器发布"虚假医药广告"的违法主体为广州聚禾信息科技有限公司，属于 UC 集团旗下关联公司，负责经营 UC 浏览器的广告发布业务，为有广告营销需求的企业提供广告发布及相关技术服务。

调查数据显示，当事人于 2019 年 3 月 16 日至 2021 年 3 月 15 日期间，在 UC 浏览器的"神马搜索"平台为 473 个广告主发布了 608 条违法广告，共收取广告费

13 464.04元。根据《广告法》《医疗广告管理办法》等法律法规，广州市天河区市场监管局依法从严从重从快对涉案当事人做出没收广告费用13 464.04元、罚款2 078 172.55元的行政处罚，罚没金额共计2 091 636.59元。

据了解，国家市场监督管理总局公布第一批互联网平台企业《依法合规经营承诺》，涉及百度、京东、拼多多等12家互联网平台，涉及搜索、电商、社区团购、社交平台等多个领域。

虚假广告亟需严惩不贷

随着在线经济、移动互联网技术的迅猛发展，互联网成为广告发布的主要载体，也成为违法广告的高发地。即使某些广告的虚假程度、夸大程度十分明显，但依然纵横在各大网络平台，亟需相关部门重拳出击。

中国政法大学知识产权研究中心研究员赵占领分析认为，此类广告之所以屡禁不止是多方面原因导致的。首先，广告主本身缺少相关法律意识或者存在侥幸心理，试图通过夸大、虚假宣传广告来达到其获利目的；其次，App或平台作为经营者，出现此类状况与其内部管理不善有关，甚至为了自身谋取商业利益，广告的发布者或经营者自身还可能有意降低了审查标准；最后，目前违法违规广告的违法成本仍然较低，不论是被市场监管部门发现还是被举报，经过调查后，通常的处理都是行政处罚。

资料来源　朱泱余. 虚假违法广告泛滥成灾，互联网平台监管亟需重拳出击［EB/OL］.［2024-11-10］. https://www.163.com/dy/article/G7IPRVV10530HR9S.html.

1）虚假点击

这起事件引发了人们对"点击付费"经营模式的担忧，谷歌的AdSense也一直受到类似的控告。所有的大型网站，不管是美国的雅虎、美国在线，还是中国的百度、新浪或腾讯，都希望扩大其在广告点击方面的收入。有人质疑，作为收入的一大来源，它们怎么可能主动采取措施来防止虚假点击呢？

这种与诚信相背离的商业模式靠着互联网外衣被企业堂而皇之地掩盖，但是，诚信的伦理问题会越来越尖锐。

前文提到网络上有一大批水军，这些人不仅生产了大量的垃圾信息，还使很多消费者对企业的诚信产生怀疑。在有些影片上映前，宣传方雇用大批水军刷分，造成了评分很高但是观后的口碑很差的现象，最后主办方不得不出面道歉，息事宁人。

2）刷信誉与虚假交易

如果你在淘宝网开店，就会有人专门与你联系，为你提供刷钻的工具，这样的结果使得很多店家虽然钻的级别很高，但是产品以及售后服务很差。微博用户刷粉盛行一时，很多网络大V的真实粉丝很少；论坛刷回复帖，营造论坛很火的局面。电子商务遇到的不只是刷信誉的问题，电子商务网站在促销期间刷交易单数造成虚假交易，产生了很多不实的数据。

3）盗用

在目前的商业环境下，无论是消费者还是企业都没有很强的知识产权保护意识，而在互联网时代，盗用变得更加容易。通过复制和粘贴就可以轻松盗用，包括商品的图片、文字与标题等。盗用让消费者无从判断真伪，加重了消费者对商家的不信任。

4）假冒产品

相比盗用图片，假冒产品的诚信问题更加严重。这也是很多人从淘宝网等C2C平台转向京东、天猫等B2C平台的原因，但是，B2C平台也存在假冒产品的问题。

▌ 小案例 11-5

全国首例电商打假案：阿里巴巴胜诉，售假卖家赔偿12万元

2017 年 7 月 20 日，全国首例公开宣判的电商平台诉售假店铺案在上海市奉贤区人民法院进行一审公开宣判。

法院审理后认为被告姚某以掺假的方式持续在淘宝网上出售假货，其行为不仅损害了与商品相关权利人的合法权益，而且降低了消费者对淘宝网的信赖和社会公众对淘宝网的良好评价，对淘宝网的商誉造成了损害，故被告应当就此予以12万元的赔偿。

案件回顾

2015 年，被告姚某开始在淘宝上出售宠物食品。

2016 年 5 月，淘宝与玛氏联合发现其销售的"Royalcanin"猫粮存在假货嫌疑，遂以神秘购买的方式，在该店铺购买了一袋价格99元的宠物猫主粮。经过品牌方的鉴定，该猫粮为假货，随后淘宝将线索移送警方。

2016 年 10 月 12 日，姚某被警方抓获。随后，淘宝以"违背不得售假约定、侵犯平台商誉"为由将姚某告上法庭。

2017 年 4 月 25 日，此案公开审理并由奉贤区法院院长陆卫民坐堂亲审。

2017 年 7 月 20 日，此案在上海市奉贤区人民法院进行一审公开宣判，被告姚某赔偿12万元人民币。

对于此案的胜诉，阿里巴巴首席平台治理官郑俊芳表示，第一案的胜诉让阿里在"追杀"假货分子的道路上更加自信，"我们会将所得的全部赔偿设立一个专项基金，用于消费者的补偿和保护等事宜"。

当前刑事判决处罚过低，不足以震慑利润丰厚的制假售假产业链。为此，阿里巴巴在呼吁"像治理酒驾一样打假"、动员全社会对假货分子形成人人喊打范围的同时，也通过民事诉讼对售假分子展开"追杀"。从2018年开始，阿里巴巴以违背

合同约定、侵犯商誉为由，已通过民事诉讼对平台上三家售假店铺展开持续追偿。

资料来源　ALEN. 全国首例电商打假案：阿里胜诉，售假卖家赔偿 12 万［EB/OL］.［2024-11-10］. https://www.56tim.com/archives/8044.

开放平台是电子商务网站丰富品类、提升流量和扩大规模的重要方式。为了吸引更多的优质商家入驻，电子商务平台简化对商家入驻环节的审核和运营的监管，使售假卖家成为漏网之鱼。虽然第三方商家加入电子商务平台需要通过资质审查和缴纳保证金，但是在销售具体商品的过程中电子商务平台对其无法把控，尤其是在奢侈品这种单价较高、识别度较低的品类上。

2014 年 7 月曝光的国内电商集体售假事件，把聚美优品、京东等知名电商平台推向了舆论谴责的风口，不少网友都表示将不会再在电子商务平台的第三方商家购买奢侈品。聚美优品当时表示，由于奢侈品第三方商家这种模式本身存在缺陷，直接由第三方发货导致平台无法对其进行强有力的监管，所以聚美优品考虑将奢侈品第三方业务转至自营业务，以期进一步加强监管，不再出现类似问题。

不管是在线上还是在线下，未经授权而使用他人的商标都是一种侵权行为，与此同时，故意向消费者隐瞒售卖高仿品的事实，属于对消费者的欺诈。虽然这些违法行为发生在网络上，但同样适用《中华人民共和国消费者权益保护法》。如果作假、售假达到一定数额，还可能构成犯罪。

一些大型电子商务平台出了问题，习惯上把责任推向第三方商家。其实问题往往没那么简单，非自营商家的售假行为很可能是这些电子商务平台在背后有意纵容的。店家在平台的掩护下，与其共同获利。个别电子商务平台甚至有可能就是幕后的主导者。

据分析，对于奢侈品电子商务，特别是垂直型电子商务来说，其原有的商业模式导致其对奢侈品大牌缺乏吸引力。电子商务的整个商业设计模式还是低价倾销以及吸引眼球，这无意之间给自己培养了一批"草根用户"外加"跳槽专业户"。给电子商务创造销量的 80% 的群体是"跳槽专业户"，他们毫无忠诚度，关心的就是哪家网站更便宜。因此，国外的奢侈品牌不愿意也不轻易把品牌授权给中国电子商务网站。这最终导致电子商务网站销售奢侈品的进货渠道比较狭窄、进货成本居高不下、市场推广的成本也居高不下，并缺乏产品体验和服务。而为了迎合客户需求，电子商务网站只能经常打出低价策略吸引眼球，但是其进货成本又居高不下，那么一些电子商务网站就会上假货。对它们而言，上假货是既能赚取利润又能维持低价的一种手段。

5）虚假价格

如果你到天猫、淘宝网、当当网等各大电子商务网站走一圈，就会发现到处都是半价销售、直降几千、送大礼包的促销海报，非常吸引眼球。消费者也是热情似火地选购着，但到底多少钱购买、是否真正优惠就很难说清楚了。

实际上，在网络上虚高标价几乎是一个通病，电子商务网站公示的价签常常比实际价格高很多。由于缺少物价部门监管，商家可以随意标注高价，再通过各种促销、打折、让利手段，利用消费者"占便宜"的心理争夺客户。

6）搜索排名

无论是搜索引擎还是电子商务平台的商品搜索服务，都涉及排名问题。由于信息是海量的，大家都希望自己的排名靠前。这些搜索引擎与平台服务商就把握了这个"商机"，用竞价排名的方式，把出钱多的信息前置，这无疑会误导消费者。例如，百度竞价排名曾因魏则西事件遭各方指责。2016 年 5 月 2 日，国家网信办会会同国家工商总局、国家卫生计生委和北京市有关部门成立联合调查组进驻百度公司，对此事件及互联网企业依法经营事项进行调查并依法处理。

7）虚假服务

由于电子商务活动通常是用户通过电脑与对方交流，人们可以更大胆地违背诚信原则，在屏幕前说的一切似乎都可以是漫天谎话，诸如脱销、特价最后一天、虚假发货、责任推诿等多种诚信问题层出不穷。

11.2.7　新闻伦理问题

随着技术的发展，新闻的采集、处理、发布速度前所未有地加快，各种方便快捷的文字、图像、视频处理软件应运而生，人们学习使用各种数字技术和实用工具，在创造性地生产内容的同时，也出现了不少问题，例如片面报道、技术加工、断章取义、写作粗糙等。媒体与信息通过公关软文与夸大宣传，深深伤害了数据的价值，更伤害了诚信的商业格局，而在新媒体时代，这些变得更加简单。2014 年 9 月发生的令人震惊的 21 世纪网欺诈案，暴露了新媒体时代的新闻伦理问题。

在媒体重构的今天，新闻伦理规范建设不应停滞不前，而是要与时俱进。传统新闻媒体强调的独立行动主要指记者应与广告商及各种利益保持距离。今天，独立行动的范围应进一步扩大，记者要谨慎处理与各方面的关系，例如，记者与消息源的关系、记者的职业身份与记者在社交媒体上的私人身份的关系等。在社交媒体时代，记者广泛使用社交网络，当《华尔街日报》和《华盛顿邮报》不鼓励雇员在社交媒体上表达观点时，职业新闻记者协会（SPJ）对记者如何区分因公和因私使用电子邮箱、社交网络账号等，没有给出任何划分标准。新闻伦理问题需要考虑以下三个方面：

1）事实

在互联网时代，技术驱动改变了新闻的报道方式，人人可以播报新闻，各种真真假假的信息铺天盖地。互联网影响了人们对事实的探究。互联网造成这样一种危险：每个人是自己领域的专家，生活在自己的信息世界中，但人们彼此之间缺乏共同兴趣，对自己不感兴趣的事实真相缺乏尊重。

通常人们以为媒体会令大家更快、更好地理解世界，互联网令这种体验更加丰富，然而事实并非如此，有时恰恰相反。美国有句话"Here lies truth"（真相在这里），而美国《大西洋》杂志把三个英文单词倒过来：Truth lies here（事实在撒谎）。互联网正腐蚀着人们曾经共有的对事实的尊重。曾经的新闻消费者正在取代专业编辑，成为新闻的仲裁者。新闻报道面临挑战，记者过去常用的"他说、她说"的报道方式，已难以挖掘真相。过去的平衡报道如批评与回应，也不一定达到揭示真相的目的。因此，在寻求真相的过程中，要千方百计做到准确；在采访、报道、解释信息中保持诚实、公正、无所畏惧；让无声者发言，记录被遮蔽的领域；坚持言论自由；对公众负责任。

2）透明

传统新闻伦理强调记者要独立于报道对象，但在互联网时代，情况变得日益复杂，整个社会处于一个开放的信息系统中，很多时候，新闻当事人自身也在发布新闻。在人人都是新闻发布者的情况下，必须确保新闻制作的过程符合规范，并且被公众知晓和识别。在可以预见的未来，新闻将以多种形式呈现。在数字平台上，新闻和观点不再泾渭分明。带有观点的新闻可能与立场中立的新闻一样有力，二者皆可寻求真相。因此，重要的不是谁在报道新闻，而是新闻是怎样被报道的，过程是怎样的。

3）社群

在网络时代，记者进行新闻报道，以此服务社群，进而促进民主，而社群成员同时也反哺新闻记者。如果媒体不能理解所服务的社群的需要，与社群的成员无法沟通，更不能提供平台让社群的成员彼此交流，那么，公众将会被强权牵着鼻子走，公众的利益也无法得到维护，报道会对公众造成伤害，让新闻无法成为一种持续的对话。

当媒体不再是传统的报纸、广播、电视，微信、博客、抖音等的用户都变成新闻的发布者，虽然他们不是受雇于某家媒体机构的"记者"，但毋庸置疑，他们所从事的也是新闻工作，如果新闻伦理规范不对这些人群产生影响，那么，新闻伦理所起的作用就会局限在越来越小的范围内。

■ 小案例11-6
灾难事件报道忽视人文关怀导致二次伤害案例

【案例一】2021年1月15日，长沙广电旗下智慧长沙客户端发布视频，报道河北石家庄新发疫情状况，标题为《可恨！26岁石家庄女子确诊前6天下班兼职》，引发舆论质疑。次日，"智慧长沙资讯"微博公开道歉，承认"标题导向极为错误""不仅给当事人造成了严重伤害，同时寒了广大网友的心"，并对编、审人员做出开除、撤职和记过处分。

【案例二】2021 年 5 月 22 日，由白银市委市政府主办的第四届黄河石林山地马拉松百公里越野赛在白银市景泰县黄河石林大景区举行，比赛进行约 4 小时后出现极端天气，发生公共安全责任事件，造成 21 名参赛选手死亡，8 人受伤。这场导致重大人员伤亡的公共安全责任事件发生第二天，白银电视台重播了 22 日早上的越野赛开幕式，会场一片祥和、喜庆的氛围。网友对此提出批评，"这对受害者家属也是二次伤害"。白银广播电视台相关工作人员回应称，重播画面是前一天自动设置的，设置时工作人员尚未获悉发生这一事故，事故发生后，几乎所有骨干和工作人员都前往现场，忘了取消重播设置，导致播出事故发生。

【点评】上述两例报道之所以引发诟病，都是忽视了人文关怀的基本原则。所谓人文关怀，简单说就是同情心、恻隐之心，用休谟的话说，"同情是我们对一切人为道德表示尊重的根源"，是道德的根源和动力。媒体报道应秉持对人的生命、价值、命运和尊严的关怀的原则，对其不幸表示关切；否则，不但会对当事人造成伤害，也是对广大受众的冒犯。

那位确诊新冠肺炎的石家庄女子下班兼职时，显然并不知道自己已经感染，并非有意传播扩散病毒。一位年轻人 8 小时工作后还要再去兼职，让人感到生活的艰难和打拼的勇气，对她染病，无论媒体还是其他人，都应该表示关心和同情。但是，新冠疫情大流行以来，无论国内外，无论媒体还是个人，对感染者抱有蔑视乃至敌视甚至攻击态度的情况并不鲜见。

资料来源　年度传媒伦理研究课题组. 2021 年传媒伦理研究报告——暨 2021 年虚假新闻研究报告［J］. 新闻记者，2022（1）：3-18.

拓展阅读11-1

2021年传媒
伦理研究报告

微博股份有限公司财报显示，微博 2023 年 3 月的月活跃用户为 5.93 亿，同比净增约 1 100 万用户。移动端用户占月活跃用户数的 95%。2023 年 3 月的平均日活跃用户为 2.55 亿，同比净增约 300 万。企业通常会找网络大 V 做品牌或产品的形象代言人，或是在其微博中植入广告信息，甚至"制造新闻"，无疑这是对新闻真实性的一个挑战。

拓展阅读11-2

"低级红""高
级黑"的六种
形式

●11.2.8　误导问题

在商业方面，也会产生非意料之中的影响。基于先进的大数据分析技术，零售商提供给顾客个性化的商品服务。顾客面对线上线下无数的选择又缺乏比较能力，因此很可能欢迎这种商品服务。接受这种商品服务后，零售商认为对顾客的需求和状况更加了解了，这又导致更有针对性的商品服务、更多的交易。这样就形成了一条闭合环路，这条环路是靠对顾客状况的描述以及相连的分析技术来驱动顾客的行为，而不是相反。这在商业上是一件有意义的事情，但在伦理学上是有争论的：这是顾客真正的需求，还是技术推动的需求？

有网友在微博上发帖吐槽称，因为之前看新闻报道称有卖家恶意向买家邮寄棺材、寿衣，他出于好奇，在淘宝网上搜了一下"棺材、寿衣"。哪知道"好奇害死猫"，在接下来的一个月里，他饱受困扰——在微博右边的"热门商品"推荐中，天天都可以看到棺材、寿衣、骨灰盒的推荐信息，推送广告如影随形，挥之不去。显然，这名网友中了互联网大数据的"毒"。

在美国，大规模枪击事件使人们试图判断哪些人很可能因暴力冲动而付诸行动。有人在Facebook和其他社交媒体上获得一些人的线索，根据他们的行为模式判断他们很可能是下一个凶手。可是有这种行为模式的人不一定在未来采取行动。又如美国政府已经在挖掘现金交易的数据，以推论恐怖分子以及其他有组织犯罪分子的活动。警察利用先进的预报性分析技术来预测在某些日子或哪一天的某些时候、某些区域犯罪率较高，街头监控设备与分析软件相连接，这些软件就是用来发现有麻烦的行为模式的。这样做很容易导致非法的"审前盘问"（fishing expeditions），权力机构进行大规模的分析测试，符合某种模式的人就可能被认为是犯罪嫌疑人。这样做可能产生违反宪法规定的无罪推定问题。在商业方面也是如此：一个人的行为模式不一定表明他会有后续行为。行为模式是根据过去的行为确定的，不能完全决定未来的实际行为。这里也涉及决定论与自由意志、过去与未来关系等哲学问题。

《大数据时代》一书的作者维克托·迈尔·舍恩伯格有这样的担忧，大数据在欧美国家已经被应用到了警察这一行业，如果警察按照一个人过往的行为数据分析，预测他两年之后可能成为一个杀人犯，那么是放任自由还是现在就给他贴上"杀人犯"的标签、开始对他进行监控或者直接把他投入监狱？没有人能够给出答案。

》》 11.3　解决新时代新技术的企业伦理问题

在鉴定新技术提出的伦理问题后，我们一般不能依靠现有的规则或新制定的规则，用演绎方法自上而下地加以解决；反之，需要自下而上地分析这些伦理问题，考虑其特点，对利益相关者的价值给予权衡，找到可行的解决办法，然后应用伦理学的理论和原则加以论证。因此，我们说伦理学的工作是鉴定、权衡和论证。与科学技术要解决的"能不能"问题不同，伦理学要解决的是"该不该"问题。

为及时总结人文学术领域的新进展、新现象、新趋势，推动人文学术研究的繁荣与进步，提升公众对人文学术的认知度和关注度，《文史哲》杂志与《中华读书报》于2019年5月联手评出了"2018年度中国人文学术十大热点"。其中，热点之四是"科技发展的伦理共识遭遇冲击，'基因编辑婴儿'引发人类命运忧思"。部分介绍称，2018年，世界首例"基因编辑婴儿"在深圳诞生。这则消息甫一披露，

122位科学家随即联合发表声明，强烈谴责此项工作的生物医学伦理审查形同虚设，指出基因编辑的人体实验存在"脱靶"风险，甚至会对人类社会造成深远的负面影响，呼吁相关部门及研究单位迅速完善立法并严格实施监管。科技部、中国科学院、中国科学技术协会等单位和组织也先后做出回应，表示明令禁止、坚决反对，将按照中国有关法律和条例进行处理。①

2023年5月，《文史哲》杂志与《中华读书报》发布了2022年度"中国人文学术十大热点"评选结果。其中，热点之二是"城市化后中国社会建设方向何在？学界呼吁打造东方伦理型生活方式"。迅猛发展的城市化进程，历史性地改变了中国基层社会结构，城市社区已然取代乡村成为中国社会的基础组织。原子化、高强度的现代都市生活带来的一系列社会问题，促使学界重新认识以儒家思想为核心的传统伦理的恒久价值，呼吁重建适应当代城市社区的东方伦理型生活方式。如何在充分认识中华伦理体系独特性、延续性的基础上，激活潜藏于当代社会的优秀传统文化基因，重新发扬包括家庭本位、人伦情义、礼仪社会等传统伦理的现代意义，打造一种与中国道路相匹配、与中国传统文化可对接、与西方生活方式能媲美的新型"东方伦理型生活方式"，不仅是"以人为核心的新型城镇化"的题中应有之义，也将为中国式现代化提供强大的社会基础和道义支撑。②

● 11.3.1　解决新时代新技术的企业伦理问题的原则

1）基本目的

创新、研发和应用新技术（包括更大范围的信息通信技术）的目的是促进人的幸福和提高人的生活质量，并且合法、合乎伦理和具有非歧视性。在大数据时代，任何行动都应根据不伤害人和有益于人的伦理原则给予评价，以此作为权衡预期的收益与可能的风险的基础，同时也应适当地平衡个体与公共的利益。在为了公共利益而限制个人的权利和利益时，这种限制应该是必要的、相称的和最低限度的。

2）负责研究

互联网时代的技术研发及应用应该保持高标准，即坚持研究诚信，反对不端和有问题的行为，承诺维护和保护个人的权利和利益。为了在所有的分析和应用中防止身份被窃取，保护个人隐私和确保平等权利，必须按最高标准信守承诺和确保数据库的安全。

3）利益冲突

在互联网时代的技术研发及应用中，应对专业人员、公司和使用者之间的利益

① 佚名. 2018年度中国人文学术十大热点［N］. 中华读书报，2019-05-08（05）.
② 佚名. 2022年度"中国人文学术十大热点"［N］. 中华读书报，2023-05-10（05）.

冲突做出适当的处理。在任何情况下，人民尤其是脆弱人群的利益不能因追求专业人员或公司的利益而受到损害。

4）尊重

尊重原则要求尊重人的自主性和自我决定权，必须坚持知情同意或知情选择。收集个人信息、将个人信息用于另一目的时，必须获得当事人的同意。根据不同的情境，可以采用"广同意"（例如同意将个人信息用于一类而不是某一种情况下）的办法，也可采取选择同意或选择拒绝两种方式。

5）隐私

人的尊严要求我们保护隐私、为个人信息保密，我们不仅不能侵犯个人的隐私和保密权，而且要尽力防止不合适地或非法地泄露私人信息。

6）公正

公正原则要求有限资源的公平分配，防止因不适当地泄露个人信息而产生污名和歧视。要努力缩小和消除数字裂沟。

7）共济

共济原则要求我们维护每个人享有从互联网时代的技术研发及应用中受益的权利，特别要关注社会中的弱势人群。

8）透明

透明原则要求我们使互联网时代的技术研发及应用对公众是透明的，帮助他们了解什么是互联网时代，能从其应用中得到什么收益、会有什么风险。

9）参与

参与原则要求我们采取措施，促使公众了解互联网时代，并引导所有利益相关者或其代表在上游就参与互联网时代的技术研发及应用的决策过程。

● 11.3.2 解决新时代新技术的企业伦理问题的方法

1）建立健全相关法律

在让个体的声音得到充分传播的同时，势必也会让一些与宪法、社会道德规范相悖的声音得以传播。从宪法角度来看，自媒体是个人言论自由权的延伸，从一诞生就受到诸多法律的限制。作为一种权利，自媒体当然有很多界限是不能被突破的。2005年10月，南京大学陈堂发副教授一纸诉状将中国博客网告上法庭。原告在中国博客网上发现了一个名为"长套袜"的博客网页,上面有一篇《烂人烂教材》的文章,指名道姓地对他进行"辱骂和攻击"。该案被称为"中国博客第一案"。

虽然我国已经有很多法令管制网上活动,但还只是停留在对网站的管理上,这些法令显得不够全面。如何在法律上对自媒体进行规范与引导,这迫切需要全社会来共谋良策。

相对于西方自媒体的迅猛发展,中国的自媒体还处于起步阶段。网民应该学习在这个言论最自由的地方如何做出负责任的表述,在行使权利的同时不忘自己的义务,使我国的自媒体朝着健康的方向发展。

2)建立完善的伦理管理体系

成熟的互联网能提供对世界连续、动态、实时和全方位的感知,减少对于人、物和环境的未知或不可知,因而可以大大减少社会风险,极大增进人类福祉。比如,适度的电子监控有益无害。在重点场所(如监狱、重症病房、事故多发地等)、针对重点人群(如罪犯、病人、无自主行动能力的老人等)等进行电子监控可以提高公共安全程度,及时报告突发事件,这已经得到了广泛承认和应用。

但在什么条件下对一些人实施监控可在伦理学上得到辩护呢?

可设想如下条件:有充分证据证明拟监控对象有危及国家和社会安全的行为,或与恐怖主义或其他严重犯罪集团有不寻常的联系;监控确能发挥维护国家和社会安全的效用;监控为维护国家和社会安全所必需(没有其他选择);监控具有相称性(即监控程度要适当);监控对所涉个人的自由和权利侵犯最小化;监控合法(必要时专门立法);监控透明(让公众知道监控的必要性和相关规定);一旦发现监控出现错误(冤枉好人),则及时平反纠错,给予赔偿。

政府执法部门利用大数据监控恐怖主义分子或其他有组织犯罪分子,这在伦理学上是可以得到辩护的。因此,在伦理学上,我们要做的第一件事是鉴定大数据技术可能引起的风险。

3)建立相关治理机构

美国国家科学基金会(NSF)支持研究人员和学术界人士成立了"大数据、伦理学与社会理事会"(Council on Big Data, Ethics and Society)。NSF 的工作人员指出,其任务是促进宏观对话,帮助更多的人了解大数据可能引发的风险;促使执行官和工程师思考在改善产品质量和增加营业收入的同时避免涉及隐私以及其他棘手问题。

管制者应该是谁?应该使用何种标准来判断哪些材料合适,哪些材料不合适?如何实现对内容的管制?目前大多数机制已存在,而且互联网仍然是一个基于文本的媒体,它会自动创造自己的审计痕迹。

大数据技术的伦理治理(governance)与管理不同,管理(management)是治理的一个方面,是指在特定的行政机构内一些组织、预算和行政方面的具体技巧;

而治理的意义是决策和决策实施过程，并包括公司的、当地的、国家的以及国际的多个层次。对治理的分析集中于决策和决策实施的行动者及结构。政府是一个重要的行动者，此外还包括其他利益相关者，例如在信息通信和大数据技术领域，包括科研人员，网络/平台的拥有者、提供者和使用者，政府执法部门，政府非执法部门，以及相关的学术、维权组织。因此，治理意味着一项决策不单是依赖权力或市场做出的，它是一项多方面协调的行动，必须体现开放性、参与性、问责性、有效性和连贯性5项原则。同时，由于科学技术创新引起越来越多公众的伦理关注，伦理学与处于社会之中的科学技术紧密相连，解决这些问题单靠决策者或科学家或伦理学家都有局限性，它需要多部门、多学科共同参与，共同研讨新的科学技术创新提出的伦理、法律和社会问题，并提出政策、法律法规和管理方面的建议，因此进一步提出了"伦理治理"（ethical governance）这一概念。据此，我们认为，对信息通信和大数据技术的管理应该是多层次的，有科研和从业人员的自我管理，有商业机构或公共机构的管理，也有政府的管理。

■ 知识链接11-4

国外伦理治理机构的建设

在美国，一些研究人员和学者成立了"大数据、伦理学与社会理事会"，从法律、伦理学和政治角度分析大数据技术。该理事会研讨安保、隐私、平等、可及等问题，帮助大家避免重复已知的错误。支持成立该理事会的美国国家科学基金会的Fen Zhao女士提到了不要重蹈美国Tuskegee梅毒研究的覆辙，这说明他们有较强的伦理意识。麻省理工学院的Big Data Initiative也将启动大数据隐私工作组（Big Data Privacy Working Group），邀请来自学术界、工业界、政府和非营利组织的利益相关者来探讨大数据对隐私的含义。私营的数字广告联盟（Digital Advertising Alliance）准备制定自己的规则，采纳自己的隐私保护框架，以确保顾客信息的安全和安保。（Riglian，2012）有人所写的文章标题就是"大数据需要什么：一部伦理实践的准则"，还提出了如下规则：做法要透明，收集数据时要让用户知道，而且要实时告知；设置要简易，给用户机会来考虑他们需要什么样的隐私水平；设计时要纳入隐私问题，机构要将隐私保护纳入它们要做的每一件事情中；价值要交换，服务提供者对用户知道得越多，用户喜欢他们服务的可能性就越大。（Rayport，2011）有人建议在相关的公司和机构设立这样的岗位，如首席隐私官、首席安全官或首席数据官等。一些国家的国会和政府也在考虑政策和立法建议，如美国和欧洲的立法者正在考虑"消费者隐私权利法案""不追踪在线法案"等，美国政府正在调查数起"数据掮客"案件。

制定行为准则或管理办法需要在对上述伦理问题进行多学科研讨的基础上进行，这类研讨首先要在价值问题上取得共识，才有利于解决上述伦理问题，并在解决这些问题和制定准则或管理办法上取得共识。控制论创始人维纳（Wiener）基于他对人类生活的理解，认为社会应建立"伟大公正原则"，这些原则包括自由原则、平等原则和有益于人的原则。

资料来源 邱仁宗，黄雯，翟晓梅.大数据技术的伦理问题［J］.科学与社会，2014（1）：36-48.

4）尊重用户的选择权利

在可能的情况下，对用户数据非原来用途的使用应征求用户的同意。

根据欧盟的问卷调查，69%的回答者说，对于不那么敏感的数据，可采取 opt-out（指默认用户同意，但用户可选择拒绝）；80%的人说，对于敏感数据，则应采取 opt-in（指默认用户不同意，要使用必须主动获取他们同意）。

可信的、可持续的数据流动需要建立一个评价框架，这个框架有两个关键的层面：数据收集的方法和数据利用的方式。用户要对让他人分享信息所获价值与所付代价进行权衡。数据提供的机会是巨大的，但如果不能以深思熟虑、平衡的方式处理数据的利用，失去的机会也是巨大的。为此企业和公共机构要告诉消费者或用户个人数据如何使用和如何保护隐私。确保可持续的数据流动有三个基本要素：（1）消费者的收益必须超过分享数据需付出的代价；（2）关于数据如何使用必须透明；（3）个人隐私能得到保护。

权利，即假设条件不变时应该尊重、保护和实施公民的网络信息可及权利，如果有一项更为重要的公民权利，例如公民的人身安全权利与之相冲突，或有重大的公共利益，例如保障国家或社会的安全与之相冲突，可以暂停或限制公民的信息可及权利。但暂停或限制公民的信息可及权必须有充分的理由，对公民的这种权利的侵犯必须是最低程度的，侵犯的范围、程度和时间必须与所得的效用（例如国家安全得到保障）相称。因此，国家层次的审查、滤除、屏蔽行为也提出重要的伦理问题，即在什么条件下审查、滤除、屏蔽某些网站和内容可得到伦理学的辩护？如何评价审查、滤除和屏蔽的所得和所失？多大的得失比可让我们采取这种行动？拿屏蔽谷歌（Google）来说，谷歌已经成为自然科学、社会科学研究资料的来源，例如人类基因组研究计划的数据就发表在谷歌网站上，如果完全屏蔽它，会给我们的工作带来多大的损失？这是我们在管理网络时必须考虑的。一方面是如何确保使用者信息可及的正当权利，另一方面是如何防止不当可及（inappropriate access），这包括垃圾邮件、网络色情材料、网上兜售药品等十分严重的问题，已经引起各国政府的关注。

根据信息专员（Information Commissioner）办公室的建议，英国制定了《隐私和电子通信条例》，规定了公司发送未经请求的电子营销材料的规则，例如要求公司给用户发送未经请求的营销材料必须事先获得用户同意（consent），或者在每次发送消息时让用户有机会表示反对。如果用户收到了未经请求的电子营销材料，且在用户表示拒绝后还这样做，用户可以向信息专员投诉。同时，电子邮箱的使用者也应自己采取实际办法减少垃圾邮件，例如可考虑使用不同的个人或商业电子邮箱地址，选择难以被人猜测到的电子邮箱地址，不要公开自己的电子邮箱地址，仔细查验公司隐私政策以及拒绝接收广告邮件（opt-out）的措施，不要给自己不熟悉和不信任的发件人回信，不要点击垃圾邮件的广告，使用垃圾邮件过滤软件，维护好电脑操作系统等。不当可及中最为严重的是对青少年造成伤害的网上色情和暴力材料的传播。一些国家要求搜索引擎安装过滤软件，防止青少年接触到这些材料。例如新加坡政府建立了媒体发展局（Media Development Authority），它手中有一份被封锁的网站的黑名单，这些网站在新加坡是不可及的。这些网站"基于公共利益、公共道德、公共秩序、公共安全、国家和谐的理由被封锁或以其他理由为新加坡法律所禁止"，其中包括禁止色情，鼓吹族群、种族或宗教仇恨，暴力等材料，也包括禁止有争议的维护同性恋的材料；同时确保医学、科学、艺术或教育等材料在网上为使用者可及。

5）确保隐私的保护

目前，多个国家已颁布数据保护法案。新加坡国会通过了个人信息保护法案并已生效，该法案旨在保护个人信息不被盗用或滥用于市场营销等用途。据了解，这只是一个适用于所有服务提供商的基准，还有其他部门制定的规定，那些规定更加严格。但是，个人隐私与国家安全防卫、商业价值、医学进步之间的平衡并非一部法律就能够解决。

有媒体指出，当前技术的发展速度已经超过了企业以及政府的控制程度。随着大数据技术的发展，数据应用单位应考虑雇用"大数据伦理学家"。制定法律的速度永远跟不上技术进步的速度，与法律法规相比，更能够保护用户隐私的其实是对大数据更加精准的计算、更高水平的保护和存储等技术的进步。现在人们之所以担忧大数据带来的隐私泄露问题，主要还是因为忧虑数据的采集、计算、存储、管理和分析方法甚至媒体的作用。

要尊重用户，不尊重用户的数据很难做得长远。时代在发展，隐私的概念也在革新，很多东西现在是隐私，未来可能不再是隐私。对于人们来说，大数据为我们提供的是参考答案而不是最终答案，帮助是暂时的，人类的作用无法被完全替代，装进脑袋里的知识才是最重要的隐私，这是无法被窃取和监视的。

拓展阅读11-3

输给了时代还
是输给了技术

▶ 本章小结

互联网的迅猛发展引领了一个时代的变革和兴起。互联网时代正以改变一切的力量，在全球范围内掀起一场影响人类所有层面的深刻变革。该时代具有海量信息、交互性、打破空间限制、创新性等特征。

在互联网时代，有几种新兴事物对人类社会影响深远，它们是物联网、大数据、云计算、电子商务、移动互联网、新媒体等。这些新事物给企业带来了日新月异的发展，也带来了诸多伦理问题，分别是隐私问题、色情问题、安全问题、人权问题、诚信问题、误导问题、信息垃圾问题等。

隐私是将他人排除在知悉某人的信息或数据的某些方面之外。隐私问题的常发领域包括"人人裸奔"、视频监控等。信息隐私是互联网时代涉及最多的隐私形式。人们对于信息隐私的观点具有两面性：一种观点认为，为实现大数据的经济潜力，企业和公共机构可以去做它们想做的事，个人可以不予理会；另一种观点则认为，要采取强有力的措施来保持个人信息的私密性。

色情问题是互联网时代极易出现伦理问题的领域。它有三个突出特点：一是形式多样，范围极广；二是教唆引诱，气焰嚣张；三是危害严重，反应强烈。

安全问题主要包括声誉风险、安全与安保等问题。

随着互联网覆盖社会和生活的各个层面，人权问题也日益突出，主要包括骚扰、无选择权、数字裂沟、忽略人类等。其中，数字裂沟造成了对弱势群体的歧视，形成了一种新的社会不公正现象。

信息垃圾问题也充斥着整个互联网，包括论坛垃圾、互联网广告营销中的信息垃圾等。

诚信问题是传统时代和互联网时代所共有的伦理问题。各种各样的虚假点击、刷信誉与虚假交易、盗用、假冒产品、虚假价格、搜索排名、虚假服务等已经屡见不鲜，泛滥成灾。

在新媒体时代，新闻伦理问题涉及三个方面：事实、透明、社群。

误导问题也是在大数据时代所出现的一类新型伦理问题。大数据的分析在给企业带来便利的同时，也误导了消费者和企业。

在互联网时代，各种伦理问题层出不穷，我们试图为其解决提出一些可行的方法：第一，要建立相关法律；第二，要建立完善的伦理管理体系；第三，要建立相关治理机构；第四，要尊重用户的选择权利；第五，还要确保隐私的保护。

▶ 复习思考题

（1）简述互联网时代的发展历程。

（2）互联网时代有哪些重要的新模式？

（3）你如何看待"人人裸奔"现象？

（4）简述互联网色情问题的三种典型特征。

（5）人权问题表现在哪些方面？

（6）国家互联网信息办公室等部门联合启动"整治网络弹窗"专项行动，你怎么看？

（7）试举出几种典型的互联网时代的诚信问题。

（8）如何解决新时代新技术下的企业伦理问题？

（9）请选择一个大数据分析方面的典型案例，对其存在的伦理问题进行分析并提出解决的思路。

▶ 案例分析

英国破获史上最大跨国网络诈骗案

英国警方破获该国有史以来最大的跨国网络诈骗案，取缔该国"最大的犯罪网站",截至发稿时（2022年11月24日）共120名嫌疑人被捕,其中包括网站管理员在内的103人在英国首都伦敦,其余17人分散在英国其他地区或海外。法新社24日报道称,经过数个国家执法部门的通力合作,位于荷兰、澳大利亚、法国和爱尔兰的嫌疑人纷纷落网。

据《爱尔兰新闻报》24日报道,利用犯罪网站将自己的来电显示伪装成银行或税务局等的官方号码,犯罪嫌疑人向目标受害者致电,直接骗取钱财或者套取对方的银行账号等信息。据英国《卫报》报道,该案涉案金额超过5 000万英镑。警方表示,实际金额可能远高于这个数字。

涉案嫌疑人共拨打1 000万通诈骗电话,其中40%的目标受害者位于美国、35%在英国,其余分布在世界其他国家及地区。仅英国就有20万人被锁定为犯罪目标。在一段时间内,平均每分钟有近20人接到诈骗电话。其中,3.5万通电话持续时间超过1分钟,涉及2万名目标受害者。共计4 785人上当受骗,每人平均损失1万英镑,有人甚至被骗走300万英镑。

《爱尔兰新闻报》报道称,犯罪嫌疑人使用的网站创建于2020年12月,高峰时期有5.9万名用户。嫌疑人利用比特币支付服务费用,折算成通用货币,每月大概150英镑至5 000英镑不等。2021年6月,英国警方开始调查该网站,并将其锁定为该国"最大的犯罪网站"。

此外,据警方透露,当其他嫌疑人电信诈骗赚取超过4 700万英镑的同时,网站背后的管理员通过收取服务费赚了320万英镑,过上"奢侈生活"。其中一名网站管理员于2022年11月7日被捕,将于12月6日开庭受审。该网站于11月8日永久禁用。

资料来源　董铭. 英国破获史上最大跨国网络诈骗案,共120名嫌疑人被捕［EB/OL］.［2024-11-10］. https://m.gmw.cn/baijia/2022-11/25/1303205014.html.

讨论题:

（1）请分析英国"最大的犯罪网站"除了涉嫌经济犯罪,在伦理上存在什么问题?

（2）网站背后的管理员收取服务费在伦理上存在什么问题?

主要参考文献

中文文献

[1] CNNIC. 第51次《中国互联网络发展状况统计报告》[R]. 北京：中国互联网络信息中心，2023.

[2] 殷格非，管竹笋，林波. 金蜜蜂中国企业社会责任报告研究（2022）[M]. 北京：社会科学文献出版社，2023.

[3] 黄群慧，钟宏武，张蒽. 企业社会责任蓝皮书：中国企业社会责任研究报告（2022）[M]. 北京：社会科学文献出版社，2023.

[4] 责任云研究院. 中央企业社会责任蓝皮书（2022）[R]. 北京：责任云研究院，2022.

[5] 叶陈刚，王克勤，黄少英. 商业伦理学 [M]. 北京：清华大学出版社，2021.

[6] 周祖城. 企业伦理学 [M]. 4版. 北京：清华大学出版社，2020.

[7] 刘素，包铭心. 公司治理迷局：毅伟商学院的16堂经典案例课 [M]. 北京：北京大学出版社，2018.

[8] 殷格非. 企业社会责任管理——解码责任竞争力 [M]. 北京：中国三峡出版社，2018.

[9] 王建宝. 儒商与儒商精神 [M]. 北京：人民出版社，2017.

[10] 黄雯，翟晓梅. 数字身份与数字裂沟的伦理分析和管理研究 [J]. 中国医学伦理学，2014（1）：15-17.

[11] 刘珊. 大数据时代下隐私问题的伦理思考 [J]. 牡丹江教育学院学报，2014（7）：115-116.

[12] 马玲，等. 企业营销伦理问题及对策研究 [J]. 长春理工大学学报（社会科学版），2014（5）：79-81.

[13] 佚名. 互联网"软色情"形式多样 部分正规网站渲染低俗 [N]. 法制日报，2014-03-25.

[14] 胡春民. 大数据伦理之争 [J]. 中国经济和信息化，2014（14）：85-87.

[15] 邱仁宗，黄雯，翟晓梅. 大数据技术的伦理问题 [J]. 科学与社会，2014（1）：85-87.

[16] 刘凌云. 企业市场营销伦理评价应用 [D]. 北京：北京科技大学，2008.

[17] 张静. 全球化背景下的跨国公司国际规范研究 [J]. 上海管理科学，2013（4）：21-24.

[18] 张培源. 中国企业营销伦理现状及对策分析 [J]. 经济研究导刊，2013（19）：110-111.

[19] 陶建杰，张志安. 网络新闻从业者职业伦理研究：以利益冲突为例 [J]. 国际新闻界，2013（9）：113-122.

[20] 法约尔. 工业管理与一般管理 [M]. 迟力耕，张璇，译. 北京：机械工业出版社，2013.

[21] 梅奥. 工业文明的人类问题 [M]. 陆小斌，译. 北京：电子工业出版社，2013.

[22] 克兰. 国际企业伦理——全球政治经济中的决策 [M]. 崔新健，等译. 2版. 北京：中国人民大学出版社，2013.

[23] 程月明. 企业营销伦理问题及成因分析 [J]. 江西社会科学，2012（5）：228-231.

[24] 泰勒. 科学管理原理 [M]. 黄榛，译. 北京：北京理工大学出版社，2012.

[25] ORSATO R J. 可持续发展战略：企业"变绿"何时产生回报 [M]. 李月，译. 北京：机械工业出版社，2012.

[26] 叶陈刚. 企业伦理与社会责任 [M]. 北京：中国人民大学出版社，2012.

[27]《商业价值》杂志. CSR 竞争力：做最适合自己的企业社会责任 [M]. 北京：科学出版社，2012.

[28] 郭国庆. 营销伦理 [M]. 北京：中国人民大学出版社，2012.

[29] 费雷尔 L，费雷尔 O. 商业伦理 [M]. 杨欣，译. 北京：世界图书出版公司，2011.

[30] 苗泽华，刘静，张春阁. 医药企业营销伦理的失范问题及其对策探析 [J]. 中国市场，2011（3）：44-45.

[31] 哈特曼，德斯贾丁斯，苏勇，等. 企业伦理学 [M]. 北京：机械工业出版社，2011.

[32] 纪良纲. 商业伦理学 [M]. 2版. 北京：中国人民大学出版社，2011.

[33] 刘可风，龚天平，冯德雄. 企业伦理学 [M]. 武汉：武汉理工大学出版社，2011.

[34] 邢丽婷. 在华跨国公司伦理问题剖析 [D]. 上海：华东师范大学，2011.

[35] 王晨霞. 浅谈广告中的营销伦理问题 [J]. 时代金融，2011（17）：125；151.

[36] 黎友焕. 企业社会责任 [M]. 广州：华南理工大学出版社，2010.

[37] 曹大为，赵世瑜. 历史（必修二）·经济成长历程 [M]. 长沙：岳麓书社，2010.

[38] 刘军，黄少英. 儒家伦理思想与现代企业管理伦理 [M]. 北京：科学出版社，2010.

[39] 匡海波. 企业社会责任 [M]. 北京：清华大学出版社，2010.

[40] 宋长琨. 儒商文化概论 [M]. 北京：高等教育出版社，2010.

[41] 吴成丰. 企业伦理的实践 [M]. 台北：前程文化事业有限公司，2010.

[42] 王军. 传媒法规与伦理 [M]. 北京：中国传媒大学出版社，2010.

[43] 周生春，杨缨. 历史上的儒商与儒商精神 [J]. 中国经济史研究，2010（4）：152-158.

[44] 殷格非，李伟阳. 企业社会责任报告编制指导 [M]. 北京：中国人民大学出版社，2010.

[45] 周祖诚. 企业伦理精品案例 [M]. 上海：上海交通大学出版社，2010.

[46] 羽仪. 20世纪60—70年代美国环保运动史述评 [J]. 湖南社会科学，2009（1）：177-180.

[47] 徐大建. 企业伦理学 [M]. 2版. 北京：北京大学出版社，2009.

[48] 罗尔斯. 正义论 [M]. 何怀宏，何包钢，廖申白，译. 北京：中国社会科学出版社，2009.

[49] 菲舍尔，洛维尔. 经济伦理与价值观：个人、公司和国际透视 [M]. 范宁，译. 北京：北京大学出版社，2009.

[50] 周祖诚. 企业伦理学 [M]. 北京：清华大学出版社，2009.

[51] 杨连柱. 史玉柱如是说：中国顶级 CEO 的商道真经 [M]. 北京：中国经济出版社，2008.

[52] 杨春芳. 企业社会责任、绩效的外部性与自身因素 [J]. 改革，2008（2）：111-117.

[53] 徐金发. 企业伦理学 [M]. 北京：科学出版社，2008.

[54] 刘光明. 新商业伦理学 [M]. 北京：经济管理出版社，2008.

[55] 高广阔. 跨国公司绿色管理 [M]. 北京：经济管理出版社，2007.

[56] 易敏利，唐雪梅. 我国水资源的管理困境及其解决思路 [J]. 生态经济，2007（12）：76-78.

[57] 钟朝宏，干胜道. 日本企业环境报告发展的原因解析 [J]. 亚太经济，2006（3）：56-58.

[58] 那彦琳. 电子监控与职场隐私保护 [D]. 武汉：华中科技大学，2006.

[59] 冯巨章. 跨国公司营销中的伦理问题探析 [J]. 学术论坛，2006（8）：66-68.

[60] 弗里曼. 战略管理——利益相关者方法 [M]. 王彦华，梁豪，译.上海：上海译文出版社，2006.

[61] 苏勇. 现代管理伦理学——理论与企业的实践 [M]. 北京：石油工业出版社，2006.

[62] 曾晖，韩经纶. 企业伦理规范的发展与建设 [J]. 道德与文明，2005（1）：49-52.

[63] 汤正华. 中西管理伦理比较研究 [D]. 南京：南京理工大学，2005.

[64] 杨伍栓. 管理伦理与人本管理 [J]. 西安交通大学学报（社会科学版），2004（12）：11-17.

[65] 孙振清，赵秀生，张希. 企业环境报告的发展趋势及启示 [J]. 环境保护，2004（8）：46-50.

[66] 赛德勒. 持续竞争力 [M]. 李宪一，等译.北京：北京大学出版社，2004.

[67] 环境与发展研究所. 企业社会责任在中国 [M]. 北京：经济科学出版社，2004.

[68] 乔治. 诚信领导 [M]. 王成，顾澄清，译.北京：电子工业出版社，2004.

[69] 孙景华. 永不消失的责任 [M]. 北京：中国经济出版社，2004.

[70] 恩德勒. 发展中国家经济伦理 [M]. 陆晓禾，译.上海：上海社会科学院出版社，2003.

[71] 何怀宏．伦理学是什么［M］．北京：北京大学出版社，2002.

[72] 张景云，于涛．100个成功的公关策划［M］．北京：机械工业出版社，2002.

[73] 何伟俊．跨国公司进入中国市场的营销伦理问题初探［J］．学术研究，2001（10）：53-56

[74] 杜拉克．杜拉克管理思想全书［M］．苏伟伦，编译．北京：九州出版社，2001.

[75] 雷恩．管理思想的演变［M］．李柱流，赵睿，肖聿，等译．北京：中国社会科学出版社，2000.

[76] 水谷雅一．经营伦理理论与实践——经营价值四原理体系的导入与展开［M］．李长明，连奇方，译．北京：经济管理出版社，1999.

[77] 文章代，侯书森．立体管理［M］．北京：石油大学出版社，1999.

[78] 朱志坚，颜家华．从《论语》看孔子的人才思想［J］．西安航空技术高等专科学校学报，1999（4）：8-10.

[79] 德鲁克．后资本主义社会［M］．张星岩，译．上海：上海译文出版社，1998.

[80] 董才生，闻凤兰．论资本主义精神的失落与重建［J］．内蒙古民族师院学报（哲学社会科学版），1998（4）：43-47.

[81] 圣吉．第五项修炼——学习型组织的艺术与实务［M］．郭进隆，译．上海：上海三联书店，1994.

[82] 奥唐奈，韦里克．管理学［M］．黄砥石，陶文达，译．北京：中国社会科学出版社，1987.

[83] 韦伯．新教伦理与资本主义精神［M］．于晓，陈维纲，等译．北京：生活·读书·新知三联书店，1987.

外文文献

[84] SPJ Staff. Quill flashback：21st-century journalism requires 21st-century code [EB/OL]．[2024-12-10]．https://blogs. spjnetwork. org/ethics/2013/11/05/quill-flashback-21st-century-journalism-requires-21st-century-code/.

［85］ PORTER M E, KRAMER M R. Creating shared value ［J］. Harvard Business Review, 2011, 89 (1): 66–77.

［86］ BRENKERT G G. Marketing ethics ［M］. Boston: Blackwell Publishing, 2008.

［87］ SAUCIER R D. Marketing ethics ［M］. New York: The Edwin Mellen Press, 2008.

［88］ GAZDAR K. Reporting nonfinancials ［M］. New York: John Wiley & Sons, 2007.

［89］ CORBETT C J, KLASSEN R D. Extending the horizons: environmental excellence as key to improving operations ［J］. Manufacturing & Service Operations Management, 2006, 8 (1): 5–22.

［90］ PORTER M E, KRAMER M R. Strategy and society: the link between competitive advantage and CSR ［J］. Harvard Business Review, 2006, 84 (12): 78–92; 163.

［91］ MOON J, CRANE A, MATTEN D. Can corporation be citizens corporate citizenship as a metaphor for business participation in society ［J］. Business Ethics Quarterly, 2005, 15 (3): 429–453.

［92］ ADAMS J S, TASHCHIAN A, SHORE T H. Codes of ethics as signals for ethical behavior ［J］. Journal of Business Ethics, 2001, 29 (3): 199–211.

［93］ ECKHARD R F. The moral duty to provide workplace safety ［J］. Professional Safety, 2001, 46 (8): 36–38.

［94］ COUGHLAN R. An analysis of professional codes of ethics in the hospitality industry ［J］. Hospitality Management, 2001, 20 (2): 147–162.

［95］ WIJNBERG N M. Normative stakeholder theory and aristotle: the link between ethics and politics ［J］. Journal of Business Ethics, 2000, 25 (4): 330–331.

［96］ CARROLL B, BUCHHOLTZ K. Business and society: ethics and stakeholder management ［M］. Cincinnati: South-Western Publishing, 2000.

［97］ CARROLL A B. Corporate social responsibility - evolution of a definitional construct ［J］. Business and Society, 1999, 38 (3): 268–295.

[98] ELKINGTON J. Cannibals with forks: the triple bottom line of 21st century business [M]. Gabriola Island BC: New Society Publishers, 1998.

[99] WHEELER D, SILLANPAA M. The stakeholder corporation: a blueprint for maximizing stakeholder value [M]. London: Pitman Publishing, 1997.

[100] FLYNN, GILLIAN. Make employee ethics your business [J]. Personnel Journal, 1995, 74 (6): 30-37.

[101] CHAMPY J. Reengineering management [M]. New York: Harper Business, 1995.

[102] DONALDSON T, PRESTON L E. The stakeholder theory of the corporation: concepts, evidence, and implications [J]. Academy of Management Review, 1995, 20 (1): 65-91.

[103] FREDERICK W C. From CSR1 to CSR2 [J]. Business and Society, 1994, 33 (2): 150-164.

[104] FREEMAN R E. The politics of stakeholder theory: some future directions [J]. Business Ethics Quarterly, 1994, 4 (4): 409-421.

[105] DONALDSON T, DUNFEE T W. Toward a unified conception of business ethics: integrative social contracts theory [J]. Academy of Management Review, 1994, 19 (2): 252-284.

[106] CARROLL A B. Business and society: ethics and stakeholder management [M]. Cincinnati: South-Western Publishing, 1993.

[107] GRAY R, BEBBINGTON J, WALTER D. Accounting for the environment [M]. London: Paul Chapman Publishing, 1993.

[108] TOFFLER B L. Managers talk ethics: making tough choices in as competitive business world [M]. New York: Wiley, 1991.

[109] WOOD D J. Corporate social performance revisited [J]. Academy of Management Review, 1991, 16 (4): 693.

[110] BENSON G C S. Codes of ethics [J]. Journal of Business Ethics, 1989, 5 (8): 305-319.

［111］ BIRD F B，WATERS J A． The moral muteness of managers ［J］． California Management Review，1989，32（1）：73-88

［112］ ROBIN D，GIALLOURAKIS M，DAVID F R，et al． A different look at codes of ethics ［J］． Business Horizons，January-February，1989：66-73．

［113］ DE GEORGE R T. Can corporations have moral responsibility ［M］// BEAUCHAMP T L，BOWIE N E． Ethical theory and business． 3rd ed． Englewood Cliffs，NJ：Prentice Hall，1988．

［114］ DE GEORGE R T． The status of business ethics：past and future ［J］． Journal of Business Ethics，1987，6（2）：201-212．

［115］ WATERS J A，BIRD F． The moral dimension of organizational culture ［J］． Journal of Business Ethics，1987，6（1）：15-22．

［116］ GARRETT T M． Business ethics ［M］． 2nd ed． Englewood Cliffs，NJ：Prentice Hall，1986．

［117］ LEWIS P V． Defining "business ethics"：like nailing jello to a wall ［J］． Journal of Business Ethics，1985，4（5）：377-383．

［118］ WARTICK S L，COCHRAN P L． The evolution of the corporate social performance model ［J］． Academy of Management Review，1985，10（4）：758-769．

［119］ PASCALE R T，ATHOS A G． The art of Japanese management ［M］． New York：Simon and Schuster，1981．

［120］ FREEMAN R E． Strategic management：a stakeholder approach ［M］． London：Pitman Publishing，1984：46．

［121］ MILTON F． The social responsibility of business is to increase its profits ［M］// HOFFMAN W M，MOORE J M． Business ethics：readings and cases in corporate morality，New York：McGraw-Hill，1984．

［122］ FRENCH P． Corporate moral agency ［M］// HOFFMAN W M，MOORE J M． Business ethics：readings and cases in corporate morality，New York：McGraw Hill，1984．

[123] VELASQUEZ M G. Why corporations are not morally responsible for anything they do [J]. Business and Professional Ethics Journal, 1983, 3 (2): 69.

[124] CARROLL A B. A three-dimensional conceptual model of corporate performance [J]. Academy of Management Review, 1979, 4 (4): 497-505.

[125] DAVIS K. Five propositions for social responsibility [J]. Business Horizon, 1975, 18 (3): 19-24.

[126] SETHI S P. Dimensions of corporate social performance: an analytical framework [J]. California Management Review, 1975, 17 (3): 58-64.

[127] FRIEDMAN M. The social responsibility of business is to increase its profits [N]. The New York Times, 1970-09-13.

[128] HEALD M. The social responsibilities of business: company and community 1900-1960 [M]. Cleveland: Case Western Reserve University Press, 1970.

[129] DAVIS K. Can business afford to ignore social responsibilities? [J]. California Management Review, 1960, 2 (3): 70-76.

[130] BOWEN H R. Social responsibility of the businessman [M]. New York: Harper & Row, 1953.

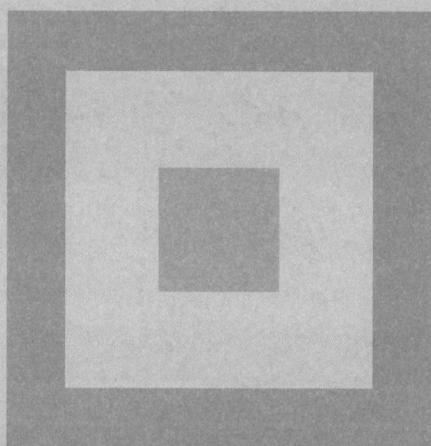